À Jocelyne
B.P.

les 100 plus belles balades en Rhône-Alpes

Bruno Pambour

les créations du
Pélican

SOMMAIRE

HAUTE-SAVOIE

SAVOIE

AIN

ISÈRE

RHÔNE

LOIRE

ARDÈCHE

DRÔME

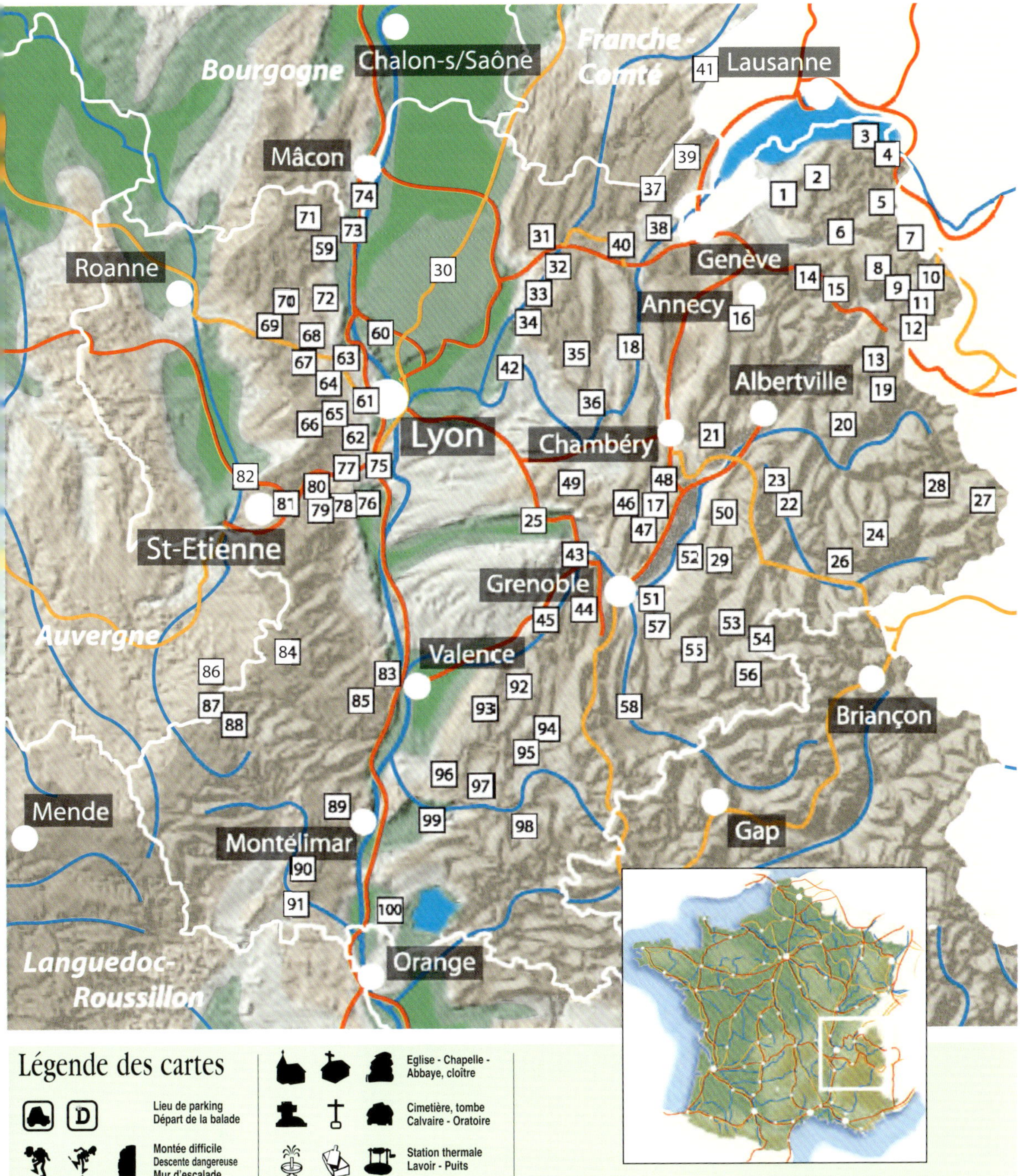

Légende des cartes

Lieu de parking
Départ de la balade

Montée difficile
Descente dangereuse
Mur d'escalade

Point de vue
Curiosité - Musée

Village perché
Bastide
Pigeonnier

Château - Ruines
Donjon

Eglise - Chapelle -
Abbaye, cloître

Cimetière, tombe
Calvaire - Oratoire

Station thermale
Lavoir - Puits

Cascade - Source
Grotte

Ancien moulin
Moulin à vent
Moulin à eau

Pont, passerelle -
Pont, barrage

Menhir - Cromlech
Dolmen

Vestiges
(gallo)-romains
Borie - Palombière

Cervidés
Echassiers
Oiseaux migrateurs

Arbre remarquable
Curiosité botanique
Etang

Point d'eau
Aire de pique-
nique - Camping

Plage
Lieu de baignade
Abri pique-nique

BON PIED, BON ŒIL, LE BONHEUR EST AU BOUT DU CHEMIN

Quel plaisir plus sain, plus convivial, que de se promener à pied, en famille ou entre amis, sur les sentiers bucoliques de notre pays ? On s'y aère, on s'y décrasse les poumons et l'esprit, tout en retrouvant le plein usage de nos sens. Et pourquoi chercher à l'autre bout de la planète l'insolite, le rêve, le plaisir que l'on peut trouver chez nous, parfois aux portes mêmes de notre ville ?...

Miroirs des étangs dombistes, irréelle vallée de Chamonix couronnée de hautes cimes et de glaciers, canyon sans fin des gorges de l'Ardèche, sombres forêts de Chartreuse d'où surgissent des vagues de calcaire, vignobles ensoleillés du piémont rhodanien, charme toscan des villages perchés du Beaujolais... Voici quelques-uns des paysages familiers que nous connaissons le plus souvent depuis la route.

Carrefour biogéographique et climatique remarquable, la région Rhône-Alpes est l'une des plus diversifiée d'Europe. La variété des altitudes s'étageant de 100 mètres dans la plaine alluviale du Rhône à 4810 mètres d'altitude au sommet du mont Blanc, le "toit de l'Europe", soumise aux influences climatiques atlantique, continentale, méditerranéenne et montagnarde offre une singulière palette de milieux naturels qui, souvent, ont été façonnés par la main de l'homme. Forêts-galeries des îles et lônes du Rhône, vergers éclatants et fermes-forteresses des monts du Lyonnais, gorges arides et garrigues du piémont rhodanien, falaises et hameaux de pierre de l'Isle-Crémieu, grands lacs de Savoie, mélézein lumineux des Aiguilles Rouges ou de la Vanoise, désert d'altitude des hauts-plateaux du Vercors ou du Haut-Giffre, longues vallées glaciaires de l'Oisans, sont quelques exemples de cette prodigieuse mosaïque de paysages. Les parcs nationaux de la Vanoise et des Ecrins, les parcs naturels régionaux du Pilat, du Haut-Jura, des Bauges, de la Chartreuse et du Vercors, ainsi que tout un réseau de réserves naturelles protègent cette nature exceptionnelle sous réserve de respecter leurs législations, peu contraignantes pour l'amateur d'une nature authentique.

En s'y promenant à pied, nous passons de l'autre côté de la "carte postale" en pénétrant dans un monde plein de vie. Il est vrai que la marche est l'activité physique la plus simple à partager avec ceux que l'on aime : une approche privilégiée, vraie et harmonieuse de notre environnement immédiat.

L'aventure est à deux pas de notre porte : il est facile de fouler un sentier

qui nous dépaysera totalement en nous offrant un grand "bol d'air" et de l'évasion.
Ce guide est conçu pour que chacun prenne le plus grand plaisir à découvrir à pied et en toute sécurité la région Rhône-Alpes au travers de cent itinéraires qui tentent de refléter la fabuleuse diversité de ses paysages. Certaines balades sont des "classiques", d'autres des coups de cœur moins connus, mais toutes sont à la portée du plus grand nombre et notamment des enfants. Généralement, le parcours est en forme de boucle pour éviter d'avoir à revenir sur ses pas. Variant de une à quatre heures (en moyenne entre deux et trois), ces balades sont toutes axées autour d'une ou plusieurs curiosités : des objectifs concrets qui enrichissent la promenade et motivent le randonneur. Enfin, chacune d'entre elles par son ambiance et ses charmes propres est une invitation à rencontrer une région ou un massif à travers ses paysages, son patrimoine naturel et historique et bien sûr ses habitants.
À son rythme, que ce soit seul, en famille ou avec des amis, une balade est le moyen idéal de se ressourcer dans un autre univers. Au fil de nos pas, les découvertes seront toujours au rendez-vous. Prenons le temps de nous arrêter, de ressentir l'alchimie de chaque lieu... Il suffit d'être disponible, curieux et attentif, de savoir parfois être calme et silencieux, de mettre nos sens en éveil. Voir, écouter, sentir un paysage, c'est éprouver des sensations à la fois intenses et apaisantes. Alors, n'ayons pas peur de nous enivrer de ces belles émotions ! La nature n'est-elle pas le plus beau jardin de l'âme ?

Le lac du Vallon, massif de l'Oisans.
Page de gauche : les gorges de l'Ain depuis les Roches.
Double page suivante : la pointe de Marcelly, en Faucigny.

En vous détaillant les paysages parcourus, les arbres et les fleurs, la faune, cet ouvrage a aussi pour ambition de décoder pour votre agrément, l'environnement naturel des balades.
En espérant que ce guide vous ouvrira de nouveaux horizons et vous donnera le goût de poursuivre, sur vos propres traces, la découverte de cette merveilleuse région...
Bonne(s) balade(s) !

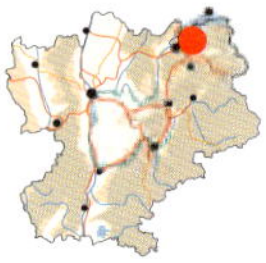

LE SIGNAL DES VOIRONS

Balcon du Petit Lac et de la vallée Verte

À 42 km de Genève, sur les traces des Allobroges qui vénéraient cette montagne, l'échine verdoyante des Voirons offre un magnifique panorama sur le Léman, le Jura, la vallée Verte, le Haut-Chablais et les Alpes.

Fiche technique

1

Durée : 1 h 40
Dénivelé : 109 m
Difficulté : aucune
Période : printemps, été, automne selon enneigement
Equipement : randonnée classique
Balisage : rouge, blanc et rouge, bleu
Carte IGN 1/100 000 : n°45, pli B6
Carte-Guide IGN 1/25 000 : Top 25 n°3429 ET : Bonneville. Cluses
À voir aux environs : la Vierge noire des Voirons à Boëge, musée paysan de Viuz-en-Sallaz, musée d'art et de folklore régional de Fessy, château d'Avully

Cette balade est extraite de l'ouvrage ***Les plus belles balades autour du LEMAN du Jura au mont Blanc*** *de Bruno Pambour*

Itinéraire d'accès

Quittez Genève par l'A 40 en direction Chamonix. Après la douane de Moëllesulaz, empruntez la sortie Annemasse et tournez aussitôt à droite vers Annemasse. Juste après le pont d'Etrembières, empruntez à droite la voie qui longe la rive droite de l'Arve et évite la cité, vers Thonon. Continuez toujours dans cette direction pour rejoindre la N 206. Passez St-Cergues et à Bons-en-Chablais, montez à droite sur la D 20, vers le col de Saxel et Boëge. Au col atteint après 8 km d'ascension, tournez à droite vers les Voirons. A 6 km, vous bifurquerez à droite vers le monastère de la Transfiguration. Cette voie se termine par un parking.
Transports en commun : aucun

La balade

Orienté nord/sud, le massif des Voirons très boisé et verdoyant est le dernier chaînon des Préalpes du Chablais. Vénéré autrefois par les Allobroges, ils l'appelèrent "Evoéron" la montagne des eaux, de la racine celte *ev,* eau. Dans les temps anciens, un aqueduc descendant des Voirons ravitaillait Genève en eau pure.
Du parking, descendez à droite par un chemin forestier ① vers la chapelle de Notre-Dame-des-Voirons (balises rouges). Rapidement, à travers une hêtraie parsemée d'érables, la chapelle est atteinte. Facilement accessible et surplombant magnifiquement le bassin lémanique, les Voirons ont sans doute depuis toujours été considérés par les hommes comme un autel idéal pour y célébrer le divin. Un temple païen dédié à Jupiter, dieu du ciel et de la lumière, exista jusqu'au Ve siècle, époque où il fut détruit par l'évêque de Genève. En 1451, le seigneur de Langin, guéri d'une grave blessure due un légendaire sanglier qui hantait la région, fit construire ici, en remerciement à la Vierge qui l'avait protégé, une chapelle qu'il dota d'une Vierge noire. Depuis Notre-Dame-des-Voirons attire de nombreux pèlerins à la recherche de sa protection et peut-être de sa vaillance envers les éléments… Car elle résista aux tempêtes et à la foudre qui, depuis l'aube

La chapelle Notre-Dame des Voirons et la Vierge noire, aujourd'hui visible à l'église de Boëge

Le Lis martagon, une fleur emblématique des massifs alpins.

des temps, frappent terriblement la crête de la montagne. L'actuelle chapelle, simple et émouvante, date de 1894. La Vierge noire est désormais abritée dans l'église de Boëge, une copie en plâtre la remplace ici. Les monastères sont occupés aujourd'hui par des sœurs dominicaines.

Grimpez à gauche le sentier vers le signal des Voirons et la pointe de Brantaz ②. À vos pieds en été, adénostyles, grandes astrances, orchis tachetés, campanules, raiponces, géraniums, millepertuis, laiterons alpins… épanouissent leurs corolles. À la hauteur d'une trouée sur le Léman, un épicéa modelé en candélabre par les vents d'ouest et écrêté par la foudre témoigne des dures conditions climatiques éprouvées par la végétation du sommet. En juillet, framboises et fraises des bois abondent ici et là. Après avoir dépassé la borne du Signal des Voirons, vous cheminez sur un très agréable sentier de crête quasi horizontal. Il s'ombrage sous une pessière, rejoint le balisage bleu puis débouche sur une plateforme ③ parsemée de souches où vous apprécierez la vue sur Annemasse, Genève, le Salève et les massifs de Sous-Dine et du Bargy. Passez une croix dressée, puis de vieux épicéas complètement écorcés à la blancheur sculpturale. Plus loin, admirez le "port en drapeau" des fayards soumis aux vents dominants avant d'aborder une courte descente ④. En bas, à la jonction avec une piste carrossable provenant des monastères, montez sous les frondaisons d'une hêtraie-sapinière. À gauche, apparaît la Vallée Verte aux doux vallonnements et mamelons, où un cortège de villages perpétue les traditions agricoles du Faucigny alliées à un tourisme vert de qualité. Arrivés sur le replat en chablis, bifurquez à cinquante mètres sur la gauche pour gagner la croupe dégarnie de la Pointe de Brantaz ⑤ (vues à l'ouest sur les sommets du Fau-

La Digitale pourpre ; le Léman et le bas Chablais vus de la crête des Voirons.

cigny et à l'est sur le Jura). Protégé par un arrêté de biotope, le massif abrite une riche faune forestière : chamois, chevreuil, cerf, gelinotte, pic noir, casse-noix... et constitue l'un des derniers refuges en Haute-Savoie du farouche grand tétras.

Revenez sur vos pas à la clairière précédente et quittez le chemin principal en descendant légèrement à droite un sentier balisé en bleu ⑥ vers le monastère de Bethléem. Evitez sa clôture par la gauche et contournez-le en remontant dans une pessière au sous-bois stérile ⑦. Après quelques marches, traversez grâce à une passerelle en rondins un large chemin boueux transversal, et poursuivez tout droit. À cent mètres, ignorez l'accès au monastère de la Transfiguration en le contournant par la droite le long d'une palissade de lambris. Vous bénéficierez ici d'un dernier beau point de vue sur la vallée Verte avant de rejoindre le parking.

Sapin ou épicéa ?

Les deux plus grands résineux de nos forêts dont la hauteur peut dépasser cinquante mètres sont souvent confondus, à tort. Car, dans leur apparente ressemblance, les différences sont nombreuses. Le sapin blanc présente une écorce gris argenté, une cime en dôme lorsqu'il vieillit, des aiguilles émoussées et aplaties, rehaussées dessous de deux lignes blanches et des cônes dressés s'ouvrant sur l'arbre. L'épicéa, au tronc brun clair, a une silhouette toujours conique, des aiguilles piquantes et insérées "en brosse" sur le rameau et des cônes qui pendent et tombent entiers au sol. L'épicéa forme parfois des peuplements purs appelés pessières, mais les deux espèces se côtoient souvent, associées au hêtre. Le sapin exige une forte humidité de l'air et ne peut se régénérer qu'à l'ombre d'autres essences. Son bois est très recherché en menuiserie, charpente et caisserie. L'épicéa est très résistant au froid, et son bois sert de combustible, de pâte à papier et pour la construction. Il fournit la plupart des "sapins" de Noël.

La gelinotte des bois

C'est l'un des hôtes les plus discrets de la forêt. Sa rencontre est souvent une question de chance et vous n'aurez alors qu'une vision fugitive de son envol bourdonnant... L'oiseau est pourtant magnifique : une grosse perdrix allongée à la queue carrée, revêtue d'un plumage aux couleurs d'écorce et de feuilles mortes, tout chamarré de roux, de brun, de gris et de blanc ! Elle vit à couvert, silencieusement, au cœur des hêtraies-sapinières où elle affectionne les combes fraîches et humides au relief accidenté et à la riche végétation. Extrêmement exigeante, elle sélectionne rigoureusement son alimentation : bourgeons, pousses, feuilles et fleurs de sorbier, d'aubépine, de hêtre, de bouleau, chatons de noisetier, etc., plus toutes les menues bestioles de la belle saison : fourmis, larves, insectes, lombrics. Le meilleur moyen de déceler la gelinotte est de surprendre par une oreille attentive, de mars à mai et à l'automne, son chant territorial, une étonnante strophe grêle et suraiguë qui porte à faible distance : "*tsiih-tsiih- tihtittittittittituih* ".

LE MONT FORCHAT

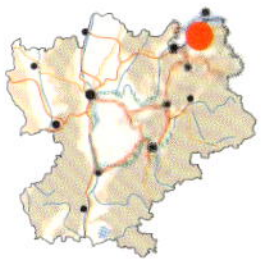

Vallée Verte, belvédère du Chablais

À 51 km de Genève, une courte balade au charme alpestre affirmé : pâturages, belle forêt, émouvante chapelle en bois et bien sûr le belvédère à 360° du mont Forchat.

Fiche technique

2

Durée : 1 h 30
Dénivelé : 198 m
Difficulté : aucune
Période : printemps, été, automne selon enneigement
Equipement : randonnée classique
Balisage : blanc/rouge et jaune
Carte IGN 1/100 000 : n°45, pli B7
Carte-Guide IGN 1/25 000 : n°3428 ET : Thonon. Evian
À voir aux environs : château des Allinges, les gorges du Pont du Diable, musée d'art et de folklore régional de Fessy, Thonon

Cette balade est extraite de l'ouvrage ***Les plus belles balades autour du LEMAN du Jura au mont Blanc*** *de Bruno Pambour*

Itinéraire d'accès

Quittez Genève par l'A 40 en direction Chamonix. Après la douane de Moëllesulaz, empruntez la sortie Annemasse et tournez aussitôt à droite vers Annemasse. Juste après le pont d'Etrembières, prenez à droite la voie qui longe la rive droite de l'Arve et évite la cité, vers Thonon. Continuez toujours dans cette direction pour rejoindre la N 206. Passez St-Cergues, Bons-en-Chablais, Lully, Perrigner. À 3 km, tournez à droite vers Allinges. 1 km après ce village, prenez à droite la D 12 vers le col de Cou. À 1,5 km, montez à gauche vers le col du Feu. Au col où est érigé un oratoire de 1766, tournez à droite pour gagnez les chalets de Très le Mont où vous laisserez votre véhicule.

Chapelle sur le sommet du mont Forchat.

La balade

De l'oratoire dédié à la Vierge Marie (1859), descendez droit (clôture à enjamber) à travers un bel alpage brouté par un troupeau d'abondances ①. Une grande sérénité émane de ce modeste paysage alpestre. Dans la cuvette, suivez le sentier "Balcon du Léman" qui dévie légèrement vers la gauche ②. Tout autour s'étale une belle pelouse subalpine garnie de trèfles, campanules, scabieuses, lotiers, marguerites... Face à vous, plein sud, apparaît le col de l'Encrenaz au pied du mont Forchat, sommet tabulaire couronné d'une statue blanche. Sur votre droite, le golfe

d'Excenevex se découvre. Des boqueteaux de hêtres cernent la pelouse alors qu'au-dessus règne l'épicéa. Le manteau forestier se resserre sur le haut de la combe, et, après cette bonne mise en jambes, vous attaquez le raidillon du col qui, en ralentissant votre allure, vous permettra d'observer grandes gentianes et orchis mâles. Du col marqué par un cairn, la vue plonge sur Habère-Poche et Habère-Lullin au cœur de la vallée Verte. Suivez à gauche l'arête qui grimpe au sommet ③. Au pied de la statue éclatante de blancheur de saint François de Sales, vous aurez mérité une halte réparatrice. Savourez le splendide panorama à 360° : au nord et à l'ouest s'étend l'immense miroir du Léman (littoral de Thonon, golfe d'Excenevex, Petit Lac) et la rive suisse : la Côte vaudoise dominée par les crêts bleutés du Jura ; au sud, de gauche à droite, les Voirons, la vallée Verte surmontée de la pointe des Brasses et du Môle, la montagne de Sous-Dine, le Bargy, les Aravis et le massif du Mont-Blanc ; en remontant vers l'est, le Roc d'Enfer et le Haut-Chablais et, plus proches au-delà de la vallée du Brevon, le Grand Rocher de Nifflon et le mont Billiat.

Primevère à larges feuilles.

Le retour s'effectue par la crête boisée qui, du mont Forchat, s'étire au nord-est. Par un très agréable sentier horizontal sur le flanc est ④, vous gagnerez une belle pessière aux arbres majestueux et espacés. Puis vous pénétrez dans une clairière où est érigée, à gauche, une touchante chapelle en bois. Filez ensuite à gauche sur un chemin très large qui descend en lacets dans la forêt ⑤. Mousses, fougères et myrtilles couvrent le sous-bois. C'est un lieu privilégié pour découvrir les appels des rondes de mésanges et roitelets, la longue plainte du pic noir ou pour être surpris par les cris saccadés d'un vol de becs-croisés. À la sortie du bois, vous retrouvez l'alpage du départ. Longez l'orée vers la droite en restant à niveau ⑥, puis descendez vers le lac de Très le Mont et par sa droite, remontez directement aux chalets.

Les Abondance se régalent de l'herbe tendre des pentes du mont Forchat.

LE PIC DES MÉMISES

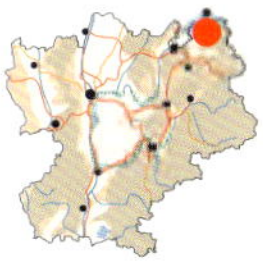

Haut Chablais, balcon du pays Gavot

À 53 km de Genève, la montagne des Mémises, avant-poste du Chablais à mi-chemin entre le charmant port de Meillerie et la dent d'Oche, dispose d'une vue imprenable sur le Léman.

Fiche technique

3

Durée : 3 h
Dénivelé : 514 m
Difficulté : attention aux à-pics
Période : printemps, été, automne selon enneigement
Equipement : randonnée classique
Balisage : rouge, blanc et rouge
Carte IGN 1/100 000 : n°45, pli B9
Carte-Guide IGN 1/25 000 : n°3528 ET : Morzine
À voir aux environs : église romane de Bernex, Evian, Meillerie, St-Gingolph (musée sur les barques du Léman), Val d'Abondance, gorges du Pont-du-Diable

Cette balade est extraite de l'ouvrage ***Les plus belles balades autour du LEMAN du Jura au mont Blanc*** *de Bruno Pambour*

Itinéraire d'accès

De Genève, prenez la route de Thonon/Evian qui longe la rade. À Thonon, poursuivez vers Evian. À 2 km, à Vongy, vous franchissez le puissant torrent de la Dranse. À la sortie du pont, tournez aussitôt à droite sur la D 32, qui monte en belvédère superbe sur le Léman, vers Publier et St-Paul-en-Chablais. Traversez St-Paul et continuez jusqu'à Bernex, village blotti au fond d'une magnifique vallée dominée par la Dent d'Oche. Au cœur du bourg, vous tournerez à gauche vers "Creusaz" : à 800 m, quittez la route de la Dent d'Oche en montant à gauche. Passez les hameaux de Chez Buttay et de Creusaz pour arriver au terminus de la route à l'hôtel-restaurant de l'Alpage (vaste parking).
Transports en commun : aucun.

La balade

Passez un tourniquet pour gravir une piste ①, plein est vers la crête des Mémises. Dès les premiers pas, la pente soutenue vous laissera tout loisir d'observer à droite les éperons rocheux du mont César et surtout, au nord, le Léman et Lausanne. Sur un replat, à la hauteur des premiers épicéas, les parois occidentales de la montagne des Mémises apparaissent. Le sentier se rapproche alors rapidement des barres rocheuses en s'enfonçant dans une pessière ② au sol peu profond : les racines des arbres courent directement sur le lapiaz. Quittant la forêt, vous rejoignez un sentier empierré très sûr (balises rouge et vert/jaune/bleu) qui, par des lacets offrant de beaux dégagements sur le lac, grimpe au col de Pertuis. Le matin, la fraîcheur est garantie à l'ombre des Mémises. Le col de Pertuis procure déjà une belle récompense en dévoilant une des silhouettes les plus célèbres et les plus emblématiques du Léman : la dent d'Oche. De ses 2 221 m

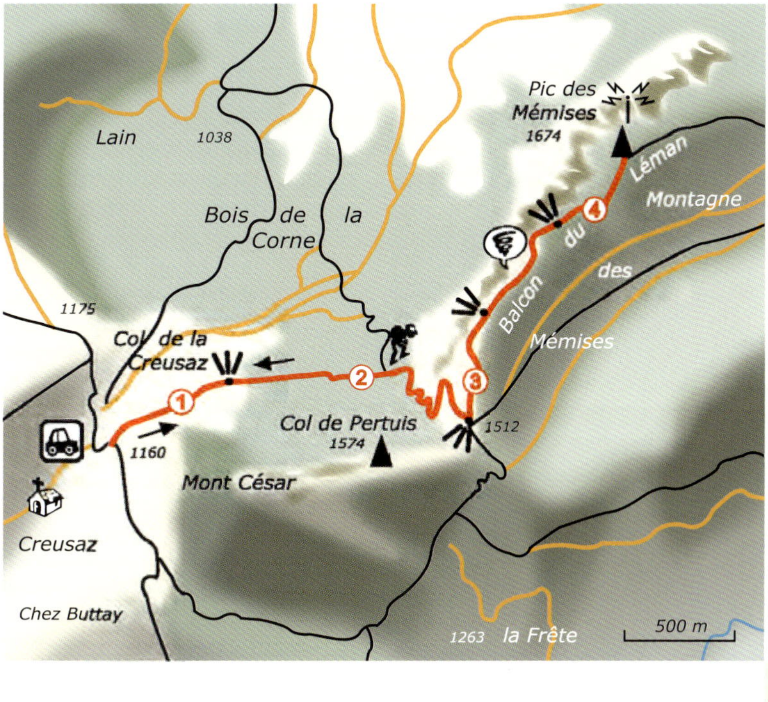

Lausanne et le Léman depuis le pic des Mémises.

d'altitude, elle domine magistralement le lac de plus de 1 800 mètres ! À droite, le relief escarpé du mont César surplombe un vallon sauvage dévalant vers le ruisseau des Plénets. Au-delà, les montagnes du Haut-Chablais s'élancent vers le ciel : ne manquez pas au sud-ouest la crête "iroquoise" du mont Ouzon, une longue et singulière échine de calcaire. Suivant désormais le sentier "Balcon du Léman", hissez-vous à gauche en bordure d'une alpage qui occupe le versant sud d'un vallon perché ③. Encore un dernier effort et vous gagnez la crête où par un très beau cheminement aérien ④ (attention aux à-pic !), vous rejoindrez la tour métallique du pic des Mémises.

La vue embrasse un époustouflant panorama à 360° : au nord le Pays Gavot et le littoral d'Evian et de Thonon, l'ensemble du Grand Lac (400 km²) de Nyon à Montreux, les coteaux vaudois et le Jura qui barrent l'horizon ; au sud, la dent d'Oche et le Haut-Chablais. Sur le Léman, vous prendrez plaisir à suivre les sillages des gros bateaux à vapeur de la CGN et les voiles blanches des plaisanciers. En juillet, les délicates hampes florales du lis martagon se dressent sur le haut du pâturage. À la descente par le même itinéraire, soyez vigilants après les lacets du col de Pertuis : il est facile de manquer à gauche le départ du chemin transversal par où vous êtes venu. Peu marqué, il se trouve en prolongement du dernier lacet. Gardez ensuite la même altitude en sous-bois pour rejoindre la pente finale.

Le charme de Meillerie

Au pied de son église romane, la plus ancienne de la rive sud du Léman, ce village de pêcheurs s'adosse aux falaises les plus imposantes du Léman. Rousseau y situa quelques scènes de *la Nouvelle Héloïse*. Lamartine et Byron y vinrent ; ce dernier faillit d'ailleurs s'y noyer en 1810 lors d'une tempête au large du port. Jusqu'en 1939, on exploitait, dans les anciennes carrières, un très beau calcaire qui servit à la construction des villes baignées par le lac et surtout de Genève. Les pierres étaient acheminées par de grandes barques aux voiles triangulaires et il n'était pas rare, au XIXe siècle, d'en voir plusieurs dizaines cingler sur le Léman. Le site, beau, calme et empreint de nostalgie, inspira nombre de poètes et d'écrivains tel Etienne Pivert de Sénancourt : *« Le lac est bien beau lorsque la lune blanchit nos deux voiles… et que le mur immense de Meillerie oppose des ténèbres à la douce clarté du ciel, aux lumières mobiles des eaux… »*

LE LAC DE DARBON

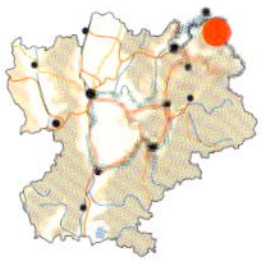

À la rencontre des bouquetins

Une balade idéale alliant une grande variété de paysages, des panoramas à couper le souffle, un lac de montagne et l'attrait de découvrir une flore et une faune (bouquetins) d'une grande richesse.

Fiche technique

4

Durée : 3 h 15
Dénivelé : 660 m
Difficulté : descente raide du col de Floray
Période : printemps, été, automne selon enneigement
Equipement : randonnée classique
Balisage : blanc et rouge, incomplet
Carte IGN 1/100 000 : n° 45, pli B9
Carte Guide IGN 1/25 000 : n° 3528 ET : Morzine

Cette balade est extraite de l'ouvrage ***Les plus belles balades autour du LEMAN du Jura au mont Blanc*** *de Bruno Pambour*

Itinéraire d'accès

Depuis Thonon-les-Bains, sur le rivage du lac Léman, suivez la D 902 en direction de Morzine-Abondance : la « route des Grandes Alpes » qui remonte les gorges de la Dranse. 11 km plus loin, à Bioge, au confluent de la Dranse de Morzine et de la Dranse d'Abondance, tournez à gauche pour remonter l'étroit val d'Abondance. Il mène à la frontière suisse au pas de Morgins. Après 8 km, obliquez à gauche vers Vacheresse. Traversez ce village étiré et tournez ensuite à gauche. Après le Villard, poursuivez vers Ubine-Bise. Au cœur de la combe de Bise, très boisée et dominée par de hautes parois calcaires, laissez à droite la route d'Ubine pour continuer jusqu'aux chalets de Bise (refuge CAF), départ de la balade. Une halte au charmant lac de Fontaine s'impose à l'aller ou au retour. Aucun transport en commun.

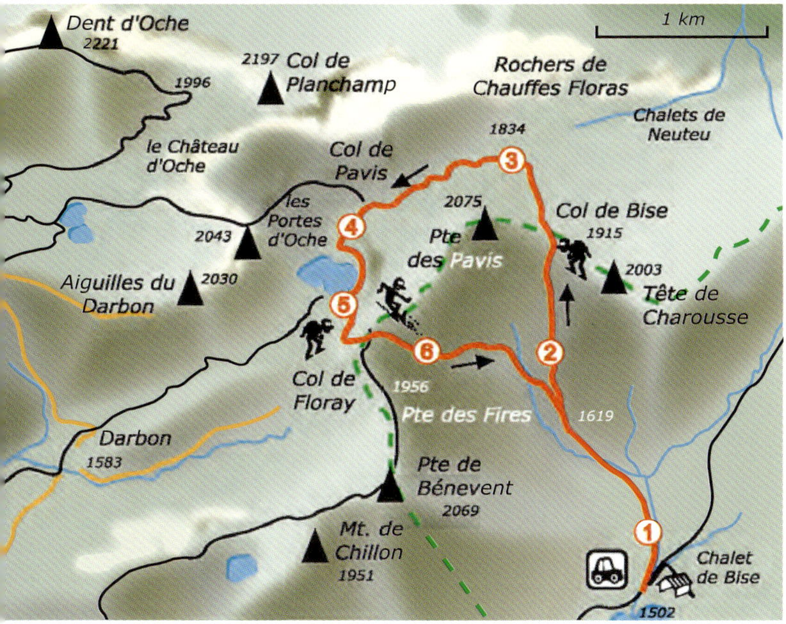

La balade

Les chalets de Bise sont logés au pied des Cornettes de Bise, une véritable forteresse frontalière composée d'un ensemble d'escarpements calcaires empilés à la verticale d'alpages à forte pente. Prenez à gauche le sentier qui traverse le ruisseau ①. Il s'élève en contournant un mamelon herbeux, puis accède par un replat à un large vallon cerné par des crêtes modestes voisinant les 2 000 m (tête de Charousse, pointes de Fire et de Bénévent) et remonte jusqu'aux falaises du Scex de Bise. À la cote 1619, le sentier monte vers une croupe couverte d'épicéas. Evitez-la par la direction du col de Bise ②. Au cours de l'ascension, vous rencontrerez une flore très variée : gentianes et pourpres, cochrys, campanules, serpolet, trèfle alpestre, orchis, raiponces… Après quelques vigoureux lacets, vous jouirez, du col de Bise, d'un panorama extraordinaire. Au sud, la vue s'étend sur le vallon de Bise, les Cornettes de Bise et, à leur droite, le col très marqué du pas de la Bosse, la pointe du même nom et, la dent du Chat. En arrière-plan, s'élèvent les hautes parois du mont Chauffé et du mont de Grange. Côté nord, un petit lac temporaire occupe le fond du vallon face aux chalets de Neuteu. Au-delà, les pentes raides de la vallée de Novel se devinent. Elles plongent dans le bleu profond du "Haut Lac", à la hauteur de Vevey. Les sites des Cornettes de Bise, mont Chauffé, mont de Grange, façonnés dans les nappes de charriage du Chablais, sont protégés par un arrêté de biotope. Situé à un carrefour climatique entre la douceur

En montant au lac de Darbon, le vallon de Bise.

du Léman et les Alpes internes continentales, ce relief varié avec de forts dénivelés, des combes à neige, de larges versants exposés au sud, la présence de milieux humides le long des torrents et des lacs, abrite une riche faune et flore. En été, près de deux mille plantes sont à découvrir !
Le sentier descend rapidement dans le vallon dont le fond est occupé par une mégaphorbiaie. Cette association végétale luxuriante se développe à l'étage subalpin sur des sols très riches, profonds et humides. Dans cette cuvette drainée en permanence par des suintements qui déposent des engrais naturels en forte dose (azote et sels minéraux), l'explosion florale est totale en juillet. Les plantes les plus envahissantes sont l'adénostyle à feuilles d'alliaire et le laiteron alpin. Lis martagon, aconit tue-loup, grande astrance, raiponces, scabieuse des Alpes, grande gentiane… les accompagnent. Dans les pierriers et les pentes herbeuses les plus raides, le botaniste trouvera les androsaces helvétiques et velues. Ouvrez l'œil car les bouquetins, ici, ne sont jamais loin et les mâles débonnaires se prêteront volontiers à votre appétit de photographe. Au creux du vallon, à la cote 1 834 ③, quittez le sentier pour grimper à gauche vers le col de Planchamp-Darbon (nommé Pavis sur l'IGN, 110 m de dénivelé), un large couloir engazonné qui débouche sur les parois du Château d'Oche, la brèche des portes d'Oche et les aiguilles de Darbon. Juste avant de redescendre sur la gauche vers le lac de Darbon ④, appréciez un nouveau panorama au sud-ouest sur les sommets du Haut-Chablais : de gauche à droite, la pointe de Nantaux, le pic de la Corne, le Jorat, le Roc d'Enfer, le mont Ouzon, le mont Billiat et la pointe d'Areuse… Le lac de Darbon (qui en patois signifie taupe) est, comme beaucoup de lacs glaciaires, enchâssé dans un écrin minéral de pierriers et d'éboulis. Des îlots rocheux trônent au milieu de ses eaux. Il est régulièrement aleviné en truites et ombles chevaliers. À travers une exubérante mégaphorbiaie, vous rejoignez son extrémité sud. Passez sous une petite barre rocheuse avant de bifurquer à gauche ⑤ et d'entreprendre la dernière ascension de la balade vers le col de Floray (137 m de dénivelé). De l'arête herbeuse du col qui court au sud jusqu'à la pointe de Bénévent, la dent d'Oche est enfin visible au nord-ouest. Basculez avec prudence dans la pente raide qui dévale vers le vallon de Bise. Plus bas, traversez le fond de la combe plutôt humide ⑥ et, par un sentier peu marqué sur son flanc droit, descendez à vue vers le sentier et Bise.

Clochers à bulbe de Savoie

Quels symboles pour un si beau pays ! Bien que les premiers clochers à bulbe datent du XVIIIe, la majorité d'entre eux a été édifiée au XIXe siècle, lorsque la Savoie, à nouveau sarde, reconstruisit les édifices religieux détruits par la tourmente révolutionnaire en les agrandissant et en les magnifiant. Il s'agissait d'émerveiller les fidèles et d'accueillir une population en pleine expansion démographique. Le clocher à bulbe était une fantaisie coûteuse que seuls pouvaient se permettre les riches villages de montagne. Ce sont probablement des émigrants partis en Allemagne ou en Autriche qui rapportèrent cette architecture, ainsi que les moyens financiers de la réaliser. Sa structure complexe se décompose schématiquement en une tour de section carrée à la base avec une toiture à quatre pans, surmontée de formes octogonales : boudin, lanternon souvent ajouré avec une toiture à huit pans, enfin le bulbe qui se termine par une flèche très fine. Un modèle décliné en nombreuses variantes avec simple ou double balcon, lanternon à claire-voie, parfois double pour rendre le clocher encore plus élancé… Le fer étamé, le cuivre, l'ardoise de Morzine, les tavaillons, et parfois, de nos jours, l'acier inoxydable, habillent et protègent l'extérieur. Elégants et majestueux, ils couronnent chapelles et églises qui, souvent, recèlent en leur sein des merveilles.

La gentiane pourpre.

L'ARÊTE DE SUPER MORZINE

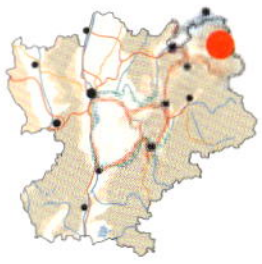

au cœur du Haut-Chablais

À 76 km de Genève, l'arête de Super Morzine domine une combe sauvage face aux principaux sommets du Haut-Chablais. L'occasion de rencontrer les chamois qui aiment ce balcon sauvage à la verticale des eaux bleues du lac de Montriond.

La balade

À gauche de la route menant aux Lindarets, suivez un sentier vers les "crêtes de Super Morzine/le belvédère" ①. Parmi quelques épicéas et des framboisiers en été, le cheminement quasi horizontal suit une ligne de crête qui surplombe au nord le versant boisé de la Joux Verte. Au col de Séraussaix ②, où arrive un télésiège, poursuivez tout droit vers "Super Morzine". La crête épouse un vaste amphithéâtre orienté nord et tapissé de schistes noirs : des ardoises ! Le gisement principal affleure, sous forme de quatre bancs, dans la vallée des Ardoisières, sur le flanc sud de la montagne de Séraussaix. Exploitée depuis près de trois cents ans par des tunnels creusés dans les parois, l'ardoise de Morzine fut longtemps la principale ressource économique du pays. À la fin du siècle dernier, près de trois cents ardoisiers extrayaient ces "tuiles de pierre" qui couvrent encore les toits de Morzine, du Chablais et de la Haute-Savoie. Aujourd'hui, ces artisans ne sont plus qu'une poignée à perpétuer la tradition. Dès à présent, il est possible d'apercevoir des chamois sur cet ubac. À l'arrivée côté sud du télésiège de Zore (crêperie), la cote 1764 est l'occasion de nommer les sommets qui s'élancent de toutes parts. Ne cherchez pas la table d'orientation mentionnée sur les cartes, elle n'existe plus. Au

Fiche technique

Durée : 2 h 20
Dénivelé : 147 m
Difficulté : aucune
Période : printemps, été, automne selon enneigement
Equipement : randonnée classique
Balisage : jaune
Carte IGN 1/100 000 : n°45, pli B9
Carte-Guide IGN 1/25 000 : n°3528 ET : Morzine
À voir aux environs : chalets traditionnels de Morzine et de ses hameaux, cascade d'Ardent, lac de Montriond, les Lindarets : "village des chèvres", ruines de l'abbaye cistercienne de St-Jean-d'Aulps, gorges du Pont-du-Diable.

Cette balade est extraite de l'ouvrage ***Les plus belles balades autour du LEMAN du Jura au mont Blanc*** *de Bruno Pambour*

Itinéraire d'accès

De Genève, deux itinéraires d'accès au kilométrage sensiblement égal sont possibles : soit par Thonon puis les gorges de la Dranse jusqu'à Morzine (78 km) ; soit par Annemasse et la route de Samoëns jusqu'à Taninges où vous bifurquerez pour Morzine (76 km). Chacun d'entre eux parcourt des paysages très variés : essayez-les donc tous les deux en variant vos trajets à l'aller et au retour ! De Morzine, montez à la station d'Avoriaz par de vigoureux lacets qui traversent les Granges et les Maisons de Zore. En vue de l'étonnante architecture d'Avoriaz, garez-vous au col de la Joux verte (auberge). À votre retour de la balade, ne manquez de redescendre à gauche vers les Lindarets, un pittoresque village d'alpage, la cascade d'Ardent et le lac de Montriond.
Transports en commun : chemin de fer SNCF Genève - Thonon, puis liaison par car entre Thonon et Morzine.

Le mont de Grange depuis l'arête de Super Morzine.

sud-est se dresse la barrière calcaire des Hauts-Forts – le point culminant du Chablais à 2 464 mètres d'altitude – prolongée à droite par la pointe de Ressachaux ; plein sud, la pointe d'Angolon ; au sud-ouest, la pointe de Marcelly ; à l'ouest, la citadelle du Roc-d'Enfer s'impose ; au nord, les pointes de Nantaux, d'Entre-Deux-Pertuis, de la Chavache et plus loin le mont de Grange ferment l'horizon ; à l'est, au-delà de l'arête frontière surplombant Avoriaz, s'élèvent les dents du Midi (3257 m), la tour Sallière et le Grand Mont Ruan : des "3000" valaisans couronnés de glaciers, qui dominent le val d'Illiez et Martigny. Remarquez l'architecture audacieuse d'Avoriaz faite d'immeubles élevés aux innombrables décrochements, qui rappelle les falaises voisines. Continuez sur la crête pour descendre le long d'une pessière au col de la Croix des Combes ③. Bifurquez alors à droite vers le belvédère. Trois cents mètres plus loin ④, restez à gauche sur le sentier principal qui suit les courbes de niveau. Vous traversez à flanc les Combes, une zone très sauvage parcourue par des ruisselets et couverte d'une lande à rhododendrons et airelles, de fourrés d'aulnes verts et de bois d'épicéas. Soyez discrets : les chamois se plaisent ici et il n'est pas rare d'en rencontrer ! Après avoir contourné une combe étroite, descendez à la cote 1695, à gauche, la croupe ⑤ qui mène au belvédère (cote 1618) perché en haut des vertigineuses falaises qui dominent le lac de Montriond. Un lieu idéal pour la baignade et le canotage, l'été. Il s'est formé à la suite d'un éboulement dans une profonde vallée taillée en U par des glaciers venus de Suisse. En amont, la forêt cache les puissantes gerbes de la cascade d'Ardent qui sautent allègrement de cinquante mètres un éperon rocheux. Du belvédère, remontez à la cote 1695 puis, tout droit ⑥, jusqu'à la crête, au col de Séraussaix. Revenez à gauche par l'itinéraire d'aller, au col de la Joux Verte

Des chalets, témoins du passé

Le chalet traditionnel est assez vaste pour abriter hommes, bêtes et foin. Adossé à la pente et regardant la vallée, il est entièrement en bois d'épicéa sur un soubassement de pierres. Son grand toit d'ardoises à deux pans porte une cheminée en tronc de pyramide, la *"bourne"*. Les locaux d'habitation occupent la façade orientée au sud, qui comporte un ou deux balcons à balustrades sculptés et décorés de croix, de trous d'aération en forme de cœur, de fleurs… L'entrée est protégée par un porche, la *cortena*. La partie arrière du chalet est réservée aux animaux. Sur le haut du pignon opposé s'ouvrent les portes des granges, où, en raison de la pente, les charrettes chargées de fourrage peuvent accéder : le foin tombe alors directement dans les mangeoires.

Un tourisme séculaire

Idéalement située au confluent de six vallées, encadrée par les pointes de Ressachaux et de Nyon, Morzine est la capitale touristique du Haut-Chablais. Dès 1880, favorisé par l'ouverture de la route de la Dranse, le tourisme s'établit à Morzine sous forme de villégiature d'été. Le village se dote d'hôtels et de pensions de famille. En 1925, à l'exemple de Megève, Saint-Gervais et la Clusaz, il inaugure la saison d'hiver. Dans les années 60, sous l'impulsion de Jean Vuarnet, les Morzinois prennent à nouveau leur destin en main en valorisant les alpages d'Avoriaz, très à l'écart du village et perchés au-dessus de falaises de huit cents mètres. Trois jeunes architectes conçoivent une station d'avant-garde, adaptée à la pratique du ski, où la voiture est bannie, et qui fera date dans l'histoire de l'aménagement de la montagne.

Maisons de zone à Morzine.

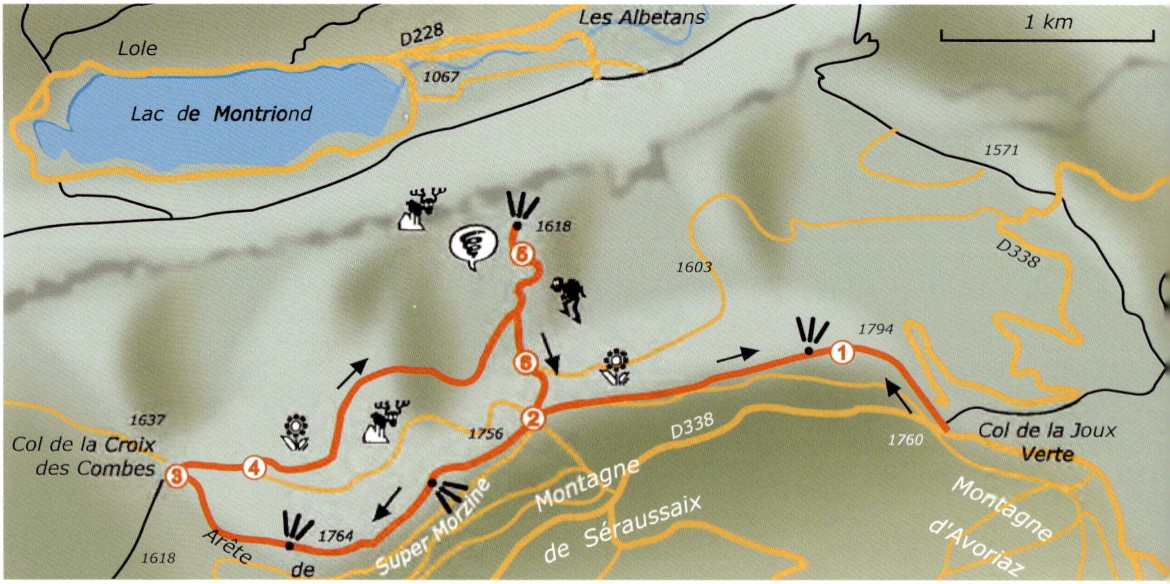

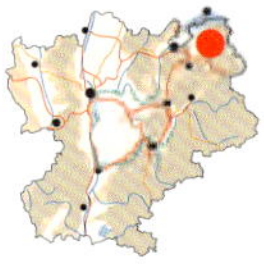

LA POINTE DE MARCELLY

Faucigny, entre Jura et mont Blanc

À 59 km de Genève, ce belvédère idéal rend évidente la géographie complexe de la Haute-Savoie.
Le vaste cirque d'alpages où se niche le lac du Roy est un écrin vert où le temps s'égrène au tintement des clarines.

Fiche technique

6

Durée : 3 h 30
Dénivelé : 496 m
Difficulté : 20 m de descente avec câbles depuis la pointe de Marcelly
Période : printemps, été, automne selon enneigement
Equipement : randonnée classique
Balisage : rouge, incomplet
Carte IGN 1/100 000 : n°45, pli C8
Carte-Guide IGN 1/25 000 : n°3429 ET : Bonneville. Cluses
À voir aux environs : le vieux Taninges (rue des Arcades, fontaine du XVIII, pont de pierre, chapelle Ste-Anne), chartreuse de Mélan

Cette balade est extraite de l'ouvrage ***Les plus belles balades autour du LEMAN du Jura au mont Blanc*** *de Bruno Pambour*

Itinéraire d'accès

Quittez Genève par l'A 40 en direction Chamonix. Après la douane de Moëllesulaz, empruntez la sortie Annemasse et tournez aussitôt à droite vers Annemasse. Juste après le pont d'Etrembières, empruntez à droite la voie qui longe la rive droite de l'Arve et évite la cité, en direction de Thonon. Puis au premier rond-point, prenez à droite la route de Taninges/Samoëns (D 907). Avec comme point de repère le cône du Buet, qui domine de ses 3 099 mètres d'altitude la vallée du Giffre, vous passez Bonne, Viuz-en-Sallaz (musée paysan), St-Jeoire, Mieussy pour gagner Taninges. Dans cette charmante cité savoyarde, prenez à gauche la route des Gets et de Morzine sur 8 km. Puis bifurquez à gauche vers la station du Praz-de-Lys, atteinte après une montée soutenue de 7 km. Traversez la station jusqu'au restaurant de la Grande Ourse et garez-vous au prochain virage à droite, à proximité de la chapelle du XVIIe siècle. Apposé sur un transfo, un panneau signale à gauche : "lac du Roy/pointe de Marcelly".
Transports en commun : aucun

La balade

Suivez la route jusqu'à son extrémité ①. À la hauteur des chalets de Chez Pellet, le sentier monte sur le flanc droit du cirque d'alpages de Gron ②, qui comme l'ensemble du Praz-de-Lys, est une ancienne possession de la chartreuse de Mélan. Dès vos premières foulées, le Haut-Giffre et le mont Blanc s'offrent généreusement au regard et le sifflement des marmottes retentit de toutes parts. Après quelques lacets, à la bifurcation de la cote 1643, ignorez le chemin du lac du Roy et poursuivez à gauche ③ votre ascension vers la pointe de Marcelly (balises rouges). Ménagez alors votre allure : la montée soutenue se raidit dans les éboulis terminaux pour rejoindre au plus direct la crête. Mais quelle récompense pour vos jambes et vos yeux, lorsque le panorama grandiose des vallées du Giffre et de l'Arve se dévoile. Pour en profiter pleinement, rejoignez à gauche la pointe de Marcelly en suivant la ligne de crête sur deux cents mètres ④. Devant le ressaut rocheux de la pointe, basculez à nouveau en versant nord ⑤ pour accéder au sommet par derrière, grâce au sentier venant du Grand Planey. Sur la plateforme sommitale est érigée une gigantesque croix (quatorze mètres de hauteur) récem-

La chartreuse de Mélan et la pointe de Marcelly.

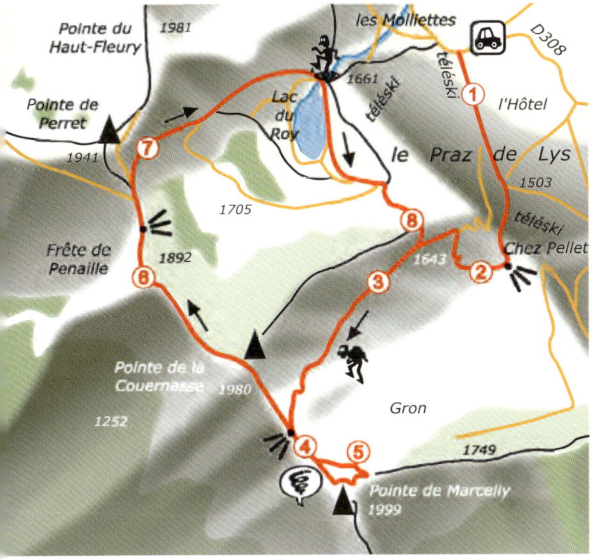

Dame marmotte.

ment rénovée par les scouts de Cluses. Ce belvédère isolé domine magistralement de plus de 1300 mètres de dénivelé, le bourg de Taninges au riche passé historique (ses vieux quartiers et la chartreuse de Mélan méritent le détour) et embrasse avec un recul idéal, dans un tour d'horizon étourdissant, les massifs de Haute-Savoie. De gauche à droite, en partant du nord, la vue porte sur le Haut-Chablais avec le Roc d'Enfer et les Hauts-Forts, les sommets du Haut-Giffre, la pyramide du Buet, les vastes lapiaz du Désert de Platé écrasés par les glaciers et les hautes cimes du massif du Mont-Blanc, le sillon de l'Arve puis, plus proches, la chaîne des Aravis, les hautes falaises du Bargy, la montagne de Sous-Dine et le cône du Môle. Une autre surprise se révèle à l'ouest par temps clair, la vision du jet d'eau de Genève et le Léman au pied du Jura ! Deux solutions pour regagner la crête au nord-ouest : soit par l'itinéraire d'où vous êtes venu, soit, si l'acrobatie ne vous fait pas peur, en désescaladant la brèche rocheuse équipée de câbles et d'une balustrade en fer. Dans ce cas, soyez très prudent et évitez ce passage si le rocher n'est pas sec. À nouveau sur la crête, passez sur la gauche de la pointe de la Couennasse. Le cirque de l'Alpe du Roy et son lac se découvrent. Au nord s'élèvent les modestes mais vigoureuses pointes de Chavasse, de Chalune et d'Uble. À vos pieds, un vaste manteau d'aulnes verts tapisse le versant nord. Ces vernes ployés par les lourdes charges de neige sont fréquentés par les farouches tétras-lyres. Les merles à plastron se faufilent entre les fourrés. La crête mène à un court passage rocheux ⑥, sous la cote 1892 (Frête de la Penaille). Le cheminement se poursuit ensuite sur trois cents mètres en versant sud, puis gagne un col (cote 1862) aux pieds de la pointe de Perret. Quittez la crête pour descendre à droite ⑦ vers les eaux bleues du lac du Roy. En saison, orchis vanille, lis martagon et de Saint-Bruno s'épanouissent dans les pelouses abondamment fleuries, terme qui qualifie d'ailleurs le sommet à votre gauche. Contournez le lac du Roy en traversant son émissaire. L'été, ses rives bordées des corolles blanches des trèfles d'eau sont un endroit de rêve pour pique-niquer. Rejoignez les chalets du Roy, puis la croupe herbeuse ⑧ d'où vous redescendrez sur le Praz-de-Lys.

Dame marmotte

La marmotte est sans aucun doute l'animal sauvage des Alpes le plus facile à voir. C'est pourtant elle qui vous détecte la première, alarmant toute sa petite société par ses cris stridents et répétés tant que l'intrus est en vue. Un cri isolé signale l'ennemi héréditaire, l'aigle royal, qui utilise toute sa puissance et sa ruse pour capturer ce repas dodu. La marmotte vit en famille, sur les pentes ensoleillées entre 1400 et 2500 mètres d'altitude, dans des terriers qu'elle creuse elle-même, où elle se reproduit, hiberne et se réfugie au moidre signe de danger. Un déblai de terre fraîche signale ceux occupés. C'est un rongeur qui se nourrit des plantes des pelouses alpines. Très sociable, ells a une vie familiale où les fréquentes attentions mutuelles sont entrecoupées de jeux, guets et bains de soleil. À l'automne, la durée du sommeil s'allonge, l'activité se réduit au ramassage de "foin" pour tapisser le terrier d'hiver. En octobre, serrée en boule, elle plonge dans un long sommeil hivernal qui dure six mois et se traduit par une baisse de la température corporelle à 4 °C, un ralentissement de la respiration et des battements du cœur. Les réserves de graisse assurent la survie hivernale. À la fin de l'hibernation, elle aura perdu la moitié de son poids ! La marmottes redécouvrea le soleil aux premiers beaux jours, à la repousse de la végétation.

La chartreuse de Mélan

Suite au décès accidentel de son fils, Béatrix de Faucigny dans un élan de spiritualité, fonda en 1288, un couvent de moniales soumis à la règle des chartreux. La chartreuse possédait des biens et des terres jusqu'au Praz-de-Lys. Un incendie anéantit l'ensemble de ses bâtiments en 1967 : seuls le cloître du XVIIe siècle et la chapelle, austère mais d'une grande beauté, subsistent. Chaque été, ses murs accueillent expositions, concerts et spectacles.

Les Jacquemards

En 1355, le Faucigny, jusqu'alors indépendant, passa sous la domination du duché de Savoie. Au cours des années, suite aux impôts et aux levées d'hommes, le mécontentement ne fit que croître et ce fut bientôt la révolte de tous les paysans de la vallée du Giffre. En 1492, Jacques Montant dit Jacques-le-Marc prit la tête de cette insurrection, infligeant même une défaite aux troupes ducales. Pris par traîtrise, il fut pendu haut et court. En souvenir de leur compatriote, les habitants de Taninges se nomment depuis cette époque les "Jacquemards". À la Saint-Jean, la statue du martyr fait un tour de ville, et c'est à ses pieds que sont "intronisés enfants de Taninges" les nouveaux habitants de la cité.

Ci-contre : le mont Blanc depuis la pointe de Marcelly. Ci-dessous : le lac de Roy depuis la pointe ; au fond, le haut Chablais.

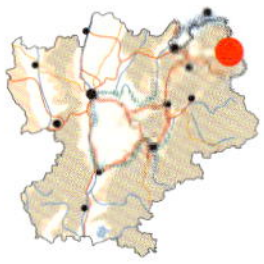

LE BOUT DU MONDE

Faucigny, cirque du Fer à Cheval

À 67 km de Genève, découverte dans la réserve naturelle de Sixt, du prodigieux amphithéâtre de falaises calcaires du Fer à Cheval et du Fond de la Combe, où les cascades jaillissent de toutes parts : une leçon de géologie à ciel ouvert !

La balade

Après avoir embrassé du regard les trente cascades qui se déversent des falaises du Fer à Cheval, prenez le chemin du Fond de la Combe à travers un bois de fayards et d'épicéas. Dans une belle clairière ① (panneau d'informations de la réserve naturelle de Sixt), la vue se dégage à droite sur les Cornes du Chamois et à gauche sur la pointe de Sans Bet et l'arête de Trécot. Une première passerelle franchit le torrent de la Pierrette issu d'une des plus hautes cascades du cirque : la Fontaine de l'Or. En vous retournant, goûtez une nouvelle perspective sur le Fer à Cheval. Quittant la futaie, le sentier traverse des taillis, où bouleaux, frênes, noisetiers, aulnes, saules, sureaux rouges,… se plaisent dans ce fond de vallon humide. À la prochaine bifurcation ②, franchissez à gauche le Giffre (passerelle) en direction du Pas du Boret. Remontez la rive droite (chamois et bouquetins en juin) sur 500 mètres : en vue d'une passerelle, le Fond de la Combe et ses cascades apparaissent, dominés par la Tour de Saint-Hubert (2430 m). À la buvette du Prazon, montez à gauche vers le Boret ③ (croix érigée à la mémoire de Joathon Germain qui périt ici en descendant une lourde charge de foin). Après la traversée d'un torrent asséché l'été, le sentier parcourt des dalles lisses, puis en lacets, négocie un éperon schisteux et s'élève rapidement au-dessus du Giffre par d'étroites vires herbeuses. Cet itinéraire est à proscrire si le rocher n'est pas sec ou si vous êtes sujet au vertige (tenez les enfants par la main). Juste avant le premier câble, retournez-vous pour jouir d'un superbe point de vue sur le Fer à Cheval. En face, les gradins, sous le pic de Tenneverge, sont une remarquable alternance de parois, pelouses, zones boisées ou érodées, conséquence de la nature géologique des terrains. Les roches dures comme les calcaires donnent des parois verticales, les roches plus tendres telles les schistes et les marnes forment des pentes moins raides où se développent des pâturages. Bien que situés entre des falaises, ces alpages étaient exploités autrefois : les montagnards s'encordaient pour faucher et lier solidement le foin avant de le précipiter dans la vallée. Certains alpages n'étaient mis en valeur qu'à partir de la Suisse d'où, malgré les crêtes, l'accès était plus facile. Par une combe boisée où hêtres et alisiers s'accrochent à la pente, vous parvenez à une croix sculptée (1826) et à une pierre tombale au pied d'une barre rocheuse. Les arbres, rabattus vers la pente, sont modelés par le déferlement des avalanches. À la sortie du bois, après un gué, les chalets du Boret vous accueillent pour une halte méritée. Le refuge est ouvert en toute saison (oratoire de 1848). Du XVIIe au XIXe siècle, des mines de fer furent exploitées au-dessus des chalets et sur le flanc du mont Ruan. La pauvreté des gisements et les difficultés d'accès arrêtèrent l'extraction. Autre fait historique : le vainqueur du mont Blanc, Jacques Balmat, trouva mystérieusement la mort au mont Ruan en

Fiche technique

Durée : 3 h 30
Dénivelé : 448 m
Difficulté : longueur, éviter le pas du Boret si vous êtes sujet au vertige
Période : de mai à octobre selon l'enneigement
Equipement : randonnée classique
Balisage : rouge
Carte IGN 1/100 000 : n°45, pli C10
Carte-Guide IGN 1/25 000 : n°3530 ET : Samoëns
Réglementation de la réserve naturelle de Sixt : faune et flore protégées, cueillette, chien et déchets interdits. Veillez à rester sur les sentiers
À voir aux environs : Sixt : place du village, hameaux de Salvagny et du Mont, cascade du Rouget, gorges des Tines ; Samoëns : place du Gros Tilleul jardin botanique alpin de la Jaÿsinia, hameaux traditionnels (les Vallons, L'Etelley, Chantemerle,…), belvédère de la Rosière sur le mont Blanc.

Cette balade est extraite de l'ouvrage ***Les plus belles balades autour du LEMAN du Jura au mont Blanc*** *de Bruno Pambour*

Le cirque du Fer à Cheval depuis le Bout du Monde.

cherchant de l'or. Face à vous, entre les hautes crêtes formant frontière avec la Suisse et les falaises du cirque, s'étalent les glaciers du Prazon et du Ruan, vestiges du système glaciaire qui recouvrait le Haut-Giffre, il y a quinze mille ans. Par la droite des chalets, continuez vers le Bout du Monde par un versant boisé (superbes fayards) où vous traverserez à l'horizontale, une succession de torrents ④. À 300 mètres, celui de la Vogealle est enjambé par une passerelle. Plus loin, le torrent de la Gouille Verte dévale un couloir d'avalanche très érodé où le chemin doit être refait à chaque début de saison : prudence ! À la verticale de la cascade du Violon et du goulet spectaculaire creusé par le torrent du Foulon, vous apercevez les séracs du glacier. Remarquez ensuite, en forêt, les énormes blocs descendus des parois. Au torrent des Enclaves, le sentier descend plein est ⑤ : le Fond de la Combe se découvre dans une beauté âpre et sauvage qui évoque la création du monde...: un point de vue imprenable pour pique-niquer et comprendre la géologie du site. Le Fond de la Combe était probablement une ancienne galerie souterraine creusée par les eaux, qui s'effondra en créant un "canyon" et fut ensuite profilée en U par les glaciers. Seule la résurgence du Giffre subsiste au Bout du Monde. Sous la cascade des Lanchettes, vous dévalez rapidement vers le Giffre ⑥

Itinéraire d'accès

Quittez Genève par l'A 40 en direction Chamonix. Après la douane de Moëllesulaz, empruntez la sortie Annemasse et tournez aussitôt à droite vers Annemasse. Juste après le pont d'Etrembières, empruntez à droite la voie qui longe la rive droite de l'Arve et évite la cité, en direction de Thonon. Puis au premier rond-point, prenez à droite la route de Taninges/Samoëns (D 907). À Samoëns, continuez vers Sixt, puis vers le cirque du Fer à Cheval où un parking payant en sous-bois est aménagé.

Transports en commun : chemin de fer SNCF Genève - Cluses, puis liaison jusqu'à Sixt.

(débit maximal en mai-juin) en passant un premier torrent. Le cincle plongeur est fréquent le long du cours d'eau. Les courageux frênes, érables et alisiers au milieu du pâturage, présentent des troncs torturés par les coulées de neige. Il est préférable de revenir en rive droite, surtout en début de saison, quand les cascades grossies par la fonte des neiges déferlent dans le cirque et noient les cônes de déjection des torrents. Le Haut-Giffre est le massif le plus arrosé des Alpes françaises : il reçoit 4 000 millimètres d'eau par an à l'altitude de 2 500 mètres, principalement sous forme de neige. L'eau s'infiltre dans le karst et ne réapparaît souvent qu'à mi-paroi, sous forme de résurgences, au contact de couches moins perméables ou de calcaires dures qu'elle ne peut entailler. Ces fortes précipitations, le gel et le dégel, favorisent une érosion rapide. Les éboulements sont fréquents. Au Fer à Cheval, l'un des plus terribles, descendu de Tête Noire, anéantit en 1602 trois hameaux, tuant 57 personnes et 144 têtes de bétail. Les éboulis barrèrent le Giffre et un lac se forma. Sous la pression des flots, la digue se rompit et la vallée fut inondée jusqu'à Sixt. Après la cascade de la Vogealle (gros cône d'éboulis), des névés persistent presque chaque année en rive gauche, au pied des falaises, suite aux avalanches qui dévalent depuis le pic de Tenneverge. Un phénomène rarissime dans les Alpes à cette altitude modeste de 1 050 mètres. À la hauteur du torrent Elizabeth ⑦, amusez-vous à repérer le pas du Boret, à peine visible dans les rochers. De retour à la buvette du Prazon, si vous choisissez de revenir par la rive droite, un sentier de découverte via l'alpage de Giffrenant ⑧ vous révélera les secrets du Fer à Cheval.

Renseignements : Maison de la Réserve à Sixt et chalet d'accueil au cirque du Fer à Cheval. Les curieux de géologie se procureront *Falaises et cascades du Fer à Cheval, du Fond de la Combe et de Platé,* d'Albert Plachoud, un des livrets édités par l'Association des amis de la réserve naturelle de Sixt.

Le Bout du Monde, cirque du Fer à Cheval.

LES CHALETS DE SALES

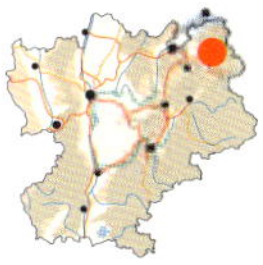

Faucigny, cascades du Haut-Giffre

À 67 km de Genève,
la remontée de la combe de Sales jalonnée de superbes cascades,
mène au pied du Désert de Platé, un immense lapiaz d'altitude
au cœur de la réserve naturelle de Sixt.

La balade

Dès le départ, l'itinéraire emprunte un sentier à travers une belle pessière clairiérée, à l'aplomb du collet d'Anterne ①. Veillez à rester sur la voie la plus large. Les gros dômes d'aiguilles sèches en sous-bois sont des "nids" des fourmis rousses des bois : leur abondance est un indicateur de la bonne santé de la forêt. Traversez un premier torrent asséché l'été. À la sortie de la forêt, la pointe de Sales (2 437 m), éperon nord des Rochers des Fiz, se dresse vigoureusement sur la gauche. À l'ouest, le regard bute sur une série d'escarpements rocheux. Des mélèzes illuminent les pentes. Après deux lacets, vous découvrez la cascade de la Sauffaz, toute en puissance, et celle de la Pleureuse à sa droite, qui saute des gradins en une délicate pluie fine. Plus haut, le sentier part à gauche vers "Anterne". Restez à droite en direction de "Sales" ②. Le sentier rejoint en peu de temps un replat, le Clos de Sales, cerné par un univers minéral de hautes parois et d'éboulis. Soyez vigilants : les chamois aiment paître l'herbe tendre des gazons au pied des falaises. Un endroit idéal pour goûter à la belle saison la fraîcheur du torrent. Franchissez-le par une passerelle et progressez en rive gauche vers la cascade de Sales. Quittant le lit du torrent, le chemin s'élève sur le flanc droit de la combe et se fraye audacieusement un passage sûr, large et pourvu d'une solide balustrade, dans la barre rocheuse : le pas de Sales, taillé en 1861, pour faciliter la montée des troupeaux ③. Au nord, se dressent les Avoudrues et la pointe de Bellegarde. Comme par magie, une cascade sitôt disparue, une nouvelle apparaît ! Vous êtes à l'étage subalpin dans les landes à rhododendron ou à genévrier. Dans les pelouses rocailleuses fleurissent lis martagon, raiponces, thé des Alpes,

Installé pour les troupeaux, cet abreuvoir fait aussi le bonheur des randonneurs.

Fiche technique

8

Durée : 3 h 30
Dénivelé : 697 m
Difficulté : longueur
Période : printemps, été, automne selon enneigement
Equipement : randonnée classique
Balisage : blanc et rouge
Carte IGN 1/100 000 : n°45, pli C9
Carte-Guide IGN 1/25 000 : n°3530 ET : Samoëns
Réglementation de la réserve naturelle de Sixt : faune et flore protégées, cueillette, chien et déchets interdits. Veillez à rester sur les sentiers
À voir aux environs : Sixt : place du village, hameaux de Salvagny et du Mont, gorges des Tines ; Samoëns : place du Gros Tilleul, jardin alpin de la Jaÿsinia, hameaux traditionnels (les Vallons, L'Etelley, Chantemerle,...), belvédère de la Rosière sur le mont Blanc.

Cette balade est extraite de l'ouvrage ***Les plus belles balades autour du LEMAN du Jura au mont Blanc*** *de Bruno Pambour*

Itinéraire d'accès

Quittez Genève par l'A 40 en direction Chamonix. Après la douane de Moëllesulaz, empruntez la sortie Annemasse et tournez aussitôt à droite vers Annemasse. Juste après le pont d'Etrembières, empruntez à droite la voie qui longe la rive droite de l'Arve et évite la cité, en direction de Thonon. Puis au premier rond-point, prenez à droite la route de Taninges/Samoëns (D 907). À Samoëns, continuez vers Sixt, où vous tournerez à droite vers Salvagny, superbe hameau, et la combe de Sales. La splendide cascade du Rouget, la "Reine des Alpes", mérite une halte avant d'atteindre le terminus de la route aux chalets du Lignon. Le parking étant souvent plein les jours d'affluence, il faudra vous garer avec prudence le long de la chaussée.
Transports en commun : chemin de fer SNCF Genève - Cluses, puis liaison par car SAT

gentiane jaune, grande astrance, géraniums... À gauche de la cascade de Tranant, une belle résurgence est alimentée par un vaste réseau de galeries souterraines. L'eau, collectée par l'immense cuvette formée par les Grandes Platières et le versant ouest des Rochers des Fiz, converge à l'intérieur des calcaires vers les chalets de Sales. Elle apparaît à l'air libre lorsque les calcaires cèdent la place à des terrains plus marneux donc moins perméables, dans lesquels le torrent creuse un canyon. La combe de Sales n'est donc pas une fracture géologique mais le résultat de l'érosion du torrent. Une croix marque la fin de l'ascension ④. À cent mètres, sur la gauche, la chapelle de Sales (XVIIe siècle) faisait autrefois face à des chalets construits par les moines et qui furent détruits par les avalanches. Peu après, le refuge de Sales, gardé du 15 juin au 15 septembre, offre boissons, restauration et couchage. Les plus courageux pousseront au fond de la combe jusqu'au passage du Dérochoir : un splendide point de vue sur le mont Blanc, la vallée de l'Arve et le vaste lapiaz du Désert de Platé. Le retour s'effectue par le même itinéraire.

La "perdrix blanche"

Le lagopède alpin doit son nom à sa parfaite adaptation aux rudes températures de l'étage alpin : *lagopus,* son nom scientifique signifie "patte de lièvre" car les siennes et ses doigts sont emplumés. Cette plus grande surface portante lui permet de marcher dans la poudreuse. À la mauvaise saison, ses plumes ont une base duveteuse et sont en partie dédoublées en étant ingénieusement disposées comme les tuiles d'un toit : la couche d'air piégée devient isolante. Surpris par la tempête, il se laisse recouvrir totalement par la neige, attendant la fin des intempéries pour percer la couche protectrice. Même au cœur de l'hiver, il vit au-dessus de la limite supérieure des forêts. Il fréquente les pierriers, les affleurements rocheux et les pelouses des ubacs jusqu'à la limite des neiges éternelles. Ici, il se plaît sur les lapiaz du Désert de Platé. Il supporte mal la chaleur : à 16°C, il halète déjà ! En hiver, les arêtes déneigées assurent sa survie. Il se nourrit durant de longues heures, chaque jour, de végétaux : bourgeons, rameaux, feuilles, fleurs et fruits des plantes naines de l'étage alpin. Contrairement au tétras-lyre, il est monogame et vit en couple toute l'année. Son plumage est en toute saison parfaitement mimétique : blanc l'hiver, maillé l'été. Le changement obéit à la fonte des neiges. Si vous le surprenez, il restera souvent immobile sur la neige ou les roches, confiant dans son camouflage naturel.

Ci-dessous : la cascade du Rouget.
À droite : vaches au pied des Fiz.
Le pas de Sales, R.N. de Sixt-Passy.

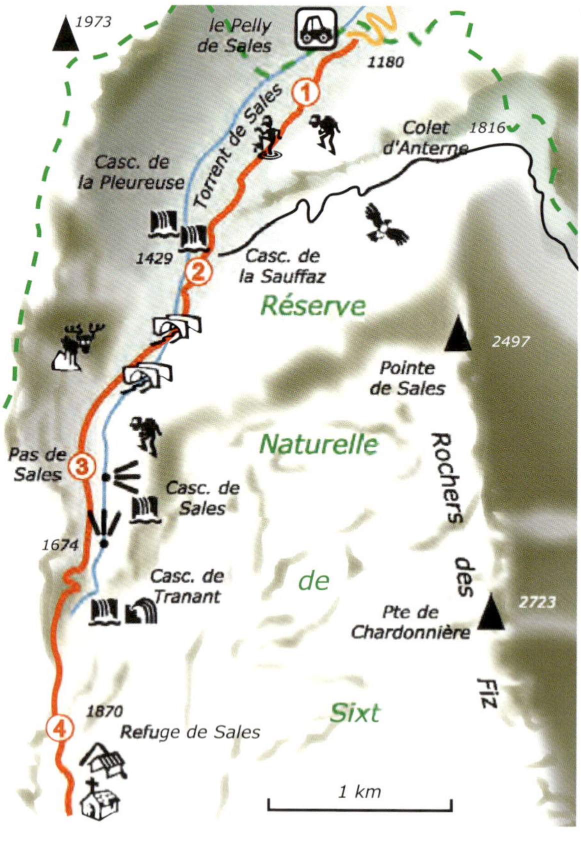

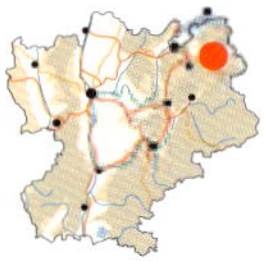

LE LAC DE PORMENAZ

Pays du mont Blanc, au pied des Fiz, face au mont Blanc

À 82 km de Genève, ce lac glaciaire situé au pied des vertigineuses falaises des Fiz permet de découvrir la géologie tourmentée de la réserve naturelle de Passy, face aux cimes et glaciers du massif du Mont-Blanc.

Fiche technique

9

Durée : 3 h 30, 4 h 30 avec A/R au col d'Anterne
Dénivelé : 589 m, 828 m (col d'Anterne)
Difficulté : aucune
Période : printemps, été, automne selon enneigement
Equipement : randonnée classique
Balisage : jaune, jaune et rouge, rouge
Carte IGN 1/100 000 : n°45, pli D9
Carte-Guide IGN 1/25 000 : n°3530 ET : Samoëns
Réglementation de la réserve naturelle de Passy : faune et flore protégées, cueillette et déchets interdits. Veillez à rester sur les sentiers
À voir aux environs : chalet-accueil de la réserve à Plaine-Joux, lac Vert, Notre-Dame-de-Toutes-Grâces, gorges de la Diosaz, cascade de l'Arpenaz, centre d'initiation à la nature montagnarde de Sallanches

Cette balade est extraite de l'ouvrage ***Les plus belles balades autour du LEMAN du Jura au mont Blanc*** *de Bruno Pambour*

La balade

Des chalets du Gouet, vous montez sur la piste dans une pessière lâche ①. Le cadre est grandiose : les hautes falaises calcaires des Fiz, rebord méridional du Désert de Platé, défient l'éclatante blancheur du mont Blanc. Aux chalets du Souay, suivez à gauche "lac de Pormenaz" (balises jaunes). Le sentier se dirige vers la pointe et la brèche du Dérochoir ②, théâtre d'un gigantesque éboulement qui rompit la continuité de la crête en 1757. À gauche se profile la pointe de Platé. À la verticale, le surplomb du Marteau et les pointes d'Ayères se dressent menaçants. Arrivé en vue des Ayères des Pierrières ③, un village d'alpage où il fait bon séjourner, bifurquez à droite vers "Anterne" (entrée de la

En bas à gauche : le mont Blanc depuis le plateau d'Assy.

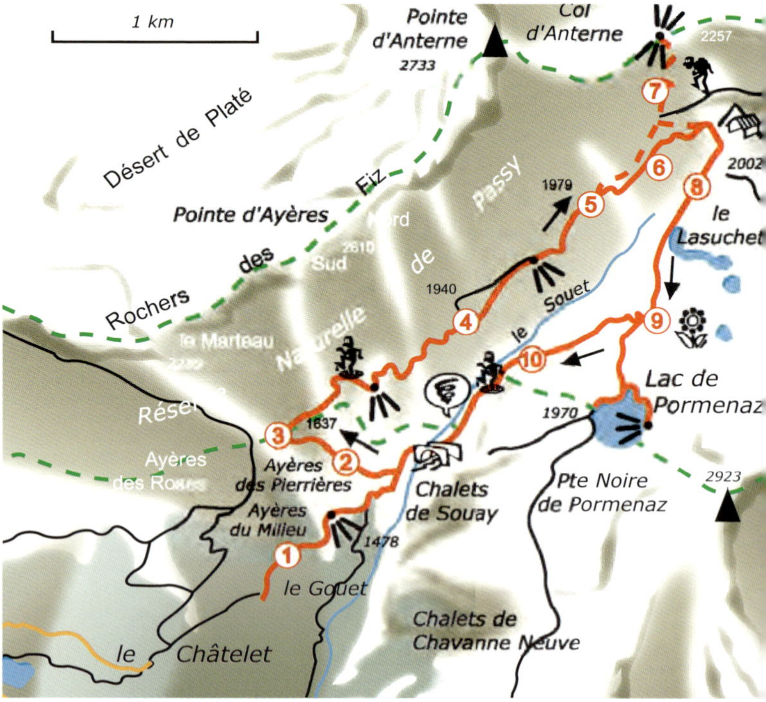

réserve). Ayères viendrait d'un vieux mot burgonde *ayon* signifiant rocher. Une juste dénomination si l'on en juge à la multitude de gros blocs issus des falaises qui ont fini leur course tout autour. Après quelques lacets, la piste traverse un gué. Six cents mètres plus loin ④, préférez à droite un raccourci bien marqué. En arrière-plan de la montagne de Pormenaz, se dresse le cône sombre de l'aiguille du Belvédère, point culminant des Aiguilles Rouges. Sous la pointe d'Anterne (cote 1 979) ⑤, vous avez le choix de gagner directement le refuge de Moëde-Anterne ⑥, ou en rassemblant votre courage, de grimper à gauche, en trente minutes, jusqu'au col d'Anterne ⑦ : un panorama prodigieux au cœur de la réserve naturelle de Passy.

Lien entre la réserve des Aiguilles Rouges et celle de Sixt, elle s'étend sur 1 800 hectares répartis entre deux mondes géologiques radicalement différents, témoins de l'histoire des Alpes. Au sud du vallon du Souay, la montagne arrondie de Pormenaz fait partie du socle cristallin des Aiguilles Rouges. La présence de schistes ardoisiers et charbonneux lui donne son aspect noirâtre : des veines d'anthracite y furent même exploitées autrefois. À l'ouest et au nord, les Rochers des Fiz forment une muraille continue de sept cents mètres de hauteur. Ce fantastique empilage de sédiments marins reposait auparavant dans une dépression située à l'actuel emplacement des Aiguilles Rouges et du massif du Mont-Blanc, alors enfouis. Il y a quarante mille ans, la rencontre de l'Europe et de l'Afrique a provoqué la surrection des Alpes et ces plaques ont glissé vers l'ouest, en se soulevant, pour former le massif du Haut-Giffre. Ces couches calcaires accumulées durant quatre-vingts millions d'années, aux ères secondaire et tertiaire, renferment de nombreux fossiles : coraux, petits invertébrés… Au nord-est, se dressent la Tête de Moëde, la Tête de Villy, le mont Buet. Au sud-est, la masse sombre des Aiguilles Rouges est écrasée par les hautes cimes du massif du Mont-Blanc. De gauche à droite, vous distinguerez l'aiguille d'Argentière, la Verte et le Dru, les Grandes Jorasses, la dent du Géant, les aiguilles de Chamonix dont notamment celle du Midi, le toit de l'Europe et ses

Les vertigineuses falaises de Fiz depuis le col d'Anterne.

puissants contreforts : mont Blanc du Tacul, mont Maudit, dôme du Goûter, aiguilles de Bionnassay, dômes de Miage. Du col, redescendez au refuge, où sur la droite, après le pluviomètre, vous longerez par une arête herbeuse la combe du Souay ⑧. Après le Laouchet – mare en patois savoyard –, vous rejoignez, sur un replat,

Itinéraire d'accès

Quittez Genève par l'A 40 en direction de Chamonix. Passez Bonneville, Cluses et sortez à Sallanches pour vous rendre à Passy. Du village, montez au Plateau d'Assy : vue splendide sur le mont Blanc. Ici est érigée une des plus belles réalisations de l'art sacré contemporain : Notre-Dame-de-Toutes-Grâces (cf encadré). Poursuivez l'ascension vers Plaine Joux où vous suivrez la direction "Pormenaz/Anterne". Après 3 km d'une route qui se termine en piste très roulante, et 500 m après l'auberge du Châtelet, garez-vous sur un terre-plein en partie ombragé.

Transports en commun : chemin de fer SNCF jusqu'à St-Gervais/le Fayet puis car jusqu'à Plaine-Joux

le départ du sentier des Argentières ⑨ : l'itinéraire de retour que vous ignorez pour l'instant. Continuez tout droit vers la cuvette de Pormenaz. Les pinceaux blancs des linaigrettes signalent les dépressions marécageuses aux environs du lac. Le miroir de ses eaux pures d'où émerge un îlet, est un belvédère privilégié sur les Fiz. Revenez sur vos pas pour dévaler par le chemin précité, la combe du Souay ⑩. Le torrent s'encaisse rapidement et le sentier progresse en balcon sur sa rive gauche parmi une abondante végétation (adénostyle, laiteron alpin, raiponce, gentiane pourpre…), passant l'émissaire du lac de Pormenaz. Au lieu dit "les Argentières", des gisements de cuivre, de plomb et d'argent furent exploités du XVIIIe au XIXe siècle, alimentant une fonderie de Servoz. À la jonction avec le sentier de la Chorde, une sangle sécurise un passage délicat le long de la roche. Plus loin, il vous faudra à nouveau "mettre les mains" pour négocier quelques marches un peu hautes mais sans danger. En bas, franchissez le torrent par une passerelle, et rejoignez les chalets du Souay, puis le Gouet.

Le lac de Pormenaz, ourlé de Rhododendrons ferruigineux.

Ci-dessous : le refuge d'Anterne et le massif du Mont-Blanc. Emissaire du lac de Pormenaz.

LE LAC BLANC

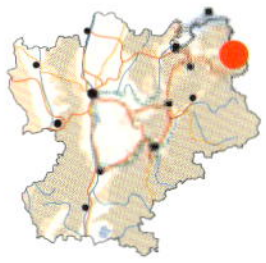

Pays du mont Blanc, aiguilles Rouges

À 78 km de Genève, miroir aux eaux translucides et bleutées enchâssé dans un écrin de neige, le lac Blanc est l'un des plus beaux belvédères sur le massif du Mont-Blanc, au cœur de la réserve naturelle des Aiguilles-Rouges.

La balade

Prenez un aller et retour jusqu'à la Flégère (départ toutes les demi-heures, première benne à 7 h 40, dernière descente à 17 h 50). De la gare d'arrivée (table d'orientation à 1 877 m), suivez à droite la direction "lac Blanc".
L'alpage de la Flégère, suivant l'usage de la vallée, était géré en communauté. Pour avoir le droit d'y faire paître une vache, il fallait être propriétaire d'un fonds, d'une valeur de 50 à 75 livres en 1760. Par le jeu des successions et des partages, les fonds se morcelèrent en "pattes" et même en "ongles", si bien que, pour le droit à la pâture d'une vache, il fallait posséder quatre "pattes" ! À la hauteur des câbles du télésiège de la Chavanne ①, bifurquez à gauche vers le lac. Le début de la montée s'effectue dans des dépôts morainiques assez fins. Vous dépassez un chalet puis le modeste lac de la Flégère. Un cairn signale l'entrée de la réserve naturelle des Aiguilles-Rouges ②. Après une traversée à flanc, le sentier se hisse en lacets sur un éperon rocheux.

Itinéraire d'accès

Quittez Genève par l'A 40 et gagnez Chamonix. Dépassez la capitale mondiale de l'alpinisme et poursuivez votre route vers Argentière et Martigny (N 506). 3 km plus loin, aux Praz, tournez à gauche vers la gare et le parking du téléphérique de la Flégère.
Transports en commun : chemin de fer SNCF, gare de Chamonix-Mont-Blanc ou car Genève/Chamonix (tél.: 022/732 02 30). Puis liaison par Chamonix-bus jusqu'aux Praz.

Le lac Blanc, dans la Réserve naturelle des Aiguilles-Rouges.

Fiche technique

10

Durée : 3 h
Dénivelé : 475 m
Difficulté : aucune
Période : de juin à septembre (téléphérique de la Flégère). Pour l'enneigement, se renseigner à la Maison de la Montagne
Equipement : randonnée classique
Balisage : jaune et rouge, rouge, panneaux indicateurs
Carte IGN 1/100 000 : n°45, pli D10
Carte-Guide IGN 1/25 000 : n°3630 OT : Chamonix
Réglementation de la réserve naturelle des Aiguilles Rouges : faune et flore protégées, cueillette, chien et déchets interdits. Veillez à rester sur les sentiers
À voir aux environs : Chamonix : centre ville, la mer de Glace par le chemin de fer du Montenvers, téléphérique de l'aiguille du Midi, Musée alpin, glacier des Bossons, panorama du Brévent, chalet-accueil et sentier écologique du col des Montets (réserve naturelle des Aiguilles Rouges), église d'Argentière (XVIIIe siècle), hameau du Tour, église baroque et musée montagnard des Houches, parc animalier du Balcon de Merlet

Cette balade est extraite de l'ouvrage ***Les plus belles balades autour du LEMAN du Jura au mont Blanc*** *de Bruno Pambour*

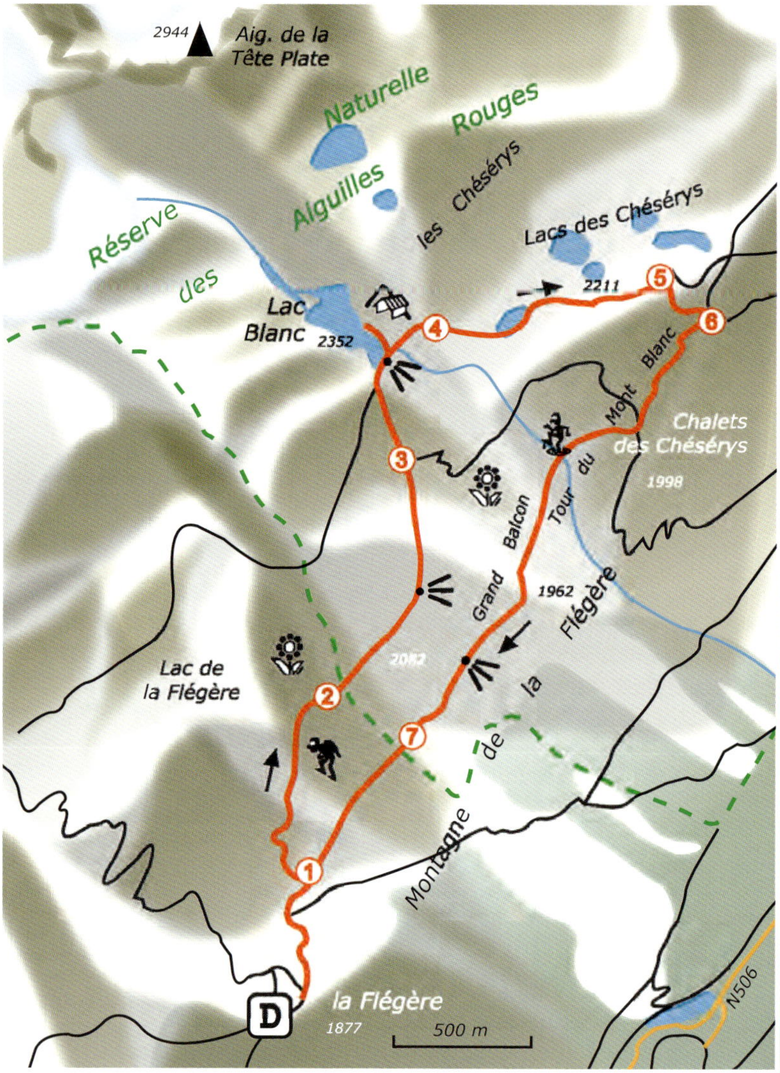

sont la preuve qu'un glacier, aujourd'hui réduit à de simples névés, existait durant le "petit âge glaciaire" aux XVIIIe et XIXe siècles. Depuis cette époque, le réchauffement du climat a fait reculer les langues des glaciers du mont Blanc et fait disparaître la moitié des glaciers des Aiguilles Rouges, d'altitude moins élevée. Le nouveau refuge remplace celui construit en 1937, qui fut détruit par une avalanche en 1986. À la recherche de nourriture, l'hermine furète à ses alentours alors que les volées de chocards se disputent les restes des promeneurs.

Le massif du Mont-Blanc, classé depuis 1958, est l'un des monuments naturels les plus visités au monde. De gauche à droite, le regard balaye le col de Balme,

Dépassez une mare puis, à un croisement ③, ignorez le chemin qui part à droite vers "Argentière par les Chésérys". L'aiguille des Chamois et celle de la Persévérance surgissent plein nord. Les lichens tapissent les rochers en de chauds aplats ocre brun. À droite se découvrent les glaciers du Tour et d'Argentière. Encore quelques efforts et vous découvrez le lac Blanc, l'un des plus beaux et des plus prestigieux belvédères de la vallée de Chamonix. Contournez-le par la droite pour le dominer de quelques dizaines de mètres : vous jouirez alors au calme, d'une vue exceptionnelle sur le massif du Mont-Blanc avec, pour premier plan, ses eaux d'un bleu turquoise presque irréel. Il occupe le cirque le plus vaste et le mieux alimenté en eau et en neige des Aiguilles Rouges, au pied de l'aiguille du Belvédère, point culminant du massif à 2 965 mètres d'altitude. Il remplit deux "ombilics", des cuvettes de surcreusement glaciaire, barrés par un verrou où s'écoule le trop-plein du lac. Tout autour, le relief est modelé par le travail des glaciers. La roche est polie, "moutonnée", striée par l'érosion des glaces. Des moraines récentes recouvrent le fond du vallon dans l'axe du col du Belvédère et le glacier du Tour et celui d'Argentière dominé par les aiguilles du Chardonnet et d'Argentière avec, en arrière-plan, le mont Dolent (frontière entre la France, la Suisse et l'Italie), l'arête des Grands Montets, la Verte et son versant Nant Blanc flanqué du fût pyramidal du Dru, la mer de Glace avec en toile de fond les Grandes Jorasses et la dent du Géant, les aiguilles des Grands Charmoz, de Blaîtière, du Plan et l'aiguille du Midi qui se découpe sous le mont Blanc du Tacul, le mont Maudit, le mont Blanc et le dôme du Goûter ! Excusez du peu ! Selon un vieux dicton chamoniard : *« ce que Verte ne veut, mont Blanc ne peut »*. "L'âne du mont Blanc", nuage effilé qui chapeaute le sommet, n'annonce pas toujours le mauvais temps. C'est la Verte qui commande ! Si "elle fume vers la droite", c'est signe de beau temps ; si "elle fume vers la gauche", c'est infailliblement l'arrivée d'une dépression.

Du refuge, descendez le verrou glaciaire par la gauche vers le "col des Montets/Argentière/Aiguillette". Les lacets entrecoupés d'escaliers ④ dévalent vers une zone de moraines où se sont nichés les lacs des Chéserys. Le sentier longe le premier d'entre eux avant de basculer derrière une croupe. À un cairn édifié à la jonction avec le Grand Balcon sud ⑤ – l'un des premiers sentiers de randonnées réalisé en 1924 par Charles Vallot –, obliquez à droite vers "la Flégère/Argentière/chalet de Chéserys", pour une descente en raccourci dans l'alignement du glacier d'Argentière. À un second cairn ⑥, prenez à nouveau sur la droite. Parmi la lande à rhododendrons et à airelles, fleurissent gentiane pourpre, campanule, raiponce, vérâtre… La marmotte, emblème de la réserve naturelle des Aiguilles-Rouges, vit dans les éboulis stabilisés. Au chalet des Chéserys, un balcon horizontal traverse le torrent issu du lac Blanc et rejoint l'alpage et la gare de la Flégère ⑦.

Le massif du Mont-Blanc, de l'aiguille Verte au dôme du Goûter, depuis les aiguilles Rouges ; au premier plan, le lac Blanc.

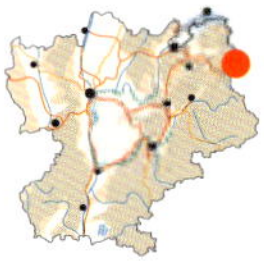

LES AIGUILLES DE CHAMONIX

Une randonnée féerique sur le grand balcon nord

Cette excursion permet de profiter des plus beaux sites qui ponctuent de leur majesté les parois des aiguilles de Chamonix.

La balade

En sortant du téléphérique, tournez à gauche avant la buvette et descendez vers la vallée de Chamonix en suivant le panneau "Montenvers-Mer de Glace". Arrivé au chalet du Plan de l'Aiguille (2 233 m), prenez tout de suite à droite le sentier qui oblique en pente douce. La traversée s'effectue essentiellement à flanc de versant nord. Aux blocs, poursuivez votre route en laissant à main gauche la descente vers Chamonix par Blaîtière. À la bifurcation suivante, prenez le raidillon situé à droite qui serpente vers le "Signal" (mentionné). L'itinéraire emprunte de grosses dalles de pierre et se déroule jusqu'au signal Forbès marqué par un champ de cairns (2 198 m). Le panorama y est exceptionnel : on se trouve presque au bord d'un précipice au fond duquel s'étend la mer de Glace, bordée de montagnes colossales, les Drus et les Grandes-Jorasses. Vous pouvez ensuite descendre de l'autre côté vers le Montenvers (1 909m). Au Montenvers passez sous le musée alpin et montez à gauche l'escalier indiquant "Plan de l'Aiguille par le Signal". Refaites le chemin à l'envers. Une fois arrivé au Plan de l'Aiguille (2 310 m), vous pourrez rejoindre le lac Bleu en trente minutes par le sentier de gauche, histoire de flâner au bord de ce plan d'eau niché au pied de la moraine de Blaîtière.

À droite : le train de Montenvers.
Ci-dessous : les aiguilles de Chamonix et la mer de Glace depuis la montée au Signal Forbes.
Page suivante : l'aiguille du Midi.

Fiche technique

11

Longueur : 12km
Dénivelé : 400m
Durée : 3h
Difficulté : assez facile
Période : de mai à octobre
Equipement : chaussures de marche, eau
Balisage : fléchage
Carte IGN au 1/25 000 : Top 100 n°45 Annecy-Lausanne, Top 25 n°3630 OT Chamonix-Massif du Mont-Blanc

Cette balade a été réalisée par Nathalie Esnault et Elisabeth Prost, photos de Bruno Pambour.

Itinéraire d'accès

Se garer au parking du téléphérique, au premier tronçon de l'Aiguille du Midi.

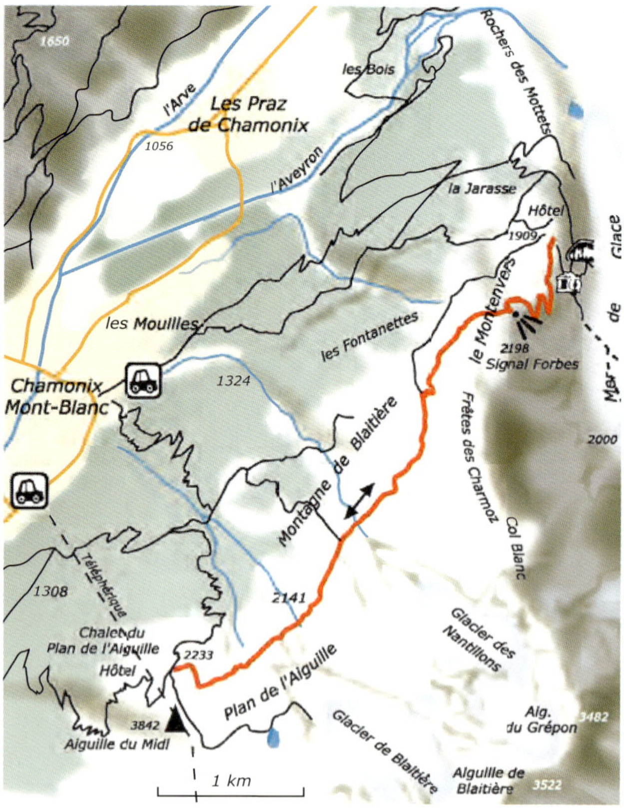

Chamonix

tage des schistes de la dent du Jallouvre, un éperon rocheux ocre-jaune. Donnez la main aux enfants durant ce court passage dans les ardoises instables. Le col est situé sur une arête ciselée descendant du pic. En contrebas, apparaît le Petit-Bornand. À gauche au cœur d'un cirque d'alpage délimité par le Jallouvre, le Buclon, l'aiguille Verte et le col de la Forclaz, le lac de Lessy d'origine glaciaire étale ses eaux émeraude. Les amateurs de reblochon pourront reconstituer leur force au chalet-refuge au bord du lac, grâce à ce merveilleux fromage produit sur place. Du lac, le retour s'effectue par le même chemin. De retour aux Frachets, un accueil sympathique vous sera réservé à la buvette-restaurant tenue par la famille Mélissier, alpagistes de Cenise.

La légende du lac Bénit

Il doit son nom à sa bénédiction par un évêque, suite à un débordement de ses eaux qui inonda le village de Marnaz. Jadis, les fées venaient danser sur ses eaux. Les bûcherons médusés cherchaient depuis longtemps à capturer l'une d'entre elles. L'un d'eux eut l'idée de clouer un soulier sur un billot au bord du lac. Rapidement, l'une des fées eut envie d'essayer la chaussure. Après qu'elle l'eut bien lacée, les bûcherons en embuscade la capturèrent et la gardèrent comme prisonnière. La voyant prise au piège, ses compagnes lui crièrent en s'enfuyant : « *Apprends teut à fare l'bure et la toma s'na la mire et la coëta* ». C'est ainsi que les "dumonts" – habitants de Mont-Saxonnex – apprirent les recettes du beurre et de la tomme de Savoie… (d'après Michel Causse).

Le massif de Bargy depuis l'arête de Chevry.

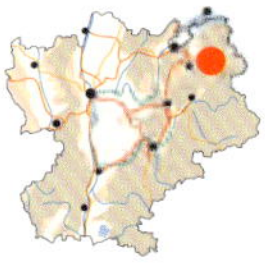

LE COL DE L'OULETTAZ

Bornes-Aravis, la patrie du reblochon

À 59 km de Genève, face aux hautes crêtes calcaires des Aravis, promenade au cœur des alpages où l'on fabrique le reblochon. Un pays authentique qui a su préserver un habitat traditionnel remarquable.

La balade

Le col des Annes est un village d'alpages autour duquel gambadent plus de cinq cents génisses. Outre la dégustation de solides repas montagnards et de reblochons aux deux bar-restaurants, il vous sera possible ici ou aux alentours de découvrir la fabrication de ce savoureux fromage dans les fermes d'alpage. Du col, ne manquez pas de contempler le fameux trou de la Pointe-Percée, visible seulement le matin en contrejour. Empruntez le sentier de pays ① montant gaillardement vers le refuge de Gramusset et la Tête des Annes, où arrive le télésiège du même nom. Démarrant dans les pâturages, le sentier traverse ensuite une lande à rhododendrons et des vernes. À droite, la vue se dégage sur les vastes alpages du vallon de la Duche dominé par le mont Lachat de Châtillon. Au nord-ouest, les sommets hardis du Jallouvre et de la pointe Blanche s'élancent. Au nord, en aval d'un beau peuplement d'aulnes verts, les versants boisés et encaissés dévalent vers le Reposoir, où la célèbre chartreuse s'est établie. Au loin, la pointe de Marcelly se dresse au-dessus du sillon de l'Arve et du Giffre. Un petit raidillon ② mène à l'éperon rocheux de la cote 1950 : la grandiose barrière des Aravis, hérissée d'une multitude de crêtes calcaires décharnées, se dévoile dans toute sa splendeur sauvage. Partout dans la pente affleurent les lapiaz d'une blancheur dénudée. Du nord au sud, séparés par de raides et étroites combes, les principaux sommets s'égrènent : pointes d'Areu et de Bella Cha, pointe Percée (point culminant du massif), pointe des Verts, mont Charvet, mont Fleuri, Roche Perfia… Au sud-ouest, la Tournette, silhouette familière du paysage annécien, se distingue. Ensuite par un petit col – attention aux rochers polis, quelques passages nécessitent l'aide des mains –, vous suivez la crête aérienne ③. Arrivé face à une dalle très inclinée, poursuivez à sa droite l'itinéraire en balcon. Dans la courte descente sur le col de l'Oulettaz, un passage rocheux se négocie grâce à une chaîne, puis quelques poutres franchissent un éboulement du sentier. Du col, prenez sur cinquante mètres le chemin du refuge de Gramusset avant de dévaler à droite, pleine pente, la charmante combe où naît le torrent du Borne ④ : joli troupeau d'abondances en saison. Au chalet du Planet (reblochon en vente), descendez au pont qui franchit le Borne et suivez la direction "col des Annes/col de Borneronde". Par un large chemin horizontal ⑤ en balcon des Aravis et de la vallée de la Borne, vous pénétrez dans une pessière clairiérée (becs-croisés, pic noir). À la jonction avec un sentier venant de la gauche ⑥, continuez tout droit vers "Borneronde". Via le frais vallon du ruisseau du Déluge (deux gués), le col de Borneronde, porte du vallon de la Duche, est vite rejoint. En contrebas, les chalets de la Barme sont isolés dans un alpage cerné par la forêt. En direction du col des Annes et de la Duche, le sentier se faufile entre des vernes et des sapins ⑦. À la hauteur du télésiège des Annes, longez-le sur deux cents mètres puis rejoignez à flanc ⑧ le col des Annes (passage souvent boueux).

Chalet au col des Annes, dans le massif des Aravis.

Fiche technique

15

Durée : 2 h 15
Dénivelé : 364 m
Difficulté : aucune
Période : printemps, été, automne selon enneigement
Equipement : randonnée classique
Balisage : jaune et rouge et panneaux indicateurs
Carte IGN 1/100 000 : n°45, pli D7/D8
Carte-Guide IGN 1/25 000 : n°3430 ET : La Clusaz. Le Grand-Bornand
À voir aux environs : fabrication du reblochon, habitat traditionnel aux hameaux des Plans, du Bouchet, du Chinaillon, Maison du patrimoine bornandin, église du Grand-Bornand

Cette balade est extraite de l'ouvrage ***Les plus belles balades autour du LEMAN du Jura au mont Blanc*** *de Bruno Pambour*

Itinéraire d'accès

Quittez Genève par l'A 40 en direction de Chamonix. Prenez la sortie 16 (Bonneville ouest), direction la Roche-sur-Foron et au premier rond-point à 800 m, tournez à gauche vers St-Pierre-en-Faucigny/le Petit-Bornand. Traversez St-Pierre pour rejoindre la D 12 qui remonte les gorges d'Eveaux. Passez le Petit-Bornand, Entremont et à la sortie du défilé des Etroits, tournez à gauche vers le Grand-Bornand. Traversez le village pour remonter la vallée du Borne. Aux hameaux du Bouchet et des Plans, admirez l'habitat traditionnel encore préservé des Aravis. À la chapelle des Plans, quittez le fond plat de la vallée en montant à gauche sur une petite route qui, au terme de lacets hardis vous mène à la chapelle de la Duche. Continuez alors pendant 2 km sur une excellente piste qui aboutit au col des Annes. Garez-vous sur le parking derrière les chalets.
Transports en commun : car Genève/le Grand Bornand

Le fromage des maraudeurs

Fromage né au XIIIe siècle dans la vallée de Thônes (Bornes-Aravis), le reblochon est né d'une ruse de paysan. À cette époque, le fermier locataire des alpages devait aux propriétaires (seigneurs et moines du Reposoir) une rétribution en nature, "l'ocière", proportionnelle à la quantité de lait produite. Le jour où ces derniers venaient mesurer cette production, l'alpagiste trichait en pratiquant une traite incomplète. Une fois le percepteur parti, il achevait la traite et fabriquait avec ce second lait très gras, un riche fromage : le reblochon. Ce nom vient du patois savoyard de *"rablasser"* ou *"rablacher"*, qui signifie marauder et de *"re-blochi"*, pincer le pis de la vache une seconde fois. La réputation de ce délicieux fromage le fit rapidement apprécier par les "Grands" : il se retrouva à la table de Louis XIV, des ducs de Savoie... Aujourd'hui, le reblochon est un fromage d'appellation d'origine contrôlée (AOC) au lait cru et entier. Il en existe deux types : le fermier (plaque de caséine vert), pour les connaisseurs le meilleur, fabriqué deux fois par jour à la ferme avec le lait de vaches de race abondance et tarine, et le fruitier (plaque de caséine rouge), qui accepte également le lait des montbéliardes, fait par les fruitières, fromageries coopératives qui récupèrent le lait de fermes établies dans la zone de production. Au bout d'une quinzaine de jours de soins attentifs, les reblochons affinés sont vendus sur les marchés de gros dont le plus important a lieu le mercredi au Grand-Bornand. Un fromage à savourer tel quel ou dans une bonne "tartiflette"...

Les chalets des Aravis

L'habitat traditionnel des Aravis est dicté par les sévères contraintes du milieu montagnard. Les vastes fermes-chalets permettent l'hiver aux hommes et aux bêtes de vivre ensemble sous le même toit. Bâties sur un soubassement de pierres, elles sont entièrement en bois, faites de poutres d'épicéa encastrées aux angles, ce qui leur donne une allure très pittoresque. Les toits en pente douce, sont

Cave à reblochon.

recouverts d'ancelles (80 cm de long), ceux plus pentus de tavaillons (40 cm), des tuiles de bois fendues dans le sens du fil et qui résistent un siècle si l'on prend soin de les couper à la lune montante lorsque la sève déserte les fibres. Généralement établis sur un adret, adossés à la pente, les chalets présentent une façade qui regarde la vallée. Les différents accès à la maison sont distribués en fonction de la pente. Dans le soubassement, se trouvent, à droite, l'écurie du cheval et, à

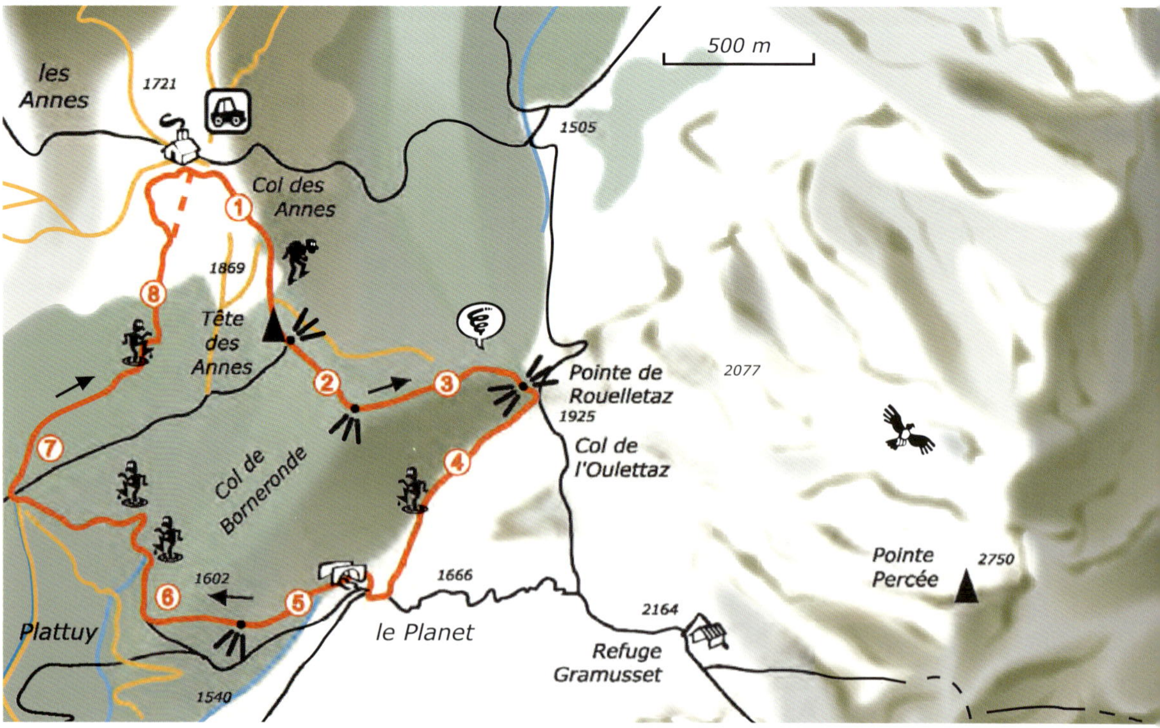

gauche, celle des moutons, au centre, le *"tomi"* cave à reblochon blanchie à la chaux, précédée de la cave à provisions. L'habitation occupe l'étage et comprend la "chambre devant", la *"cozna"* (cuisine), le *"peille"* (salle de séjour), de part et d'autre de la *"chemna"*, la vaste cheminée pyramidale. L'étable, le *"bo à les vaches"*, est au même niveau. La *"lozge"*, galerie à balcon s'étire entre la chambre et le "peille", et dessert la "cozna" tout en servant d'abri à bois. La galerie supérieure appelée *"solaret"*, est fermée par des lattes de bois espacées qui permettent le séchage du foin dans le fenil. Cette architecture établie il y a au moins trois siècles (la plus vieille maison du Grand-Bornand encore debout date de 1688), vous la découvrirez aux hameaux du Chinaillon, du Bouchet, des Plans, tous dotés de chapelles croquignolettes ! La maison du patrimoine au Grand-Bornand, construite en 1830, permet de découvrir l'agencement intérieur d'une ferme. Visite guidée du hameau de Chinaillon. Renseignements et inscriptions à l'office de tourisme.

Ci-dessus : troupeau de vaches Abondance devant la chaîne des Aravis.

La chapelle de la Duche, au Grand-Bornand.

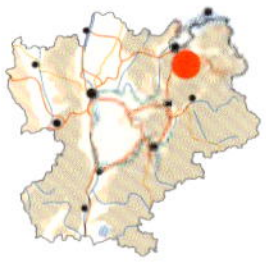

LE MONT VEYRIER

Lac d'Annecy, balcon du lac d'Annecy

À 65 km de Genève, l'échine calcaire du mont Veyrier offre l'un des plus beaux panoramas sur les eaux bleues du lac d'Annecy et leur écrin de montagnes.

Fiche technique

Durée : 2 h 30, 2 h pour A/R en crêtes
Dénivelé : 336 m, 247 m pour A/R en crêtes
Difficulté : attention aux à-pics
Période : toute l'année selon enneigement
Equipement : randonnée classique
Balisage : jaune et rouge,
Carte IGN 1/100 000 : n°45, pli D5
Carte-Guide IGN 1/25 000 : n°3431 OT : Lac d'Annecy
À voir aux environs : Annecy : le vieil Annecy, Conservatoire d'art et d'histoire de la Haute-Savoie, Musée-château, Observatoire des lacs alpins, parc de l'Impérial ; voie romaine de Dingy-St-Clair

Cette balade est extraite de l'ouvrage ***Les plus belles balades autour du LEMAN du Jura au mont Blanc*** *de Bruno Pambour*

Itinéraire d'accès

Quittez Genève par l'A 40 en direction "Chamonix/Annecy". Après la sortie 15, à l'échangeur de Scientrier, suivez la direction "Annecy" et sortez au péage d'Annecy-Nord. Suivez la direction "Annecy-le-Vieux" puis "Thônes/les Aravis" par la D 5. Faites environ 2 km et juste après le hameau de Brunier, à l'entrée d'un virage serré à gauche, montez à droite vers "sur les Bois/forêt du Veyrier". Passez trois dos d'âne et à l'entrée du village, prenez à droite la route forestière des Contrebandiers qui gravit le versant nord très boisé du mont Veyrier. À 3 km, ignorez à droite une route qui va au sentier Gotard et poursuivez tout droit l'ascension jusqu'au col des Contrebandiers (parking), entre les falaises du mont Baret et du mont Baron.
Transports en commun : aucun

La balade

À l'entrée du rond-point, prenez la direction du mont Veyrier par le chemin "Tour du lac d'Annecy". Dans la hêtraie-sapinière, belle vue plongeante sur le défilé de Dingy-Saint-Clair où coule le Fier. À trois cents mètres ①, montez à gauche en épingle à cheveux, direction "mont Baron/téléphérique". Au bout d'une ligne droite ②, sous des fayards malingres, ignorez sur la gauche la sente qui dévale vers Veyrier. Quelques vigoureux lacets vous propul-

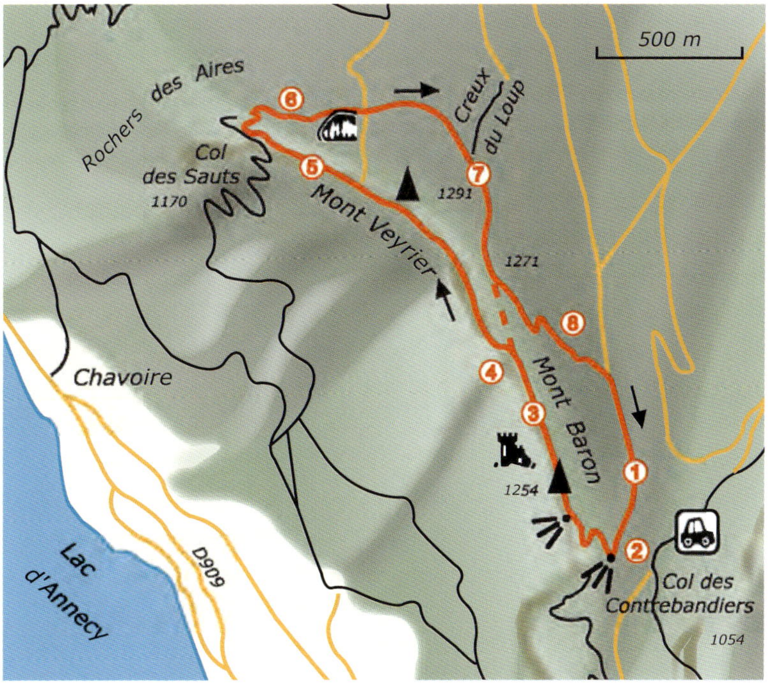

sent sur une arête calcaire où la végétation change radicalement : les chênes pubescents traduisent son exposition ensoleillée. Le lac d'Annecy et son somptueux écrin de montagnes se découvrent : l'avancée du roc de Chère, les Bauges en arrière-plan des ondulations des montagnes d'Entrevernes, la longue croupe du Semnoz... Au sud-est, les dents de Lanfon et, surtout, les célèbres corniches tourmentées de la Tournette où la neige s'accroche tard en saison, s'élancent au-dessus du mont Baret. Au XIXe siècle, peintres et écrivains n'ont cessé de célébrer la beauté du lac, joyau pittoresque des Alpes de Savoie. Peu après, des marches taillées dans la roche facilitent l'ascension des derniers lacets. Du belvédère de l'ancienne gare d'arrivée du téléphérique de Veyrier-du-Lac, la capitale de la Haute-Savoie apparaît à vos pieds. Par la droite du bâtiment désaffecté – il est interdit d'y pénétrer –, poursuivez ce splendide cheminement en crête ③ par de brèves montées et descentes qui se succèdent entre les érables, hêtres, alisiers... Un balisage vert double celui du sentier. Juste avant la cote 1 299, une plate-forme vous offre un tour d'horizon complet, notamment à l'est sur le val de Thônes et le mont Blanc au-dessus du col des Aravis. À une fourche ④, restez sur le sentier qui dévie légèrement sur la gauche, parallèlement à la crête, vers le "col des Sauts/mont Veyrier". En vue des falaises du mont Veyrier, le sentier croise en sous-bois de beaux lapiaz, puis s'écarte dans une combe boisée avant de rejoindre la crête. Du mont Veyrier, le cap de Duingt et l'extrémité sud du lac sont visibles. D'ici, choisissez votre itinéraire de retour : soit en revenant sur vos pas pour jouir d'une nouvelle perspective sur le lac, soit en descendant la crête ⑤ jusqu'au col des Sauts. Dans un coude marqué du sentier sur la gauche, bifurquez à droite sur le sentier des Sauts qui file à plat sur le versant nord ⑥ à travers un sous-bois de hêtres parsemé de gros rochers moussus. Gelinotte, pic noir, ainsi que tout un cortège d'oiseaux forestiers (grimpereau des bois, mésanges noire, huppée et boréale...) hantent ces pentes fraîches et humides. À quatre cents mètres, soyez prudents : le sentier longe un profond puits naturel, phénomène d'érosion classique du relief karstique. Après le contournement d'une combe, cairns et marques blanches balisent le chemin. À gauche, le Parmelan se dévoile entre les frondaisons. À la jonction avec le sentier du Creux du Loup ⑦), remontez-le à droite vers le mont Baron. Il gravit en de courts et raides lacets une combe étroite bordée par un bel affleurement rocheux. Au croisement de la cote 1271, vous pouvez revenir à droite par la crête du mont Baron. Mais il est plus rapide de dévaler à gauche le sentier de la Crêne ⑧ qui, après une douzaine de lacets, se prolonge par un cheminement horizontal à mi-pente jusqu'au col.

Le panorama sur le lac d'Annecy depuis le sommet du mont Veyrier.

LES SOURCES DU GUIERS

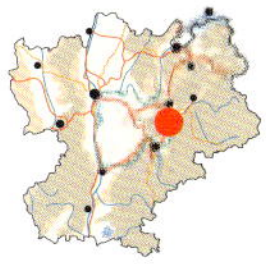

Le cirque de Saint-Même

À 42 km de Grenoble, un vaste cirque d'une beauté grandiose, couronné de parois rocheuses, d'où surgissent, en cascades, les sources du Guiers Vif.

La balade

L'itinéraire commence sur la route goudronnée longeant le Guiers. À gauche, une stèle évoque la Résistance. Gardant la rive droite, traversez une grande clairière où le torrent dessine des méandres ① en suivant le "sentier des Cascades".

Les escarpements rocheux du cirque de Saint-Même, au calcaire bleuté, vous surplombent de tous côtés. Le site est sauvage, empreint de silence et de solennité. Le seigneur des Alpes, l'aigle royal, le survole parfois d'un coup d'aile… après s'être repu d'un lièvre ou d'une marmotte sur les hauts plateaux.

Montez en courts lacets, parmi des boqueteaux de fayards malingres ②, vers un premier belvédère sur le cirque. Progressez vers le fond de la combe froide et humide, où les rayons du soleil sont rares en toutes saisons. Le chemin pénètre dans une pessière.

Laissez à votre gauche, le dangereux sentier du "pas de la Mort" qui, par des à-pic vertigineux, accède au habert de la Dame et plongez vers la troisième cascade. Le grondement sourd des chutes d'eau précède votre arrivée à un superbe point de vue sur les sources du Guiers. Elles jaillissent surnaturellement des parois, en deux cascades, au violent débit après les pluies.

En période sèche, seule la source basse alimente le torrent. La grotte du Guiers Vif fut l'une des premières visitées en Chartreuse par des spéléologues, dans les années 1900. C'est l'une des deux résurgences du réseau hydrologique souterrain "Alpette de la Dame-Aup du Seuil". Un siphon empêche toute progression et

Fiche technique

17

Durée : 1 h 15
Dénivelé : 200 m
Difficulté : aucune
Période : printemps, été, automne
Equipement : randonnée classique
Balisage : jaune
Carte IGN : 1/100 000 - N° 53, pli C2
Carte-Guide IGN : 1/25 000 - Top 25 n° 3333 - OT : Chartreuse nord
Transports en commun : aucun

Cette balade est extraite de l'ouvrage ***Les plus belles balades autour de GRENOBLE des Chambaran à l'Oisans*** *de Bruno Pambour*

Itinéraire d'accès

Prenez la route du Sappey-en-Chartreuse par La Tronche. Passez le col de Porte et redescendez sur Saint-Pierre-de-Chartreuse. Poursuivez votre traversée du massif de la Chartreuse jusqu'à Saint-Pierre-d'Entremont, village dédoublé sur chacune des rives du Guiers, l'un en Isère, l'autre en Savoie. Dans le bourg, tournez à droite, vers le cirque de Saint-Même. Garez-vous au parking face aux sources du Guiers.

Page de gauche : ***le Guiers jaillit en deux cascades des falaises du cirque de Saint-Même. Ci-dessous : Saint-Pierre-d'Entremont.***

Au fond, le mont Granier et le Pinet.

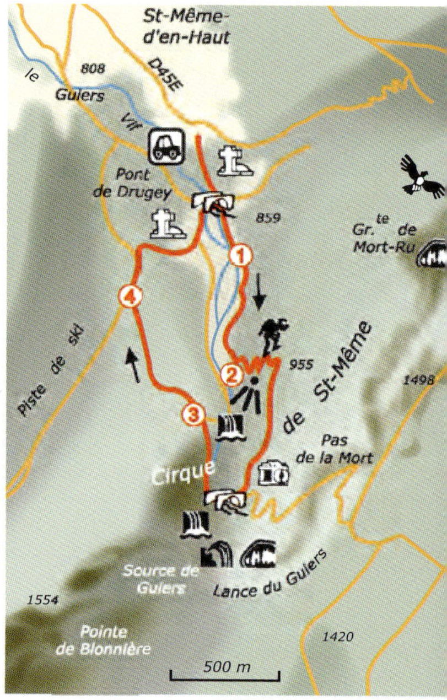

son contournement fut toujours voué à l'échec. Les spéléo-plongeurs entrèrent en jeu en 1976, en explorant six siphons d'une longueur totale de 720 mètres et 305 mètres de galeries, avant d'arriver au collecteur terminal noyé !

Gagnez rapidement une belle passerelle toute en bois, sur le lit du Guiers : très beau coup d'œil sur l'enfilade des cascades.

Poursuivez votre route dans une sapinière ③, où vous croiserez les promeneurs qui montent en sens inverse. Après des chablis, ignorez, à gauche, le sentier allant au col de Fontanieu ; au pied des lances de Malissart, la piste forestière débouche sur les prés humides du départ. Franchissez à nouveau le Guiers, au pont de Drugey.

L'éboulement du Granier

Jusqu'en 1248, le col du Granier n'existait pas. Le 25 novembre de cette année, des pluies diluviennes provoquèrent un éboulement des falaises calcaires du Granier, qui anéantit cinq villages et fit cinq mille morts ! La cluse de Chambéry faillit être obstruée. Le chaos formé au pied du mont (les abîmes de Myans) est encore bien visible sous des formes de gros blocs au milieu des vignobles qui surplombent Apremont et Chapareillan.

Dauphiné ou Savoie ?

Très curieusement, il existe deux Guiers : le Vif, au nord, issu du cirque de Saint-Même, passe à Saint-Pierre-d'Entremont ; le Mort prend sa source au pied des rochers de Bellefond et traverse Saint-Pierre-de-Chartreuse et Saint-Laurent-du-Pont. Tous deux se réunissent à... Entre-Deux-Guiers ! Cela coule de source ! Le territoire enserré par ses deux torrents fut durant des siècles âprement disputé par le Dauphiné et la Savoie. Mais pourquoi manifester tant d'intérêt pour quelques montagnes ?

En leur sein se trouvait le siège d'un puissant et riche ordre monastique de l'Occident : la Grande Chartreuse. L'histoire nous en dit plus : en 1349, le roi de France Jean le Bon achète les possessions du dauphin Humbert II. Lors de la renégociation de 1355 – le Guiers, torrent encaissé, étant une limite sûre entre deux Etats – , le roi de France et le comte de Savoie Amédée VI reconnaissent cette nouvelle frontière naturelle. Oui, mais s'agit-il du Guiers Mort ou du Guiers Vif ? Imprécision due à la méconnaissance des diplomates, ou volontaire en raison de l'importance considérable des chartreux ? Dès le lendemain du traité, chacune des parties soutient que la frontière suit le Guiers qui l'arrange... C'est-à-dire le Vif pour le dauphin et le Mort pour le comte de Savoie ! Au grand bonheur des habitants d'Entre-les-Deux-Guiers, qui revendiquent à tour de rôle, être Français ou Savoyards suivant l'origine des collectes d'impôts !

Au XVIIIe siècle, Mandrin, le célèbre et populaire brigand, utilise les nombreuses grottes de la vallée du Guiers pour cacher ses marchandises de contrebande.

Réfugié impunément en Savoie, après chaque attaque envers les collecteurs d'impôts du roi, sa capture nécessita l'envoi illégal de troupes royales au-delà de la frontière !

Après quatre cents ans d'incertitudes, le conflit sera réglé au profit de la France, par le traité de Turin, en 1760.

LE MARAIS DE LAVOURS

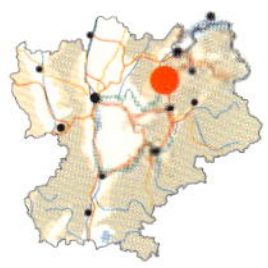

Région géographique : Bugey, Chautagne

À 72 km de Genève, à la limite de la Savoie et de l'Ain, le marais de Lavours est l'un des derniers grands marais de l'Europe de l'Ouest. Un sentier pédagogique sur pilotis permet la découverte de ses milieux naturels où vivent une faune et une flore d'exception.

Itinéraire d'accès

De Genève, prenez l'A 40 vers Lyon. Quittez-la après le tunnel du Vuache à la sortie 11 : Bellegarde-sur-Valserine. À la sortie du péage, prenez à gauche la route de "Frangy/Annecy" sur 5 km puis tournez à droite vers Seyssel (D 992) où vous franchirez le Rhône. Longez la rive droite du fleuve jusqu'à Culoz. Traversez le bourg et poursuivez 2 km vers Béon (D 904) avant de bifurquez à gauche vers "Ceyzérieu/Belley". À Ceyzérieu, tournez à gauche vers la réserve naturelle de Lavours. À l'entrée du village d'Aignoz, garez votre véhicule au parking obligatoire.

Transports en commun : chemin de fer SNCF, gare de Culoz.

La balade

Traversez le village d'Aignoz à la belle architecture bugiste (point d'accueil de la réserve à droite). Après le panneau d'accueil de la réserve naturelle ①, vous franchissez le Séran, une superbe rivière aux rives ombragées, qui abrite truites, lottes,

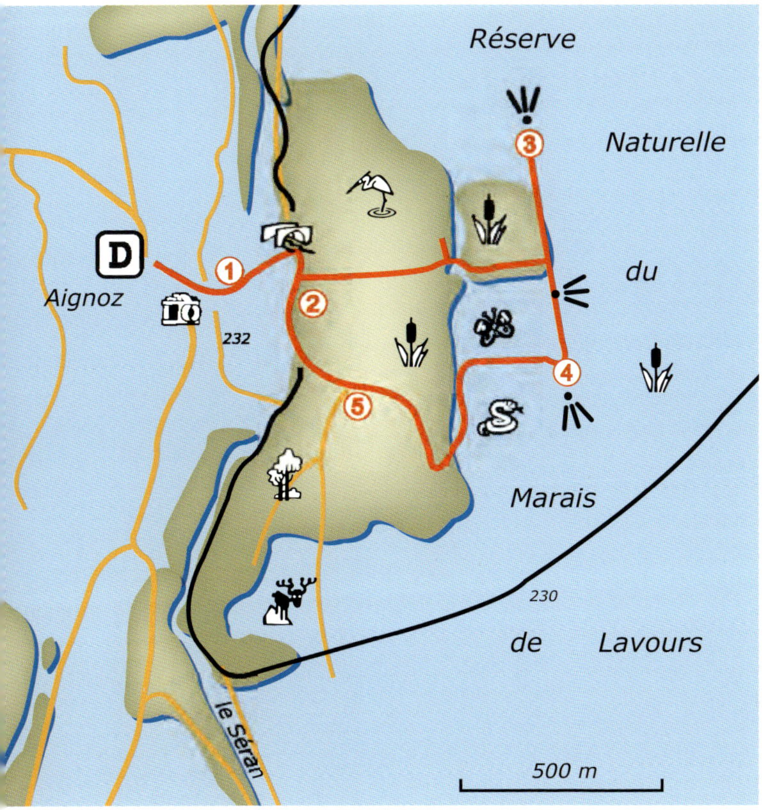

Fiche technique

18

Durée : 2 h
Dénivelé : 2 m
Difficulté : aucune (sentier sur pilotis accessible aux handicapés)
Période : toute l'année
Equipement : randonnée légère, jumelles
Balisage : sentier de découverte avec panneaux d'information
Carte IGN 1/100 000 : n°45, pli D2
Carte-Guide IGN 1/25 000 : n°3231 est : Belley

Réglementation de la réserve naturelle : Cueillette, déchets, chasse, pêche et chiens interdits. Veillez à rester sur le sentier.

À voir aux environs : village et molard de Lavours (grange et château des moines de Hautecombe, "sarcophage du lit au roi"), point de vue du Fenestré et du Grand Colombier, caveau bugiste et musée des traditions vigneronnes à Vongnes, cascade de Cerveyrieu, Vieu-en-Valromey, musée rural du Valromey à Lochieu, promenades en bateau à partir de Lavours vers le lac du Bourget via le Rhône et le canal de Savières

Cette balade est extraite de l'ouvrage ***Les plus belles balades autour de GENEVE du Jura au mont Blanc*** *de Bruno Pambour*

Aiguez. Ferme traditionnelle du Bugey.

ombres communs… Martin pêcheur et cincle plongeur survolent ses eaux vives et claires. Longez à droite sa rive gauche pour gagner, cent mètres plus loin ②, le départ du sentier pédagogique sur pilotis le plus long d'Europe, qui s'étire sur 2,4 km ! Grâce à des plates-formes didactiques, des observatoires et un cheminement qui traverse ses différents milieux naturels, vous découvrirez avec agrément et sécurité, à l'abri des crues du Séran, l'un des derniers grands marais de l'Europe de l'Ouest. Endigué et drainé à outrance, dévoré par les peupleraies et la monoculture du maïs, le marais s'est réduit comme peau de chagrin, passant d'une surface de 2 000 hectares en 1950 à 1 300 en 1993. Aujourd'hui, 474 hectares sont classés en réserve naturelle. Lecture des paysages, fonctionnement des écosystèmes, richesse de la flore et de la faune, anciennes pratiques agricoles, gestion de la réserve… sont révélés au travers d'exemples concrets rencontrés au cours du sentier. Une promenade riche en visions et en émotions, à savourer avec tous vos sens en éveil et une bonne paire de jumelles ! Plus de 250 espèces de plantes à fleurs, 400 de champignons, 800 insectes et 150 araignées, 131 espèces d'oiseaux (dont 76 nicheuses), 17 reptiles et amphibiens et 10 mammifères sauvages (dont chevreuil, sanglier, castor et putois) vivent dans le marais de Lavours. Vous découvrirez successivement les gigantesques pompes à eau que sont les forêts alluviales, le charme de l'étang Tendret où vous surprendrez peut-être colvert, poule d'eau, héron cendré…, les vastes prairies tourbeuses ③ pâturées par les *Highlands cattle* et survolées au printemps par les courlis cendrés, l'étonnant univers des champignons, le monde fascinant des insectes et araignées du marais, les secrets des tourbières ④ les plans d'eau et fossés tapissés de nénuphars jaunes et de nymphéas blancs, les concerts des grenouilles et crapauds, un bras mort du Séran, de splendides chênes pédonculés âgés de plus de cent ans ⑤, preuves de la vitalité du milieu forestier, et bien d'autres spectacles au fil des saisons…

Le point de vue du Fenestré, au flanc du Grand Colombier, domine de plus de onze cents mètres Culoz et les marais de Lavours et de Chautagne. Situé au sud des derniers chaînons jurassiens, le marais de Lavours est né, il y a douze mille ans, dans une cuvette creusée par les glaciers du Rhône et du Jura. Après leur fonte, toute la région fut recouverte par un immense lac qui englobait le lac du Bourget. Au nord, le fond fut comblé par les alluvions du Rhône et du Séran et, à la suite de la baisse des eaux, un vaste marécage se créa. Progressivement la lente accumulation des débris végétaux a formé de la tourbe atteignant par endroits une dizaine de mètres d'épaisseur. Ces couches précieuses sont un véritable livre d'histoire. Elles piègent et conservent les grains de pollen et d'autres éléments qui permettent aux scientifiques de retracer l'évolution des végétations, des climats et même les activités humaines des siècles passés ! Le marais était autrefois entièrement herbacé. Durant des siècles, les habitants d'Aignoz, ne disposant pas de bois, extrairent la tourbe pour se chauffer. Sur le pourtour du marais, l'exploitation de l'argile alimentait des tuileries situées au bord du Rhône.

Dès le XIIe siècle, le marais de Lavours était pâturé l'hiver par les troupeaux de moutons des moines de la chartreuse d'Arvière, installée au pied du Grand Colombier. Ces droits de pâturage furent l'objet de procès sans fin entre la communauté ecclésiastique et les villages riverains, qui durent attendre la Révolution pour récupérer leurs droits. Dès avril, l'accès aux pâturages était interdit aux animaux pour préserver la future récolte de blache qui se déroulait en

Marais de Lavours.

Le sentier sur pilotis dans les marais est le plus long d'Europe (2,5 km).

août. Ce foin de carex et de molinie servait de nourriture et de litière pour le bétail, d'engrais pour les vignes. L'abandon de ce fauchage traditionnel et l'absence d'inondations régulières due à la maîtrise du Rhône accélérèrent l'évolution du marais vers la forêt, en appauvrissant sa faune et sa flore, selon des étapes bien connues. Succédant au roseau, puis au marisque, les taillis d'aulnes, de bourdaines, de saules cendrés colonisent et assèchent rapidement le marais. En quelques dizaines d'années, une forêt d'aulnes, de saules et de bouleaux s'installe, avant d'être progressivement remplacée par des frênes et des chênes. Suivant l'exemple du marais Vernier, une ancienne boucle de la Seine qui expérimenta avec succès le contrôle d'une végétation arbustive envahissante par une race rustique de bovins – les *Highlands cattle* –, les gestionnaires de la réserve introduisirent douze de ces bêtes en 1987. Adaptées aux rigueurs des landes écossaises, ces petites vaches au long poil roux, de faible poids, disposent de larges sabots qui leur évitent de s'enfoncer. Vêlant sans aide de l'homme, elles s'alimentent de végétaux coriaces : carex, joncs, rameaux et branches d'arbustes et assurent un piétinement et un broutage continus des milieux herbacés. Ce qui permet le développement d'espèces végétales devenues rares dans les cariçaies et les prairies tourbeuses : plantes carnivores (droséras, grassette), orchidées (liparis de Lœsel, épipactis des marais, spiranthe d'été, orchis mâle), gentiane pneumonanthe, parnassie des marais… Ces milieux abritent aussi des oiseaux menacés tels le courlis cendré, le busard Saint-Martin, la locustelle tachetée et encore récemment le râle des genêts. Chevaux camarguais et poneys basques Pottok pâturent désormais à leurs côtés. Parallèlement, des opérations de débroussaillage mécanique sont menées envers le marisque et l'aulne glutineux au goût peu attractif.

Le pont du Séran, au départ de la balade.

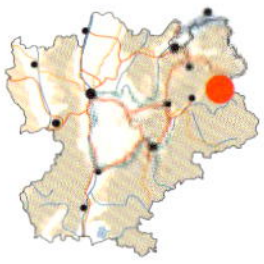

LE ROCHER DU VENT

Lac de Roselend, refuge du Plan de la Lai, alpages de la Lauze, rocher du Vent

À 35 km à l'est d'Albertville, le rocher du Vent jaillit au-dessus du lac artificiel de Roselend, à 2360 m d'altitude. Au début de l'été, vous aurez à la fois les impressions de haute montagne et le charme de véritables floralies alpestres. Au sommet, un curieux canyon, enneigé tard en saison, vous permet de vous livrer au plaisir de la ramasse.

Fiche technique

Difficulté : aucune
Durée : 3 heures
Dénivelé : 500 m
Période : été, en dehors de cette saison renseignez-vous sur l'enneigement
Equipement : randonnée alpine légère, raquettes si enneigé
Balisage : jaune
Carte Michelin : 244, pli 20
Carte IGN : 3532 OT, pli B4 et 3531 OT, pli D11

À voir aux environs : coopérative fromagère de Beaufort. La vieille ville de Beaufort : le pont Morens et les maisons digues. Les chemins du Baroque : nombreuses églises et chapelles baroques dans tout le Beaufortin. Barrage et centrale hydroélectrique de Roselend. Conflans : village médiéval fortifié.

Cette balade est extraite de l'ouvrage ***Les plus belles balades autour de CHAMBERY de la Chartreuse au Beaufortin*** *de Martin Toulemonde*

Itinéraire d'accès

Prenez l'autoroute A43 jusqu'à Albertville. Dans Albertville passez devant les jardins fleuris de l'Hôtel de ville, puis tournez à droite au pont sur l'Arly, puis à gauche vers Beaufort, D925. Traversez Beaufort et continuez en direction du Cormet de Roselend. 4 km après avoir longé le lac, arrêtez-vous sur l'aire de stationnement à gauche de la route juste après le refuge de Plan de la Lai.

La balade

Cette balade offrant un maximum d'agréments pour un effort modéré est, bien entendu, assez fréquentée vers le milieu de la journée pendant les vacances d'été. Si vous préférez le calme et la solitude, entreprenez-la tôt le matin ou en fin d'après-midi pour assister au coucher de soleil sur la chaîne du Mont-Blanc.
Le refuge du Plan de la Lai, d'où vous démarrez, étant situé à plus de 1700 mètres d'altitude, vous vous trouvez, dès le départ, dans les alpages au-dessus du niveau des arbres. Eloignez-vous du parking en empruntant le sentier, jusqu'au petit pont enjambant le torrent très abondant qui descend du cormet de Roselend. Juste après le pont ①, tournez à gauche en direction du rocher du Vent. Le chemin est large et presque horizontal pendant quelques centaines de mètres, ce qui vous

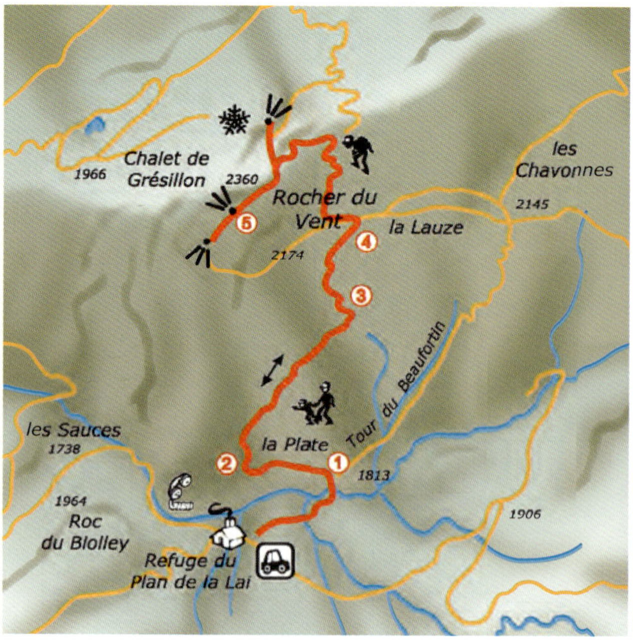

permet de vous mettre en jambes tout en profitant du paysage de haute montagne qui vous entoure : derrière vous l'aiguille du Grand Fond culmine à près de 3000 m, flanquée par une série de sommets qui dépassent tous 2700 m et sont garnis de neiges éternelles, devant vous se dresse la silhouette en carène de bateau renversée du rocher du Vent. Passez près d'une première fermette en ruines ② et attaquez la montée au milieu des alpages fleuris. En fin de printemps et début d'été, les différentes variétés s'étagent tout au long de la montée et, si vous avez un peu l'âme d'un botaniste ou plus simplement celle d'un amoureux de la nature, vous trouverez de véritables floralies, harmonieusement disposées à vos pieds pour votre plus grand plaisir. Au bout d'une petite heure, vous dépassez une nouvelle ruine de fermette ③ ainsi qu'une petite source qui s'écoule dans une baignoire, un peu inattendue à cet endroit, avant d'arriver après encore quelques minutes d'efforts à la ferme d'alpage de la Lauze ④. Poursuivez votre ascension en appuyant sur la droite pour éviter le sentier qui part sur la gauche vers un tunnel naturel situé sous sommet. Le sentier, toujours balisé en jaune serin, suit une pente assez forte. Passez à droite des

Ci-dessus : la montée dans les alpages fleuris. Ci-contre : le lac de Roselend et le rocher du Vent.

grandes dalles inclinées qui descendent de la crête. Longez l'arête rocheuse qui protège du soleil le névé situé à ses pieds. En atteignant l'arête sommitale, engagez-vous dans un défilé qui vous conduit sur un névé situé au fond d'un impressionnant canyon. Vous vous croyez au Far West, dans la traversée des montagnes Rocheuses, les Indiens vous observent et attendent que vous soyez bien engagés pour fondre sur vous… Au milieu du canyon, à droite, il y a une faille dans la paroi ⑤. Approchez-vous en pour découvrir un premier point de vue sur le lac de la Gittaz et les rochers qui le surplombent. Puis continuez votre progression dans le fond du défilé. Un magnifique panorama s'encadre dans l'échancrure dentelée qui marque l'extrémité du canyon. La couleur turquoise du lac de Roselend s'allie merveilleusement avec la verdure des alpages et les festons des pics enneigés. Sur le chemin de retour, lorsque vous sortez du canyon, montez pendant une ou deux minutes sur le rognon herbeux qui barre l'entrée du défilé. Vos jumelles vous permettront peut-être de surprendre les marmottes qui s'ébattent sur le versant de la combe de la Gittaz. Pour peu que le temps soit clair et le ciel dégagé, vous aurez mérité une vue admirable sur le mont Blanc. L'éclairage rouge du soleil couchant incendie les flancs enneigés du massif dont les reliefs se détachent sur un ciel cramoisi. Il vous faudra moins d'une heure pour regagner votre voiture par le même itinéraire.

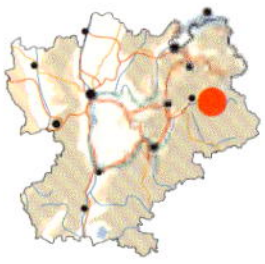

LES LACS DE LA TEMPÊTE

Le lac de Saint-Guérin, le col de la Louze, les lacs de la Tempête

À 30 km au sud-est d'Albertville, une belle balade alliant le miroitement nordique des lacs d'altitude, l'aridité minérale des sommets rocheux, la verdeur irlandaise des pâturages à moutons et le spectacle irréel des pentes glacées du mont Blanc s'élevant peu à peu au-dessus de l'horizon.

Fiche technique

20

Difficulté : aucune
Durée : 4 heures
Dénivelé : 600 m
Période : printemps, été, automne
Equipement : randonnée alpine légère, chaussures bien imperméables, jumelles pour l'observation des marmottes, en été maillot de bain.
Balisage : varié, voir dans le descriptif
Carte Michelin : 244, pli 19
Carte IGN : 3532 OT, pli D2/E2

À voir aux environs : maison de l'artisanat à Arèches. Coopérative laitière de Beaufort. Chapelle baroque et village alpin de Boudin. Barrage et lac de Roselend. Eglises baroques de Queyge, Hauteluce et Beaufort.

Cette balade est extraite de l'ouvrage ***Les plus belles balades autour de CHAMBERY de la Chartreuse au Beaufortin*** *de Martin Toulemonde*

Itinéraire d'accès

Gagnez Albertville par l'autoroute A43. Dans Albertville passez devant l'hôtel de ville et ses jardins puis prenez, sur votre droite, le pont qui enjambe l'Arly. Tournez à gauche juste après le pont en direction de Beaufort par la D 925. Remontez la vallée du Doron jusqu'à Beaufort. Au centre de Beaufort, prenez sur votre droite la direction d'Arêches par la D 218, traversez Arêches et continuez à monter, toujours sur la D 218 vers le lac de Saint-Guérin. Montez jusqu'au barrage du lac de Saint-Guérin, empruntez la route à une seule voie qui passe au sommet du barrage et longez le lac jusqu'à son extrémité. Garez la voiture au bord du chemin.

La balade

À proximité de l'endroit où vous avez laissé votre voiture, un panneau placé sur le bord droit de la route indique le départ des différentes balades. Le petit sentier creux conduisant au col de la Louze (puis aux lacs de la Tempête) quitte la route 10 m après le panneau et monte dans la prairie. Quelques centaines de mètres plus loin, il rejoint un chemin carrossable dont l'entrée est protégée par un panneau "propriété privée". Le balisage est jaune et rouge. Dépassez le chalet du centre équestre ① et poursuivez votre montée au milieu de la pelouse alpine. Admirez, derrière vous, la vue magnifique que vous offre le lac de Saint-Guérin aux eaux d'un bleu profond, métamorphosé par le reflet vert clair des alpages, l'ombre noire des épicéas, la pourpre des massifs d'épilobes et toutes les nuances de gris des falaises du mont des Acrays. Le sentier de terre souple traverse un long taillis d'aulnes verts tout en jouant à cache-cache avec le torrent ②. S'il fait un peu chaud, ces multiples rencontres avec l'eau fraîche vous donnent l'occasion de vous offrir un stimulant jacuzzi naturel. Aux abords du torrent, le schiste ardoisier qui affleure dans le sentier peut devenir glissant ; soyez vigilant. En sortant des aulnes verts, vous traversez un superbe taillis de rhododendrons ferrugineux. Leur brève floraison en juillet éclabousse de rose indien la masse vert sombre de leur feuillage. Votre balade se poursuit décidément sous le signe du Verseau : deux torrents gargouillent maintenant à droite

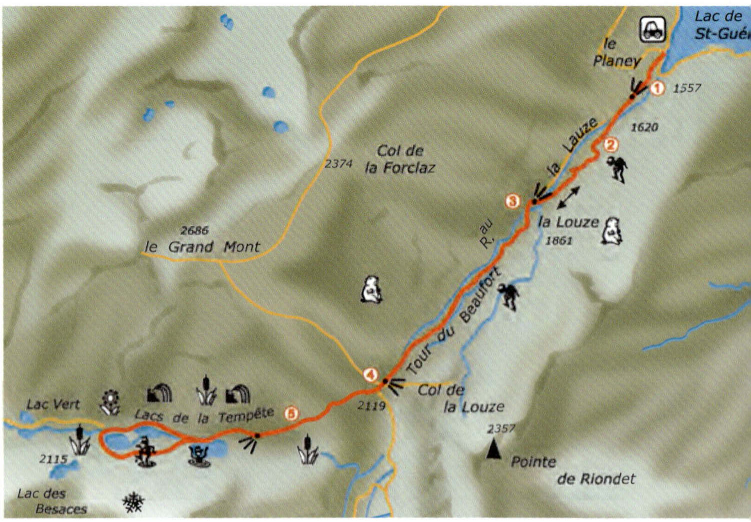

Le mont Blanc vu du col de la Louze.

et à gauche de la croupe herbeuse et fleurie que vous gravissez. Un replat vous attend ③ en haut de cette croupe. Retournez-vous, c'est magique. Le mont Blanc s'est levé derrière vous pendant que vous montiez. La blancheur de ses pentes glacées émerge maintenant au-dessus du paysage coloré que vous aviez admiré au début de votre promenade. Pour atteindre le col de la Louze que vous distinguez clairement devant vous, il vous reste à parcourir une vaste prairie alpine sous le regard curieux et inquiet des marmottes. Les formes douces des pentes herbeuses où d'innombrables moutons broutent une flore multicolore sont surmontées par les sombres surplombs menaçants de la pointe de Riondet. En arrivant au col ④, admirez à loisir le paysage auquel vous avez tourné le dos en montant. Le mont Blanc mérite bien son nom : la perspective masque totalement les aiguilles de Chamonix pour ne laisser apparaître que les dômes couverts de neige et les langues bleuâtres des glaciers. Le massif apparaît comme une énorme île flottante préparée pour un Gargantua vraiment démesuré. D'un point de vue moins gastronomique et plus alpin, vous pouvez suivre des yeux, dans sa totalité, l'itinéraire classique d'ascension par le Nid-d'Aigle, Tête-Rousse, l'aiguille et le dôme du Goûter. Le versant italien expose sur la droite ses vertigineuses murailles de rocher. En continuant vers la droite, le regard rencontre les formes tourmentées du rocher du Vent qui domine le lac de Roselend et la silhouette géométrique du sommet de la Pierra Menta. Reprenez votre progression vers la vallée glaciaire qui héberge la succession des lacs de la tempête. Depuis le col, les lacs sont masqués par un épaulement de terrain couvert de prairies entrecoupées d'éboulis. Engagez-vous donc à flanc de montagne en suivant le sentier souligné, dans le chaos des éboulis, par des traces de peinture blanche. Après avoir surplombé, sur votre gauche, un marécage aux eaux noires ⑤ qui doit ressembler aux tourbières arctiques, vous dépassez le dernier verrou qui vous ouvre l'accès à l'étrange monde lacustre de cette vallée suspendue. Les lacs se succèdent comme les perles d'un collier sous la garde vigilante des écrasants sommets rocheux qui les surveillent. Contraste saisissant avec le monde liquide du fond de la vallée : lacs aux formes baroques, marécages couverts de linaigrettes blanches, tourbières aux contours incertains cachées sous une épaisse couche de sphaignes, buissons de myrtilles et d'airelles entremêlés avec des conifères rampants, et surtout multitude de ruisselets chantants et bouillonnants dégoulinant par miracle des flancs arides et rocailleux d'une montagne totalement minérale. Les formes et les couleurs de cet univers sont absolument inattendues : en plein mois d'août vous retrouvez les orchidées tachetées, les touffes de campanules, les adénostyles, les gentianes pourpres et l'arnica voisinant avec des essences plus typiques des milieux humides comme la ciboulette de Sibérie et la linaigrette ainsi qu'une incroyable diversité de mousses ; les rochers sont décorés de lichens formant des entrelacs de taches et de stries multicolores, à moins qu'ils ne soient masqués par une enveloppe de végétation rampante. Les escarpements qui surplombent cet univers présentent une délirante palette de coloris : est-ce la coloration des minéraux qu'ils contiennent ou celle des espèces végétales qui s'y accrochent ? Le violet voisine avec le vert, le beige avec le noir et le jaune avec l'orange… En été, les lacs, peu profonds et baignés de soleil, atteignent des températures très agréables et, s'il fait beau, votre maillot de bain sera le bienvenu. Les nombreux sentiers permettent de faire le tour des lacs avant de redescendre par le même itinéraire. L'éclairage ayant changé, le paysage sera, lui aussi, transformé.

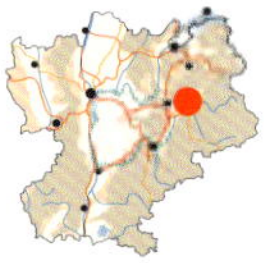

LE CIRCUIT DE LA GALOPPAZ

Route du col des Prés, col de Combe-Servenne, ruines du chalet de la Galoppaz, pointe de la Galoppaz, col de la Buffaz

À proximité immédiate de Chambéry, la pointe de la Galoppaz est accessible par de nombreux itinéraires. Le circuit que nous avons choisi offre peut-être les plus belles perspectives sur la cuvette de Chambéry, le massif des Bauges et la chaîne de Belledonne et vous tient totalement à l'écart de tous véhicules à moteur.

La balade

Traversez le torrent par le petit pont et observez les importants affleurements de schiste ardoisier dont la présence explique l'existence des très nombreux toits d'ardoise de la région. Pendant une dizaine de minutes, le chemin est large et utilisable par les véhicules tous terrains, il monte paresseusement en traversant de grandes clairières avant d'atteindre une "patte d'oie" égayée par le glouglou des petits ruisseaux tout juste sortis de terre aux sources des Côtes-de-Marles. Prenez ① vers la droite dans la direction indiquée du col de la Servenne (au retour, vous déboucherez ici par la branche gauche indiquant la direction de la Galoppaz). Tout de suite apparaissent, rebondissant sur les cailloux, les eaux chantantes et les maisons des Côtes-de-Marles. Le chemin monte doucement jusqu'au col de Combe-Servenne ② (1292 m) puis redescend en traversant une belle hêtraie, coupée de grandes clairières fleuries. À l'altitude 1200 m, juste avant d'atteindre la clairière des granges de Chenaillon, un petit sentier ③ s'envole sur votre gauche, garni d'un écriteau peu visible : la Galoppaz, et deux traits de peinture rouge. Prenez ce sentier et conservez-le jusqu'aux ruines du chalet de la Galoppaz, à proximité du sommet. Attention, ne vous fiez pas au tracé indiqué sur la carte IGN pour atteindre le col de la Galoppaz, ce sentier n'existe plus. En revanche, votre sentier vous conduit tout droit, en restant sur la rive droite du ruisseau, jusqu'au chalet de la Galoppaz ④, malheureusement détruit par un incendie. Une source captée, à proximité du chalet en ruines, vous permet de vous désaltérer. Depuis ce chalet, gagnez le sommet de la pointe de la Galoppaz en vous dirigeant d'abord vers le petit col entre la "Pointe", à gauche, et la "Petite-Pointe", à droite. Au col, obliquez à gauche pour atteindre facilement le sommet de la Galoppaz (1892 m) où vous attend un très large panorama circulaire sur la cuvette de

Fiche technique

21

Difficulté : forte pente du raidillon en sous-bois, à l'aller et au retour
Durée : 4 heures 30
Dénivelé : 700 mètres, altitude de départ : 1043 m, sommet à 1681 m.
Période : éviter les périodes de dégel : terrain boueux et glissant en sous-bois.
Equipement : randonnée légère, raquettes en hiver
Balisage : panneaux directionnels, doubles traits de peinture jaune
Point d'eau : oui, indiqués sur le plan
Carte Michelin : n° 244, plis 18 et 29
Carte IGN : 3432 OT, plis H1, H2, I1, I2.
À voir aux environs : Château de Chaffardon à Saint-Jean-d'Arvey : verger conservatoire de fruitiers anciens, cascade de la Doria, ruines de la première centrale hydroélectrique. Panorama de la chapelle du Mont Saint-Michel près de Curienne.

Cette balade est extraite de l'ouvrage ***Les plus belles balades autour de CHAMBERY de la Chartreuse au Beaufortin*** *de Martin Toulemonde*

Itinéraire d'accès

Quittez Chambéry par Saint-Alban et la D 912 vers les Bauges. Au milieu du village de Saint-Jean-d'Arvey, prenez à droite en direction du col des Prés, D 206. Environ 1,5 km avant d'atteindre le col des Prés, la route s'incurve sur la gauche pour dépasser l'extrémité d'un rocher d'escalade. Juste après ce virage apparaissent, sur votre droite, la borne kilométrique n° 10 et le début d'un chemin "jeepable" qui plonge vers le torrent. Stationnez votre véhicule sur le bord de la route où plusieurs petites aires de stationnement se succèdent, ou sur le chemin "jeepable", juste avant d'atteindre le torrent.

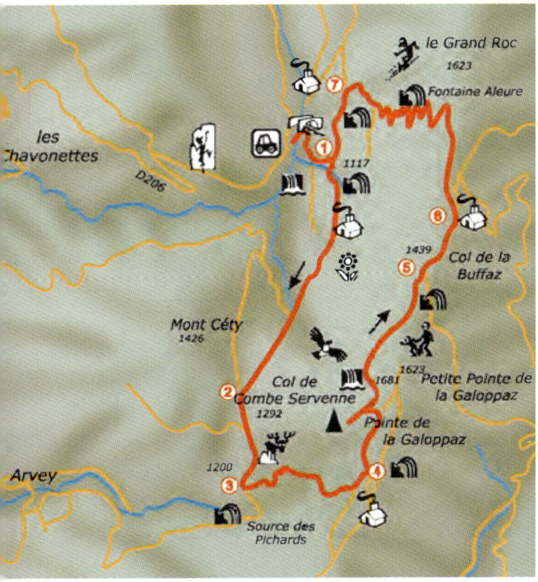

Clarines et pots à lait.

Chambéry, la Croix-du-Nivolet surmontant les falaises du Peney, le stade de neige du Mont-Margeriaz, le Grand-Roc puis le mont Colombier enfin les escarpements de la dent d'Arclusaz et du Chapeau-de-Napoléon montant la garde devant la large vallée glaciaire de l'Isère. Au loin, le massif du Mont-Blanc exhibe sa merveilleuse silhouette, et la chaîne de Belledonne dresse ses impressionnantes dents blanches. Pour redescendre, engagez-vous sur le sentier de crête qui se dirige vers le Grand-Roc. Après avoir dépassé quelques massifs d'aulnes, il descend vers le col de Buffaz où une accueillante source se déverse dans un tronc évidé ⑤. Agréable lieu pour pique-niquer, à l'ombre des arbres ou au soleil. Le sentier poursuit sa route (balisage jaune, 2 traits horizontaux) dans les alpages en vous offrant, sur tout son parcours, des points de vue merveilleux sur les sommets des Bauges. Dépassez le chalet de la Buffaz ⑥ puis retournez-vous pour admirer le joli paysage offert par les formes sombres du chalet et des bois et par les hampes jaunes des gentianes se découpant devant les escarpements blancs de la chaîne de Belledonne. Les sonnailles des troupeaux ajoutent une note joyeuse à ce bonheur tandis que l'odeur de l'orchis vanille flatte discrètement vos narines. Vous atteignez maintenant la lisière de la forêt et le sentier s'y engage pour une descente raide et parfois glissante. Un bon bâton ferré se révélera bien utile. En juillet, de nombreux lis martagons agrémentent le sous-bois de leur jolie couleur mauve et de leur drôle de forme enturbannée : on regarde avec les yeux, espèce sauvage et protégée, pas disposée du tout à vivre dans votre jardin ! La forte pente vous fait perdre rapidement de l'altitude et vous débouchez bientôt aux chalets de l'Allier ⑦ où un chemin confortable et peu pentu vous accueille. Prenez-le sur votre gauche, il dépasse une nouvelle source fort agréable avant de rejoindre, entre clairières et forêt de gros frênes, la "patte d'oie" et votre chemin de départ.

Le Grand Roc.

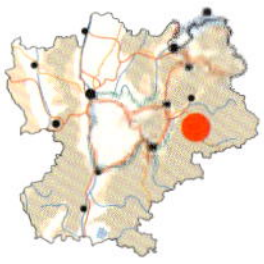

LA DENT DES PORTES

Une richesse naturelle

Un bel itinéraire qui, avec des passages pittoresques, fait découvrir une partie des Bauges dans une ambiance pastorale.

La balade

Laissez le chemin rural, qui fait suite à la route goudronnée, pour obliquer à droite sur le sentier qui monte à l'est dans les prés. Les lacets du chemin passent au milieu des haies, puis s'enfoncent en forêt, avant de buter sur des éboulis sous la dent des Portes vers 1900 m. Orientez-vous plein sud en restant bien sur l'arête de la barre rocheuse pour aboutir au-dessus des chalets en ruines du Charbonnet.

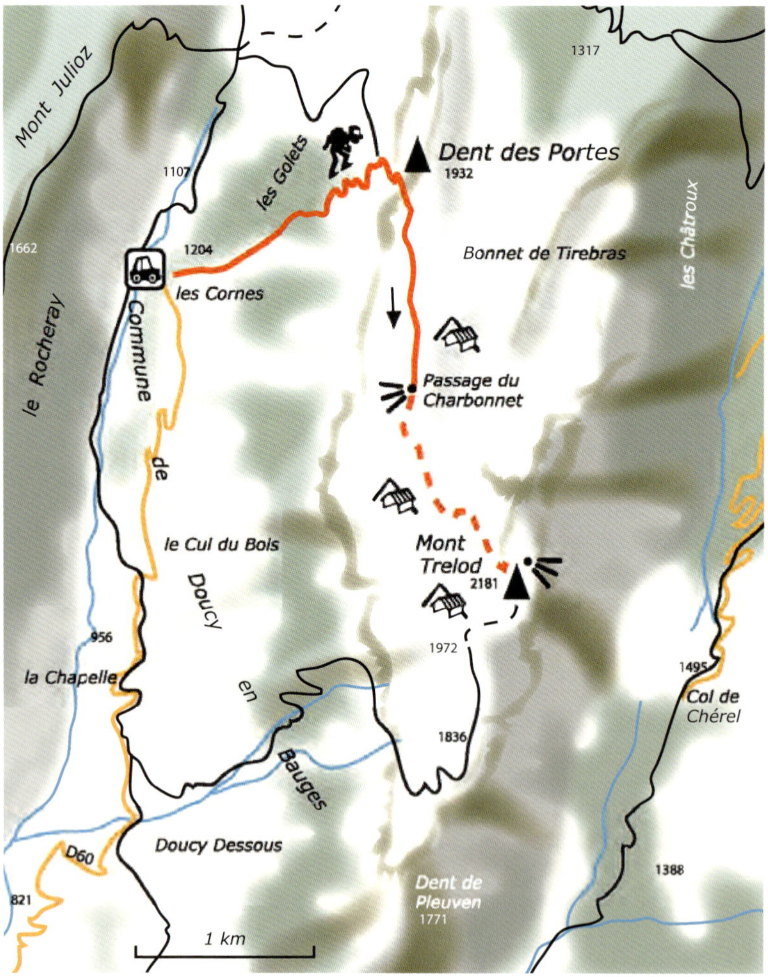

Pour atteindre le sommet du Trelod, grimpez la pente herbeuse jusqu'à un petit col vers 2100 m. Après quelques lacets dans la montée et une traversée orientée sud, on arrive à des rochers faciles à gravir qui permettent d'atteindre une armature métallique, le signal géodésique qui ponctue le sommet du Trelod, à 2180,7 m d'altitude. Vous pouvez revenir par le même trajet qu'à

Fiche technique

Longueur : 10 km
Dénivelé : 980 m
Durée : 6 h
Difficulté : pour bons grimpeurs
Période : déconseillé par temps de pluie
Equipement : de bonnes chaussures de marche et une protection contre le froid
Balisage : sans
Carte IGN au 1/25 000 : Top 25 n°3434 Les Bauges

Cette balade a été réalisée par Nathalie Esnault et Elisabeth Prost, photos de Bruno Pambour.

Itinéraire d'accès

D'Aix-les-Bains emprunter la D911 (Cusy-Le Châtelard).
De Chambéry prendre la N6 en direction d'Albertville jusqu'à Saint-Pierre-d'Albigny, puis la D911 par le col du Frêne/Ecole pour rejoindre Le Châtelard.
Quitter la D911 au Pont de la Compôte, traverser le village de la Compôte et continuer vers Doucy. Après avoir passé plusieurs hameaux, se rendre au lieu-dit Les Cornes (1204 m) au bout de la route goudronnée (panneau Réserve Nationale de Chasse)

l'aller ou continuer la traversée du Trelod et descendre jusqu'au fond du vallon de Pleuven-Dessous et ainsi atteindre le hameau de Magnoux.
Prévoir de laisser une voiture à Magnoux, sinon vous aurez encore quelques kilomètres à faire à pied.

Réserve nationale des Bauges

Crée en 1950, la réserve faunique des Bauges préserve un patrimoine inestimable. Sur 52 km^2, à cheval sur les départements de la Savoie et de la Haute-Savoie, les chamois, les mouflons, les marmottes et les tétras-lyres bénéficient d'une protection et d'une attention toute particulière. Des sentiers balisés au cœur de la réserve permettent d'observer les animaux et dévoilent de superbes paysages avec les reliefs des Alpes du nord en toile de fond.

Ci-dessus : la Dent des Portes, massif des Bauges. Ci-contre : passage du Charbonnet, au fond le Trelod. Double page suivante : le mont Blanc depuis les Bauges. Montée à la dent des Portes.

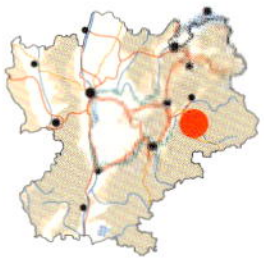

LA DENT DU CHAT

Un splendide belvédère sur le lac du Bourget

La balade

Du relais de télévision, le regard se pose sur la rive opposée du lac, le plateau du mont Revard, Chambéry, sa cluse et le mont Blanc. Prenez le sentier qui débute près de la buvette. Il suit en sous-bois la ligne de crête du mont du Chat vers le nord et parvient en quarante minutes au Molard Noir (1452 m), en bordure ouest du lac du Bourget.

Deux tables d'orientation vous y attendent. L'une détaille les Alpes du nord : on identifie le massif des Bauges, les massifs de Belledonne et des Ecrins vers le sud. La seconde table est tournée vers l'ouest et scrute l'avant-pays savoyard.

Si le ciel est bien dégagé, le Massif central, les monts du Lyonnais et du Beaujolais peuvent émerger du lointain. L'itinéraire peut se faire en famille, parce qu'on n'y rencontre pas de difficulté particulière, si ce n'est que, par endroits, il longe des à-pics et qu'il faut surveiller les enfants.

Fiche technique

23

Longueur : 5,5 km
Dénivelé : 500 m
Durée : 2 h 30
Difficulté : aucune
Période : printemps-été
Equipement : randonnée moyenne
Cette balade a été réalisée par Nathalie Esnault et Elisabeth Prost, photo Hémon/Francedias.com

Itinéraire d'accès

Au Bourget-du-Lac, prenez la D42 qui s'élève sur le versant du mont du Chat et franchit le chaînon près du relais de télévision. Laissez la voiture au parking du relais.

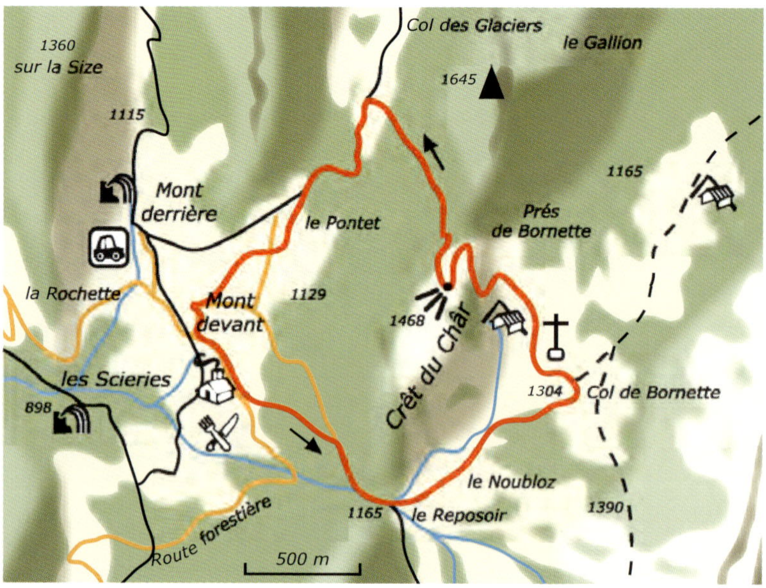

La dent du Chat vue depuis la plage d'Aix-les-Bains, sur le lac du Bourget.

La dent du Chat

La célèbre silhouette qui domine le lac du Bourget doit son nom à une étonnante légende. Sur le lac du Bourget, il y a bien longtemps, un pêcheur attendait dans sa barque que le poisson morde à l'hameçon, jurant à voix haute qu'il relâcherait sa première prise, espérant par ce geste attirer la générosité de la Providence. Le premier poisson qu'il prit fut un superbe brochet qu'il se garda bien de remettre à l'eau. Puis il pêcha un chaton famélique qu'il emporta chez lui. Le chaton ne tarda pas à prendre des forces et devint énorme. Il quitta la maison de son bienfaiteur et sema la terreur autour de lui. Perché sur un piton rocheux, il comptait les voyageurs qui franchissaient le col et s'abattait sur le vingtième pour le dévorer. Un soldat qui revenait de permission vint à passer par là. Apprenant qu'il était le vingtième, il arma son fusil et se porta à la rencontre du chat. Comme il allait bondir sur lui, le soldat épaula et fit feu. L'animal plongea en rugissant dans le précipice et s'engloutit à jamais dans les eaux du lac.

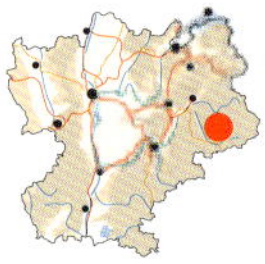

LE COL DU SOUFRE

et les lacs du mont Coua : une montagne de gypse, des lacs turquoise

Partez à la découverte d'un paysage lunaire qui offre un point de vue sans pareil, auquel vous pouvez adjoindre une extension vers des lacs de haute montagne.

La balade

Au refuge du Saut, prenez le sentier qui s'élève au sud, au-dessus des gorges du Doron-des-Allues. Après avoir franchi le torrent sur un pont de bois (2430 m), vous devez aboutir sur la moraine du glacier de Gébroulaz. Laissez le chemin à gauche menant aux lacs du mont Coua pour prendre celui qui monte en longeant la rive droite du Doron. Au terme de ces deux heures de marche apparaît le col du Soufre, qu'il faut atteindre en empruntant un sentier quelque peu tortueux. Contrairement à ce que son nom laisse présumer,

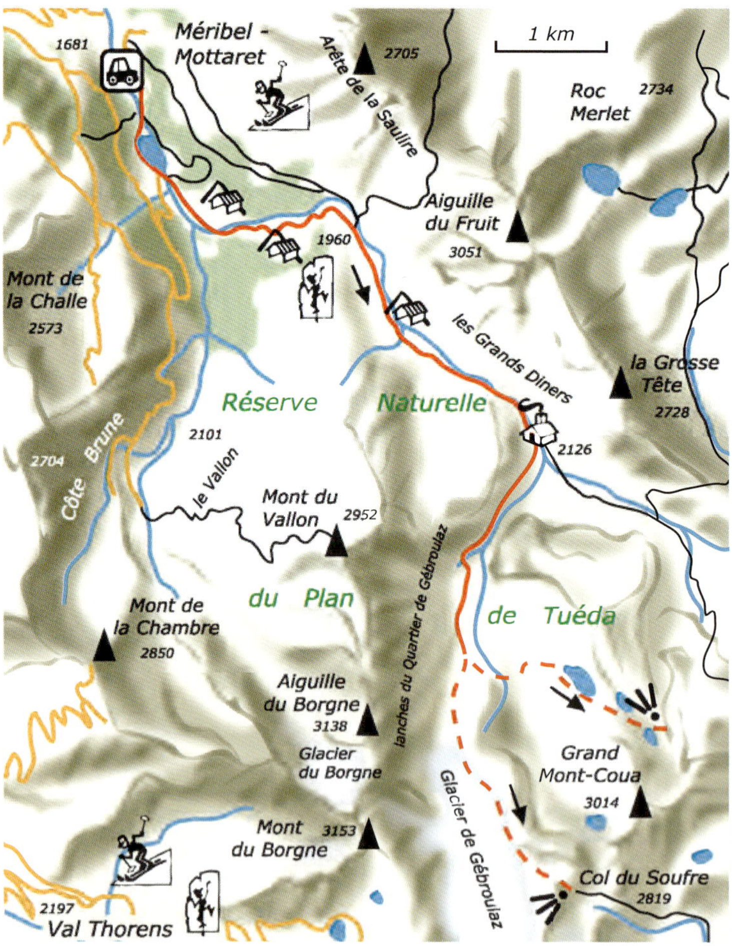

ici la roche n'est pas jaune, mais blanche. À 2819 m d'altitude, l'impression est celle d'un paysage lunaire. On jouit néanmoins d'un superbe point de vue. À l'est la face nord de la pointe de l'Echelle (3422 m) et le Râteau d'Aussois (3131 m), à sa droite, émergent de l'horizon. Sur le chemin du retour, sur le même itinéraire, ne ratez pas le lac Blanc. Il doit sa couleur à la présence de gypse. Pour atteindre les lacs du mont Coua, après avoir franchi le pont de bois sur le Doron-des-Allues, empruntez le sentier situé à l'est en direction d'un deuxième pont (2454 m).

Prenez ensuite un chemin abrupt à gauche qui monte au-dessus d'un petit lac rond où tombe une cascade. Plus loin, vers le nord, on aperçoit l'aiguille du Fruit (2735 m), grandiose.

Poursuivez votre route sur la droite et franchissez sans trop de difficultés une barre qui vous sépare du premier lac considérable.

On pourrait s'en tenir là et profiter de la sauvage grandeur du cadre, avec vue sur le mont Coua et le Grand Mont Coua. Mais en montant plus haut, vers le sud-est, d'autres beautés nous attendent et valent l'ascension. Un marquage parfaitement lisible mène à un autre lac, de taille modeste, niché derrière un mamelon. Si on longe sa rive ouest sur cent mètres environ, on peut atteindre le lac supérieur. À 2774 m ses eaux turquoise brillent de tout leur éclat et nous récompensent de nos efforts.

Le lac Blanc, surplombé, au fond, par le roc du Soufre.

Fiche technique

24

Longueur : 18 km AR
Dénivelé : 1100 m (col du Soufre), 650 m (lacs de Coua)
Durée : 4 à 5 h (aller-retour col du Soufre), 3 h 30 (aller-retour lacs de Coua)
Difficulté : randonnée de haute montagne, à partir de 12 ans. Nuitée obligatoire au refuge
Période : été
Equipement : chaussures de montagne
Balisage : Carte IGN au 1/25 000 : Top 25 n°3534 OT Trois-Vallées

Cette balade a été réalisée par Nathalie Esnault et Elisabeth Prost, photo A. & E. Lapied/Francedias.com

Itinéraire d'accès

Au départ du refuge du Saut (2 126 m)

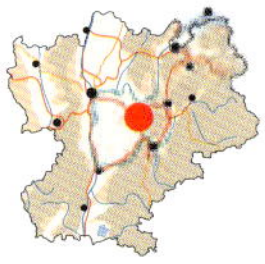

LE MONAL ET LE LAC NOIR

Du patrimoine alpin au site naturel

Dans le cadre enchanteur et sauvage de la haute Tarentaise, face au glacier du Mont-Pourri, et sous les rochers de Pierre-d'Arbine, aux portes des grands domaines skiables de Tignes et de Val-d'Isère.

La balade

À Chenal (1743 m), empruntez la route, puis le chemin accidenté qui la prolonge. On s'élève par la Combaz jusqu'au hameau du Monal (1874 m). Surplombant l'Isère, il offre aux randonneurs un point de vue exceptionnel sur la gigantesque face est du mont Pourri et les langues glaciaires de la Savine et de la Gurra, de l'autre côté de la vallée de l'Isère. Prévoir la pellicule, il y a de superbes photos à faire. Les chutes de glace et le ruissellement des eaux ont dénudé les schistes. Après avoir profité de la beauté de ce site protégé, repérez le sentier qui remonte la vallée du Clou sur la rive gauche du torrent, puis longez les baraques du Plan. En face, on voit parfaitement la crête herbeuse du Bélier issue du Rocher Blanc. Allez au fond du vallon et traversez un pont qui enjambe le torrent, avant de monter aux chalets d'alpage des Balmes où l'on fabrique encore le beaufort. Dépassez-les en suivant le nant du lac Noir. Arrivé au lac (2014 m), vous pourrez profiter des reflets d'ébène de ce magnifique œil d'onyx où se mire l'aiguille d'Archeboc (3272 m), face au col du lac Noir. On rejoint ensuite un sentier qui récupère l'itinéraire de montée au-dessus des Balmes. En dessous du vaste replat du Plan, prendre un chemin très marqué à droite avant de rentrer dans la forêt de mélèzes pour regagner le Monal. À la sortie du hameau, prendre à gauche pour aboutir au-dessus de Chenal.

Le hameau du Monal

Ses chalets en pierre, aux toits de lauzes et aux balcons de bois, sont resserrés autour de la chapelle Saint-Clair, au bord de petits lacs où se mêlent le jade et la turquoise. Ils s'intègrent parfaitement dans un environnement exceptionnel. Longtemps ignoré des promeneurs, le hameau était le refuge secret des montagnards, venant goûter l'harmonie qui règne entre la nature et les habitations humaines dans leur "montagnette".

Face au mont Pourri, le paisible hameau du Monal.

Fiche technique

25

Longueur : 14 km AR
Dénivelé : 260 m
Durée : 7 h
Difficulté : aucune
Période : printemps-été
Equipement : bonnes chaussures de marche
Carte IGN au 1/25 000 :
Top 25 n°3532 ET Les Arcs

Cette balade a été réalisée par Nathalie Esnault et Elisabeth Prost, photos Coupé et Pellorce / Francedias.com

Itinéraire d'accès

Après Sainte-Foy-Tarentaise quitter la D902 sur la gauche, au lieu-dit "les Pigettes" pour gagner le hameau de Chenal où l'on peut se garer sur un parking, avant l'interdiction de la route aux voitures (1700 m).

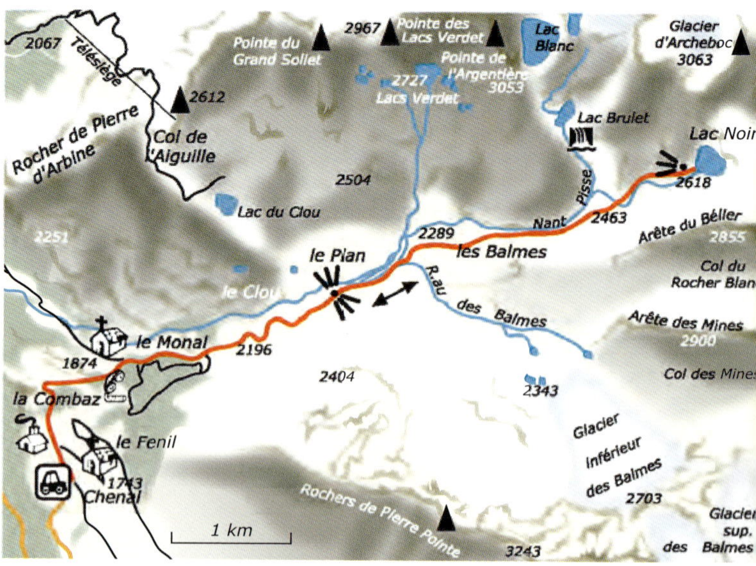

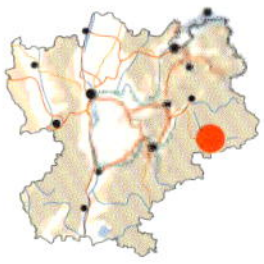

UN RETOUR RÉUSSI

Les bouquetins à Saint-Martin-de-la-Porte

En Savoie, le parc national de la Vanoise
abrite la plus grande population de bouquetins en France.

La balade

Vous êtes face à de vertigineux éperons rocheux exposés plein sud, un site de prédilection pour le bouquetin des Alpes. Point besoin ici de gravir des dénivelés importants pour découvrir l'animal emblématique du parc national de la Vanoise. Les animaux se répartissent entre la zone du Château sur la droite à proximité du village, les barres rocheuses qui vous surplombent et le versant revégétalisé à gauche. C'est la zone où ils sont le plus facile à observer parfois à quelques mètres. Montez la large piste qui remonte en lacets ce versant. À partir de la mi-novembre, des groupes de grands mâles sont présents et c'est un véritable spectacle de les contempler si proches au doux soleil d'hiver. Avec un peu de patience, vous verrez de nombreux comportements comme des simulacres de combats et le rut au mois de décembre. Surveillez également régulièrement les cieux à proximité des crêtes, il n'est pas rare d'y voir l'aigle royal et le gypaète barbu. Le bouquetin a échappé de peu à son extinction totale. Autrefois très répandu, présent dans de nombreux gisements du paléolithique, l'animal vivait dans tous les reliefs qui lui assuraient la sécurité, que ce soit dans les Préalpes ou les Grandes Alpes. Contrairement au chamois qui fuit devant tout danger, le salut du bouquetin se trouve dans les parois escarpées, où seul, il peut accéder grâce à d'étonnants sabots à la semelle souple et dont les ongles s'écartent pour assurer les prises dans le rocher. Il laisse venir les prédateurs à quelques dizaines de mètres et, au dernier moment, se perche hors de portée. Stratégie efficace durant des milliers d'années mais qui n'avait pas prévu l'avènement des armes à feu ! Pourchassé pour sa chair, son prestigieux trophée, ses usages médicaux et le talisman réputé qu'il portait au sein de son cœur – un os en forme de croix qui, d'après les croyances, préservait son porteur de toute mort violente –, il faillit complètement disparaître malgré la volonté des rois ! Ainsi l'empereur Maximilien, également grand chasseur, promit lors de son départ pour les Flandres, une robe de soie à la femme d'un des plus incorrigibles braconniers du pays pour que son mari renonce à détruire ses bouquetins (Robert Hainard, *Mammifères Sauvages d'Europe*, Delachaux et Niestlé).

Fiche technique

26

Durée : 2h00
Dénivelé : 150 m
Difficulté : aucune
Période : de novembre à mars
Equipement : randonnée classique, jumelles
Balisage : aucun
Carte IGN 1/100 000 : n° 53
Carte IGN 1/25 000 : n° 3435 ET Valloire

Cette balade a été réalisée par Bruno Pambour.

Itinéraire d'accès

Depuis Chambéry, prenez l'A41 en direction de Grenoble/Albertville puis l'A43 en direction d'Albertville. Restez sur l'A43 en direction de Turin/Tunnel du Fréjus. Quittez l'autoroute à la première sortie après St-Jean-de-Maurienne pour prendre la N6 en direction de St-Michel-de-Maurienne. Après 3 km, juste avant St-Martin-la-Porte, tournez à gauche pour contourner un immense dépôt de bois. À sa hauteur, prenez à droite une piste jusqu'à sa fin et garez-vous sur son côté.

Il disparaît d'Autriche à la fin du XVIIe siècle, de Suisse en 1820 et de France vers 1850. Le roi Victor-Emmanuel II sauva la dernière dizaine (!) dans le val d'Aoste, en créant une réserve en 1836. L'espèce frôla de peu l'extinction. En 1922, la création du parc national italien du Grand-Paradis lui assura sa protection définitive. Tous les bouquetins qui vivent à nouveau dans les pays alpins proviennent de cette souche unique. En France, à part les recolonisations naturelles comme en Vanoise, les animaux sont originaires des colonies suisses, reconstituées plus tôt. En Savoie, le parc national de la Vanoise abrite la plus grande population de bouquetins en France, soit environ 1900 individus. Ce nombre relativement élevé autorise des prélèvements pour des réintroductions dans d'autres espaces protégés des Alpes françaises. Très proche de la chèvre domestique, le bouquetin recherche les escarpements et les à-pics qui se déneigent rapidement l'hiver. Il y trouve ensoleillement, abri à l'égard des avalanches et une nourriture non gelée. Il déteste la neige, où il s'enfonce lourdement, et, bien qu'il s'élève fréquemment jusqu'à trois mille mètres d'altitude, l'été, il fuit les glaciers et les névés, à l'inverse du chamois. En revanche, tant qu'il existe un relief où il peut se réfugier, il peut descendre très bas à la mauvaise saison, bien en-dessous de mille mètres comme c'est le cas ici. De tempérament indolent, c'est un explorateur prudent qui conquiert lentement de nouveaux territoires. La hiérarchie entre les mâles s'effectue tout au long de l'année par les fameux combats où, parfois durant des jours, les cornes s'entrechoquent dans une violence incroyable entre de curieux moments d'apathie. Le rut réunit les deux sexes en décembre pour donner naissance aux cabris en mai-juin.

Après avoir disparu des Alpes françaises, le bouquetin y est revenu naturellement depuis la réserve italienne du Grand-Paradis.

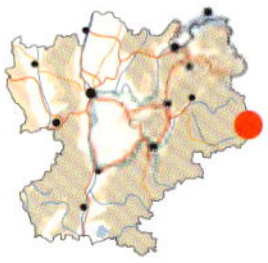

LE CIRQUE DES ÉVETTES

Un des sites les plus fascinants de la Maurienne.

Une balade d'exception qui vous fera découvrir une véritable couronne d'aiguilles rivalisant de beauté et d'altitude.

La balade

Non loin du parking, engagez-vous dans le sentier qui mène au refuge des Evettes. Le chemin serpente à travers les pentes herbeuses, avant de suivre des vallonnements jusqu'à l'entrée du cirque. Il s'oriente ensuite à gauche, vers le refuge implanté par le Club alpin français.
La montée ne prend que deux heures. Du belvédère (2 590 m) vous pourrez avoir une vue panoramique sur le Plan des Evettes ("petites eaux"), le glacier des Evettes, le pic Regaud (3 237 m), la pointe de Bonneval (3 320 m), le dôme de l'Albaron (3 627 m) et bien d'autres sommets dépassant trois mille mètres d'altitude, en zone frontalière.
Vous pourrez faire le tour de ce magnifique cirque en suivant le sentier, tout simplement. Retour par le même chemin qu'à l'aller ou par le sentier qui dégringole dans les gorges de la Reculaz, à condition d'avoir le pied montagnard ! L'itinéraire est escarpé, avec un passage câblé, délicat par temps de pluie.

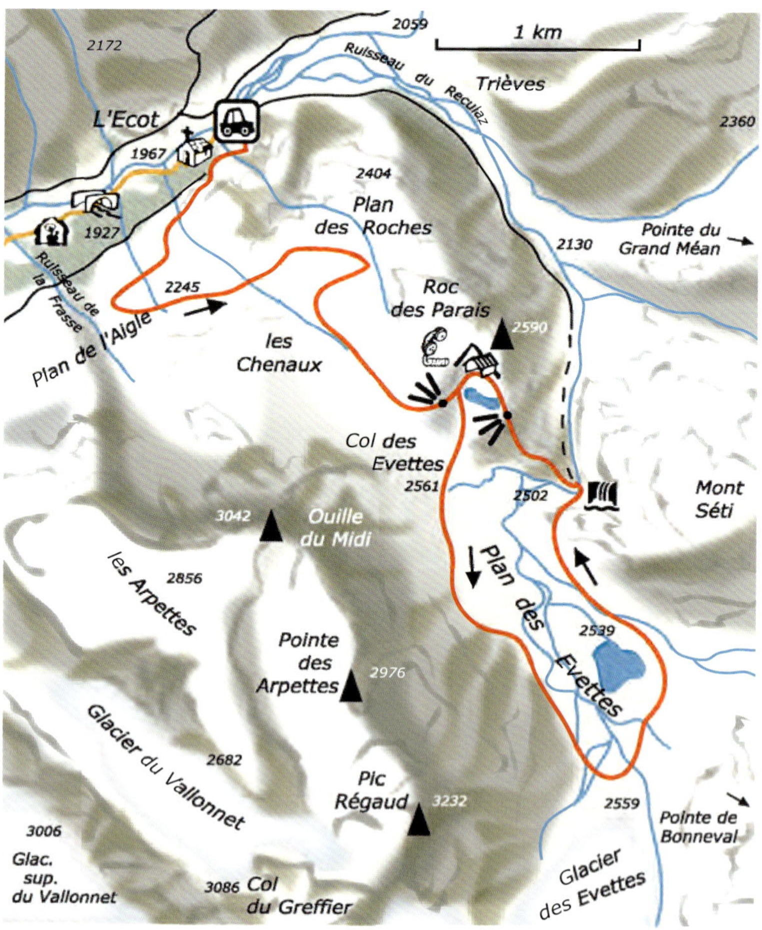

Fiche technique

Longueur : 11 km
Dénivelé : 600 m
Durée : 5 h 30 aller-retour (tour du cirque inclus)
Difficulté : un passage délicat par temps de pluie
Période : à éviter par temps de neige, pluie, brouillard
Equipement : chaussures de randonnée
Carte IGN au 1/25 000 : Top 25 n°3534 OT Les Trois Vallées

Cette balade a été réalisée par Nathalie Esnault et Elisabeth Prost, photos de Bruno Pambour.

Itinéraire d'accès

Au départ de Bonneval-sur-Arc, prendre la route pastorale qui mène au hameau de l'Ecot (2100m). Le parking est situé en bout de route (2000m).

Le cirque des Évettes

Ce cirque glaciaire est l'un des plus beaux de la Savoie, par son site sauvage, bien que très accessible, le vert émeraude des lacs et la richesse floristique. Il possède le "plan des eaux" le plus riche et le plus complexe des Alpes occidentales, de forme circulaire, disposé sur le fond d'un lac important qui figurait encore sur une carte du XVIIIe siècle. De nos jours, les eaux sont orientées vers l'est en un torrent qui se précipite cent mètres plus bas dans l'impressionnante cascade de la Reculaz. La menace de voir les eaux noyer le site en vue d'une retenue hydroélectrique est définitivement écartée par son classement.

Le hameau de l'Ecot.
Ci-dessous : le cirque des Evettes.

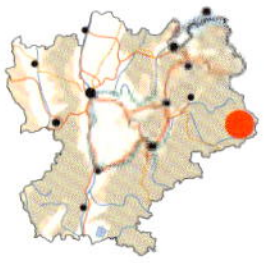

LE REFUGE DU PALET

Des alpages vers le plus haut sommet savoyard.

Une randonnée qui réunit tous les atouts de la montagne dans le massif de la Vanoise : chalets, prairies, cascades, ruisseaux et forêt.

La balade

Engagez-vous sur le chemin et, deux cents mètres après, traversez le ruisseau qui se présente. Laissez le sentier qui monte vers la gauche le long de la cascade du Py, pour emprunter celui qui s'enfonce dans les alpages du parc national. L'itinéraire remonte la vallée couronnée de quelques joyaux, respectivement d'ouest en est, le Grand Bec de Pralognan (3398 m), les Volnets, les Glières et l'Epéna. Bien sûr, la pointe de la Grande-Casse (3855 m), perle parmi les perles, culmine et dépasse en beauté comme en hauteur toutes les autres. La crête se poursuit jusqu'aux hautes murailles de glace de la Grande-Motte (3656 m).

Le chemin déroule ensuite ses lacets que l'on peut couper par un sentier abrupt à proximité du refuge de la Glière (1996 m). Avec un peu de chance, on peut croiser la route de marmottes. À quinze minutes, la piste rejoint une chapelle près du lac de la Glière, puis traverse le Plan du Sel (2280 m). Vous visiterez peut-être le chalet d'alpage où l'on produit du beaufort. Laissez sur votre gauche le sentier du col de la Grassaz pour en prendre un plus étroit qui borde le lac du Grand-Plan (2480 m) où se mire la Grande Casse.

Le chemin grimpe ensuite jusqu'au col de la Croix des Frêtes (2647 m). Après un passage à flanc de montagne, vous atteindrez aisément le col du Palet (2652 m).

Alors, vous pourrez découvrir l'architecture originale du refuge, en contrebas sur la gauche (versant Peisey-Nancroix). L'ancienne redoute érigée au XIXe siècle vous semblera, malgré son allure un peu revêche, bien accueillante après cette longue ascension. De là-haut, le point de vue sur une partie du parc national de la Vanoise et du domaine skiable de Tignes est inénarrable.

Fiche technique

28

Longueur : 10 km aller
Dénivelé : 1 090 m
Durée : 5 h aller
Difficulté : longueur, pour bon marcheur
Période : printemps-été
Equipement : bonnes chaussures, vêtements chauds, eau
Balisage : aucun
Carte IGN au 1/25 000 : n°3633 ET, Haute-Maurienne Grande Casse
Carte IGN au 1/25 000 : n°235 Vanoise-Tarentaise
Carte Didier-Richard au 1/50 000 : Vanoise

Cette balade a été réalisée par Nathalie Esnault et Elisabeth Prost, photo Coupé/Francedias.com

Itinéraire d'accès

Gagner Champagny-en-Vanoise. Garez-vous au parking du Laisonnay à Champagny-le-Haut. Le point de départ de la balade se situe à l'extrémité de la route, au hameau du Laisonnay.

L'arrivée au refuge du col du Palet est un vrai bonheur, autant pour les yeux… que pour les jambes, après ce long itinéraire sans réelle difficulté.

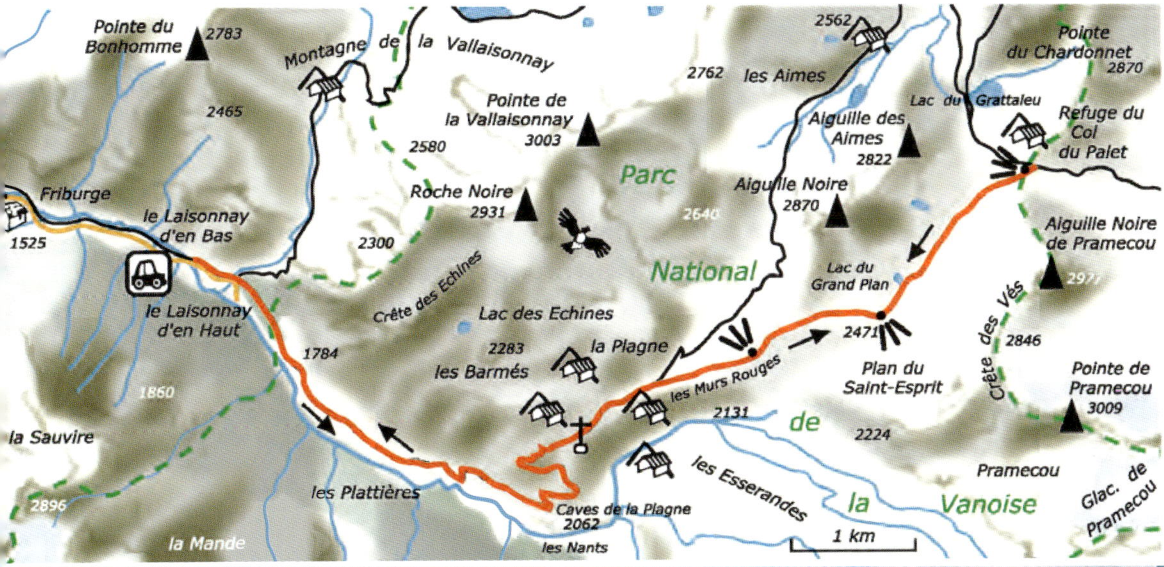
Pointe du Bonhomme
2783
Montagne de la Vallaisonnay
2562
Pointe du Chardonnet
2870
2762
les Aimes
2465
Pointe de la Vallaisonnay
3003
Lac du Grattaleu
Aiguille des Aimes
2822
Refuge du Col du Palet
2580
Parc
Roche Noire
2931
Aiguille Noire
2870
Friburge
le Laisonnay d'en Bas
1525
2640
Aiguille Noire de Pramecou
2300
National
Lac du Grand Plan
Crête des Echines
le Laisonnay d'en Haut
Lac des Echines
2471
2283
la Plagne
1784
les Barmés
2846
Plan du Saint-Esprit
Crête des Vés
1860
les Murs Rouges
Pointe de Pramecou
3009
2131
de
la Sauvire
2224
Pramecou
les Esserandes
2896
les Plattières
Caves de la Plagne
2062
la
Vanoise
Glac. de Pramecou
la Mande
les Nants
1 km

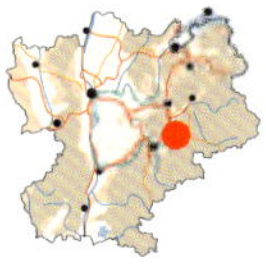

LES LACS DE BRAMANT

Les Grandes Rousses

À 75 km de Grenoble, aux confins du Dauphiné et de la Savoie, vous accédez par l'un des plus beaux panoramas des Alpes françaises aux lacs de Bramant, porte du glacier de Saint-Sorlin.

La balade

À la limite nord de l'Oisans, les cols de la Croix-de-Fer et du Glandon sont deux des grandes voies de communication millénaires des Alpes. Les appellations "Eau d'Olle" et "Glandon" viennent du celte et signifient respectivement "rivière qui forme un coude" et "vallée profonde". Bien que leurs eaux alimentent l'Eau d'Olle sur le côté dauphinois, les lacs de Bramant appartiennent à la Savoie. Le défilé de Maupas, infranchissable durant des siècles – les voyageurs l'évitaient alors par le col du Sabot, de *Saboiam,* c'est-à-dire Savoie – fut sans doute la frontière naturelle entre les deux provinces. Tous les pâturages et les montagnes de la combe d'Olle, revinrent alors au comté de Savoie. Du col, prenez la route EDF sur cent mètres, avant d'obliquer à gauche sur le versant est des Perrons ①, vers le col Nord des Lacs. À l'aller ou au retour, deux superbes cuvettes pleines de vie, les lacs Potron et Guichard méritent le détour ②. Toute une petite faune et flore survivent dans ces tourbières d'altitude à plus de deux mille mètres : agrions, lézards vivipares, nigritelles... Au-delà, le vaste panorama sur le massif des Aiguilles d'Arves est grandiose. Après avoir longé les courbes de niveau durant une vingtaine de minutes, le sentier oblique nettement à droite dans les alpages, parmi les blocs descendus de la crête des Perrons ③.
Au replat qui domine la combe du Rieu-Blanc ④ poursuivez à droite, à flanc, pour rejoindre le sentier qui monte de l'ancien refuge César-Durand. Gravissez-en quelques lacets bien raides, le haut du vallon très empierré ⑤, jusqu'au col Nord des Lacs où vous attendent une belle perspective sur les lacs de Bramant et le cirque glaciaire de Saint-Sorlin. Au nord-ouest, le rocher Blanc et les aiguilles de l'Argentière barrent l'horizon. D'ici, vous pouvez choisir de retourner directement au col de la Croix-de-Fer en descendant le vallon. Sinon, dévalez à gauche l'éboulis qui longe le Grand Lac, vers sa rive est.
Après une croupe herbeuse ⑥, le lac Blanc apparaît. La flore des pelouses est riche de séneçons, campanules et potentilles. Par endroits s'épanouissent les capitules jaunes de la doronic à grandes fleurs ou "herbe aux chamois". Aristide Bergès, le célèbre inventeur de la houille blanche, contribua à l'aspect actuel de ces plans d'eau. Pour réguler le débit de l'Eau d'Olle qui alimente l'usine du Rivier d'Allemont, il conclut un contrat avec la commune de Saint-Sorlin-

Ci-contre : les aiguilles d'Arves. Des rives du lac Blanc au glacier de Saint-Sorlin. Ci-dessous : le glacier.

Fiche technique

29

Durée : 3 h 45 (lac Blanc) ou 5 h 30 (glacier de St-Sorlin)
Dénivelé : 409 m (lac) ou 626 m (glacier)
Difficulté : longueur et dénivelé pour le glacier de Saint-Sorlin
Période : fin de printemps, été, automne (enneigement précoce et durable)
Equipement : randonnée classique
Balisage : rouge et jaune, rouge
Carte IGN : 1/100 000 : n° 53, pli D4
Carte Guide IGN : 1/25 000 - Top 25 n° 3335 - ET : le Bourg-d'Oisans. L'Alpe-d'Huez.

Cette balade est extraite de l'ouvrage ***Les plus belles balades autour de GRENOBLE des Chambaran à l'Oisans*** *de Bruno Pambour*

Itinéraire d'accès

De Grenoble, rejoignez par Uriage ou le Pont-de-Claix, la route N 85, en direction de Briançon et du Bourg-d'Oisans. Après les gorges de la Romanche, tournez à gauche à Rochetaillée, vers Allemont et la vallée de l'Eau d'Olle. Remontez toute la vallée par le défilé du Maupas, dénommé ainsi en raison des risques élevés d'avalanches et de chutes de pierres en ce lieu. Dépassez le barrage de Grand'Maison et profitez du paysage pastoral de la combe de l'Eau d'Olle. Au col du Glandon, continuez jusqu'au parking du col de la Croix de Fer.

Transports en commun : aucun

La croix de Fer à 2067 mètres.

d'Arves, au début du siècle, afin d'aménager les lacs de Bramant. À la suite de cet accord, la route reliant le col du Glandon à celui de la Croix-de-Fer fut édifiée en 1908, et le niveau des lacs fut rehaussé par des barrages. Depuis la construction de la retenue de Grand'Maison, l'intérêt de ces aménagements est devenu caduc. En une grosse demi-heure, vous pouvez vous offrir le plaisir de fouler le glacier de Saint-Sorlin. Remontez alors le faux-plat ⑦ sculpté par les passages répétés de la langue glaciaire, en évitant par la gauche le lac Tournant. L'arrivée au front du glacier s'effectue parmi les pierriers et moraines ⑧. Il n'est pas bon d'avoir oublié ses lunettes de soleil : le glacier couvre l'ensemble du cirque et brille de mille éclats en pleine journée. À l'est et au sud s'élancent les crêtes du Grand et du Petit Sauvage. À droite, les cimes du pic de l'Etendard – point culminant des Grandes Rousses –, de la Barbaratte et de la Cochette, restent hors de vue, masquées par la pente de la langue glaciaire. En vous avançant, vous découvrirez les premières crevasses qui fissurent le bas du glacier. Au retour, laissez à nouveau à votre droite le lac Blanc ⑨. À l'extrémité nord du Grand Lac, faites une halte au refuge de l'Etendard. Le retour emprunte la route EDF, voie d'accès traditionnelle des lacs, interdite aux véhicules, qui, en de nombreux lacets, dévale le vallon ⑩.

Coupez par les raccourcis entre les virages. À la verticale des chalets d'Olle, la piste rejoint le col de la Croix-de-Fer par le versant nord du Petit Perron. N'oubliez pas alors, si ce n'est déjà fait, de jeter un coup d'œil au majestueux mont Blanc, devant vous au nord-est !

Les pionnières du froid

Les moraines frontales des glaciers, zone de transition entre un univers sans vie de roches et de glace et les vertes pelouses alpines, sont colonisées par des plantes pionnières particulièrement adaptées au climat sévère où froid et gel règnent sans partage. Dotées d'un cycle de floraison et de fructification bouclé dans les deux mois du court été alpin, leurs noms évocateurs invitent à les découvrir : renoncule des glaciers, épilobe des moraines, saxifrage à feuilles opposées, linaire et pavot des Alpes, campanule du mont-Cenis, dryade à huit pétales. achillée naine, génépi…

À droite, les aiguilles d'Arves depuis le col de la Croix-de-Fer.

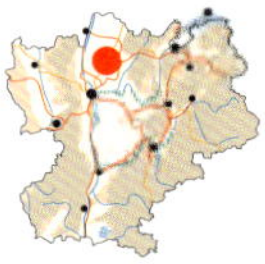

LES ÉTANGS DE BOULIGNEUX

Dombes, le pays aux mille étangs

À 43 km de Lyon, fusion intime entre l'eau, la terre et le ciel, paradis de l'oiseau, la Dombes ouvre ses horizons sans limite à qui veut bien prendre le temps de découvrir ses mystères et ses secrets.

Fiche technique

Durée : 2 h 15
Longueur : 7,5 km
Dénivelé : 4 m
Difficulté : aucune
Période : toute l'année
Equipement : randonnée légère
Balisage : aucun
Carte IGN 1/100 000 : n°44, pli C3
Carte-Guide IGN 1/25 000 : n° 3030 est : Villars-les-Dombes
À voir aux environs : Villars-les-Dombes : parc des Oiseaux, maison de la Dombes, poype ; grand étang de Birieux ; étangs du Grand Glareins à la Peyrouse ; Le Plantay : tour (XIVe s.) et abbaye de N.-D.-des-Dombes ; poype et église de Sandrans ; château du Montellier ; St-Paul-de-Varax : église romane, musée du peintre Louis Jourdan ; Châtillon-sur-Chalaronne : ville fleurie, halles du XVIIe s., maisons à colombages, apothicairerie ; historial du saint curé d'Ars à Ars-sur-Formans ; cité médiévale de Pérouges ; Trévoux : parlement (XVIIe s.), rue du Gouvernement, hôpital, château féodal, Bourg-en-Bresse : église et musée du Brou.

Cette balade est extraite de l'ouvrage ***Les plus belles balades autour de LYON du Beaujolais au Pilat*** *de Bruno Pambour*

Itinéraire d'accès

Rejoignez la route de Bourg (N 83) par l'A 46 direction Paris, sortie les Echets. Au feu de Villars-les-Dombes, prenez à gauche la D 2 vers Châtillon-sur-Chalaronne jusqu'à Bouligneux. Garez-vous sur la place du village.
Transports en commun : ligne SNCF n°525 Lyon/Bourg-en-Bresse, arrêt Villars-les-Dombes (à 4,5 km de Bouligneux)

La balade

Fusion de la terre et de l'eau, des ciels lourds et des rives incertaines envahies par la végétation, ballets incessants des oiseaux à chaque extrémité du jour, étangs miroirs des saisons avec leur nappe de fleurs blanches au printemps, le pourpre et l'or de l'automne autour des maisons-fortes de brique rose… Voilà quelques images d'une nature dombiste encore sauvage et authentique, qui ne se laisse découvrir qu'avec patience et discrétion. L'insalubrité ancienne – fièvres, humidité et paludisme – et la pauvreté évitèrent le morcellement de la grande propriété qui, depuis le XIXe s., est consolidée par le développement considérable de la chasse. La Dombes, placement foncier et prestige social de la grande bourgeoisie de la métropole rhônalpine, est ainsi devenue la Sologne des Lyonnais. Ce qui a pour conséquence d'interdire d'accès beaucoup de chemins dignes d'intérêt et de cantonner le promeneur sur l'asphalte routier. De nos jours, il sera donc plus aisé de découvrir la Dombes à deux ou à quatre roues en suivant notamment la route des étangs qui propose deux variantes de 65 et 70 km au départ de Villars-les-Dombes. Cette balade de 7 km rencontre neuf étangs dont le miroir disparaît au gré des "assecs", qui rythment leur exploitation traditionnelle. Ne soyez donc pas étonnés de découvrir parfois un champ de maïs à la place d'un plan d'eau.

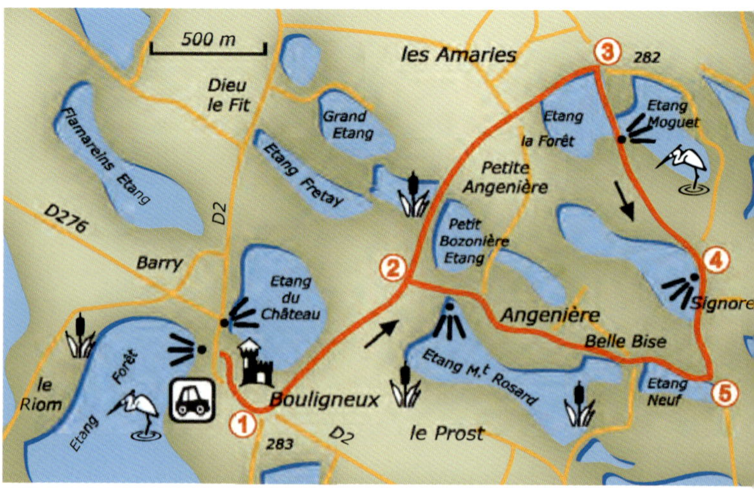

Commencez par découvrir, à la sortie du village, le château de Bouligneux. Edifié au XIVe s., son plan carré avec une tour ronde, garni de meurtrières et de faux mâchicoulis, est cerné de trois côtés par l'étang qui porte son nom. Comme toutes les forteresses de la Dombes, il est bâti en grosses briques ou "carrons" en raison de l'absence totale de pierre. Face au château, au sud de la route, s'étend le vaste plan d'eau de l'étang Forêt. D'une superficie de 79 ha, alimenté par les eaux de nombreux étangs (Thésey, Pommier, Neuf, du château de Bouligneux), c'est un étang de "pêche réglée" construit avant 1550.

De retour au parking, suivez la D 2 vers Villars. À 200 m ①, prenez à gauche le C 12 en direction Angenière/Petite Angenière. Il longe la rive orientale de l'étang du château de Bouligneux. Avec une superficie de 22 ha, il alimente l'étang Forêt et fut aménagé avant 1306, probablement avant la construction du château. Là, comme sur de nombreux étangs, vous remarquerez une singulière organisation de la végétation autour des plans d'eau. En raison de leur faible profondeur et du profil varié des berges, les plantes forment des ceintures végétales qui reflètent le gradient d'humidité et la profondeur de l'eau. Dans les zones les plus profondes, des plantes flottantes comme la châtaigne d'eau, le faux nénuphar, le potamot, la renoncule et la renouée aquatiques, la lentille d'eau et le rare nénuphar blanc se développent. Sur quelques étangs, la guifette moustac, une sterne d'eau douce niche en colonie sur les tapis de châtaignes et de faux nénuphars. Dans les eaux peu profondes, la roselière à phragmites et à massettes ourle les berges. Elle est le domaine des rousserolles effarvatte et turdoïde, de la locustelle luscinoïde et du bruant des roseaux. Par endroits, les rives présentent des prairies lâches plus ou moins inondées qui sont colonisées par le jonc des tonneliers, l'iris faux acore à la magnifique floraison jaune en mai, le rubanier, le scirpe, les tourradons de carex, la sagittaire et la glycérie. Ces milieux d'affrontement entre la terre et l'eau hébergent une grande diversité animale : nichées de canards, de grèbes huppés et castagneux, de foulques, bruyantes colonies de mouettes rieuses, nombreux

Ci-dessus : étang et château de Bouligneux.

Ci-dessous : une Renouée aquatique.

Une Nette rousse.

invertébrés et amphibiens qui profitent aux prédateurs comme le héron pourpré et l'aigrette garzette. En période sèche, des grèves envasées, également riches en invertébrés, apparaissent au grand bonheur de limicoles comme le chevalier guignette, le combattant, la bécassine des marais abondants lors des migrations, ou de l'échasse blanche, de la barge à queue noire, du petit gravelot et du vanneau huppé qui nichent ici. En arrière de ces prairies souvent bordées de saules, la lande à genêt et à callune annonce la chênaie à bouleaux.

Au premier croisement ②, négligez le C 5 vers Angenière/Belle Bise pour cheminer bientôt entre l'étang Petite Bozonière et l'étang Fretay partiellement occulté par une haie d'aulnes. Plus loin, ignorez les chemins d'accès aux fermes de la Petite Angenière et des Amaries. La ferme dombiste est traditionnellement construite en pisé. La terre argileuse crue est parfois renforcée par des galets, des briques ou du bois. Au nord, la ferme des Gavignons présente deux corps de bâtiment et représente un bel exemple de cet habitat rural.

Au prochain croisement ③, continuez à droite pour dominer d'une belle façon l'étang de la Forêt qui comporte une presqu'île de massettes. Aux deux extrémités du jour, il n'est pas rare de voir à ses alentours un chevreuil égaré ou un renard en maraude. On traverse ensuite le modeste relief des Croix, le long de beaux chênes. À un carrefour à trois voies ④, enchaînez à droite pour suivre la rive de l'étang Grande Bozonière. Cent mètres plus loin, ignorez la route de la ferme Signoret. L'étang est bordé au sud par une belle chênaie à bouleaux, relique de la forêt originelle qui recouvrait la Dombes. Le paysage dombiste a été complètement modelé par l'homme. Tous les étangs dombistes ont été créés par la main de l'homme, même s'ils émanaient de dépressions naturelles. Sous l'impulsion des moines cisterciens, ces "leschères" furent empoissonnées et devinrent une source de nourriture pour la population souvent sujette à de longues famines. Au croisement, à l'extrémité du bois ⑤, obliquez à droite pour longer son orée sud et l'étang Neuf. Après l'accès à la ferme de Belle Bise, on progresse non loin de l'étang Mont Rosard, entre des haies élevées bien agréables l'été. Après un coude évitant la ferme de l'Angenière, vous retrouvez l'étang Petit Bozonière. De retour au croisement entre le C 5 et le C 12 ②, il ne vous reste plus qu'à revenir à gauche sur vos pas jusqu'à Bouligneux.

Etang du Grand Glareins, la Dombes.

LES ROCHES

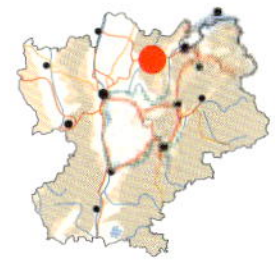

Bugey, vallée de l'Ain

À 71 km de Lyon, le belvédère des Roches offre l'un des plus beaux panoramas sur le canyon sculpté par l'Ain dans le calcaire du Jura.

La balade

Traversez le village en suivant la rue principale qui oblique à droite devant le château de la Cueille. Les ruelles étroites bordées de maisons traditionnelles avec leurs galeries en bois et leurs avant-toits invitent à la flânerie. En montant doucement, vous passez devant le four banal, puis sortez du village vers les Roches (balisage vert et bleu). Après la dernière maison sur la gauche, ne manquez pas un premier point de vue sur la vallée de l'Ain et le barrage d'Allement. Là, un chemin s'enfile entre deux haies le long d'un muret de pierres ①. Cornouillers, églantiers, ronces, épines noires, aubépines abondent, offrant à la fin de la belle saison, une véritable explosion de baies : de délicieuses mûres attendent les plus gourmands. L'ascension se déroule bientôt en un superbe belvédère qui révèle la beauté et la grandeur du canyon sculpté par l'Ain dans le calcaire du Jura. Les modestes reliefs qui barrent l'horizon ouest sont les monts et vaux du Revermont qui dominent la Bresse. En arrière, vous dominez le village et le château de la Cueille, sentinelle de la rivière. Au sud, ses rives escarpées ont été fréquentées dès les temps préhistoriques (grotte-abri de la Colombière). Le versant traversé, autrefois cultivé, est redevenu une friche colonisée par le genévrier commun, l'aubépine, le buis... Par endroits, comme à la verticale du barrage, il a subi des reboisements en pin noir. Après un cabanon isolé (vieilles balises bleu/blanc et vert/blanc), une balise verte apposée sur le muret, confirme l'itinéraire. Une vigne isolée rappelle l'ancienne tradition viticole des monts d'Ain, tombée aujourd'hui en désuétude. Dans une nouvelle pinède, une patte d'oie se présente ② : montez à droite en direction les Roches (balisage bleu). Le sentier, consolidé par des murets, grimpe le long d'anciennes terrasses agricoles envahies par des buis, des pins noirs, des chênes pubescents et des tilleuls. Le sous-bois évolue rapidement en de hauts taillis de chênes et de charmes qui offrent un bel ombrage. Dans une buxaie, une croix bleue barre le chemin ③. Obéissez lui en bifurquant à droite dans un bref,

Fiche technique

Durée : 2 h 00
Longueur : 5,5 km
Dénivelé : 271 m
Difficulté : aucune
Période : toute l'année
Equipement : randonnée classique
Balisage : vert, bleu, incomplet
Carte IGN 1/100 000 : n°44, pli C6
Carte-Guide IGN 1/25 000 : n° 3229 ouest : Poncin - gorges de l'Ain
À voir aux environs : base de loisirs de l'Ile Chambod ; pont de Serrières-sur-Ain (XVIIIe s.) ; donjon de Buenc et réserve naturelle de la grotte de Hautecourt à Hautecourt-Romanèche ; viaduc de Cize ; Poncin : château (XIVe-XVIIe s.), porte de Bouvens, maisons à arcades du XIVe et XVIe s., place de la Halle ; Cerdon : vignobles, village aux 19 fontaines, cuivrerie, grottes et reculée* ; grotte de la Colombière (en rive droite de l'Ain, à 800 m en aval* du pont de Poncin) ; musée archéologique de l'Ain au château de Chenavel.à Jujurieux.

Cette balade est extraite de l'ouvrage ***Les plus belles balades autour de LYON du Beaujolais au Pilat*** *de Bruno Pambour*

Château et hameau de la Cueille.

Itinéraire d'accès

Prenez l'autoroute A 42 en direction de Bourg/Genève. Sortez à Pont-d'Ain et tournez à droite sur la D 984. Traversez Pont-d'Ain, Oussiat et à Neuville-sur-Ain, bifurquez à droite pour franchir l'Ain et prendre la N 84 vers Genève. À Poncin, tournez à gauche sur la D 91 en direction de Serrières-sur-Ain /St-Alban/Challes. Après avoir évité le centre de Poncin par la gauche, elle passe sous le viaduc de l'A 40 puis longe le hameau de Champeillon. 1 km plus loin, à la sortie du premier virage serré à droite, montez à droite vers la Cueille (voie sans issue). Après les premières maisons, garez-vous dans le virage à gauche marqué par un calvaire.
Transports en commun : Transports publics 69, ligne n°130 Lyon/Ambérieu/St-Claude, arrêt Poncin (à 5 km du départ de la balade).

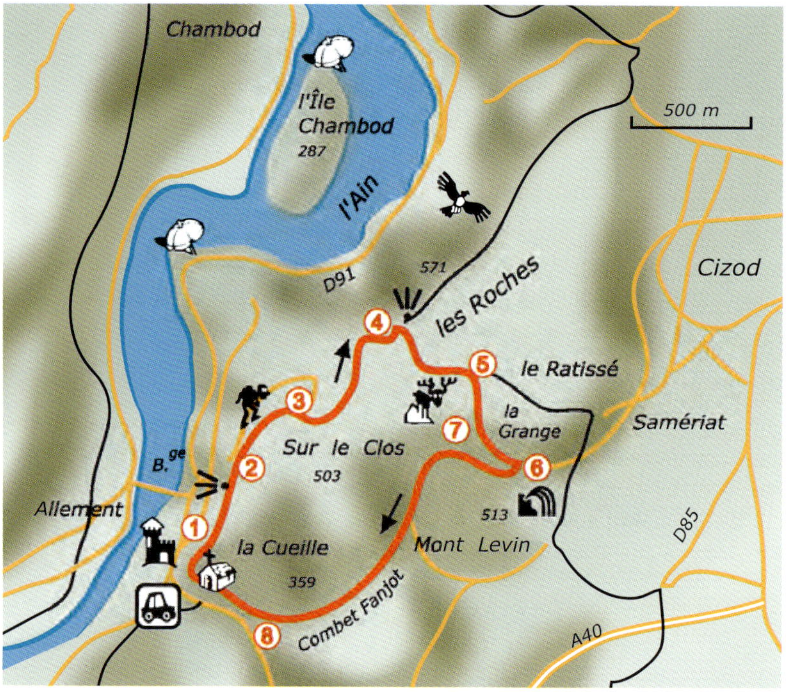

mais fort "raidillon", dont l'ascension est facilitée par des marches en rondins. En haut, une sente en faux plat, à suivre à gauche, vous permet de reprendre votre souffle. Entre chênes et buis moussus, elle mène à proximité d'un mamelon vers deux points de vue aménagés, d'où l'on découvre l'Ile Chambod. Peu après, l'itinéraire oblique à nouveau à droite, gravissant en espaliers une futaie de pins noirs centenaires partiellement défrichée. Au sommet de la pente, tournez à gauche au croisement pour rejoindre le belvédère des Roches ④. C'est un vaste replat gazonné, où il est agréable de pique-niquer en savourant à loisir le méandre de l'Ain. L'Ile Chambod, créée en 1961 par la mise en eau du barrage d'Allement, est aujourd'hui une base de loisirs où l'on pratique de nombreux sports nautiques. Mais des cris rauques, sauvages et enroués, rapidement répétés *"khè-khè-khè-khè..."*, résonnent dans les parois proches. Elles trahissent la présence du faucon pèlerin, l'oiseau le plus rapide au monde. De mars à octobre, un autre rapace, le circaète Jean-le-blanc prospecte assidûment ces versants ensoleillés à la recherche de vipères et couleuvres. Quittez le point de vue en suivant le balisage vert en direction de Mortaray/Poncin (panneau). Après avoir ignoré un chemin sur la droite, vous découvrez, au milieu d'une lande arbustive, les crêts du Haut-Bugey étirés à l'est, alors qu'au sud-est, la spectaculaire reculée de Cerdon demeure invisible. À droite, dans le lointain, s'étale la plaine de l'Ain. Le sentier descend à travers ces nouvelles friches, puis croise une singulière prairie toute en longueur. À la bifurcation ⑤, vingt mètres plus loin, empruntez à droite un large chemin bordé d'une végétation variée (balise vert/blanc au pied d'un chêne à droite). Négligez à cent mètres un chemin qui retourne vers la longue prairie. Au milieu d'un bocage de prairies, à la hauteur d'un abreuvoir en ciment disposé à gauche ⑥, obliquez à droite sur un chemin gazonné. Après avoir dépassé un vénérable chêne et un étonnant châtaignier à double tronc, il longe l'orée d'un bois, puis pénètre sous les hautes frondaisons d'une chênaie-charmaie. Arrivé à un pré sur la gauche et en contrebas d'un autre pâturage ⑦, le sentier s'oriente au sud pour dévaler le Combet Fanjot le long de frênes, de robiniers et de tilleuls. La forte déprise rurale se traduit dans l'ensemble du vallon par des champs en friche et la reconquête forestière. Vous progressez en fait sur un très ancien chemin, étayé par de solides murets, qui reliait autrefois la vallée de l'Ain à Challes. Sa pente s'accentue dans un sous-bois très touffu dominé par de hauts frênes, qui trouvent dans ce fond de vallon frais et humide des conditions écologiques optimales. Plus bas, en balcon du vallon, vous longez un très beau muret confectionné avec des pierres de taille ⑧. Les anciens clos sont encore visibles avec leur tas d'épierrage. Après avoir pris soin de négliger sur la gauche plusieurs sentes rejoignant le thalweg, des potagers annoncent le hameau de la Cueille.

Les gorges de l'Ain depuis le Rocher.

LA CASCADE DE LA FOUGE

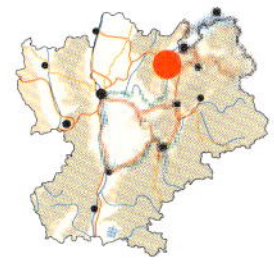

Bugey, monts de l'Ain

À 73 km de Lyon, les eaux vives et limpides de la Fouge guident vos pas à travers une combe d'une grande sauvagerie et chargée d'histoire, avec en point d'orgue, les splendides gerbes d'écume de la cascade.

La balade

Au pied de l'escarpement de la Rozière et de coteaux en prairies et vergers, vous remontez en rive droite les eaux vives et claires de la Morena ①. À la belle saison, de nombreux caleopteryx, libellules aux ailes maculées de bleu sombre métallique témoignent de la qualité des eaux pures et oxygénées de la Fouge. C'est le royaume de la truite fario, si recherchée par les pêcheurs. Les hochements de queue de la bergeronnette des ruisseaux et les cris secs et métalliques du cincle plongeur rythment l'onde limpide des flots. Les rives empierrées du torrent trahissent l'activité ancestrale des papetiers de la cluse de Préau qui remonte à 1427. Jusqu'à dix moulins fabriquèrent du papier à partir de chiffons déchiquetés puis broyés par la force manuelle. L'eau n'était utilisée que pour leur lavage et la préparation de la pâte. Durant cinq siècles, les papetiers furent totalement dépendants de la rivière et eurent pour souci majeur l'approvisionnement en eau, la maîtrise et la domestication du torrent afin d'éviter ses crues dévastatrices. À la fin du XVIIe s., alors que la papeterie est en plein essor, ils aménagent le cours d'eau. Au fond de la vallée de la Fouge, ils creusent à même le rocher un canal de deux cents mètres de long destiné à collecter les eaux du ruisseau du Fournet qui, à cette époque, ne tarissaient pas. Puis ils construisent des berges en pierres sur toute la longueur de la vallée. Au début du siècle, les

Fiche technique

32

Durée : 2 h 00
Longueur : 6 km
Dénivelé : 160 m
Difficulté : aucune
Période : toute l'année
Equipement : randonnée classique
Balisage : bleu
Carte IGN 1/100 000 : n°44, pli C6
Carte-Guide IGN 1/25 000 : n° 3230 ouest : St-Rambert-en-Bugey
À voir aux environs : polyculture de la cluse de Préau, Cerdon : vignobles, village aux 19 fontaines, cuivrerie, monument du Val d'Enfer, grottes et reculée (par la D 11) ; lac de Nantua ; grotte de la Colombière (en rive droite de l'Ain, à 800 m en aval du pont de Poncin) ; musée archéologique de l'Ain au château de Chenavel à Jujurieux.

Cette balade est extraite de l'ouvrage ***Les plus belles balades autour de LYON du Beaujolais au Pilat*** *de Bruno Pambour*

Itinéraire d'accès

Prenez l'autoroute A 42 en direction de Bourg/Genève. Sortez à Pont-d'Ain et tournez à droite sur la D 984. Traversez Pont-d'Ain, Oussiat et à Neuville-sur-Ain, bifurquez à droite pour franchir l'Ain et prendre la N 84 vers Genève. Passez Poncin, Leymiat, puis quittez-la au pont de Préau, au croisement avec la D 11, en tournant à droite en direction de Préau/Poncieu/Châtillon-de-Cornelle (en face de la route de Cerdon). Après le hameau, la route se faufile dans l'étroite cluse de Préau. Cent mètres plus loin, descendez à gauche un chemin carrossable. Plusieurs stationnements sont possibles en veillant à ne pas obstruer le chemin : le premier juste avant le pont, à droite sur une pente gazonnée ; à 400 m, à droite, le long de la rivière sous de hauts épicéas ; enfin 200 m plus loin, devant le mur d'enceinte du cellier d'Epierre, en évitant de se garer devant son portail.
Transports en commun : Transports publics 69, ligne n°130 Lyon/Ambérieu/St-Claude, arrêt Pont-de-Préau (à 1,7 km du départ de la balade).

Le village de Cerdon.

Dubreuil, les papetiers les plus célèbres de la vallée, détiennent le quasi-monopole de la fabrication de carton Jacquard. Percé de milliers de trous reproduisant les multiples dessins tissés sur les pièces d'étoffe, il devait répondre à des normes bien précises de poids, d'épaisseur et de rigidité. Avec le décès du propriétaire en 1962, cette tradition papetière disparaît.

Après avoir dépassé le portail de l'ancien cellier d'Epierre (propriété privée), le chemin traverse le torrent pour progresser sur la rive gauche ombragée par aulnes, noisetiers et charmes ②. À votre gauche, le sursaut rocheux de la Rozière domine les premières vignes du vignoble de Cerdon. En 1216, un parchemin stipule qu'*« Alix de Coligny, veuve du seigneur de Thoire, céda aux chartreux de Meyriat ses territoires d'Espierre et de Rozière afin qu'ils construisent un cellier à cet endroit. »* La chartreuse, dont les toits en tôle jurent quelque peu, est aujourd'hui en réfection. Alors que la combe se resserre, le chemin repasse en rive droite par un splendide pont voûté. Buis et noisetiers se drapent de barbes de mousses. Le sentier s'élevant de quelques mètres à la verticale du torrent ③, ne manquez pas en contrebas un fayard dantesque, torturé en candélabre et englouti par les mousses. Le décor devient fantastique et d'une grande sauvagerie végétale. Après une petite chute d'eau, l'itinéraire change à nouveau de rive, traverse un petit pierrier, puis grimpe sérieusement dans un bois de feuillus et d'épicéas ④, en s'éloignant du lit du ruisseau qui s'appelle désormais la Fouge. Après un coude à gauche où il faut parfois passer à gué un ruisseau temporaire après de fortes pluies ⑤, vous dominez la combe retirée de la Fouge où se réfugient cerfs, chevreuils et sangliers : le sol boueux du chemin garde les traces de leur passage furtif. La montée s'adoucit et parvient à un replat où, parmi de grands frênes et érables, le grondement du torrent s'intensifie. Peu après, des troncs jetés en travers d'un ruisseau permettent de le passer à gué. De gros blocs tombés des parois annoncent le cirque rocheux où, d'une quarantaine de mètres de hauteur, la cascade de la Fouge déverse ses gerbes blanches : un véritable havre de fraîcheur en plein cœur de l'été. Le retour s'effectue par le même itinéraire.

Cerdon

Niché au cœur d'une reculée qui rappelle le Jura central, fondu dans le paysage viticole qu'il a modelé, ce beau village de vignerons a gardé son aspect pittoresque avec ses onze ponts, ses dix-neuf fontaines et ses caveaux. *« Le Cerdonnais vient au monde vigneron » :* dès 1209, il est fait état du vignoble de Cerdon. Le site fut choisi par les moines de la montagne de Brénod pour y établir leurs vignes en raison de sa situation, au fond d'une reculée bien protégée des vents du nord. De tout temps, il se faisait à Cerdon, un mousseux naturel gardé pour les fêtes familiales et les trocs qui ont toujours existé dans le monde paysan. Ce vin fameux était le fruit des meilleures vignes plantées sur les coteaux les mieux exposés. Ce vin rosé élaboré selon la méthode ancestrale, *« pétillant comme le champagne mais infiniment plus spirituel »* (F. Allombert), représente aujourd'hui seulement 20 % de la production des vins de Cerdon. Ceux issus de la méthode traditionnelle bénéficient également de l'appellation VDQS. En revanche, les cerdons gazéifiés n'y ont pas le droit et à juste titre : leur bouquet est complètement masqué par le sucre et le gaz carbonique artificiel.

Un charmant petit musée de la vigne (entrée gratuite) est établi dans le caveau de Marcheroux (à proximité de la cuivrerie) qui propose à la dégustation du cerdon "méthode ancestrale".

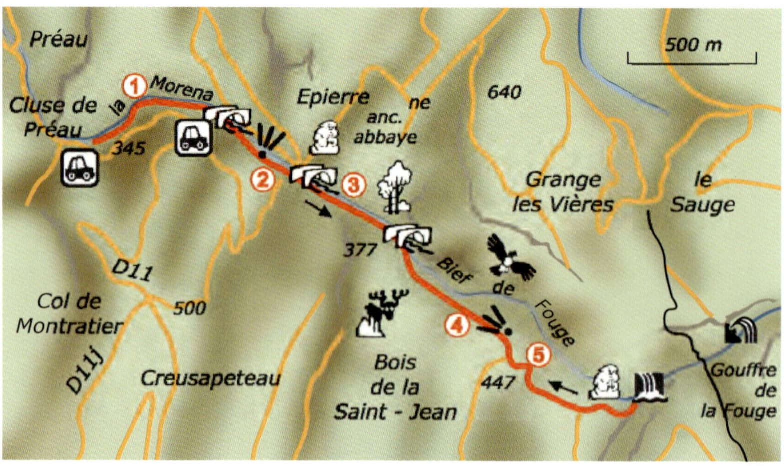

La cascade de la Fouge.

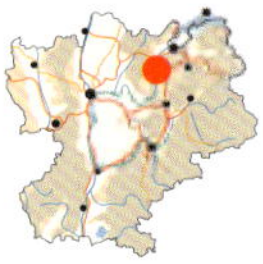

LE MONT LUISANDRE

Bugey, la sentinelle de la cluse de l'Albarine

Lyon, la forteresse des Allymes rappelle les temps où le Dauphiné guerroyait contre la maison de Savoie… sise à 800 m à vol d'oiseau au sommet du mont Luisandre ! En panorama du Bugey et de la plaine où l'Ain s'unit au Rhône, une promenade émaillée de bois, pâturages et vieilles granges.

La balade

Avant ou après la balade, le château des Allymes, remarquable forteresse médiévale restaurée, mérite une visite (accès par le chemin à droite après le four à pain). Traversez à gauche le hameau (lavoir et fontaine à droite). Au croisement, prenez tout droit le chemin empierré (balisage jaune, le sentier de randonnée emprunte à gauche une petite route goudronnée). Trente mètres plus loin, lorsqu'il bifurque à droite ①, poursuivez tout droit, pleine pente, vous élevant en balcon de la plaine souvent brumeuse de l'Ain et du Rhône. Après une prairie riche en orchidées au printemps, le sentier pénètre dans un sous-bois de noisetiers, d'aubépine et de frênes. À la jonction avec le chemin précédemment ignoré sur la gauche à Brèdevant ②, continuez l'ascension à droite. À la patte d'oie, 50 m plus loin, montez à gauche (balisage jaune) à travers une pelouse, puis un bois de feuillus, où de superbes hêtres étalent leurs ramifications majestueuses. Peu avant de sortir de la forêt ③, bifurquez à droite pour accéder, après 400 m, au sommet du mont Luisandre (pylônes). À l'est se profilent les crêts parallèles du Bugey avec, plus au sud, le profond sillon de la cluse des Hôpitaux. Dépassez les pylônes pour rejoindre la croix. La vue n'est déjà pas mal, mais un meilleur point de vue vous attend. Suivez à angle droit les ruines d'un mur. Ce sont les seuls vestiges de l'ancienne forteresse

Le château des Allymes.

Fiche technique

33

Durée : 2 h 30
Longueur : 8 km
Dénivelé : 195 m
Difficulté : aucune
Période : toute l'année, l'hiver selon enneigement
Equipement : randonnée classique
Balisage : blanc et rouge, cercle rouge
Carte IGN 1/100 000 : n°44, pli C5
Carte-Guide IGN 1/25 000 : n° 3230 ouest : St-Rambert-en-Bugey
À voir aux environs : abbaye d'Ambronay, maison de Pays à St-Rambert-en-Bugey, synclinal perché et village d'Oncieu depuis le col d'Evosges, gorges de l'Albarine et cascade de Charabotte par la D 21 à partir de Tenay, musée du Cheminot et ruines du château de St-Germain à Ambérieu-en-Bugey, tour de St-Denis (XIVe s.) à St-Denis-en-Bugey.

Cette balade est extraite de l'ouvrage ***Les plus belles balades autour de LYON du Beaujolais au Pilat*** *de Bruno Pambour*

Itinéraire d'accès

Prenez l'autoroute A 42 en direction de Bourg/Genève. Sortez à Ambérieu-en-Bugey. Rejoignez le centre ville par la N 504. Juste avant l'église, tournez à gauche en direction du château des Allymes. Après 6 km d'ascension, garez-vous au parking à l'entrée du hameau de Brèdevant.
Transports en commun : aucun

savoyarde qui se dressait face à celle des Allymes, delphinale. Puis, descendez dans les noisetiers pour découvrir, d'une prairie, le site stratégique que représentait le mont Luisandre. Il contrôlait la cluse de Saint-Rambert et la plaine de l'Ain et surtout dominait de près de cent cinquante mètres le château des Allymes. L'ensemble du Bugey méridional ondule à perte de vue alors qu'à l'ouest, la vue porte sur le plateau de la Dombes et Lyon. Revenez sur vos pas jusqu'au chemin ③ que vous reprendrez à droite. À l'orée de la forêt, une petite route descend en offrant un panorama au nord sur le relief plissé, disloqué et faillé des monts de l'Ain constellés de petits hameaux qui se consacraient autrefois à la viticulture ou à une médiocre polyculture, et à l'est sur le Haut-Bugey et les hauteurs de Saint-Rambert, une des trois cités avec Argis et Tenay, de la "vallée de la schappe". Le travail de la schappe consistait à traiter toutes sortes de déchets de soie (bourre, cocon défectueux, etc.) pour obtenir un fil de très bonne qualité et d'un faible coût. Le déclin de cette industrie commença en 1930 avec l'apparition de la soie artificielle puis des fibres synthétiques après la guerre.

Aux Granges de Luisandre, avant de tourner à droite après le premier bâtiment ④, avancez-vous sur la route pour découvrir de belles granges au toit en tuiles écailles. De retour sur le chemin transversal, ignorez-en un autre qui descend à gauche après une grange isolée. Vous cheminez à mi-pente dans une petite combe boisée puis dans une vaste prairie d'où l'on domine la cluse de l'Albarine. À un petit col sans nom ⑤, prenez à gauche en suivant un balisage de cercles rouges (le chemin de droite ramène directement à Brèdevant. Peu après négligez deux chemins qui partent à gauche en restant sur un chemin empierré et plat, enserré par deux plantations d'épicéas. À la patte d'oie, après la fontaine de Gouille, une maigre résurgence qui a creusé un petit bassin, continuez toujours à droite sur une sente gazonnée qui traverse une nouvelle pessière. Dans la forêt naturelle retrouvée, le sentier descend dans une combe. Attention : après 500 m, lorsque le sentier s'oriente à gauche ⑥, traversez le fond du vallon pour suivre sur la droite un sentier qui remonte sur son flanc droit (balisage cercle rouge). Rapidement, il s'oriente, raide, vers la droite et gagne un petit col en forêt ⑦, sis entre deux croupes, par où vous basculez sur le flanc ouest de la montagne vers le nord (à droite). Après une longue descente, il rejoint dans une prairie une petite route ⑧. Empruntez-la à droite pour rejoindre le hameau de Brèdevant. À l'entrée du hameau, derrière le lavoir, des charrettes entreposées dans une grange rappellent le temps passé. Il ne vous reste plus, si vous ne l'avez déjà fait, qu'à visiter le château des Allymes pour clore la promenade.

Coin de fraîcheur dans les sous-bois du Bugey.

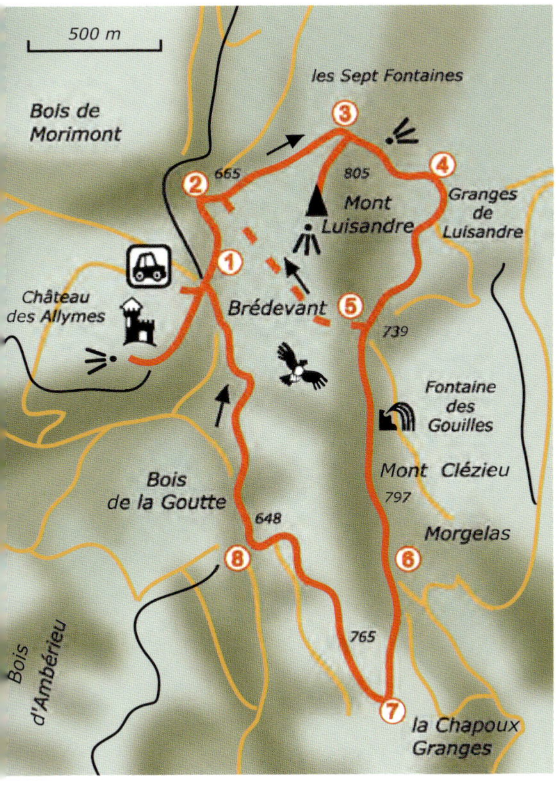

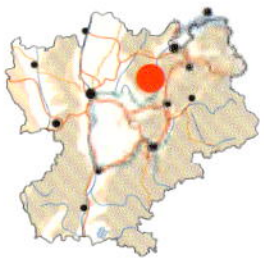

LE CALVAIRE DE BRAMAFAN

Bugey, bois de Saint-Sorlin

Lyon, le village médiéval de Saint-Sorlin-en-Bugey, ancienne place-forte qui surveillait la route reliant Lyon à Genève et à l'Italie, a conservé le charme de son architecture bugiste et savoyarde. Une balade réservée aux amoureux des vieilles pierres, de belvédères et de bois sauvages et pentus

Fiche technique

34

Durée : 3 h 00
Longueur : 8 km
Dénivelé : 384 m
Difficulté : aucune
Période : toute l'année, l'hiver selon enneigement
Equipement : randonnée classique
Balisage : jaune et rouge, jaune, rond bleu cerclé de blanc, panneaux en bois
Carte IGN 1/100 000 : n°44, pli D5
Carte-Guide IGN 1/25 000 : n° 3131 est : Crémieu et 3130 est : Ambérieu-en-Bugey
À voir aux environs : demoiselles de Villebois, chartreuse de Portes, théâtre gallo-romain du Colombier et "Sault à la Marion" à Sault-Brénaz, musée archéologique de Briord, vignoble et village de Montagnieu, grottes de la Balme.

Cette balade est extraite de l'ouvrage ***Les plus belles balades autour de LYON du Beaujolais au Pilat*** *de Bruno Pambour*

Itinéraire d'accès

Prenez l'autoroute A 42 en direction de Bourg/Genève. Sortez à Pérouges/Meximieux. Suivez la D 124 en direction de Lagnieu. Au rond-point de St-Vulbas, prenez la D 20 vers Bourg/Lagnieu jusqu'au rond-point de Port-Lagnieu où vous emprunterez à droite la D 40 jusqu'à St-Sorlin-en-Bugey. Garez-vous sur la place du village (monument aux morts) au croisement de la D 40 avec la D 122.
Transports en commun : Transports publics 69, ligne n°190 Lyon/Lagnieu/Lhuis, arrêt St-Sorlin-en-Bugey.

La balade

Du parking, traversez la D 122 pour passer auprès d'un calvaire dédié à la Vierge et portant une singulière inscription : « *À perpétuité, Pie XII accorde cent jours d'indulgence à quiconque dira devant ce monument trois fois l'Ave Maria* ». Suivez la montée de l'Eglise ①. Saint-Sorlin a conservé une remarquable unité architecturale et est un village de roses depuis 1973, année où la Société française des roses lui offrit neuf mille rosiers. En juin, c'est une véritable explosion multicolore. Le bourg, fortifié au Moyen Age, abrite encore de nombreuses maisons anciennes de type bugiste ou savoyard, aux toits débordant largement des façades et aux escaliers extérieurs en vieilles pierres. À gauche, ne manquez pas au n°27 une tête sculptée émergeant du mur et surtout au n°29, la très belle maison portant l'écusson de la Savoie, qui présente sur toute sa façade une fresque du XVIe s. représentant la légende de saint Christophe. En face se trouve une borne parlante qui commente l'histoire de cette peinture due à un artiste allemand ambulant. Après avoir ignoré la montée de la Creuze, vous parvenez à la place de la Halle où trône un gros platane. À son extrémité, la porte des Juifs,

Le Rhône contourne l'Isle Crémieu.

dont il reste le départ d'un arc, rappelle que ce quartier leur était réservé. Banquiers des comtes de Savoie, ils furent lapidés par la population qui les détestait. Au-delà de la porte se dresse le château du Mollard, reconverti en lycée privé. Plusieurs maisons Renaissance dotées de fenêtres à meneaux sont à découvrir autour de la place, notamment celle avec un beau balcon en pierre au n°62, lorsque l'on reprend la montée à gauche. Peu après, on accède sur la droite à l'église de la Madeleine. Bâtie sur un rocher incliné qui offre un superbe point de vue, c'est l'un des plus intéressants édifices romans du Bugey. Sa coupole sur trompes est soutenue par des colonnes romaines en porphyre provenant d'un temple édifié au même endroit. Le tout est incorporé dans un édifice où dominent les éléments gothiques (statues en bois polychrome du XVIIe s.). Après cette visite, reprenez l'ascension sur la petite route qui décrit une large courbe vers le sud parmi les vignes. À la sortie du premier virage serré sur la gauche, prenez à droite, en épingle, un sentier caillouteux en direction de la chapelle Saint-Christophe (balisage jaune/rouge) ②. Etabli en terrasse, consolidé par des murets, c'est un chemin millénaire d'où la vue est prodigieuse sur Saint-Sorlin, la plaine du Rhône occupée par les champs de maïs et les cultures sous serres et l'extrémité nord du plateau de l'Isle Crémieu. À vos pieds, de part et d'autre du Rhône, le château de la Durandière fait face à celui de Vertrieu. Le vieux bourg de Saint-Sorlin est établi entre deux pitons rocheux. Celui au nord-ouest porte les ruines du Grand château (XIIe s.) qui devait ressembler au château des Allymes. Aujourd'hui, seul subsiste son donjon rond. À ses côtés, s'élève un énorme menhir naturel, "la Pouponne", qui fut gravi par Frison-Roche et semble menacer les maisons construites à ses pieds. L'autre, le rocher de Cuchet, où vous arrivez, est surmonté par les ruines d'une maison-

Chemin forestier près du calvaire de Bramafan.

forte. Leur position stratégique surveillant la voie qui reliait Lyon à Genève et l'Italie leur valut d'être des sites militaires dès l'époque romaine. Au prochain croisement ③, quittez la direction de la chapelle Saint-Christophe pour bifurquer à gauche (balisage jaune). Rapidement, vous gagnez et traversez la D 60b pour vous enfoncer, en face, dans un petit chemin engoncé sous une voûte de noisetiers et de frênes qui rejoint, à angle droit, un large chemin carrossable ④. Remontez-le à droite le long d'un bois de robiniers. Après avoir ignoré un chemin sur la gauche, vous débouchez dans un vaste pâturage au lieu-dit "sur la Roche". Après quelques noyers, prenez à gauche le chemin ⑤ qui passe devant la ferme du Bessey, une ancienne grange de la chartreuse de Portes (vue à gauche sur l'Isle Crémieu). Le chemin plat se poursuit ensuite dans un bois de hêtres et de

Saint-Sorlin-en-Bugey

hauts buis. Après un coude sur la droite, il se dirige à travers une prairie vers le coteau boisé qui porte le délicieux nom de Terre-Belette. L'ascension assez raide s'effectue heureusement dans un sous-bois frais et ombragé (hêtres, tilleuls, charmes, érables). Après avoir forcé une petite barre rocheuse, le chemin s'encaisse entre deux talus. À hauteur de douglas plantés ici par hasard, vous gagnez enfin l'extrémité d'un large chemin sur le rebord du plateau de Bramafan ⑥. Suivez à gauche en prolongement un sentier de crête en faux plat parmi des taillis de robiniers, hêtres, frênes et tilleuls puis dans une belle chênaie (toujours le balisage jaune). Plus loin, des boqueteaux de tilleuls forment un peuplement pur. Après avoir dépassé une doline et une petite clairière, le sentier s'incline vers la droite en s'éloignant des pentes, puis débouche sur un large chemin forestier ⑦ à suivre à gauche, en balcon d'une vaste combe en chablis. Le long de châtaigniers, vous dépassez une autre petite combe également dévastée, puis un croisement triangulaire où vous restez à gauche. À la hauteur de hauts tilleuls et d'une clairière sur la droite ⑧, dix mètres avant un carrefour complexe à cinq voies, prenez à gauche le sentier menant au calvaire de Bramafan. Une croix métallique blanche (altitude 535 m) domine superbement Lagnieu, qui occupe le débouché du Rhône dans la plaine de l'Ain. Le fleuve contourne ici l'écaille calcaire de l'Isle Crémieu dont les falaises occidentales s'étirent à perte de vue. Par temps clair, le plateau de la Dombes avec ses mille étangs, Fourvière et les monts du Lyonnais se dévoilent : un endroit rêvé pour pique-niquer. Revenez ensuite sur vos pas et gagnez à gauche le carrefour à cinq chemins. Choisissez le premier chemin à gauche (balisage jaune, croix bleue, jaune et rouge). Il descend dans un beau vallon boisé. Après un lacet sur la droite puis une large courbe vers la gauche, faites environ deux cents mètres en ligne droite. Juste avant de longer un pâturage, prenez garde à ne pas manquer sur la gauche un discret sentier toujours balisé bleu/blanc ⑨, qui part en épingle vers Saint-Sorlin (panneau). Après une brève vue sur Lagnieu, une longue et raide descente vous conduit à un chemin ⑩ qu'il faut remonter momentanément sur la gauche (bleu/blanc et jaune). À la patte d'oie, cent mètres plus loin, suivez à droite un sentier toujours balisé qui descend vers la plaine de l'Ain à travers des taillis et des bois. Une fois à découvert, en vis-à-vis de la proue de l'Isle Crémieu, il progresse entre deux murets, passant sous les escarpements qui parent le bois du Devin. Au niveau d'un effondrement de terrain sablonneux, continuez à droite sur la D 60b ⑪. Deux cent cinquante mètres plus bas, à l'angle d'un carré de vignes ⑫, empruntez à gauche un chemin herbeux qui, après une villa isolée, file vers les premières maisons de Saint-Sorlin. Notez une belle rangée de grandes lauzes fichées dans le sol, ancienne clôture dénommée *"palis"*. Par la rue de la Salière, vous rejoignez la rue principale du village (D 122) au magnifique lavoir de Collonges, à colonnades, classé monument historique ⑬. Gagnez à gauche le centre du bourg en veillant, après la montée du Château, à emprunter sur la gauche la rue de la Mure ⑭, plus calme, qui longe le pied de l'éperon rocheux dont la silhouette, vue d'ici, évoque une statue de l'île de Pâques.

LE MONT PELA

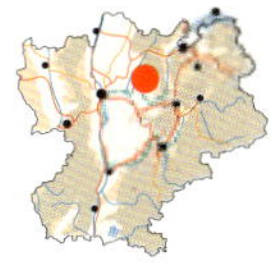

Bugey, massif du Mollard de Don

À 82 km de Lyon, à partir d'Innimont, au cœur du massif du Mollard de Don, cette promenade sur le toit du Bugey méridional vous réserve de nombreux belvédères sur le Haut-Rhône, les Savoies et le Dauphiné. Avec en prime, au printemps, des milliers d'orchidées sauvages.

La balade

Redescendez dans le centre du village. Après le foyer de ski de fond, tournez à droite après la cabine téléphonique (belle grange en face). Suivez ensuite sur 20 m à gauche la rue principale, puis sortez à droite du village par une route en direction de la table d'orientation. À 100 m, quittez-la pour prendre à droite une voie sans issue ①, goudronnée au départ et suivie par le sentier de randonnée. Après des jardins, vous longez des cultures de céréales et de luzerne. Au sud, la sombre échine de la montagne de Tentanet s'étire vers la montagne de Parves et la dent du Chat. Dans un coude ②, ignorez un chemin horizontal qui part à droite. La montée, douce, est encadrée par des noisetiers, frênes, cornouillers, épines noires, ronces… Lorsque le chemin disparaît dans un pré, suivez à gauche le sentier ③. Il traverse successivement plusieurs petites prairies cernées de haies. Si elle n'est pas fauchée, longez sur un de ses côtés la dernière d'entre elles toute en longueur. À son extrémité ④, un sentier monte à gauche dans des taillis de chênes pubescents, d'alisiers et d'aubépines, puis se poursuit, plus tranquille, sur un replat en pelouse qui domine un petit escarpement. À vos pieds, le bocage harmonieux du Creux sous Roche ondule. Brutalement, le sentier grimpe pleine pente sur la gauche parmi des taillis de chênes (panneau "Innimont 2 km"). Soyez ici prudents et tenez vos enfants par la main, car, bientôt, vous gagnez un point de vue dominant un à-pic et le bassin de Belley, fief du vignoble bugiste et patrie du gastronome Brillat-Savarin. Au nord-est, au pied du Grand Colombier, s'étend l'un des derniers grands marais continentaux d'Europe occidentale dont 474 ha sont classés en réserve naturelle. Peu après, vous rejoignez sur la gauche le calvaire d'Innimont (1 008 m d'altitude) où la vue porte sur le sud du massif du Mollard de Don. Reprenez ensuite le sentier. À 50 m, à la hauteur d'une borne IGN, vous profitez d'un nouveau dégagement sur la dépression du Haut-Rhône. Le chemin se poursuit à droite le long des appareils d'un parcours sportif. Au niveau d'un portique de barres parallèles, négligez un chemin sur la droite. Après une zone boisée chahutée par les vents, la

Fiche technique

35

Durée : 2 h 40
Longueur : 9 km
Dénivelé : 282 m
Difficulté : aucune, veillez à tenir vos jeunes enfants par la main aux environs du calvaire.
Période : printemps, été, automne selon enneigement
Equipement : randonnée classique
Balisage : blanc/rouge, jaune, panneaux
Carte IGN 1/100 000 : n°44, pli D7
Carte-Guide IGN 1/25 000 : n° 3231 ouest : Montalieu - Vercieu et 3231 est : Belley
À voir aux environs : lac d'Ambléon, musée paléo-écologique et carrière de calcaire lithographique de Cérin, tourbière du lac de Millieu, église de Lhuis, vignoble et village de Montagnieu, musée archéologique de Briord, chartreuse de Portes, cluse des Hôpitaux,

Cette balade est extraite de l'ouvrage ***Les plus belles balades autour de LYON du Beaujolais au Pilat*** *de Bruno Pambour*

Itinéraire d'accès

Prenez l'autoroute A 42 en direction de Bourg/Genève. Sortez à Pérouges/Meximieux. Suivez la D 124 en direction de Lagnieu. Au rond-point de St-Vulbas, prenez la D 20 vers Bourg/Lagnieu jusqu'au rond-point de Port-Lagnieu où vous emprunterez à droite la D 40 vers Belley. À St-Sorlin-en-Bugey, tournez à droite sur la D 122 en direction de Belley. Passez Sault-Brénaz et Serrières-de-Briord. Au rond-point des Granges, montez la D 79 vers Vérizieu/Lhuis (beau coup d'œil sur les vignobles parsemés de grangeons de Montagnieu). Au hameau de Millieu, bifurquez à gauche sur la D 79b puis la D 41 vers Marchampt/Innimont.
Ignorez à gauche la route de Vercraz puis la D 87d vers Cerin/Marchampt (musée paléo-écologique), avant d'obliquer à gauche sur la D 41b vers Innimont.
À l'entrée du village, prenez à droite pour vous garer au pied de l'église à l'écart du bourg.
Transports en commun : aucun

voie carrossable rejoint le col du Petit Pertuis ⑤ où se trouve la table d'orientation (aire d'envol de parapente, aire de pique-nique). Amusez-vous à repérer la multitude de sommets qu'elle embrasse : du Grand Crêt d'Eau au nord, jusqu'au massif du Mont-Blanc et aux cimes de la Vanoise à l'est, la Chartreuse, le Vercors et les Ecrins plus au sud. Vers le couchant, l'horizon est largement dégagé sur l'Isle Crémieu et l'Est Lyonnais. Remontez ensuite le chemin caillouteux et ingrat qui grimpe directement vers la crête, dépassant des reboisements de pins noirs et d'épicéas. Après 100 m de dénivelé, l'arrivée sur la crête se vit comme un vrai bonheur. La longue crête faîtière du mont Pela s'étire en faux plat vous offrant un formidable panorama de part et d'autre. À droite, un bois épais de feuillus (frênes, alisiers, hêtres, noisetiers…) dévale vers le vaste ensemble forestier du Mollard de Don, alors qu'à gauche, le versant de la Cha porte une lande maigre parsemée de touffes d'épines noires, de buis, de genévriers nains et de grandes gentianes. À la fin de l'été, vous savourerez l'or des croupes piquetées de sombres buissons. Le paysage, d'une rare harmonie, descend en gradins successifs jusqu'au Rhône, visible plein ouest, par la brèche des gorges de la Brive. En arrière-plan de l'Isle Crémieu, les collines du Bas-Dauphiné moutonnent sans fin. Arrivé près de fayards rabougris, le large chemin se transforme en sentier ⑥. Après quelques incursions dans une hêtraie où les framboisiers abondent, restez bien à gauche sur le sentier. Après des pins sylvestres et noirs dont certains sont foudroyés, une courte et franche descente conduit au col du Grand Pertuis ⑦. Au nord-est, se dresse le mamelon du Mollard de Don, point culminant du massif à 1 217 m d'altitude. À la belle saison, la prairie du col est une véritable explosion florale cirses, ombellifères, vérâtre, grande gentiane, centaurée, lis martagon… Quittez-ici le sentier de randonnée pour descendre à gauche un chemin empierré vers Innimont à travers les maigres taillis qui envahissent ces anciens pâturages laissés à l'abandon. Ordonnaz, Lompnas Cleyzieu, Innimont font partie des villages qui ont été les plus durement frappés par la dépopulation. Chêne pubescent, pin sylvestre, genévrier, buis, aubépine, rosier des chiens, cornouillers mâle et sanguin colonisent avec vigueur ce versant ensoleillé. Au printemps, plusieurs dizaines de milliers de pieds d'orchidées colorent de leurs discrets épis la pente. Les plus abondantes sont l'orchis mâle, l'orchis bouffon, l'orchis sureau, les deux platanthères… La loi protège

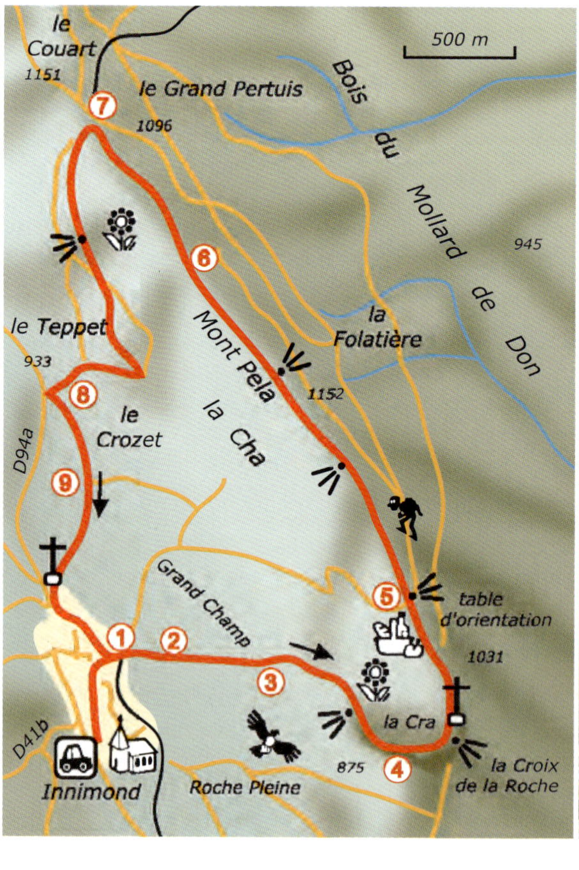

Le mont Pela.

La cluse de l'Albarim.

certaines espèces : gardez-les en souvenir... sur votre pellicule. Sur la droite, le doux mamelon du Gros Bonnas porte une élégante mosaïque de genévriers. Après une épingle à cheveu, le chemin s'oriente à l'ouest. En bas de la descente, juste avant de rejoindre la D 94a ⑧, obliquez à gauche sur un chemin herbeux encadré par des haies (flèches rouge et noir). Quatre cents mètres plus loin ⑨, un chemin plus large le prolonge, surplombant les toits rouges du village. Après un calvaire, suivez à gauche la D 94a jusqu'au centre du village.

La vie au temps des dinosaures

Cérin a connu la célébrité à la fin du siècle dernier lors de l'âge d'or de la lithographie. Ce procédé inventé à la fin du XVIIIe s. consiste à utiliser une pierre calcaire à grain fin pour imprimer, grâce à une presse à bras, un texte ou un dessin tracé avec un corps gras. Jusqu'à l'avènement de la photogravure, la technique eut un succès considérable et de nombreuses carrières furent exploitées en France, en Allemagne et en Espagne. Il y a cent quarante millions d'années, l'emplacement du Jura méridional était baigné par une mer chaude tropicale. La partie orientale et le sud de la chaîne correspondait à une vaste barrière corallienne développée sur plus de soixante mètres d'épaisseur. Cette lagune était une dépression vaste et peu profonde, éloignée et isolée de la pleine mer par un seuil. Elle était surtout alimentée par des arrivées d'eau marine, plus ou moins boueuse, à la faveur de marées exceptionnelles ou de tempêtes. Le retour à une période calme se traduisait aussitôt par le dépôt des particules en suspension sous forme d'une couche de boue calcaire plus ou moins épaisse. Ce qui, à la longue, forma les bancs de calcaire lithographique, d'une épaisseur variant d'un millimètre à vingt centimètres. De nombreux animaux marins (poissons, crustacés, mollusques) entraînés par les flots se retrouvaient piégés dans la lagune. Lors de ses assèchements périodiques, ils mouraient prisonniers des flaques résiduelles. Un voile algaire moulant leurs plus fins détails et recouvrant la boue calcaire assurait leur conservation. Des reptiles géants, tortues et dinosaures vivant à proximité, s'aventuraient en laissant leurs empreintes sur les plages de boue découvertes par les assecs. Installé dans un ancien lavoir, le musée de Cérin présente les résultats des fouilles d'une grande ampleur entreprises depuis 1975 par les géologues de l'université Claude-Bernard de Lyon. Une invitation à remonter le temps et à rêver sous le soleil d'une lagune tropicale. (Musée paléo-écologique de la carrière de Cérin - 01680 Marchamp-Lhuis.)

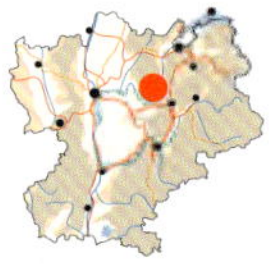

LA CROIX DE ST-CLAIR

Bugey, panorama du Haut-Rhône

À 77 km de Lyon, au départ d'Izieu,
l'un des plus beaux villages du Bas-Bugey, promenade en balcon magnifique des îles du Haut-Rhône,
du spectaculaire mont de Cordon et des "marches du Dauphiné".

Fiche technique

36

Durée : 2 h 10
Longueur : 7,5 km
Dénivelé : 215 m
Difficulté : aucune
Période : toute l'année
Equipement : randonnée classique
Balisage : blanc/rouge, incomplet
Carte IGN 1/100 000 : n°51, pli B10/B11
Carte-Guide IGN 1/25 000 : n° 3232 est : St-Genix-sur-Guiers
À voir aux environs : maison des enfants d'Izieu, voie romaine à Brégnier-Cordon, cascade de Glandieu, panorama du mont de Cordon, maison-forte de Vareppe à Groslée, musée archéologique d'Aoste, maison du Tisserand à la Bâtie-Montgascon, musée du peintre François Guiguet à Corbelin.

Cette balade est extraite de l'ouvrage ***Les plus belles balades autour de LYON du Beaujolais au Pilat*** *de Bruno Pambour*

Itinéraire d'accès

Quittez Lyon par l'A 43 en direction de Chambéry. Passez Bourgoin-Jallieu, la Tour-du-Pin pour sortir à Aoste. Traversez ce bourg (musée archéologique) pour suivre la D 592 puis la D 19 en direction de Brégnier-Cordon. Vous franchissez l'ancien cours du Rhône, puis le canal d'amenée du barrage de Brégnier-Cordon qui isole désormais le mont de Cordon du Bugey. À la Bruyère, suivez à droite sur 150 m, la route de Belley avant de monter à gauche vers Izieu (D 19d). Garez-vous à l'entrée du village.
Transports en commun : aucun

La balade

Izieu a su préservé son architecture bugiste avec ses maisons à pignons en lauzes surmontés par une "pomme de pin". Rentrez dans le village. Au premier carrefour, remarquez à droite un étonnant toit asymétrique. Poursuivez tout droit en passant devant le lavoir reconverti en bac à fleurs. Au croisement orné d'un calvaire, avant de prendre à gauche, avancez-vous sur la route de la Grosse-Montagne pour découvrir aussitôt à gauche un four à pain accolé à une maison (fagots de bois et gerbe traditionnelle d'épis de maïs dans la cour), puis après la pancarte "Café Héritier", un alignement remarquable de cinq pignons sur la droite. De retour au calvaire, l'on suit momentanément la route empruntée par le sentier de randonnée. À cent mètres ①, montez à gauche la petite route bordée par quelques frênes, en direction de la Croix de Saint-Clair. Rapidement, vous dominez le village et son paysage de polyculture jardinée avec les

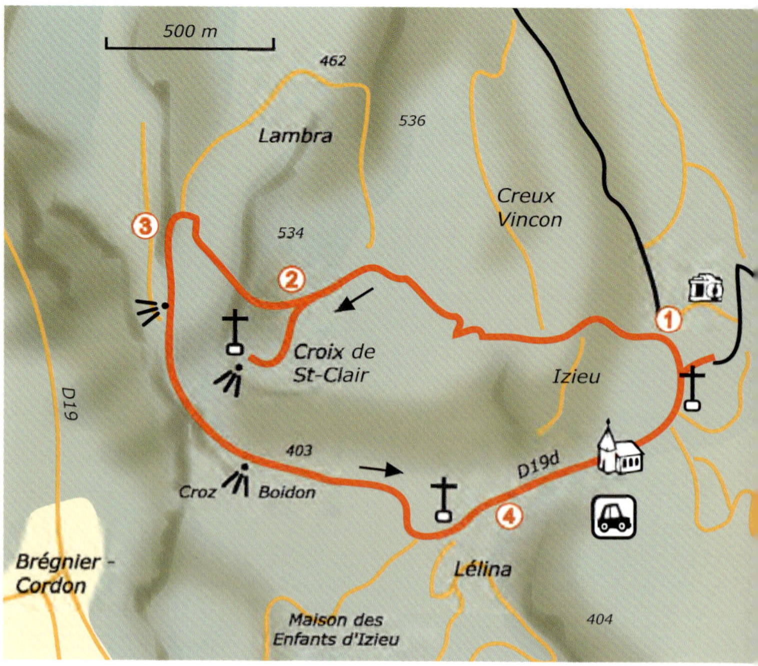

alignements de vigne, de tabac, de maïs et le bocage des prairies. Jadis, la culture du mûrier concurrençait la vigne pour alimenter en soie les ateliers textiles du pays du Guiers. Sur la gauche se dresse le mont de Cordon avec, en toile de fond, les escarpements calcaires qui surplombent la vallée du Guiers. C'est à leurs pieds, le 10 mai 1755, que le célèbre Mandrin, réfugié au château de Rochefort-en-Novalaise, fut capturé dans son sommeil par les troupes royales qui n'avaient pas hésité à violer la frontière sarde. Après avoir longé des prairies de fauche encadrées de haies, l'asphalte s'arrête. Un chemin de terre carrossable le prolonge dans les buis. Après quelques coudes, il se dirige au sud-ouest vers la butte sommitale. Au pied du mamelon boisé, repérez à gauche un chemin barré par un portail ②. Pour le moment, continuez sur la gauche, en diagonale, pour accéder rapidement à un pré isolé. Traversez-le dans sa longueur. À l'angle opposé, passez un dernier petit pré pour grimper le long de la crête jusqu'à la croix de Saint-Clair. Elle domine magistralement la plaine du Haut-Rhône de près de 350 m d'altitude.

Dans le passé, le Rhône a librement divagué dans la plaine de Brégnier-Cordon. Il présente ici un extraordinaire lacis de bras, appelées *lônes,* enserrant un très grand nombre d'îles. Malheureusement, l'homme a depuis bouleversé le paysage du fleuve en l'aménageant pour produire de l'électricité. La retenue de Brégnier-Cordon, longue de onze kilomètres, est créée par un barrage, visible en aval, qui turbine le Rhône court-circuité. Le canal de dérivation comporte un canal d'amenée de cinq kilomètres et un canal de fuite de trois kilomètres. Il emprunte la dépression auparavant occupée par le lac de Pluvis et isole désormais, telle une île, le mont Cuchet ou mont de Cordon, un singulier relief chargé d'histoire. Sur son sommet était édifié le château de Cordon, ancienne place-forte qui dépendait des Savoyards. Sa position stratégique lui permettait de contrôler la navigation sur le Rhône et de surveiller l'ennemi dauphinois. Au pied de son flanc ouest, vous distinguez une imposante tour carrée (XIVe s.), vestige de l'ancien château-fort des seigneurs de la Barre, qui bénéficiaient d'un droit de péage sur les marchandises transitant par le fleuve. Au XIXe s., il abrita les amours d'Henriette de Cordon et de son précepteur Antoine Berthet, *alias* Mathilde de la Mole et Julien Sorel, héros du *Rouge et le Noir* de Stendhal. Sur le versant nord du mont, la grotte de la Bonne-Femme, découverte en 1894 par Joseph Tournier, fut densément occupée pendant l'époque préhistorique ; plus de mille silex taillés y ont été mis au jour. Sur la rive opposée du fleuve, la plaine des "marches du Dauphiné", d'où émergent des collines de moraines, s'étend à perte de vue. Au sud, le pays du Guiers borde les premiers contreforts de la Chartreuse.

Par le même itinéraire, revenez au chemin au pied de la butte ② Après être passé sur la gauche du portail, descendez-le dans une petite combe boisée (tilleul, érable champêtre, chêne, charme, noisetier). Le chemin traverse ensuite une grande prairie face à la montagne de Saint-Benoît, plein nord. À sa sortie, prenez soin de refermer le portail après votre passage. Le chemin descend à nouveau dans les bois, puis vire pour rejoindre un large chemin transversal ③, à suivre vers la gauche en balcon

Pignon en lauzes, Ysieu-en-Bugey.
Le mont de Cordon.

superbe du Rhône. Il s'oriente progressivement vers le sud en contournant la croix de Saint-Clair. Après avoir ignoré un chemin en épingle sur la droite, une route prolonge le chemin et descend vers l'ouest. Vous dominez bientôt la ferme de Lélina où s'est déroulée la rafle des enfants d'Izieu, le 6 avril 1944. Le panorama à nouveau admirable sur le Rhône et le mont de Cordon invite à la méditation… La route passe ensuite entre la maison et la grange, toutes deux aménagées depuis 1994 en musée-mémorial. Rejoignez ensuite la D 19d (calvaire) pour remonter à gauche vers Izieu ④.

À droite : séchage du maïs au grand soleil du Bugey.
Ci-dessous : la maison des Enfants d'Ysieu et le Rhône.

LE CRÊT DE CHALAM

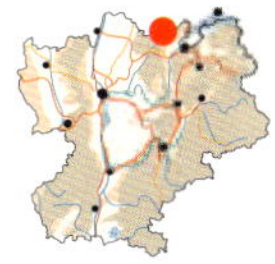

Jura français, Hautes Combes

À 62 km de Genève, le Crêt de Chalam domine de près de mille mètres la vallée de la Valserine : un très beau panorama circulaire sur les Hautes Combes et la haute chaîne du Jura.

La balade

Suivez la direction "Crêt de Chalam" par une pente raide sous une pessière égayée de fayards et d'érables. À un replat, vous rejoignez un sentier horizontal ① : suivez-le vers la gauche (flèche blanche et noire). Quelques courtes lignes droites se prolongent par une longue courbe vers la droite dans la forêt ②. À la hauteur des ruines de Chalam, elle débouche sur une large piste venant de la Borne au Lion, que vous empruntez à droite ③. La piste traverse à deux reprises une clairière envahie l'été par les adénostyles, épilobes, campanules et laiterons alpins, où il faut ignorer deux sentes sur la droite en remontant vers la gauche (nord), jusqu'à un croisement ④. Continuez à droite (balises jaunes) ⑤ vers le crêt de Chalam désormais visible. Au sud, la combe des Ramas plonge vers la Valserine. Sur la crête, les cloches des troupeaux vous saluent. Il vous faut encore vaincre la courte pente finale d'une raideur mémorable. Le sommet offre un époustouflant panorama circulaire qui domine l'étroite vallée de la Valserine de près de mille mètres. Les crêts de la Haute Chaîne du Jura, classés depuis 1993 en réserve naturelle, barrent l'horizon ouest. Du nord au sud, reconnaissez le mont Rond, le Colomby de Gex, le Grand Crêt, le crêt de la Neige – point culminant du Jura, appelé ainsi car il conserve parfois toute l'année la seule "neige éternelle" du Jura, le Reculet surplombant le cirque de Roche-Franche et le Grand Crêt d'Eau. Par temps clair, le mont Blanc apparaît entre ces deux derniers. Au sud, au-delà du plateau forestier de Champfromier et de la cluse qui relie Bellegarde à Nantua, s'étend le Haut-Bugey avec notamment le plateau de Retord qui domine la Michaille et le Haut-Rhône. Au nord, limité à l'ouest par la vallée du Tacon et à l'est par le val de Mijoux, un plateau animé par une succession de collines et de dépressions forme les "Hautes Combes", où les communes de Bellecombe et des Molunes présentent un habitat dispersé original : absence de bourg, l'école dans une combe, la mairie dans l'autre… Le retour s'effectue par le même itinéraire.

Fiche technique

37

Durée : 1 h 20
Dénivelé : 235 m
Difficulté : aucune
Période : printemps, été, automne selon enneigement
Equipement : randonnée classique
Balisage : blanc et noir, jaune
Carte IGN 1/100 000 : n°45, pli B3
Carte-Guide IGN 1/25 000 : n°3329 ouest : Bellegarde-sur-Valserine
À voir aux environs : les Hautes Combes, fromagerie des Moussières, ouvala de "sous-la-Vye" et vallée sèche de l'Embouteilleux à l'Embossieu, combe d'Orvaz, forêt de Champfromier, vallée du Tacon, belvédère de Roche Blanche

Cette balade est extraite de l'ouvrage ***Les plus belles balades autour de GENEVE du Jura au mont Blanc*** *de Bruno Pambour*

Itinéraire d'accès

De Genève, gagnez Gex via Ferney-Voltaire pour monter au col de la Faucille (superbes dégagements sur Genève, le Léman et les Alpes au cours de l'ascension). 2,5 km après le franchissement de la Haute Chaîne du Jura, bifurquez à gauche vers Mijoux où vous poursuivrez vers St-Claude. Vous entrez dans le PNR du Haut-Jura. À Lajoux où se trouve la Maison du Haut-Jura, tournez à gauche sur la D 292 vers "les Molunes/Bellecombe", deux communes à l'habitat dispersé, typique des Hautes Combes du Jura. Suivez toujours la direction les Moussières où une étape s'impose à la Maison des Fromages. À l'entrée de ce hameau, tournez à gauche sur la D 25 vers "la Pesse/les Bouchoux". Au hameau de l'Embossieu (ouvala de "sous-la-Vye" et vallée sèche de l'Embouteilleux), allez à gauche jusqu'à la Pesse. Au cœur du village, face à l'église, tournez une nouvelle fois à gauche pour rejoindre à travers crêts et combes la Borne au Lion, où vous prendrez à droite la route forestière. Après 3,3 km, garez-vous sur un terre-plein à gauche, départ de la balade.
Transports en commun : aucun

Le pic noir

"Klieuh…klieuh…", une longue plainte mélancolique retentit dans le vallon, c'est le pic noir, oiseau farouche de la forêt sauvage. Ce géant des pics, presque aussi gros qu'une corneille et dont le plumage austère est égayé par une crête rouge sang, se trahit également lors de ses vols au-dessus des futaies, par un *"krukrukrukru"* sonore et guttural. Son puissant tambourinage évoque une rafale de mitraillette ! Pour dormir et se reproduire, il creuse de

Les crêtes du haut Jura depuis le crêt du Chalam.

profondes cavités dans les fûts lisses de grands fayards ou de sapins blancs, entre huit et quinze mètres de hauteur. Ces loges, une fois abandonnées, sont des vraies aubaines pour les autres espèces cavernicoles : chouette de Tengmaln, choucas, pigeon colombin, mais aussi martre, chauves-souris qui se livrent une concurrence acharnée pour les occuper.

La Borne au Lion

Au sud de la limite actuelle des départements de l'Ain et du Jura, se trouve une série de bornes dont l'implantation remonte à 1613, marquées d'un côté du lion de Franche-Comté, possession espagnole, et de l'autre des trois fleurs de lys du royaume de France auquel était rattaché le Bugey et le pays de Gex. La plus grosse d'entre elles, la "Borne au Lion", paraît avoir porté sur sa face orientée à l'est la croix de Savoie. Elle était située sur la "voie des Espagnols" qui, *via* Creux-Manant et la vallée de la Valserine restée possession savoyarde, était un véritable passage stratégique entre l'Italie du Nord et les Pays-Bas. Une stèle élevée en l'honneur des maquis de l'Ain et du Haut-Jura, rappelle les hauts faits de la Résistance en ce lieu, qui abrita un poste de commandement et un hôpital de campagne.

Au pays des fromages

Fierté gastronomique du Haut-Jura, le bleu de Gex appelé aussi septmoncel, le comté, le chevret, le morbier et le vacherin Mont-d'Or sont tous des fromages à base de lait cru. Le bleu de Gex est fabriqué depuis le XIIIe siècle. Exigeant moins de lait et de moyens techniques que le comté, cette pâte persillée prospéra dans la région des Hautes Combes aux conditions rudes et à l'habitat dispersé. Aujourd'hui, il ne reste que cinq fruitières, nom d'origine suisse désignant les coopératives fromagères, qui collectent le lait matin et soir. L'affinage des meules (7,5 kg et 36 cm de diamètre) dure deux mois au cours desquels le fromage est retourné tous les jours. Autrefois, quelques piqûres à la main favorisaient le développement de la fameuse moisissure bleue (pénicillium), aujourd'hui cultivée, qui lui donne un goût d'une douce amertume. L'origine de la raie noire du morbier mérite d'être contée. Autrefois, le fermier faisait son fromage lui-même. Possédant peu de vaches, avec la faible quantité de lait qu'il obtenait chaque jour, il fabriquait la moitié d'un fromage. Pour le conserver jusqu'au lendemain, il passait sa main sous le chaudron et garnissait son demi-fromage de suie. L'autre moitié venait s'ajouter le jour suivant. La fromagerie des Moussières vous invite à découvrir la fabrication des fromages du Haut-Jura par une galerie de vision donnant sur ses ateliers. Une exposition et des films révèlent chaque étape, de la traite à l'affinage en cave.

À droite : vaches au crêt du Chalam.
Ci-dessous : les Hautes-Combes depuis le crêt du Chalam.

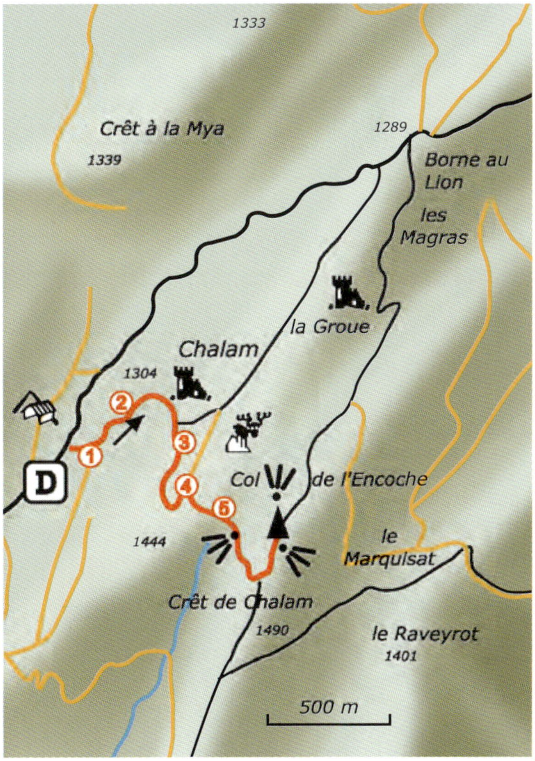
1333
Crêt à la Mya
1339
1289
Borne au Lion
les Magras
la Groue
Chalam
1304
1
2
3
4
5
D
Col
de l'Encoche
1444
le Marquisat
Crêt de Chalam
1490
le Raveyrot
1401
500 m

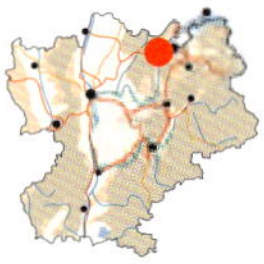

LE GRAND CRÊT D'EAU

Jura français, alpages gessiens

À 57 km de Genève, au sein d'alpages utilisés depuis le Moyen Age, l'extrémité sud de la haute chaîne du Jura offre un panorama exceptionnel et varié sur le Genevois, les Alpes, le Jura méridional et le Haut-Rhône

La balade

Montez à gauche après avoir franchi avec précaution une clôture et remontez un alpage ① en direction d'un pylône visible en crête. À sa hauteur, une sente raide monte jusqu'à quelques épicéas foudroyés puis le rejoint. La vue plonge sur la combe de l'Enfer qui dévale vers le défilé de l'Écluse. Vous dominez le Rhône de près de douze cents mètres de dénivelé (!) et découvrez le Vuache, le Genevois, la vallée du Haut-Rhône et le Bugey. Jusqu'à la dernière guerre, avant l'édification du barrage de Génissiat, le Rhône disparaissait dans la Perte de Bellegarde sous une gigantesque dalle calcaire. À la fin du siècle dernier, le Haut-Rhône fut l'un des berceaux de la houille blanche : une des premières zones industrielles de l'histoire naquit dans cette cité. Elle fut l'une des premières villes de France à bénéficier de l'éclairage électrique en 1884. En restant en crête, gagnez au nord ② une autre antenne radio puis, après un passage aménagé dans une clôture, un relief rocheux (cote 1608). Comment ne pas éprouver de la sérénité en découvrant les alpages du Grand Crêt d'Eau doucement ondulés de crêts en dolines, aux versants traversés par les *"murgets"*, murets de pierres sèches qui délimitaient autrefois les pâturages ? Le regard glisse naturellement sur ces hautes pentes gazonnées où affleurent les lapiaz, embrassant d'un trait la haute chaîne du Jura. Rejoignez alors à vue ③ le crêt du Miroir, en évitant de perdre de l'altitude. Son panorama circulaire est exceptionnel. Du nord au sud, vous reconnaîtrez le Reculet, le crêt de la

Le col du Sac.

Fiche technique

Durée : 2 h 50
Dénivelé : 346 m
Difficulté : aucune, balade à proscrire par temps de brouillard
Période : printemps, été, automne selon enneigement
Equipement : randonnée classique
Balisage : rouge et blanc "Balcon du Léman", incomplet
Carte IGN 1/100 000 : n°45, pli C3
Carte-Guide IGN 1/25 000 : série bleue n°3329 ouest : Bellegarde-sur-Valserine
Réglementation de la réserve naturelle de la haute chaîne du Jura : cueillette, chien, détritus, feu interdits. Veillez à ne pas vous écarter des sentiers. La balade s'effectue sur des alpages privés où vous prendrez soin de respecter les clôtures et de refermer les portails.
À voir aux environs : Fort-l'Ecluse, belvédère du château de Léaz, pertes de la Valserine, pont des Pierres, village fleuri de Montanges aux 9 fontaines, vallée de la Valserine

Cette balade est extraite de l'ouvrage ***Les plus belles balades autour de GENEVE du Jura au mont Blanc*** *de Bruno Pambour*

Itinéraire d'accès

De Genève, trois possibilités pour se rendre à Bellegarde-sur-Valserine : via Meyrin, Collonges et le défilé de l'Ecluse par la D 984 et la N 206, ou via la douane de Chancy. Enfin par l'autoroute à péage de Lyon (A 40), que vous quitterez après le tunnel du Vuache : sortie 11 ou 10. Traversez Bellegarde pour prendre la N 84 en direction de Nantua. À la sortie de la ville, obliquez à droite pour franchir la Valserine et suivez la direction Lélex/col de la Faucille. Passez Lancrans. À la sortie de Confort, montez à droite la route de Menthières (8 km). Avant la station, prenez à droite la route forestière du Grand Crêt d'Eau. À 1,5 km, poursuivez tout droit vers Sorgia. Garez-vous à l'extrémité de la route goudronnée sur une plate-forme (sous réserve de la mise en place du plan de circulation de la réserve naturelle de la haute chaîne du Jura).
Transports en commun : aucun

Neige, le Colomby de Gex, la Dôle, le Léman, la dent d'Oche et les Cornettes de Bise dans l'alignement de Genève, puis derrière le Salève, les dents du Midi, le Môle, l'aiguille Verte, les Grandes Jorasses et le mont Blanc, la chaîne des Aravis en arrière-plan du Bargy et du Parmelan, la Tournette, le lac d'Annecy et la Vanoise derrière le Vuache, et pourquoi pas, par temps très clair, les aiguilles d'Arves et la Meije, et enfin, dans l'axe du chalet Bizot, le lac du Bourget et la dent du Chat. Au sud-est, en amont du défilé de l'Écluse à partir de l'Étournel, le lit du Rhône s'étale sur près de quatre kilomètres, atteignant dans sa plus grande largeur six cents mètres. Ses îles boisées, lônes, vasières et roselières, en réserve de chasse, accueillent près de deux cents espèces d'oiseaux lors des migrations dont un millier de canards l'hiver. Sangliers et chevreuils y sont communs. Le meilleur belvédère sur le site se trouve à la ferme de la Ravoire, une terrasse en rive gauche du fleuve (accès par un chemin partant de la N 206, à un kilomètre en amont du pont Carnot). À 1600 mètres d'altitude, il gèle 180 jours par an ! Quelques épicéas rabougris s'aventurent dans les pelouses et landes où la flore est variée : digitale jaune, grande gentiane, cirse, campanule en épi, orchis vanille, lis de Saint-Bruno, campanule en thyrse, raiponces, serpolet,...

Descendez au nord-ouest, vers un muret de pierres pour retrouver le sentier ④ qui, peu après, dépasse une doline formée par le travail de sape des eaux souterraines et tapissée d'argile. Le sentier traverse une clôture, dépasse deux nouvelles dolines, puis longe le flanc oriental du crêt de la Goutte. À gauche, des strates calcaires parallèles et disposées en C forment un graphisme étonnant. Lorsque le sentier s'incline vers les ruines du chalet d'Ecotans ⑤, quittez-le pour monter légèrement à gauche, au crêt de l'Éguillon. De ce nouveau sommet, le regard s'attarde sur le Haut-Jura (crêt de Chalam au nord), la vallée de la Valserine, le Pays de Gex. Au nord-ouest, le crêt des Frasses est l'arrivée des remontées mécaniques de la petite station de Menthières. En contrebas, le chemin descend au chalet du Sac. Franchissez la clôture en la respectant, puis dévalez une vaste combe d'alpage ⑥, plein ouest. Après deux cents mètres de dénivelé, par la droite d'une doline, rejoignez le chalet du Varambon (privé). C'est un bâtiment en pierres, rectangulaire et couvert par une toiture à deux pans. Quatre pièces occupent le niveau unique : l'écurie, la cuisine, le laitier et la cave à fromages. Dans la cuisine, un large *"tué"* permet de cuire le lait pour fabriquer le fromage de Comté. L'exploitation des alpages gessiens remonte au Moyen Age, par la création de "fruitières" - du "fruit" des troupeaux – premier système coopératif qui transformait le lait de la communauté en divers produits dont les célèbres fromages comté et bleu de Gex. Aujourd'hui, l'économie agricole du Pays

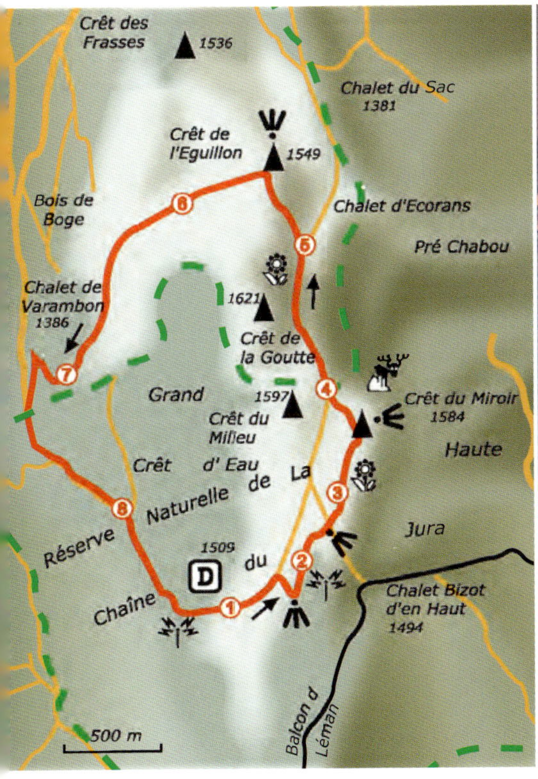

Le crêt du Milieu ; au fond, le mont Blanc.

La haute chaîne du Jura.
Le Grand Crêt d'Eau, avec au fond, le crêt du Miroir et le crêt du Milieu.

de Gex repose toujours sur l'élevage laitier dont la production est achetée par les laiteries de Genève. Du chalet, un chemin gagne le portail de l'alpage, à l'orée de la forêt ⑦. Refermez-le derrière vous. Le sentier décrit un large lacet avant de rejoindre la route (cote 1 275). Il vous reste un bon quart d'heure de marche pour retrouver à gauche le parking.

Vue sur le Léman et Genève.

Le défilé de l'Écluse

La cluse du Rhône entre le Vuache et le Grand Crêt d'Eau est un important couloir de migration emprunté à l'automne par des centaines de milliers d'oiseaux provenant d'Europe centrale et du Nord via la Suisse. Voie de passage déjà repérée par César, ce site stratégique qui contrôle le Pays de Gex et les communications entre Genève et la vallée du Rhône, fut fortifié dès le XIIIe siècle et passa à plusieurs reprises aux mains des Genevois, des Savoyards, des Bernois et enfin des Français en 1601. Après un dur siège contre les Autrichiens en 1814, d'importants travaux lui donneront son aspect actuel : deux forts bâtis sur le flanc du Grand Crêt d'Eau et reliés par une galerie souterraine de 1165 marches (!), remarquables œuvres de l'architecture militaire de Vauban à Napoléon III. Sa dernière page d'histoire date du 10 juin 1944 : les Résistants y bloquèrent héroïquement les Allemands durant trois jours, leur interdisant la route pour Genève. Fort-l'Ecluse : visites guidées, exposition d'art contemporain et spectacles.

LES CRÊTES DU MONT-ROND

Jura français, le toit du Jura

À 28 km de Genève, les crêtes de la haute chaîne du Jura forment un magnifique balcon sur le Léman et les Alpes apprécié par les chamois

La balade

Le départ s'effectue au panneau du sentier indiquant "Grand Mont-Rond, 1 h 30". Prenez la route forestière de la Maréchaude sur cinquante mètres avant de remonter une piste de ski à gauche ①, en suivant les balises blanches et rouges. À cent mètres, entrez en forêt, à droite, par une route interdite aux véhicules. Le sentier emprunte sur la gauche un raccourci ② parmi fayards, sapins et épicéas de belle taille. Après dix minutes, vous rejoignez la route forestière ③ puis, bifurquez rapidement à droite vers le Mont-Rond "0 h 50" par le sentier de randonnée. Le chemin se hisse parmi des chaos rocheux, où la forêt est restée très sauvage. Les hampes de la céphalanthère rouge et de l'épipactis pourpre, deux splendides orchidées, se cachent dans le sous-bois. La gelinotte et le rarissime grand tétras trouvent refuge sur ce versant boisé où à partir de 1 300 mètres, les épicéas, plus résistants au froid, s'imposent. Passez une clôture puis le téléski des Gelinottes où le relais de télécommunications du Petit Mont-Rond apparaît. Du panneau "la Gelinotte, 1455 m", le chemin traverse des pré-bois en limite supérieure de la forêt du Chalet ④. Par les trouées entre les *"pesses"*, se profilent les hautes combes du plateau des Moussières. La piste mène au chalet du Crozat. Dans un virage à hauteur de sa citerne ⑤, un passage pour piétons vous permet de franchir la clôture sur la gauche (chaîne à décrocher). Comme tous les chalets d'alpage jurassien, le Crozat est de forme ramassée pour n'offrir aucune prise au vent. Ses murs épais sont percés de fenêtres minuscules, ceux exposés au vent et à la neige sont recouverts de tavaillons. L'été, vous pourrez vous y procurer tommes de vache et de chèvre. Passez au-dessus du chalet. Après une nouvelle clôture, le sentier chemine à l'horizontale pendant une dizaine de minutes avant de couper droit vers le Mont-Rond ⑥, à vingt minutes. Ce sommet n'est pas un mont, mais un crêt qui surplombe le Creux de l'Envers, une grandiose combe elliptique drainée par le Journans, au cœur de la réserve naturelle de la haute chaîne du Jura. Au-delà de l'effondrement de la plaine lémanique, la vue, par temps clair, embrasse les Alpes sur 250 kilomètres, des Alpes bernoises à la Chartreuse ! Au nord, la Dôle semble proche. À l'ouest, les hauts-plateaux du Jura avec leurs alignements de monts et de vaux illustrent le nom du massif, issu du latin *Juria* qui désigne la forêt. Au sud-est, l'échine du Jura dresse ses hauts sommets (Colomby de Gex, Grand Crêt, crêt de la Neige, Reculet, Grand Crêt d'Eau) jusqu'au défilé de l'Écluse où le Rhône s'engouffre. À partir d'ici, le retour s'effectuant par le même itinéraire, vous avez liberté de rebrousser chemin à tout moment. En suivant la crête vers le sud ⑦, vous observerez facilement, en contrebas des falaises orientales, des chamois peu farouches. Face au mont Blanc, ils paissent et ruminent paisiblement au pied des éboulis. Dans les alpages parsemés de blocs calcaires, la grande gentiane est omniprésente et côtoie la campanule en thyrse et le lis de Saint-

Fiche technique

39

Durée : 2 h 40 A/R (Mont-Rond), 5 h 10 A/R (pas de l'Echine), 6 h A/R (Colomby de Gex)
Dénivelé : 296 m, 370 m pour le Colomby de Gex
Difficulté : longueur pour le Colomby de Gex (13 km aller et retour), itinéraire à éviter par temps de brouillard
Période : printemps, été, automne selon enneigement
Equipement : randonnée classique, jumelles
Balisage : blanc et rouge ("Balcon du Léman")
Carte IGN 1/100 000 : n°45, pli B4
Carte-Guide IGN 1/25 000 : série bleue n°3328 est : Gex
Réglementation de la réserve naturelle de la haute chaîne du Jura : cueillette, chien, détritus, feu interdits. Veillez à ne pas vous écarter du Gr 9. Prenez soin de respecter les clôtures.
À voir aux environs : centre ville de Gex (XVIe-XVIIIe siècle), Maison du Haut-Jura à Lajoux, forêt du Massacre, Valmijoux et vallée de la Valserine

Cette balade est extraite de l'ouvrage ***Les plus belles balades autour de GENEVE du Jura au mont Blanc*** *de Bruno Pambour*

Itinéraire d'accès

De Genève, gagnez Gex via Ferney-Voltaire pour monter au col de la Faucille (superbes dégagements sur Genève, le Léman et les Alpes au cours de l'ascension). Au col, allez à gauche et garez-vous devant la gare de départ de la télécabine du Petit Mont-Rond.
Transports en commun : aucun

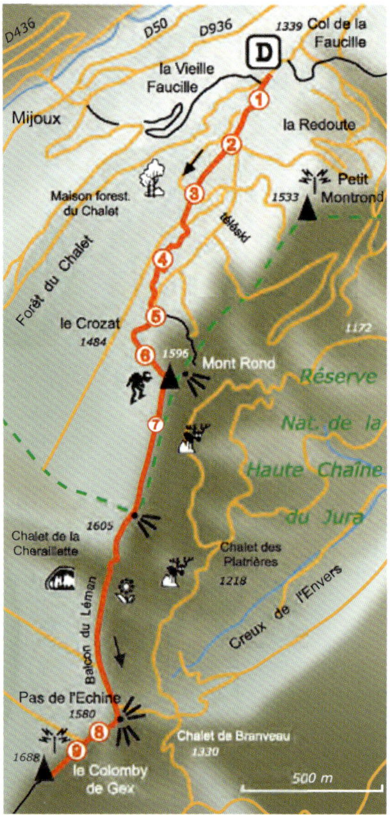

Bruno. Les sangliers fréquentent assidûment le versant comme en témoignent les nombreux "broutis" (labours) rencontrés. À la cote 1605, vous entrez dans la réserve naturelle. En une petite heure, vous arrivez à la hauteur du chalet de la Chenaillette. À sa gauche, remarquez une grotte-abri dont l'ouverture béante est tournée vers le nord. Côté Léman, la pente vertigineuse dévale vers le chalet des Platières. À vingt minutes, l'avancée du pas de l'Échine ⑧ offre un superbe panorama sur les falaises du Creux de l'Envers et le cirque raviné de Branveau. En longeant la clôture qui remonte la ligne de crête ⑨ (spectaculaire effondrement à mi-pente), vous arrivez au pylône du Colomby de Gex (1688 m) qui réserve lui aussi un belvédère circulaire exceptionnel.

Un tout-terrain de la montagne : le chamois

Toute montagne était auparavant riche en chamois. Victime depuis des siècles des persécutions de la chasse, le chamois s'est partout raréfié. Grâce aux réserves naturelles et aux parcs nationaux, ses effectifs ont repris du "poil de la bête". En France, la chasse, autorisée quelques jours par an, ne limitait pas auparavant le nombre d'animaux prélevés : il était tout à fait légal d'abattre trente têtes en un jour, si l'occasion se présentait ! Aberration qui désertifia les massifs. Aujourd'hui, l'institution d'un plan de chasse, c'est-à-dire de quotas à respecter et établis selon l'augmentation annuelle de la population, permet d'espérer un avenir plus serein pour cet ongulé, proche des antilopes. Le chamois échappa à la disparition qui menaça le bouquetin, grâce à ses étonnantes capacités naturelles : méfiance et agilité pleine de vigueur. Doté d'un excellent odorat qui, à bon vent, décèle un homme jusqu'à huit cents mètres, d'une ouïe fine et d'une bonne vue, il repère vite tout danger et le signale par un chuintement très sonore : *"pche-e-e"*. Son salut, contrairement au bouquetin, c'est la fuite hors d'atteinte à toute allure ! Faisant alors preuve d'une extraordinaire agilité, il avale le versant et peut gravir un dénivelé de mille mètres en dix minutes ! Grâce à des sabots aux arêtes vives mais pourvus d'une membrane souple, la "sole", qui épouse le rocher et augmente sa surface portante dans la neige, le chamois est à l'aise dans tous les terrains. Parfaitement adapté au milieu montagnard, il n'est originellement pas cantonné à la haute montagne. Toute pente plutôt fraîche et ombragée lui convient, car il résiste bien au froid mais craint beaucoup la chaleur. Au printemps, les femelles s'isolent pour donner naissance à un seul chevreau, plus rarement deux. À cette époque, les chamois perdent leur sombre "bourre" hivernale pour revêtir une toison d'été plus claire. L'été, friand de légumineuses, notamment de trèfle des Alpes, et de graminées, le chamois emmagasine des réserves de graisse dans les alpages. Le rut se déroule en novembre-décembre et entraîne poursuites et combats entre mâles. Aux premières neiges, les hardes se regroupent et occupent une zone d'hivernage sûre, à l'abri des avalanches, ensoleillée et qui se déneige rapidement. Très souvent, ils se réfugient en forêt où ils se nourrissent de tiges d'arbustes, d'herbe sèche et de lichens. La fin de l'hiver, où certains peuvent avoir perdu plus d'un tiers de leur poids, est la période la plus critique : nombre de bêtes faibles et âgées meurent… au grand bonheur des renards, aigles et grands corbeaux qui ne dédaignent pas leurs cadavres. Les cornes du chamois ne tombent pas mais croissent chaque année. Les montagnards appellent les mâles, boucs : leur cou est trapu et leurs cornes sont épaisses et recourbées. Les chèvres ont le cou plus gracile, la tête plus allongée et surmontée de cornes grêles et peu recourbées. À l'âge d'un an, les chevreaux sont dénommés *"éterlou"* ou *"éterle"* suivant leur sexe. Les hardes composées de femelles, de jeunes boucs et de chevreaux, sont souvent conduites par une vieille femelle appelée *"bréhaigne"*.

À gauche : lapiaz dans les alpages de Nevry, Colombey-de-Gex.
Ci-contre : le creux de l'Envers et les arêtes de Montrond. Chalet de Crozet.

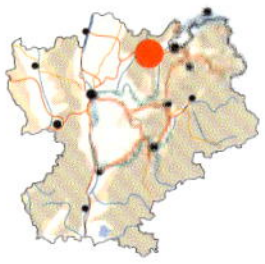

LA CROIX DE MONTLHÉRY

Bugey, plateau de Retord

À 55 km de Genève, le plateau de Retord offre ses grands espaces d'alpages cernés de crêts boisés. Au printemps, les floraisons des crocus, érythrones, narcisses… tapissent les pâturages d'un paysage tout en nuances.
Panorama à 360° sur le Jura méridional et les Alpes du Nord.

Fiche technique

40

Durée : 2 h 15
Dénivelé : 145 m
Difficulté : aucune
Période : printemps, été, automne selon enneigement
Equipement : randonnée classique
Balisage : blanc et rouge, bleu
Carte IGN 1/100 000 : n°45, pli C2
Carte-Guide IGN 1/25 000 : n°3229 est : Nantua. Oyonnax
À voir aux environs : chapelle de Retord dans la combe de Vézeronce, table d'orientation de Catray, puits de Tines près de Lompnieu, le Valromey et son musée rural à Lochieu, lac de Nantua, pain de sucre de Pyrimont, vignobles de Seyssel

Cette balade est extraite de l'ouvrage ***Les plus belles balades autour de GENEVE du Jura au mont Blanc*** *de Bruno Pambour*

Itinéraire d'accès

De Genève, trois possibilités pour se rendre à Bellegarde-sur-Valserine : via Meyrin, Collonges et le défilé de l'Ecluse par la D 984 et la N 206, ou via la douane de Chancy. Enfin par l'A 40 vers Lyon, que vous quitterez après le tunnel du Vuache à la sortie 10 : Bellegarde-sur-Valserine. À la sortie du péage, prenez à droite la D 101 vers "Vouvray/Châtillon/Michaille/le Retord". Au croisement avec la D 991, allez à gauche vers Seyssel jusqu'à Ochiaz où vous monterez à droite vers "la Croix Jean-Jacques/Cuvery/Retord" (11 km). En arrivant sur le plateau de Retord, arrêtez-vous à l'auberge de Cuvery, départ de la balade.
Transports en commun : aucun

La balade

Face à l'auberge de Cuvery, prenez le large chemin carrossable en direction de la ferme de Retord ① (balises bleues, vertes, et rouge/blanc). Par un pâturage tout en longueur, piqueté de grandes gentianes l'été, il longe sur un kilomètre le bois du Pré-Neyret. En vue de la ferme du Châtelet, sous la ligne haute-tension issue du barrage de Génissiat, le paysage s'ouvre ②. Passez la ferme du Pré-Neyret. Les belles croupes pastorales sont jalonnées de petits boqueteaux de fayards ou d'alisiers et résonnent du tintement des clarines. Rude et austère, le plateau de Retord peut sembler monotone au premier regard : les lumières rasantes de début et fin de journée révèlent son charme indicible. Incliné d'est en ouest, il ondule entre 900 et 1 300 mètres d'altitude. Son manteau forestier est entrecoupé d'une série de larges combes de pâturages. La colonisation longtemps éphémère, sans village, remonte au Moyen Age. Seules, de grosses fermes sont dispersées sur le territoire de cinq communes : Hotonnes, Injoux, Billiat, Villes et le Grand-Abergement. Ce dernier nom désignait les granges largement dotées de terres qui appartenaient aux abbayes et aux notables. Au XIXe siècle, l'élevage occupait cinq cents à six cents personnes

La jolie chapelle de Reutord entourée de grands espaces.

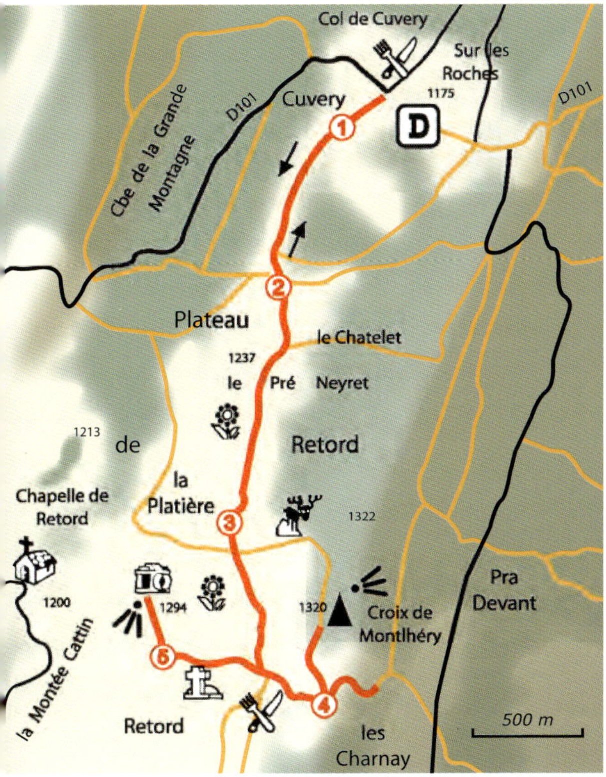

Borne sur le plateau de Retord, et brumes sur les pâturages.

de Pâques à la Toussaint. Jadis, une fruitière installée à la Manche fabriquait du bleu de Gex suivant l'exemple de la vallée de la Valserine.

À la hauteur de la Platière ③, un beau muret en lauzes résiste à l'épreuve du temps. Cette superbe ferme abritait autrefois, la cure de la paroisse de Retord, qui fut instituée en 1674. Lorsque le linceul de l'hiver recouvre le plateau, Retord se prête merveilleusement aux joies du ski de fond. Au printemps, d'exceptionnelles floraisons de crocus, jonquilles, érythrones dent-de-chien, narcisses,… tapissent les pâturages de Retord. Evitez les cueillettes excessives et sachez que l'arrachage des bulbes y est prohibé.

Passez devant la ferme de Retord (gîte d'étape). Après la première courbe, dans une cuvette, quittez la piste pour monter à gauche ④ vers la croix de Monthléry, dressée par le Club alpin français en 1933. Autrefois, tous les crêts portaient d'immenses croix en bois qui servaient de point de repère aux montagnards. Ce modeste sommet offre un panorama à 360° : au nord le Haut-Bugey, le Jura gessien avec la profonde vallée de la Valserine et la chaîne du crêt d'Eau, puis vers l'est, le Léman et le Genevois, les Alpes du Nord couronnées par le mont Blanc et, superbes au couchant, à l'ouest et au sud, le plateau de Retord et celui d'Hauteville-Brénod. La Michaille, versant en pente douce menant au Rhône, est invisible. Revenez au virage de la ferme de Retord où, tout droit, après une clôture (passage canadien), vous suivrez un chemin qui longe un alignement de grosses pierres et mène à un carré de pierres surmonté d'une croix : les ruines du cimetière et de la première chapelle du plateau dédiée à saint Roch (XVIIe siècle). Quatre cents âmes habitaient alors le plateau de façon permanente. La chapelle de Vézeronce à la simplicité touchante (mobilier original en bois d'épicéa et vitraux modernes) la remplaça en 1846. Mlle d'Angeville, première femme au sommet du mont Blanc, découvrit le charme hivernal de Retord en 1842 et rapporta la dévotion de ses habitants : trois ou quatre heures de marche les séparaient parfois de la chapelle et il arrivait qu'ils périssent en affrontant neige et froid pour se rendre aux offices ! Sur une colline légèrement à droite, est érigée la pierre des mandements, une ancienne borne du duché de Savoie qui marque la cote 1294. Pour y accéder, poursuivez plein ouest jusqu'à une clôture ⑤. Longez-la alors sur la droite pour, à cinquante mètres, enjamber une seconde, perpendiculaire à vos pas, et gagnez la borne. Revenez à Cuvery par le même itinéraire.

Au nord-ouest de Cuvery, s'étend Merlogne, ancien lac tari, vaste combe infertile et mystérieuse où "entre chien et loup", l'imagination vagabonde en légendes…

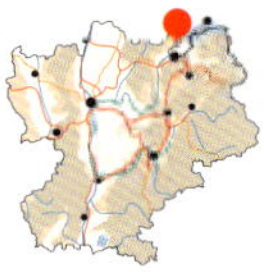

LA "PETITE LAPONIE"

Jura français, les lacs des Mortes et de Bellefontaine

À 64 km de Genève, promenade au cœur de tourbières et lacs qui évoquent les vastes étendues de la Scandinavie. Un paysage "nordique" à embrasser du regard du belvédère de la Roche-Bernard.

Fiche technique

41

Durée : 2 h 45
Dénivelé : 197 m
Difficulté : aucune
Période : printemps, été, automne selon enneigement
Equipement : randonnée classique
Balisage : incomplet, rouge, blanc et rouge, jaune
Carte IGN 1/100 000 : n°45, pli A4/A5
Carte-Guide IGN 1/25 000 : série bleue n°3327 est : Morez. les Rousses
À voir aux environs : la Chapelle-des-Bois (écomusée de la combe des Cives), forêt et livre d'or du Risoux, musée de la boissellerie à Bois-d'Amont, musée de la lunetterie à Morez, lac des Rousses, fort du Risoux

Cette balade est extraite de l'ouvrage ***Les plus belles balades autour de GENEVE du Jura au mont Blanc*** *de Bruno Pambour*

Itinéraire d'accès

De Genève, prenez l'autoroute de Lausanne et sortez à "Nyons/St-Cergue". Montez par St-Cergue sur le Jura et gagnez la frontière par le col de la Grivine. À la douane de la Cure, rejoignez la N 5 vers "Lons-le-Saunier". Après les Rousses et Morez, à la sortie de la ville, en contrebas des spectaculaires viaducs du chemin de fer, bifurquez à droite en épingle à cheveu sur la D 46 vers "Bellefontaine/Mouthe". Après Bellefontaine, continuez jusqu'au hameau des Mortes. À sa sortie, vous traversez le ruisseau des Mortes et dépassez une scierie avant de rejoindre un large croisement (D 46/D 46E) où, sur la gauche, part la route de Morbier. Garez-vous ici sur le large terre-plein.
Transports en commun : aucun

La balade

Traversez la route et dirigez-vous vers "les lacs/la Roche-Bernard". Par une prairie de fauche ①, vous gagnez le ruisseau des Mortes (passerelle), émissaire des "lacs jumeaux" des Mortes et de Bellefontaine, qui se perd dans un gouffre à proximité des maisons des Mortes. Après un parcours souterrain d'une dizaine de kilomètres, ses eaux réapparaissent dans la Bienne à l'aval de Morez. Entre ses rives de laîches et de roseaux, s'épanouissent nénuphars blancs et jaunes. Franchissez-le par une passerelle (cote 1093).

Après une prairie humide égayée par les corolles roses des fleurs de coucou et des pédiculaires des marais, les eaux bleues du lac des Mortes se dévoilent au pied de la falaise du Risoux. Ses eaux poissonneuses (perches, brochets, truites) sont ceinturées par des laîches ou carex, perchées sur des *"touradons"* (sortes de motte). Il est dangereux de s'y aventurer. Après avoir franchi le ruisseau, gagnez la rive ouest du lac, où se sont développées des tourbières ②. Ce sont des milieux écologiques rares qui naissent de la décomposition incomplète en milieu humide et acide des sphaignes, sorte de

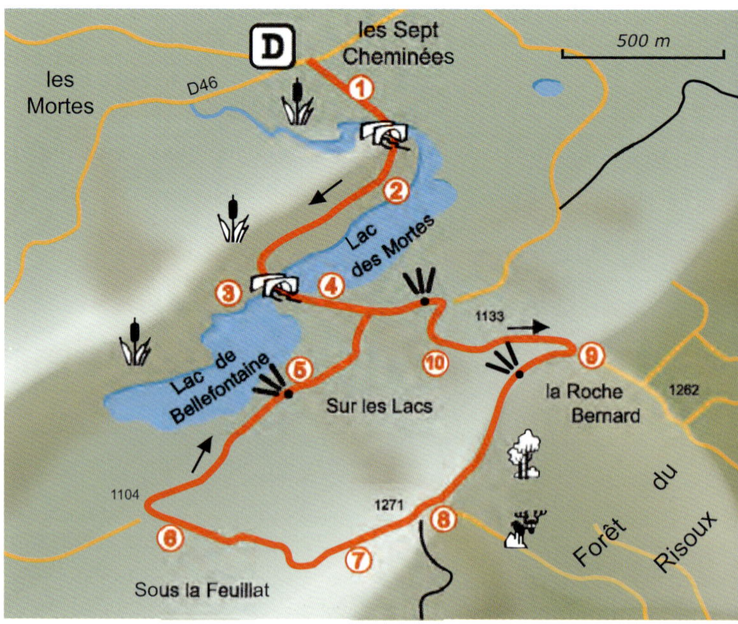

La Chapelle-des-Bois, au pied du plateau du Risoux. La tourbière du lac de Bellefontaine.

mousses à la croissance infinie qui ont la propriété de stocker l'eau. Leur accumulation progressive et leur développement en surface forment une masse spongieuse et bombée caractéristique. La tourbe était jadis extraite et utilisée une fois séchée pour le chauffage. Les tourbières abritent une flore d'origine arctique : la canneberge, la parnassie, la linaigrette aux plumeaux blancs, l'andromédie, l'airelle des marais et des plantes carnivores comme la rossolis à feuilles rondes sont des vestiges de l'époque glaciaire. Bruyère, pin à crochets et bouleau peu exigeant, s'installent à la périphérie de la tourbière. Ne soyez pas trompé par l'aspect malingre et torturé de ces pins, reflet des rudes conditions qu'ils endurent : ils sont souvent âgés de plus d'un siècle ! Le haut de cette tourbière bombée, le bois des Ceignes, est colonisé par des épicéas où se réfugient les chevreuils. Les tourbières et fossés abritent la reproduction de nombreux amphibiens : grenouilles rousse et verte, crapaud commun, triton alpestre... Les lézards vivipare et des souches, ainsi que la couleuvre à collier sont les reptiles les plus communs.

Ne vous écartez pas du sentier, ce milieu est sensible au piétinement. Gagnez le chenal entre le lac de Bellefontaine et celui des Mortes ③. Après une première passerelle, longez la rive sud du lac pour en franchir une seconde en métal. Remontez à travers le pâturage ④ vers une maison blanche entourée d'un carré de jeunes épicéas. Par un passage aménagé dans la clôture, gagnez un bois d'épicéas, puis la route en balcon des lacs (cote 1116). Suivez-la à droite sur un kilomètre ⑤. Sur la rive opposée, le bombement des tourbières est remarquable. À l'ouest du lac de Bellefontaine, celle du Loutrait évoque l'ancienne présence de la facétieuse loutre, qui a pratiquement disparu du Jura. À un poteau indicateur de randonnée (cote 1104), en vue des fermes de Sous la Feuillat, bifurquez à gauche ⑥, vers le plateau du Risoux. Par des prairies piquetées d'épicéas, vous rejoignez un sentier qui s'incline vers la gauche, décrit une boucle devant une hêtraie (balisage rouge puis orange), puis entre deux talus, monte raide en forêt ⑦. À la jonction avec le sentier de randonnée ⑧, poursuivez à gauche vers la Roche-Bernard.

Le massif du Risoux est un chaînon de plus de 40 km de long de la cluse de Morez au sud, au Mont d'Or au nord où il culmine à 1 460 mètres d'altitude. Par de vigoureux escarpements, il domine au sud-est le val de l'Orbe et au nord-ouest la combe de Bellefontaine. Son vaste plateau sommital est profondément creusé par l'érosion karstique qui a créé de nombreux vallonnements, dépressions, dolines et gouffres. La forêt du Risoux, l'une des plus vastes du Jura, est le royaume des *"pesses"*, nom local de l'épicéa. Les températures très basses du plateau excluent les sapins qui se rencontrent normalement à cette altitude. Les épicéas adoptent une forme allongée, – rameaux resserrés contre le tronc –, adaptée au froid, à la neige et au vent. Ces rudes conditions favorisent une croissance extrêmement lente et régulière des arbres qui font des épicéas du Risoux un bois exceptionnel recherché par la lutherie : le fameux "bois de résonance".

La Roche-Bernard offre un magnifique belvédère sur l'azur profond des deux lacs et la combe de Bellefontaine. Repartez à gauche et à deux cents mètres ⑨, descendez à gauche vers "Sur les Lacs/la Chapelle-des-Bois". À la sortie du bois, passez une clôture ⑩. La route est rejointe à hauteur d'une splendide bâtisse jurassienne, ancienne caserne de douane (cote 1 133). Face à la croix, une devise gravée sur la bâtisse est à méditer : « *Laissez tous et vous trouverez tous, quittez la convoitise vous trouverez le repos, 1733* ». Revenez au lieu-dit "Sur les Lacs" pour reprendre l'itinéraire par où vous êtes venus.

Le "livre d'or" du Risoux

Au cœur de la "joux noire" du Risoux, Roche-Franche est une petite combe bordée de barres rocheuses. Située sur un ancien chemin de contrebande entre la Suisse et la France, elle était fréquemment parcourue par des voyageurs pas toujours au-dessus de tout soupçon ! À partir du XVIIe siècle, certains d'entre eux gravèrent leur nom ou leurs initiales accompagnés de l'année de leur passage, sur la paroi ouest particulièrement lisse et proche du sentier. La tradition se développa durant la Révolution comme l'attestent les nombreuses gravures datant de cette époque. La roche présente aujourd'hui des milliers d'inscriptions ciselées à différentes hauteurs, en raison de l'épaisseur variable du manteau neigeux, et qui, souvent, se chevauchent par manque de place. Un témoignage émouvant des voyageurs du passé...

Accès : depuis Bellefontaine par la route des Ministres puis à droite, par celle de la Croix du Tronc; de Bois-d'Amont par la route de la Combe-Sèche. Départ à pied du carrefour de la Croix du Tronc, en suivant vers le nord, une route forestière interdite aux véhicules en direction de Roche-Franche. Au prochain carrefour, poursuivez vers Bellefontaine : le "livre d'or" commence à 300 mètres.

À gauche : lacs de Bellefontaine et des Mortes. Ci-dessous : la ferme Michaud, à la Chapelle-des-Bois.

À la découverte des métiers du bois

Situé au bord de l'Orbe, dans une ancienne scierie restaurée, le musée de la Boissellerie est un hommage à l'ingéniosité des artisans du bois qui ont su exploiter toutes les qualités des épicéas environnant leur vallée. Bois-d'Amont fut et demeure la capitale de la boissellerie – mot dérivé de "boisseau", mesure ronde en bois –, ou fabrication de boîtes en bois. Saviez-vous que la boîte à camembert était à l'origine une boîte à pharmacie au XIXe siècle ? Vous suivrez le cheminement de l'épicéa depuis sa croissance dans la forêt jusqu'à l'expédition des produits finis les plus variés : skis, tavaillons, boîtes de toutes sortes, cabinet d'horloge... La scierie et les machines fonctionnent et font l'objet de démonstrations. Le musée de la Boissellerie est ouvert de Noël à Pâques.

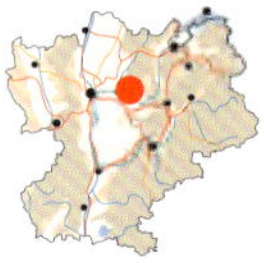

LE PLATEAU DE LARINA

Dauphiné de la plaine et des collines, Isle Crémieu

À 42 km de Lyon, la vieille terre de Larina habitée par les hommes du néolithique, les Romains et les Mérovingiens, surplombent les méandres du Rhône. Un périple à la rencontre de la nature et de l'histoire du plateau calcaire de l'Isle Crémieu à travers landes, pelouses et bois.

Itinéraire d'accès

Quittez Lyon par l'autoroute A 43 en direction de Grenoble/Chambéry. Sortez à l'Isle-d'Abeau-ouest. Rejoignez la N 6 et tournez à droite vers Bourgoin-Jallieu. À 1,5 km, au rond-point des Quatre Routes, prenez à gauche la D 75 jusqu'à Crémieu. Traversez la cité médiévale pour continuer à gauche par la D 65 vers Lagnieu. Face à la centrale nucléaire du Bugey, bifurquez à droite pour gagner Hières-sur-Amby. Garez-vous après la place centrale du village, à droite, sur le parking de la maison du Patrimoine.

Transports en commun : aucun

Plateau de Larina, les rochers de la Louvaresse et les lacs d'Hyères.

Fiche technique

42

Durée : 3 h 00
Longueur : 8,2 km
Dénivelé : 192 m
Difficulté : sur le plateau, surveillez vos enfants, la falaise n'est souvent pas très loin
Période : toute l'année
Equipement : randonnée classique
Balisage : jaune et rouge, bleu, double trait blanc
Carte IGN 1/100 000 : n°51, pli A7
Carte-Guide IGN 1/25 000 : n° 3131 est : Crémieu
À voir aux environs : maison du Patrimoine à Hières-sur-Amby, musée de la Lauze à Chatelans, château du Cingle (XIIIe s.) à Verna, ferme des Dames (XVe s., se visite) et hameau traditionnel de Torjonas à St-Baudille-la-Tour, grottes de la Balme, cité médiévale de Crémieu : halles (XIVe s.), porte de la Loi (XIVe s.), cloître des Augustins (XVIIe s.), maisons du XIVe au XVIe s., château delphinal.

Cette balade est extraite de l'ouvrage ***Les plus belles balades autour de LYON du Beaujolais au Pilat*** *de Bruno Pambour*

La balade

Descendez la rue principale jusqu'au lavoir ① puis prenez à droite la route du Lac qui sort du village le long de jardins potagers (balisage jaune/rouge et bleu). Dans le virage, au pied de la vertigineuse falaise ②, prenez à gauche un sentier qui, pleine pente, entre d'épais fourrés de buis et de noisetiers, monte dans un éboulis. L'action du gel et de l'érosion sur la falaise est à l'origine de ce cône de déjection, haut de près de cent vingt mètres. Plus haut, un peuplement de charmes et d'alisiers apparaît. Après un lacet, un petit plateau intermédiaire vous permet de souffler ③. Vu du nord, le promontoire ressemble d'après la tradition locale à une tête de lion, au sommet de laquelle la madone monte la garde au bord du vide. Jadis, un miracle aurait eu lieu ici. Une bergère imprudemment avancée à la recherche de son troupeau serait tombée sans se tuer. L'on domine déjà superbement la plaine du Rhône avec, au premier plan, la centrale nucléaire du Bugey et ses gigantesques tours de refroidissement en béton… Les martinets à ventre blanc démontrent leur virtuosité d'acrobates de l'azur, en se frôlant et en se croisant en tous sens. Milans et buses cerclent sans fin, alors que le faucon pèlerin, installé en guetteur attentif sur une vire de la falaise, surveille les allées et venues des pigeons et des grives, ses proies préférées. Par les belles journées de printemps, la migration de rapaces y bat son plein. Les vilaines tours disparaissent rapidement une fois le sentier retrouvé. Après un replat d'une cinquantaine de mètres, le sentier s'enfile sous une voûte de buis, avant qu'érables et frênes apparaissent sur ce versant orienté au nord. Après un lacet, vous gagnez le sommet du plateau ④. Le paysage est largement ouvert avec prairies, landes, champs et bois. Profitez tout d'abord du point de vue de la Madone. Elle surplombe de près de deux cents mètres Hières-sur-Amby. Après avoir fait abstraction de la centrale nucléaire, le panorama, remarquable, englobe les plaines du Rhône et de l'Ain, le plateau de la Dombes et les escarpements calcaires du Bugey.

Maison forte de Brotel (XIVe), le "nid d'aigle" d'Edouard Herriot, Val d'Amby.

La mer, présente il y a cent cinquante millions d'années, a laissé de nombreux fossiles en souvenirs sur le plateau. Cette vieille terre est également marquée par l'histoire des hommes. Occupé du néolithique au VIIIe s., le site archéologique de Larina ("la ruine" en patois local), classé monument historique depuis 1983, n'a pas encore livré tous ses secrets. Le site a l'aspect d'un triangle défendu sur ses deux hauteurs par les falaises dominant le Rhône et le val d'Amby. Sur une vingtaine d'hectares se sont succédé des cabanes préhistoriques, une grande forteresse gauloise (Ve-Ier av. J.-C.) avec un rempart de près d'un kilomètre de longueur sur le côté sud, des carrières et un temple dédié à Mercure à l'époque romaine et, du IVe au VIIIe s., un vaste domaine rural fortifié mérovingien et carolingien. Les squelettes et objets découverts sont présentés à la maison du Patrimoine à Hières-sur-Amby. Les vestiges restaurés datent surtout de la fin de l'Antiquité et du haut Moyen Age. Ils sont présentés par des panneaux pédagogiques : grande villa abritant l'habitation et ses annexes, vaste bâtiment agricole (étables, grange, remise, pressoir...). Ce domaine, qui vivait de l'élevage et de la culture des céréales, possédait également sa nécropole implantée sur la haute colline du site. Les tombes en coffres de pierre entourent les mausolées ayant reçu les sépultures des maîtres des domaines. Au VIIIe s., le site fut définitivement abandonné par les hommes qui fondèrent Chatelans et Hières-sur-Amby.

Commencez la visite du site en montant sur la butte derrière la Madone, où se trouve l'une des nécropoles du site. De là, vous avez une vue sur l'ensemble des vestiges. Il ne vous reste plus qu'à les explorer, guidés par les nombreux panneaux. Au sud du camp de Larina, le sentier part à droite à l'angle de la dernière dépendance agricole et suit le bord de la falaise le long d'un champ de blé (balisage rouge/jaune, bleu et double trait blanc). Parents, surveillez vos enfants, la falaise n'est jamais très loin. Peu après, le sentier contourne le "trou de la Chuire", véritable cheminée naturelle qui fut un sanctuaire gaulois et d'où proviennent les objets métalliques présentés à la maison du Patrimoine. Puis, le lac d'Hières, écrin de verdure magnifique, apparaît en contrebas. Ceinturant l'eau libre, phragmites et carex colonisent les tourbières, d'origine glaciaire et alimentées par les eaux collectées par le plateau. On devine encore les anciens carrés d'exploitation de la tourbe. Sur le rebord du plateau, l'érable de Montpellier, un méridional, se mêle aux érables, frênes, tilleuls, ormes et noisetiers. Une patte d'oie se présente : descendez à droite dans une petite cuvette qui abrite une ancienne carrière de pierre riche en fossiles ⑤, avant de remonter en face dans un sous-bois épais. Après une coupe rase, à la sortie de la forêt, ignorez à droite un sentier qui rejoint le hameau de Bourcieu. Le sentier dépasse encore quelques taillis, puis chemine dans des pelouses sèches piquetées de petits chênes, où s'épanouissent au printemps de nombreuses orchidées (orchis bouffon, singe, militaire, pourpre). Il se glisse ensuite, bordé de haies, entre un champ de maïs et une

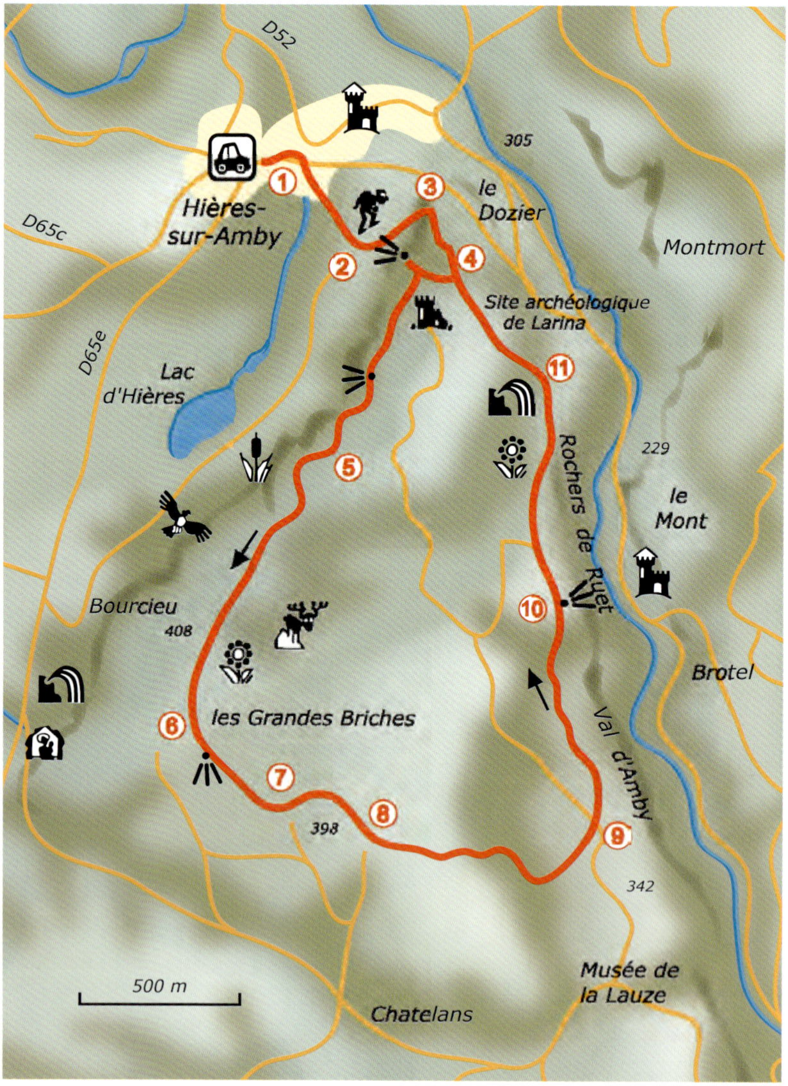

prairie de fauche. Négligez un chemin qui part à gauche ⑥ pour gravir une petite croupe (cote 416) où l'on domine de nombreuses dépressions cultivées – des dolines – propres aux régions calcaires. Le regard embrasse l'ensemble du plateau de Crémieu, le Bas-Bugey et les Alpes. Le chemin redescend entre des cultures. Quatre cents mètres plus loin, dans un coude à droite ⑦, bifurquez à gauche sur un chemin qui rejoint rapidement une petite route. Suivez-la à droite. À la sortie d'une longue courbe vers la droite ⑧, quittez-la à gauche pour le premier chemin carrossable le long de taillis de noisetiers puis de pelouses sèches. Dans une descente, restez à droite. En vue des maisons de Chatelans, le chemin traverse une prairie entre deux haies et des murets de pierre, puis parvient à la petite route qui relie Larina à Chatelans ⑨. Traversez-la pour continuer, en face, sur un large chemin interdit aux véhicules (balisage rouge/jaune). À Chatelans, le musée de la Lauze mérite le détour (800 m aller-retour). Le chemin remonte plein nord en vue du village de Brotel, perché de l'autre côté du val d'Amby. Vous dépassez une première carrière sur la gauche, puis une chaîne qui barre l'accès aux voitures et une décharge non contrôlée. À hauteur d'un cabanon en tôle ⑩, avancez-vous avec prudence à droite sur des monticules de débris de lauzes. Face à vous, la maison-forte de Brotel, véritable nid d'aigle où Édouard Herriot, maire de Lyon de 1905 jusqu'à sa mort en 1957, aimait se retirer, domine le val d'Amby. D'autres carrières abandonnées jalonnent l'itinéraire. Sous le molard d'Hières, au niveau d'un front de taille important, une bifurcation se présente ⑪. Tout droit, le sentier non balisé descend dans les gorges d'Amby. Préférez remonter à gauche entre les blocs pour rentrer en sous-bois sur le haut et à droite de la carrière (balisage double trait blanc). Le raidillon rejoint le plateau à proximité du camp de Larina. À gauche, la Fontaine de la Vie, abritée par un énorme rocher, est le seul point d'eau du plateau qui a permis à ses premiers habitants de subsister sur cette haute terre. À droite, vous découvrez les vestiges de la nécropole principale, qui comprend des tombes, une chapelle et un mausolée. Rejoignez ensuite le site proprement dit, où, par le sentier balisé de montée, vous reviendrez à Hières-sur-Amby.

Ci-dessus : muret de lauzes, Isle Crémieu. Sédum blanc et, au fond, Hières-sur-Amby. Ci-dessous : nécropole de la Motte, site de Larina.

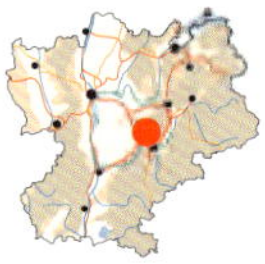

LE BEC DE L'ORIENT

Vercors, la proue du nord-Vercors

À 32 km de Grenoble, promenade aux couleurs scandinaves
dans les pessières du val d'Autrans
avant les belvédères des hautes falaises du Nord Vercors,
sur la vallée de l'Isère et le Dauphiné de la plaine et des collines.

Fiche technique

43

Durée : 2 h 45; en cas de retour direct depuis le pas de la Clé : 2 h 00
Dénivelé : 280 m
Difficulté : aucune, mais attention aux à-pics
Période : printemps, été, automne
Equipement : randonnée classique
Balisage : bleu (sentiers du PNR Vercors), et rouge et blanc
Carte IGN 1/100 000 : n° 52
Carte-Guide IGN 1/25 000 : Top 25 n° 3235 OT : Autrans
À voir aux environs : fermes traditionnelles entre Autrans et Méaudre; arboretum d'Autrans, "le Trou qui souffle" : une étroite fissure entre Autrans et Méaudre d'où, en été, sort un courant d'air frais ; tunnel du Mortier(route coupée au-dessus de Montaud) ; gorges du Méaudret menant aux Jarrands

Cette balade est extraite de l'ouvrage ***Les plus belles balades autour de GRENOBLE des Chambaran à l'Oisans*** *de Bruno Pambour*

Itinéraire d'accès

Accédez au plateau de Lans-en-Vercors, par la route D 531, qui vous fera découvrir les gorges d'Engins, ou par Saint-Nizier, direction Villard-de-Lans. À Lans-en-Vercors, dirigez-vous vers Autrans en montant au col de la Croix-Perrin par une belle forêt. Au centre du village, allez à droite, par le Bourg-de-Dessus, puis suivez la direction Gève. Après 5 km, garez votre véhicule 200 m, avant le refuge de Gève.
Transports en commun : cars VFD, ligne n° 510 : Grenoble - Plateau du Vercors, arrêt Autrans.

La balade

Depuis le refuge de Gève, empruntez la route forestière du Cyclone ①. Après le décor pastoral du val d'Autrans, vous montez parmi les fayards et les épicéas qui s'accrochent au lapiaz. D'austères pessières, reliques de la taïga, couvrent en un manteau sombre, le nord du plateau. C'est le pays de la chouette de Tengmalm, qui égrène son chant mélancolique au cœur des froides nuits vercusiennes. Elle se nourrit surtout de rongeurs et occupe les loges creusées et désertées par le pic noir. Chevreuils, sangliers, écureuils, renards et autres blaireaux et martres s'y cachent aussi. Restez à gauche à une première bifurcation. À la fin de la piste ②, prenez à droite le chemin vers la Grande-Brèche et le pas de la Clé (itinéraires n°16 et 17 du PNR Vercors). La montée s'effectue par un ancien sentier taillé dans le lapiaz dont la largeur permettait le passage des bœufs qui remontaient les troncs d'arbres depuis Gève jusqu'au pas de la Clé. Ignorez à gauche le chemin menant à la fontaine et à la glacière d'Autrans. Après un kilomètre ③, bifurquez à gauche en direction du pas de la Clé. Très agréable cheminement en balcon au-dessus des pessières avant de rejoindre une prairie et, à son sommet, le pas de la

Ferme aux Aguiards
Méaudre, dans le nord du Vercors.

Clé ④. Spectaculaire panorama sur le Voironnais et la vallée de l'Isère. Remarquez, juste en contrebas, un couloir à forte pente taillé dans la paroi calcaire au XIIIe ou XIVe siècle et appelé "jet". Les bûcherons y précipitaient autrefois les bois de Méaudre et d'Autrans acheminés jusqu'au pas de la Clé. Les fûts glissaient jusqu'à Montaud et on les descendait ensuite jusqu'aux ports de Veurey et de Saint-Gervais. Regroupés en trains de flottage sur l'Isère, les troncs gagnaient les chantiers navals de Méditerranée, où ils étaient considérés comme les meilleurs bois de marine du Dauphiné. L'ouverture, à la fin du siècle dernier, de la route des gorges du Méaudret mit fin à l'utilisation du "jet" de la Clé. En juillet, de belles nigritelles, appelées aussi orchis vanille en raison de leur odeur, fleurissent au-dessus du pas. D'ici, vous pouvez retourner à Gève directement par la variante décrite ci-dessous. Mais le cheminement sur le sentier de randonnée vers le pas Brochier est des plus spectaculaires. Prenez garde alors de rester à distance des falaises : le sentier est un splendide balcon au-dessus des à-pics des rochers de la Clé. Au pas Brochier ⑤, une boîte aux lettres accrochée à un épicéa permet de laisser des messages aux prochains visiteurs… Continuez vers le Bec de l'Orient ⑥ où une croix est dressée en contrebas. La vue se dégage au nord et à l'ouest sur l'ensemble du Bas-Dauphiné. Les mers de nuages y sont fréquentes et parfois étendues, à l'automne, jusqu'aux monts de l'Ardèche et du Pilat. Descendez vers le sud le long des falaises occidentales. Après la traversée d'une prairie, le sentier remonte sous bois pour arriver à la verticale d'une faille impressionnante plongeant dans la falaise : la Cheminée ⑧. D'ici vous pouvez poussez jusqu'au pré de Nave *(cf plus bas)*, sinon tout de suite à gauche, le retour s'effectue par le sentier qui monte dans les bois, passe une croupe avant de descendre rapidement en s'orientant au sud. Soyez vigilant car vous bifurquerez à la première piste à gauche ⑨, vers le nord qui vous amène à une piste jaune de ski de fond. Descendez-la à droite pour rejoindre la route forestière du Cyclone, par laquelle vous reviendrez à Gève.

Variante de retour à partir du pas de la Clé : du pas de la Clé, descendez un sentier plein sud dans une prairie, qui s'oriente au sud-ouest lorsqu'il rentre en forêt. À l'arrivée dans une clairière, admirez de beaux lapiaz, avant de rejoindre le sentier qui descend sur la droite du pas Brochier. Dévalez à gauche le chemin qui se transforme en piste avant de gagner le croisement à l'extrémité de la route forestière du Cyclone ② que vous descendrez jusqu'à Gève.

Variante du pré de Nave : au pied de la muraille qui s'étire vers le sud se déploie le vallon des Écouges Si vous souhaitez avoir la chance de surprendre quelques chamois à l'aube ou au crépuscule, poussez jusqu'au pré de Nave ⑦, au sommet duquel se trouve une fontaine, sous la crête. Revenez à la Cheminée ⑧ et prenez à droite le chemin de la Ture, qui vous ramène au pré de Gève, par une descente forestière ⑨.

Pignon avec sauts de moineaux sur une ferme traditionnelle.

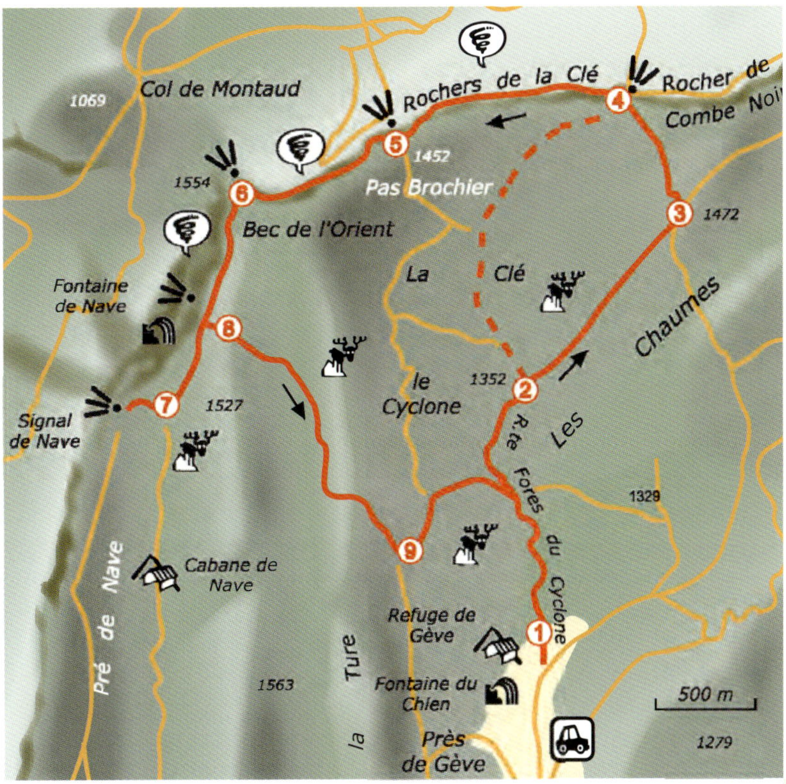

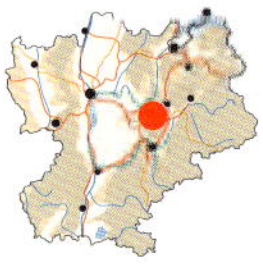

LE COL DE L'ARC

Vercors, panorama du Haut-Dauphiné

À vingt minutes de Grenoble, dépaysement total des vertigineuses murailles du rebord oriental du Vercors. Panorama des Alpes dauphinoises.

La balade

Sur la droite de la route, remontez, par une piste interdite aux véhicules, la combe Claire ①, vers le refuge des Allières ② – du dauphinois *alier*, nom de l'alisier blanc –. Au collet du Furon

Fiche technique

44

Durée : 2 h 45 mn
Dénivelé : 510 m
Difficulté : dénivelé
Période : printemps, été, automne, évitez les jours d'affluence
Equipement : randonnée classique
Balisage : bleu (sentiers du PNR Vercors), et rouge et blanc
Carte IGN 1/100 000 : n° 52
Carte-Guide IGN 1/25 000 : Top 25 n° 3235 OT : Autrans
À voir aux environs : Maison du PNR Vercors et CPIE à Lans ; Maison du Patrimoine à Villard-de-Lans ; gorges du Bruyant entre Lans et Engins ; musée des Automates.

Cette balade est extraite de l'ouvrage ***Les plus belles balades autour de GRENOBLE des Chambaran à l'Oisans*** *de Bruno Pambour*

Itinéraire d'accès

Rendez-vous à Lans-en-Vercors et suivez sur 3 km, la route du stade de neige. Garez-vous à gauche, sur le parking des Barnets, avant l'épingle à cheveux.
Transports en commun : cars VFD, ligne n° 510 : Grenoble - plateau du Vercors via Saint-Nizier, arrêt les Bernards.

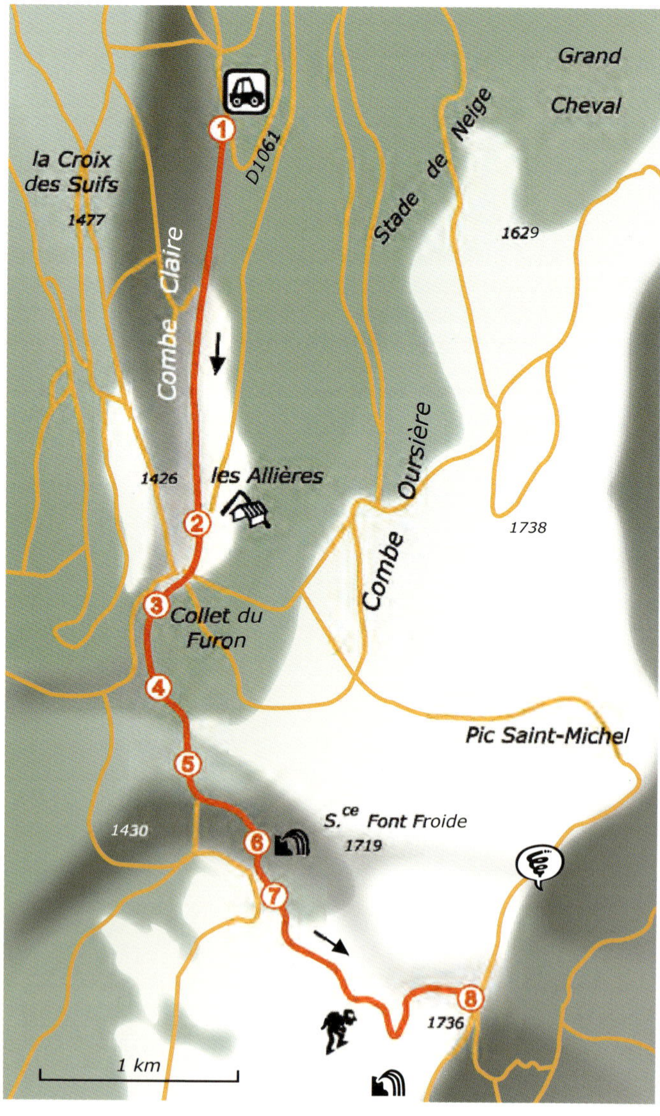

③, traversez la piste de ski de fond, et dirigez-vous à droite sur le sentier de randonnée ④, vers le col de l'Arc, dans des taillis d'épicéas, où les framboisiers abondent en fin d'été. Après une grande prairie ⑤, où la profonde brèche du col apparaît, la pente s'accentue à travers les lapiaz couvert de vernes, fayards et épicéas. Prenez garde aux entrelacements de racines sur le chemin, où vos pas trébuchent. Poursuivez votre ascension tout droit après la source de Font-Froide ⑥, et quittez le sentier Gobert et la forêt, vers le raidillon du col de l'Arc ⑦. Tout votre souffle sera nécessaire pour vous hisser dans les éboulis et pierriers jusqu'à la pelouse sommitale. Des pins à crochets s'agrippent aux roches à nu. Les sifflements perçants des marmottes réintroduites ici, sont bon signe, vous êtes proche du but. Par cette échancrure dans l'impressionnante muraille du Vercors ⑧, à la verticale de Varces, vous dominez magistralement de plus de 1500 m, la cuvette grenobloise. La Chartreuse, le profond sillon du Grésivaudan, Belledonne et ses cimes enneigées, les sommets des Écrins se déploient de gauche à droite. Le col fut, durant des siècles, une importante voie de communication entre le plateau et la vallée du Drac. Les paysans de la vallée du Drac et du Trièves achetaient les "villardes" aux foires du Val-de-Lans et les acheminaient jusqu'à leurs pâturages par le col de l'Arc. Née au XIXe siècle, d'anciens croisements entre la race du Jura et celle des Alpes, la villarde est une bête rustique à la robe blonde, apte au travail en montagne, bonne laitière, et qui produit une viande appré-

Descente du col de l'Arc.

ciée. Remplacée par la montbéliarde, suite à la mécanisation et à l'intensification de la production laitière, elle est aujourd'hui malheureusement en voie de disparition. Plus tard, après l'ouverture de la route d'Engins, une contrebande d'eau-de-vie se substitua au transit des bovins. Les plus courageux poursuivront jusqu'au pic Saint-Michel ⑨, à 30 minutes de marche : gardez-vous de monter la crête avec des enfants, et évitez-la par temps humide, les rochers deviennent très glissants. Redescendez par le même chemin.

Le pin à crochets

Toujours le dernier à s'accrocher aux pentes alpines au-dessus de la vraie forêt, le pin à crochets s'accommode des sols les plus pauvres : des roches compactes, des barres rocheuses exposées à la sécheresse, des tourbières gorgées d'eau froide comme au lac Luitel ! Il se rencontre à l'étage montagnard et subalpin, entre 1400 et 2400 m d'altitude, des Préalpes aux Alpes centrales suisses, où il est alors remplacé par une espèce sœur, le pin mugho, beaucoup plus rampant. Reconnaissable à son tronc gris, aux crochets des écailles de ses cônes, le pin à crochets fait partie, comme le pin sylvestre, du groupe de pins à deux feuilles : c'est-à-dire aux aiguilles groupées par deux. Son port est souvent tortueux, preuve de la lutte incessante qu'il mène face au poids de la neige et aux vents violents d'altitude.

La maison du Patrimoine

Au cœur de Villard-de-Lans, la maison du Patrimoine, trait d'union entre le passé et l'avenir, est le conservatoire des racines du pays des Quatre-Montagnes. À travers les salles du Sol, du Labeur, de la "Villarde", "Neige et glace" (l'aventure des sports d'hiver commença ici, en 1908), de nombreux objets de la vie quotidienne et des milliers de photographies retracent l'histoire de la communauté agricole et forestière qui réussit à négocier au début du siècle dernier, sa reconversion vers un tourisme blanc et vert. Au dernier étage, une superbe collection de jougs retracent

Col de l'Arc.

les liens qui, pendant des millénaires, ont uni l'homme à l'animal. La forme de ces pièces de bois varie à l'infini suivant les coutumes régionales, le bois utilisé et la morphologie des bêtes. *« Dans le canton de Villard, les jougs – des villardes – se caractérisent par la forte circonférence de l'encolure et l'important espacement entre les bêtes »,* raconte Jacques Lamoure, fondateur et directeur du conservatoire. Tous ces trésors, authentiques chefs-d'œuvre de l'art populaire, il les a rassemblés depuis des dizaines d'années, grâce à une pugnacité à la hauteur de son profond attachement pour le pays des Quatre-Montagnes. Cet amour, vous le retrouverez dans chacune des expositions présentées. La salle de l'Ours et la splendide sculpture de marbre rose installée sur la place du bourg – à la grande joie des enfants qui le chevauchent allègrement – rappelle les temps encore proches où "Martin" vagabondait parmi forêts et alpages. Son retour est l'un des futurs enjeux du Vercors.

LE CIRQUE DE BOURNILLON

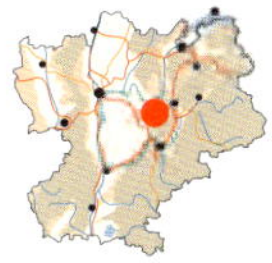

Vercors, falaises des gorges de la Bourne

À 45 km de Grenoble, balcon pittoresque des gorges de la Bourne, aux multiples curiosités, face aux célèbres rochers de Presles et cirque de Choranche.

La balade

Saint-Julien-en-Vercors est resté un petit bourg agricole, où le nord et le sud Vercors se rencontrent. Les pignons lauzés qui voisinent avec les toits en tuiles en témoignent. Dépassez l'église, dont l'entrée s'orne à droite d'une haute stalactite rapportée d'une grotte voisine, il y a un siècle. Continuez en face par une ruelle ① et, à un virage hors du village, suivez l'indication "grotte des Gaulois-Moulin Marquis". À un second virage à droite, devant une ferme ②, une piste forestière à travers prairies et hêtraies va droit aux falaises. À la fin de la piste, engagez-vous par un étroit sentier dans un sous-bois ③. Vous gagnez le cirque de Bournilllon par une courte descente en lacets, à négocier prudemment en raison des pierres glissantes. À la bifurcation ④, allez à gauche vers la source de Moulin-Marquis. Après cinq minutes de cheminement dans les buis, la résurgence du Bournillon surgit à la base de la paroi calcaire. Peupliers et érables, profitant de ces eaux providentielles, se développent de belle façon. Enjambez le ruisseau et gagnez prudemment, en rive gauche, le bord du cirque, où un majestueux peuplier noir aux ramifications en étoile, surplombe la cascade du Bournillon. Les puissantes gerbes d'eau claire rebondissent sur trois cent mètres d'à-pics ! Au pied du cirque, invisible d'ici, se trouve la grotte de Bournillon, célèbre pour son porche naturel imposant, ses crues gigantesques (jusqu'à 80 m³/seconde !). Son réseau hydrologique souterrain, qui

Fiche technique

45

Durée : 2 h 00
Dénivelé : 180 m
Difficulté : aucune
Période : printemps, été, automne
Equipement : randonnée classique
Balisage : vert, bleu (sentiers du PNR Vercors), et rouge
Carte IGN 1/100 000 : n° 52 Carte-Guide IGN 1/25 000 : Top 25 n° 3236 OT : Villard-de-Lans
À voir aux environs : gorges de la Bourne, cirque et grotte de Choranche, résurgence et grotte du Bournillon depuis la centrale hydroélectrique du Bournillon, maisons suspendues de Pont-en-Royans

Cette balade est extraite de l'ouvrage ***Les plus belles balades autour de GRENOBLE des Chambaran à l'Oisans*** *de Bruno Pambour*

Itinéraire d'accès

Rendez-vous dans les gorges de la Bourne, via Villard-de-Lans, en direction de Pont-en-Royans. Passez les Jarrands et, au pont de Valchevrière, tournez à gauche, vers la Chapelle-en-Vercors. Laissez votre véhicule à Saint-Julien-en-Vercors.
Transports en commun : aucun

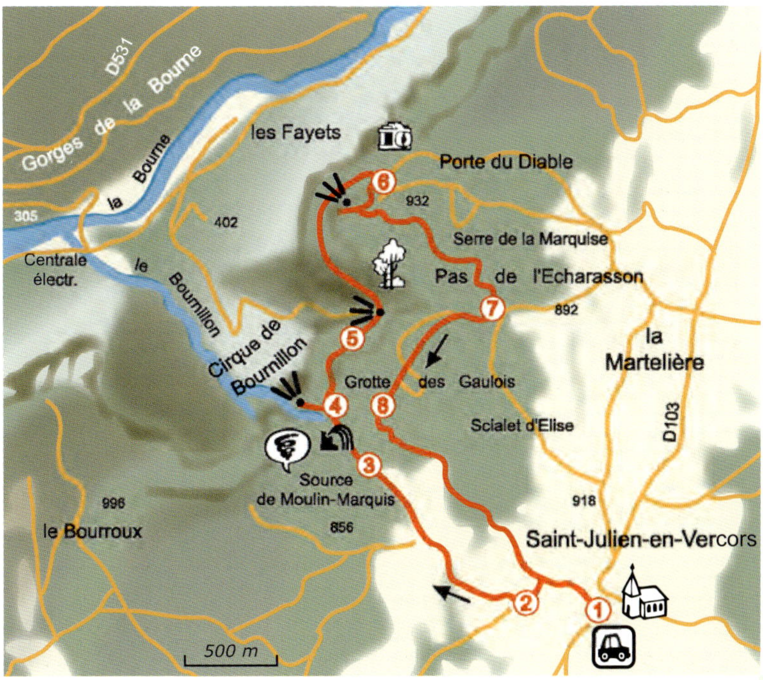

draine les eaux du plateau de Vassieux et des pertes de la Vernaison, est l'un des plus grands de France ! À travers les branches du patriarche se dessinent, de part et d'autre, les falaises grises et austères du cirque de Bournillon, en plein contraste avec la masse ocre et chaude des rochers de Presles et du Ranc, en vis-à-vis. La vue plonge sur les profondes gorges de la Bourne, qui coupent le massif vercusien en deux et isolent les Coulmes et le plateau des Quatre-Montagnes du Vercors historique. Vous comprendrez alors la position privilégiée de guetteur qu'occupe Saint-Julien-en-Vercors. Avant l'ouverture de la route des Goulets en 1854, tout commerce avec le Royans s'effectuait par l'aérien pas de l'Allier, entretenu à grands frais par les communes, sur le flanc ouest de la Grande-Cournouse. Bon nombre d'habitants de Saint-Julien étaient alors muletiers : aux XVIIe et XVIIIe siècles, une centaine de mulets transportaient chaque jour le charbon de bois produit sur le plateau, vers la métallurgie du Royans et la fonderie de canons de Saint-Gervais.

Revenez sur vos pas et, au pied d'une haute paroi, prenez à la jonction le chemin de droite vers la porte du Diable – l'autre rejoint le fond des gorges. Mais avant de vous engager, contemplez tout d'abord la grotte des Gaulois qui vous domine de quelque dix mètres ! Refuge sûr et discret, son accès nécessite une échelle ou des talents d'escalade... Longez le pied des barres, zébrées de grandes traînées dues au ruissellement des eaux ⑤. Le sentier suit une belle hêtraie sur lapiaz entre les deux escarpements qui ceinturent le cirque. Après une courte descente, beau coup d'œil sur la cascade de Moulin-Marquis, juste avant la sente du pas des Écharassons – du latin *scala,* échelle, employé pour dénommer des pentes raides. Remontez la partie droite du cirque ⑥ : quelques chablis récents obstruent le chemin, contournez-les. Dame Nature a superbement façonné un hêtre en candélabre. Obliquez à droite vers de petites barres. Au croisement, montez à droite pleine pente, en de courts lacets, vers la porte du Diable. En un dernier effort, franchissez l'arche naturelle : vous êtes à nouveau sur le plateau de Saint-Julien. Dirigez-vous à droite et, à cent mètres, gagnez un belvédère embrassant le "canyon" de la Bourne et sa couronne de falaises vertigineuses, profonde entaille dans le massif, qui relie le Royans aux Quatre-Montagnes. Des chamois fréquentent les crêtes opposées des rochers du Ranc. Le retour est aussi forestier. Après une première clairière, enfoncez-vous sur le large chemin de droite, toujours balisé en rouge, ensuite plus étroit parmi les buis. La crête de Chalimont, frange de calcaire dominant Saint-Julien, apparaît juste avant une vaste trouée dans la forêt. Au carrefour ⑦, la bonne voie est légèrement à droite, au-delà du gros épicéa qui trône au milieu de la pelouse. Quittez la piste à gauche après une courte montée de cinquante mètres, pour longer un ancien muret de pierres sèches très moussu. Nouvelle prairie : dirigez vos pas vers l'est ⑧. Encore quelques foulées et le clocher du village pointe son nez.

Cascade de Martin-Marquis, 400 m de haut, Saint-Julien-en-Vercors.

Ci-contre : forêt des Coulmes, hêtraie.

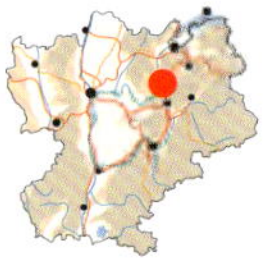

LE COL DE LA RUCHÈRE

Chartreuse, au pays des chartreux

À 30 km de Grenoble, promenade mystique dans le cadre sauvage du couvent de la Grande-Chartreuse, maison-mère de l'ordre de Saint-Bruno, fondé il y a plus de 900 ans.

Fiche technique

46

Durée : 4 h 00
Dénivelé : 558 m
Difficulté : longueur, dénivelé
Période : printemps, été, automne
Equipement : randonnée classique
Balisage : rouge et jaune
Carte IGN 1/100 000 : n° 53
Carte-Guide IGN 1/25 000 : Top 25 n° 3334 OT : Chartreuse sud
À voir aux environs : marmites de géant du Guiers depuis l'ancien sentier qui part du pont Saint-Bruno, belvédère des Sangles et de la prairie de Valombré, gorges du Guiers-Mort, route du col de la Charmette.

Cette balade est extraite de l'ouvrage ***Les plus belles balades autour de GRENOBLE des Chambaran à l'Oisans*** *de Bruno Pambour*

Itinéraire d'accès

Prenez la route du Sappey-en-Chartreuse, par la Tronche. Passez le col de Porte et redescendez sur Saint-Pierre-de-Chartreuse. Au croisement avant le village, tournez à gauche, vers Saint-Laurent-du-Pont. La route entre dans les gorges sauvages du Guiers-Mort par la Porte de l'Enclos, hautes parois qui délimite l'amont du Désert de Chartreuse. 2 km plus bas, allez à droite vous garer, au parking randonneurs du musée de la Correrie. Ne laissez rien dans votre véhicule, les vols sont fréquents.
Transports en commun : cars de Chartreuse, ligne n° 700 : Grenoble - Saint-Pierre-de-Chartreuse, arrêt monastère.

Vitrail représentant l'emblème des Chartreux, église du Sappey.

La balade

Revenez sur vos pas et remontez la route goudronnée, interdite aux véhicules, qui va au monastère ①. Très vite, la silhouette imposante du couvent de la Grande-Chartreuse apparaît, éclatante de blancheur. Longez l'enceinte par la gauche et gagnez le carrefour à l'orée de la forêt ②. Continuez tout droit par la piste forestière, qui mène aux chapelles de Notre-Dame-de-Casalibus et de Saint-Bruno ③, à travers une splendide hêtraie-sapinière. La Chartreuse est le massif le plus boisé des Alpes. Au temps de la marine à voile, les mâts des navires provenaient de ces forêts. Mouflons, chevreuils, chamois et cerfs – dont le brame résonne au cœur du vallon à l'automne – trouvent refuge sous les sombres frondaisons. Au printemps, les sous-bois se parent des corolles blanches des lis de Saint-Bruno, et vous aurez alors peut-être la chance d'entendre le long sifflement ténu de la farouche et discrète gelinotte. Dépassez un vaste bassin à l'eau très claire ④ et, après deux lacets, continuez au croisement la piste de gauche, qui accède aussitôt à Notre-Dame-de-Casalibus. Ce fut la première maison des moines : une avalanche l'emporta en 1132. Le couvent fut alors reconstruit à une altitude plus clémente, à l'emplacement de bâtiments actuels. Gagnez par une pente soutenue la prairie du Col, occupant un vallon étroit ⑤. Remontez-le dans sa totalité jusqu'au col de la Ruchère. Une halte s'impose pour reprendre votre souffle et profiter du magnifique panorama sur les escarpements du Grand Som et la forêt domaniale. Longez par la droite le haut de la prairie et redescendez par un chemin souvent très boueux – vous êtes en Chartreuse, montagnes les plus arrosées de France ! – qui vous conduit par l'étroite prairie de la Folie ⑥, jusqu'au habert de Billon. À l'entrée de la forêt, prenez à gauche le chemin du Pavé ⑦ : sa pente s'accentue rapidement et rejoint le chemin de Saint-Bruno, à hauteur du bassin. De retour au monastère, montez au calvaire, qui domine joliment ses toits ardoisés. Redescendez vers la gauche de l'enceinte sur un sentier, qui la contourne en lisière de forêt. Cheminez pendant une petite demi-heure, à nouveau parmi hêtres, sapins et épicéas, avant de découvrir d'une hauteur, le musée de la Correrie.

L'ordre de Saint-Bruno

L'histoire des chartreux commence comme un conte de fées ! Il y a plus de neuf cents ans, en juin 1084, Hugues, évêque de Grenoble, fit un rêve étrange. Sept étoiles lui apparurent… Au matin, sept voyageurs se présentèrent à sa porte. Celui qui semblait être leur porte-parole, s'adressa à l'évêque en ces termes : *« Mon nom est Bruno. Je cherche avec mes compagnons un endroit isolé où nous pourrions vivre dans la prière et la pauvreté. »* Ayant compris le sens de son rêve, Hugues conduisit les voyageurs vers un lieu au cœur des montagnes que l'on connaissait sous le nom de désert de la Grande-Chartreuse. Ils y fondèrent un monastère. Ainsi naquit l'ordre des chartreux, dont les armoiries sont les sept étoiles. (extrait de *la Savoie vagabonde,* Jeudy, 1990, éditions Gléna. Stendhal dans ses *Mémoires d'un touriste* nous rapporte la description dantesque du désert, faite par dom Pierre Dorlande, un des premiers historiens de l'ordre : *« Il se trouve en Dauphiné, au voisinage de Grenoble, un lieu affreux, froid, montagneux, couvert de neige, environné de précipices et de sapins, appelé par d'aucuns Cartuse et par d'autres Grande-Chartreuse. C'est un ermitage fort ample et étendu mais habité seulement par des bêtes et inconnu des hommes pour l'âpreté de son accès. Il y a des rochers hauts et élevés, des arbres sylvestres et infructueux ; et la terre est si stérile et inféconde que l'on n'y peut rien planter ou semer. En ce lieu Bruno désigna sa demeure et, n'ayant là aucune cellule, il demeurait dans les pertuis des rochers. »*

Le col de la Ruchère.
Au dessous : le couvent de la Grande Chartreuse.

Automne dans le massif de la Chartreuse.

L'austérité de l'ordre est légendaire et ne s'est jamais relâchée, même au Moyen Âge. Une sévère règle commune "les Coutumes", régit la vie des chartreux, vouée à la solitude par leur séparation du monde extérieur et leur isolement en cellule individuelle. Ils ne se réunissent que pour les offices et à certains moments très précis. À côté des pères, les frères, vivant le même idéal de prière et de solitude, consacrent une plus grande partie de leur vie aux travaux manuels. Paradoxe d'un ordre contemplatif, les chartreux se sont montrés au cours des siècles très entreprenants, pour subvenir à leurs besoins. Développant l'agriculture, l'élevage, l'exploitation de la forêt, le travail des métaux, leur puissance fut longtemps redoutée, mais profitable à toute la région par l'activité économique déployée. Au XIXe siècle se développa la production de la fameuse Chartreuse : liqueur aux vertus curatives et à la saveur unique, issue de la macération naturelle de cent trente plantes de montagne ! Son secret, à l'origine la recette d'un "élixir de vie" confiée aux moines par le maréchal d'Estrées en 1605, est transmis de génération en génération et jalousement gardé par trois moines – les "frères de la liqueur" – qui, seuls, le connaissent. En période de distillation, ils quittent le monastère pour Voiron où sont désormais installées les caves. L'ancienne distillerie de la Fourverie, en aval des gorges du Guiers-Mort, fut détruite par un glissement de terrain en 1935. Expulsés une première fois lors de la Révolution, de retour à la Restauration, puis à nouveau avec fracas en 1903, lors de la séparation de l'Église et de l'État, les chartreux ne revinrent qu'après un exil italien en 1940. Serait-ce pour pour l'éternité…? Dix-sept chartreuses de moines et sept de moniales existent aujourd'hui dans le monde. La solution de l'énigme est sans doute à rechercher dans leur devise : *« La croix demeure, le monde tourne. »*

Vous pouvez visiter le musée de la Correrie illustrant l'histoire et la vie quotidienne des chartreux.

Chartreux en route pour l'ascension du Petit Sam.

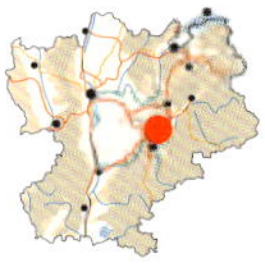

LA DENT DE CROLLES

Chartreuse, panorama des Alpes

À 25 km de Grenoble, l'ascension d'une cathédrale de calcaire, très prisée des dauphinois.
Panorama exceptionnel des Alpes.

Fiche technique

47

Durée : 4 h 00
Dénivelé : 662 m
Difficulté : dénivelé, passage avec câble déconseillé aux jeunes enfants
Période : printemps, été, automne, à éviter les jours d'affluence…
Equipement : randonnée classique
Balisage : rouge et jaune
Carte IGN 1/100 000 : n° 53
Carte-Guide IGN 1/25 000 : Top 25 n° 3334 OT : Chartreuse sud
À voir aux environs : plateau des Petites Roches, funiculaire de St-Hilaire-du-Touvet, ensemble d'art sacré contemporain de St-Hugues.

Cette balade est extraite de l'ouvrage ***Les plus belles balades autour de GRENOBLE des Chambaran à l'Oisans*** *de Bruno Pambour*

Itinéraire d'accès

Quittez Grenoble par l'autoroute A.41, en direction de Chambéry. Avant la section à péage, sortez à Montbonnot-Saint-Martin et rejoignez la route N.90, à Saint-Ismier. Empruntez-la sur 2 km, en direction de Bernin, puis tournez à gauche, à la hauteur des Eymes, pour se hisser par la route D.30, sur le plateau des Petites Roches. Au débouché d'un long tunnel, admirez sur votre droite, la cascade de la Pissarote, puis dirigez-vous au croisement, à gauche, vers le col du Coq, atteint après de nombreux lacets. Garez-vous sur le terre-plein à droite, 200 m avant le col. Ne laissez rien dans votre véhicule, ce lieu est très mal fréquenté… **Transports en commun** : cars Eyraud, ligne n° 655 : Grenoble - Saint-Hilaire-du-Touvet, arrêt les Meunières.

La balade

Dans le lacet en contrebas du parking, prenez la piste forestière ①. Quittez-la rapidement à gauche, pour un chemin qui remonte une petite combe gazonnée vers le col des Ayes. Ravitaillez-vous en eau à la fontaine des Ayes ②, seul point d'eau de la balade. Le col des Ayes est à quelques pas, dominé par la silhouette massive de la dent de Crolles. Laissez là le sentier de randonnée, pour suivre l'excellent sentier du tour de Chartreuse dont les lacets s'élancent vigoureusement sur le versant ouest de la dent ③. À chacun des virages, beaux dégagements par temps clair, vers le sud, sur le Taillefer, le Conest, l'Obiou, le Vercors et Chamechaude – point culminant de la Chartreuse à 2 082 mètres d'altitude – au nord, vers le Grand Som et les Lances de Mallissard. À la cote 1 650 ④, le sentier s'oriente au nord et, après quelques centaines de mètres, descend en pente douce ⑤. À proximité des barres, un bruit sourd vous intrigue : il est produit par l'écoulement des eaux souterraines dans la grotte du trou du Glas, entrée d'un des plus spectaculaires réseaux souterrains de France. Aussitôt après, sur la droite, gravissez facilement une barre rocheuse, grâce à un solide câble et à des marches taillées dans le roc. Après un replat, enfilez-vous dans une cheminée qui impose quelques pas acrobatiques avec de bonnes prises de mains ⑥. Un gros bloc a fini sa course, coincé

La chaîne de Belledonne depuis la dent de Crolles.

dans sa partie supérieure ! Soyez néanmoins prudents, certaines pierres sont glissantes : beaucoup d'autres sont passés ici avant vous ! Respirez, car la suite est raide mais les difficultés sont derrière vous. L'ascension se poursuit parmi les épicéas, en une succession de lacets franchissant des sangles. Gardez toujours votre gauche, vous atteindrez vite un carrefour signalisé sur le plateau de la Dent ⑦. Continuez tout droit, puis, quelques dizaines de mètres plus loin, gagnez à gauche, le haut de la petite croupe boisée : faites une halte méritée au belvédère dominant Perquelin et le nord du massif. Reprenez le sentier et, au nouveau croisement, dirigez-vous à droite, vers le sommet de la Dent (la croix). Une bonne demi-heure de marche à travers le lapiaz piqueté de pins à crochets ⑧, sera nécessaire pour accéder à la prairie sommitale ⑨. Dernière peine, avant la suprême récompense de contempler l'un des plus beaux panoramas des Alpes : Belledonne, Mont-Blanc, Oisans, Vercors, la profonde tranchée du Grésivaudan, Grenoble et bien sûr, toute la Chartreuse. Jetez un coup d'œil au nord sur les vastes étendues des hauts-plateaux, encore préservées, et future réserve naturelle. À vos pieds, le village de Saint-Pancrasse où, en 1141, la jeune princesse Marguerite de Bourgogne – en deuil de son mari, le dauphin Guigues, tué au combat face aux Savoyards –, vit surgir un flambeau qui tomba du ciel jusqu'au fond de la vallée. Reconnaissant un ordre divin, elle fonda en ce lieu, l'abbaye des Ayes, dont la puissance contrôla la vallée et les contreforts de la Chartreuse durant tout le Moyen Âge. Évitez la descente par le pas de l'Œille, aérienne et souvent dangereuse en raison des chutes de pierres. Effectuez, en revanche, un petit détour par les crêtes orientales avant de dévaler la pente du plateau de la Dent et de rejoindre à vue le pas menant au trou du Glas : votre retour.

La dent creuse

La dent de Crolles est un véritable "gruyère", où se trouve le second plus long réseau spéléologique de France avec trente-six kilomètres de développement ! La grotte Thérèse, sur le plateau sommital, le trou du Glas et la grotte Annette (côté Grésivaudan), sont trois des accès au complexe de salles et de galeries disposées sur quatre étages et reliées en un dénivelé de 623 m, par de profonds puits ! L'eau collectée après ce long périple souterrain, donne naissance au Guiers-Mort, à la base de l'éperon nord de la dent.

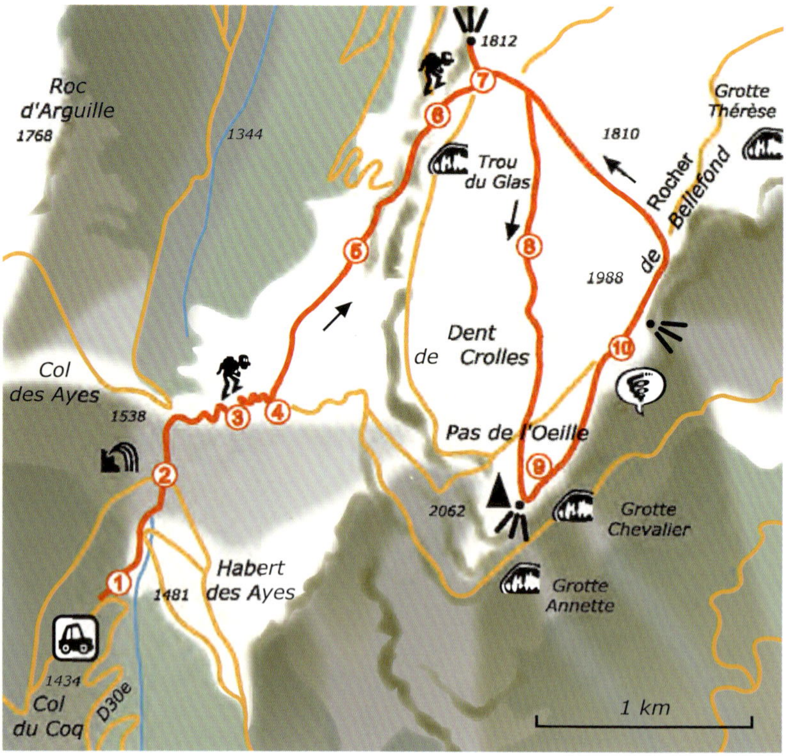

Les adeptes d'Icare

Ne redescendez pas du plateau des Petites-Roches, sans faire un détour par Saint-Hilaire-du-Touvet, "capitale française du vol libre". Depuis une vingtaine d'années, ailes volantes et, plus récemment, parapentes, s'élancent de ses falaises pour décrire de grandes arabesques colorées dans le ciel du Grésivaudan. Ce site renommé voit parfois de vrais "embouteillages" aux points d'envol, en raison de l'affluence d'adeptes du vol libre, venus de tous les coins d'Europe ! Lorsque la manche à air donne le feu

vert, les "ailes" après une brève course d'élan, défient la pesanteur... Stable déséquilibre auquel vous pourrez goûter en biplace, si le cœur vous en dit... Le décollage, l'instant où les jambes pédalent dans le vide avant "d'être remonté par les bretelles" grâce à la portance de l'aile, est une émotion garantie ! Une bonne connaissance de l'aérologie – science des courants aériens de l'atmosphère – est requise avant de voler seul. Car, à l'instar des oiseaux planeurs, rapaces et cigognes, la loi est la même pour tous : ce sont les "thermiques", ascendances d'air chaud se formant au contact du sol, qui portent les audacieux hommes volants. Le funiculaire de Saint-Hilaire-du-Touvet, construit en 1924, s'est retrouvé une seconde jeunesse en permettant aux parapentistes de remonter en un tour de main, les 720 mètres de dénivelé : sa pente atteint jusqu'à 80 % ! Atout de taille pour sa nouvelle clientèle !

En haut : le Grand Som vu de la dent de Crolles. Ci-dessous : la Dent et la vallée du Grésivaudan.

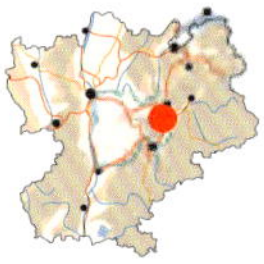

LA CROIX DE L'ALPE

Chartreuse, entre Dauphiné et Savoie

À 45 km de Grenoble, les hauts-plateaux de Chartreuse, citadelle hors du temps, vous invitent à suivre les traces des premiers hommes, en un lieu où Dauphiné et Savoie se disputèrent leur frontière durant des siècles !

La balade

Au fond du parking, dirigez-vous par une sente raide ① vers la cabane de l'Allier. À sa hauteur, continuez à gauche sur la piste forestière, puis tout droit dans le premier virage, sur le sentier qui, après quelques lacets, longe le pied des rochers de Belles-Ombres ②. Beau panorama sur le Grésivaudan et les cimes de Belledonne, mais retournez-vous ! Le majestueux mont Blanc semble si proche, au-delà des montagnes de Savoie. Remarquez les étranges "baignoires" formées par l'érosion, à la base de la paroi. Après ce balcon, le chemin monte gaillardement en courts lacets parmi rochers et vires herbeuses, vers le col de l'Alpe ③, passage connu depuis la préhistoire, par les chasseurs de l'Age de Pierre. Partout autour de vous, des pins à crochets aux silhouettes de candélabre et aux troncs prodigieusement noueux, ornent les crêtes et vallons des hauts-plateaux. Soudain un claquement bref et sonore vous fait sursauter : l'envol d'un petit coq de bruyère, véritable "missile biologique pin-sol" ou "neige-neige", selon la saison ! Ils vivent toute l'année dans ces forêts d'altitude. Très sensibles, à tous les dérangements – randonneurs, troupeaux durant la reproduction estivale, photographes au moment des spectaculaires parades nuptiales du printemps – et soumis à une sévère pression de chasse,

Fiche technique

48

Durée : 2 h 30 mn
Dénivelé : 411 m
Difficulté : aucune
Période : printemps, été, automne
Equipement : randonnée classique
Balisage : rouge et jaune
Carte IGN 1/100 000 : n° 53
Carte-Guide IGN 1/25 000 : Top 25 n° 3333 OT : Chartreuse nord
À voir aux environs : falaises et éboulis du Mont Granier au-delà du hameau de Bellecombe, vignobles de Chapareillan et d'Apremont, château et jardins du Touvet, fort Barraux de style Vauban, château Bayard à Pontcharra.

Cette balade est extraite de l'ouvrage ***Les plus belles balades autour de GRENOBLE des Chambaran à l'Oisans*** *de Bruno Pambour*

Itinéraire d'accès

Quittez Grenoble par l'autoroute A.41, en direction de Chambéry. Empruntez la section à péage, jusqu'à la sortie du Touvet. N'hésitez pas à visiter les jardins du château du Touvet, à l'aller ou au retour de la balade. Continuez 5 km, en direction de Chambéry, par la route N.90. À la Buissière, montez à gauche, vers la Flachère et Sainte-Marie-du-Mont. Au croisement, après le tunnel, tournez à droite vers Sainte-Marie-du-Mont. Au hameau des Prés, prenez à gauche, la route forestière qui vous amène en 5 km de piste, au pré Orcel.
Transports en commun : aucun

Pin à crochets dans le Parc naturel régional de la Chartreuse.

Borne-frontière France/Savoie au col de l'Alpe.

l'avenir des petits coqs ou tétras-lyres est sombre. Ne vous écartez pas des sentiers dans les zones boisées et venez sans votre chien qui peut être aussi préjudiciable au bétail. La future réserve naturelle des "Hauts de Chartreuse" réglementera bientôt leur accès. L'arrivée au col de l'Alpe, c'est l'entrée d'un univers à la beauté intemporelle et chargé d'Histoire. Le vallon de Pratcel, colonisé par les marmottes récemment réintroduites, rejoint les crêtes du cirque de Saint-Même. Accédez en quelques pas à la Croix de l'Alpe, la Chartreuse est à vos pieds… Une longue croupe herbeuse mène votre regard jusqu'au mont Granier, tandis qu'au sud, la sombre forêt de l'Aup du Seuil s'étale entre les crêtes des Lances de Malissart et du Grand-Manti. Mais ces étranges bornes de pierres polies par les siècles, vous intriguent ? Quatre-vingt-treize furent dressées entre Dauphiné et Savoie en 1822, suite à l'occupation française de la Savoie, de 1792 à 1815. Une vingtaine de ces bornes-frontières jalonnent le vallon de Pratcel et les hauteurs, de l'Aup du Seuil à l'Alpette. Hautes de 80 cm, taillées dans la masse, sur leur face regardant le Dauphiné est gravé le lys de France, sur la face opposée en direction du duché, la croix de Savoie. Recours envers les querelles d'alpages, elles délimitaient également la frontière où la contrebande s'exerçait avec brio ! De la croix, poussez la reconnaissance du plateau ④ jusqu'au chalet de l'Alpe, cent cinquante mètres en contrebas, en

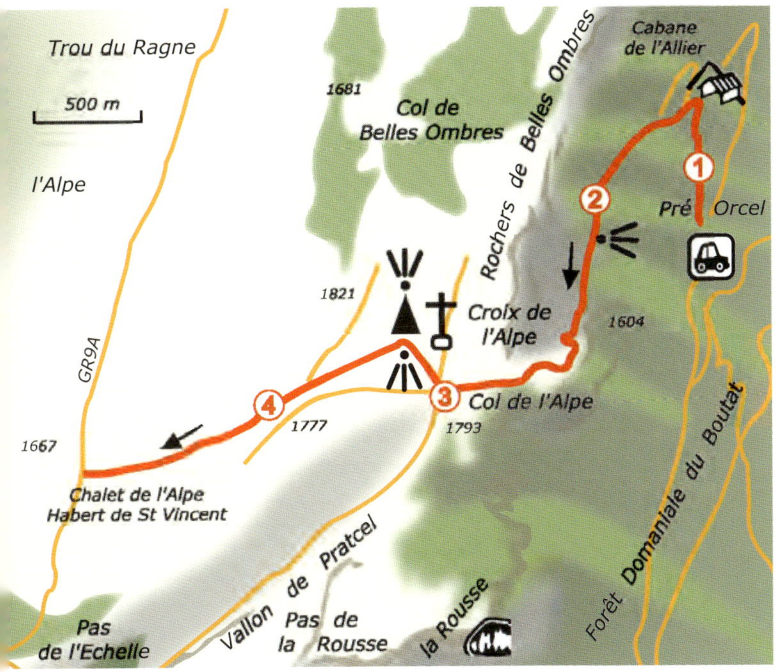

direction du Grand Som, puis revenez sur vos pas.

Sur les traces des hommes du néolithique

Bien que des hommes au "front fuyant", aient fréquenté le massif de la Chartreuse auparavant, les premières preuves du passage de l'Homme sur les hauts-plateaux de Chartreuse, datent de la fin des dernières glaciations, au Paléolithique , il y a 8 000 à 9000 ans. Trappeurs, pêcheurs, chasseurs de marmottes, de bouquetins et de rennes, ils effectuaient des expéditions sporadiques durant la belle saison. Vers 2300 ans avant notre ère, silex, hache polie, dents du grand ours des cavernes retrouvés à la grotte de la Rousse – à 1 550 mètres d'altitude, au pied même de la falaise des hauts-plateaux – et la découverte de pointes taillées dans un abri sous roche, en bordure du sentier du col de l'Alpe, révèlent que l'homme néolithique savait parfaitement traverser le massif. La saison de chasse terminée, avant de redescendre les épaules lourdement chargées du gibier qui allait nourrir la famille durant l'hiver, ils se retrouvaient à la grotte de la Rousse pour se réjouir et remercier les dieux. Les bergers gallo-romains conduisirent les premiers troupeaux aux alpages. En gravant au Ier ou IIe siècle après J.-C., la célèbre inscription des Lances de Malissart – HOC VSQUII AVIIORUM, signalant une limite de propriété : *« Jusqu'ici est le territoire des Avéiens »* –, ils firent entrer les hauts-plateaux de Chartreuse dans l'Histoire ! Les Avéiens : famille ou peuplade ? Nul ne le sait, pourtant vingt siècles plus tard, la limite fixée est toujours celle de la propriété privée du vallon ! Trois autres inscriptions rupestres d'accès malaisé et recensées par des archives ou des témoignages oraux, seraient à découvrir… Avis aux amateurs !

D'après *Si les Petites Roches m'étaient contées,* de Bruno Guirimand (1970).

la vallée aux cent châteaux

Le Grésivaudan, "boulevard des Alpes", s'étend de la combe de Savoie jusqu'à Grenoble. Un glacier géant, haut de onze cents mètres, véritable rouleau compresseur, le creusa sur plus d'un kilomètre de large. De tout temps, il fut une voie de communication majeure, et, dès le Moyen Âge, nombre de places fortes contrôlèrent la circulation dans la vallée de l'Isère. Certaines d'entre elles furent transformées en belles demeures, à l'exemple du château du Touvet. À mi-distance de Grenoble et Chambéry, face à Belledonne, il domine la vallée du Grésivaudan. Des salons à thème évoquant les souvenirs de la Monarchie, de l'Empire jusqu'à nos jours, racontent une partie de l'histoire du Dauphiné. Remarquez, entre autres, les superbes meubles Hache du célèbre ébéniste grenoblois. Cascades et jeux d'eau composent avec les parterres à la française et de grandes allées bordées de marronniers, un parc admirable de fraîcheur, au pied des hautes falaises de la Chartreuse. (Visites guidées au Château du Touvet).

En haut : alpage de l'Alpe et le mont Granier, hauts plateaux de Chartreuse. À droite : le plateau des Petites-Roches.

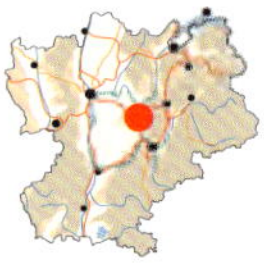

LES COLLINES DE CHARAVINES

Dauphiné de la plaine et des collines, balcon du lac de Paladru

À 81 km de Lyon, les vieux chemins creux qui parcourent les hauteurs de Charavines dominent superbement le lac de Paladru, niché au cœur de collines verdoyantes.
À la belle saison, avant de “piquer une tête” dans le lac, découvrez un site unique en Europe, englouti par les flots, où vivaient des pêcheurs, il y a cinq mille ans…

Fiche technique

49

Durée : 2 h 30
Longueur : 7,5 km
Dénivelé : 309 m
Difficulté : aucune
Période : toute l'année
Equipement : randonnée classique
Balisage : bleu puis rouge
Carte IGN 1/100 000 : n° 51, pli C9
Carte-Guide IGN 1/25 000 : série bleue, n° 3233 ouest et carte des itinéraires autour du lac de Paladru (Antipodes, 1/30.000)
À voir aux environs : grange dîmière de la Sylve Bénite au Pin, château de Virieu, étang du Grand Lemps, château de Longpra à St-Geoire-en-Valdaine, manoir de la Marinière à Montferrat, caves de la Chartreuse à Voiron.

Cette balade est extraite de l'ouvrage ***Les plus belles balades autour de LYON du Beaujolais au Pilat*** *de Bruno Pambour*

Itinéraire d'accès

Prenez l'autoroute de Grenoble (A 48) et sortez à Rives. Suivez la direction “lac de Paladru” par la D 50f, puis la D 520 le long de l'autoroute et ensuite à droite par la D 50e qui évite Oyeu (la route du Pin à gauche conduit à la magnifique grande dîmière de l'ancienne chartreuse de la Sylve Bénite) et conduit à Charavines. Tournez à gauche pour traverser le bourg et rejoindre à droite le parking de Colletière, proche de la rive du lac.
Transports en commun : Transports publics 69 ligne n° 138 Lyon/Grenoble, arrêt Charavines

La balade

Prenez la route du hameau de Louisias ① (four remarquable). À la ferme Bardin, tournez à gauche après la grange de Louisias, construite en 1805, exceptionnel témoin de l'ancienne architecture rurale de la région avec ses épais murs en pisé et son immense toit en roseaux. Le sentier, longé par un ruisseau ②, progresse sur les galets polis d'une moraine. À quelques centaines de mètres, dépassez une résurgence formant un bassin. Contournez-la et montez à gauche, dans un sous-bois de fayards, vers la croix des Cochettes, entre deux talus moussus ③, empreints de passé… À un large carrefour de plusieurs chemins, continuez tout

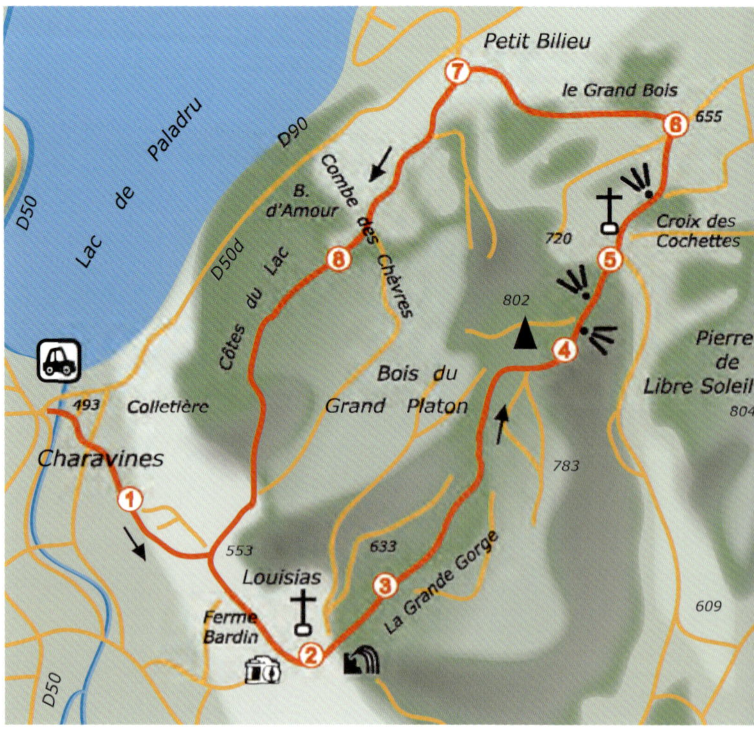

Ci-dessus : grange de Louisias.
Le lac de Paladru.

droit. Les châtaigniers apparaissent. À une fourche, poursuivez à gauche. À votre droite, à travers des coupes de bois, apparaît la Grande-Sure, vigie occidentale de la Chartreuse ④. Puis devant vous, les eaux bleues du lac de Paladru occupent une dépression creusée par le glacier du Rhône, il y a plusieurs dizaines de milliers d'années. Par une légère descente, traversez tout droit un croisement, vers un chemin marqué d'ornières ⑤. La pente s'accentue. Ignorez un sentier partant sur la gauche, avant de gagner la clairière de la croix des Cochettes (720 m). Repérez-vous sur le plan d'orientation, et suivez à gauche la lisière du bois, avant de dévaler "pleine pente" la prairie. Traversez la route allant au terrain de sports ⑥, pour entrer dans le petit bois, en face, où de splendides châtaigniers centenaires dominent le lac. Rejoignez les maisons du Petit-Bilieu par l'asphalte. Au croisement, bifurquez à gauche ⑦, en direction de Charavines et Louisias. Montez environ un kilomètre à travers des prairies, sur une route prolongée par un chemin carrossable. Rejoignez, dans les châtaigniers du bois d'Amour, un chemin venant des Cochettes. Dépassez à nouveau des coupes rases ⑧, qui défigurent les coteaux et rendent les forêts d'une monotonie attristante. La descente vers Louisias se déroule heureusement dans un joli bois, encore préservé des tronçonneuses.

Le château de Virieu

Dominant la vallée supérieure de la Bourbre, cette forteresse a subi de nombreux agrandissements et modifications du XIe au XVIIIe s. À l'extérieur, remarquez cinq canons laissées par Louis XIII lors de son passage en 1622. La chambre où logea le monarque est conservée en l'état. La grande salle présente de remarquables tapisseries et de beaux bustes en marbre. Lamartine, ami d'Aymon de Virieu, y fit de multiples séjours. C'est une petite combe boisée à la limite de Virieu et de Chabons qui lui inspira le célèbre poème *le Vallon.*
Visite des jardins : accès par une petite route qui part de la D 17 entre Virieu et le Pin. Adresse : 38730 Virieu-sur-Bourbre.

Les villages engloutis du lac de Paladru

Le lac de Paladru attira très tôt l'attention des archéologues. Durant la seconde moitié du XIXe s., des vestiges interprétés comme des "cités sur pilotis" furent découverts dans le Jura et les Alpes en Suisse, puis en France. Signalés dès 1860, les "pilotis" de chêne au fond du lac, étaient connus et redoutés des pêcheurs, qui y déchiraient parfois leurs filets. Les hauts-fonds du lac, au nord, au sud et dans les baies, furent périodiquement et durablement émergés lors des phases sèches du climat. Trois fois au moins, les hommes ont profité de ces circonstances pour coloniser ses rives. Les plus importants vestiges appartiennent au néolithique et à l'an Mil. Mais aucune "cité sur pilotis" ne fut découverte. Les fouilles aquatiques commencées en 1972 parmi les centaines de pieux visibles sous l'eau, ont révélé qu'une communauté d'agriculteurs s'installa à Charavines sur le site des "Baigneurs", environ 2 700 ans avant J.-C. Elle construisit un village composé de grandes maisons et entouré d'une palissade. Une brusque remontée des

Maquette d'un village agricole d'il y a près de cinq mille ans.

eaux obligea, à deux reprises, l'abandon du lieu. Vers l'an Mil, deux nouveaux villages se créèrent à Colletière, voisin de quelques centaines de mètres et sur le site des "Grands roseaux" au nord du lac. Ils seront désertés plus tard pour les mêmes raisons. Des "paysans-soldats" aisés, hommes libres de la société du haut Moyen Âge, y vivaient. Grâce à leur subite immersion, une exceptionnelle quantité d'objets évoquant la vie quotidienne de ces hommes, fut préservée jusqu'à nos jours. Citons parmi les plus remarquables : pour le néolithique, des poignards en silex encore munis de leur manche de bois, des peignes à tisser et des morceaux de tissu… et pour le Moyen Âge, un des premiers émaux connus en Europe, des accessoires de cavalerie, des armes…

La maison de Pays du lac de Paladru, à Charavines est ouverte du 15 avril au 31 mai et en octobre, novembre : les samedis et dimanches de 14 h à 18 h ; en juin et septembre : tous les jours de 10 h à 12 h et de 14 h à 18 h ; en juillet et août : tous les jours de 10 h à 12 h et de 14 h à à 19 h.

Ci-dessus : le château de Virieu et ses jardins à la française.

Ci-dessous : Belledonne depuis le Grand-Rocher (balade 50).

LE GRAND ROCHER

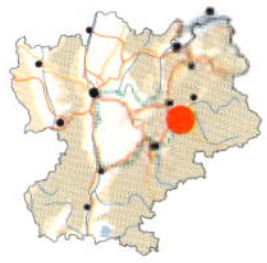

Randonnée panoramique sur les crêtes
du massif de Belledonne et de la Chartreuse.

La balade

Du parking, empruntez la route forestière et suivez le balisage raquettes orange fluo jusqu'au chalet de Pierre-Roubet (1550 m) ① qu'on atteint en vingt bonnes minutes. Passez derrière l'abreuvoir pour vous engager sur la pente boisée. À partir de là, l'itinéraire n'est pas balisé, mais souvent tracé par les randonneurs. La montée se fait à flanc de montagne jusqu'à un petit replat, puis, après une traversée sur la droite, jusqu'aux premiers alpages (1650 m) ② L'ascension est rude, mais la fatigue n'est rien devant tant de beautés. Du sommet du Grand-Rocher (1926 m) ③ on aperçoit d'abord le Vercors, puis les pics de Belledonne, avec le mont Blanc, puis encore les Aravis, les Bauges, le Jura au fond et encore la Chartreuse. Refermez la boucle en suivant les crêtes jusqu'au crêt Luisard ④. On passe ainsi devant le lac de Séchident (1820 m), puis le lac de la Belle-Aiguette. Un itinéraire raquettes passe dans la forêt d'épicéas à droite de la piste de ski de fond. L'itinéraire continue sur l'arête au milieu des résineux et débouche sur une grande clairière. Obliquez à gauche pour rejoindre le refuge du crêt du Poulet (1700 m) ⑤. Il suffit maintenant de suivre le balisage raquettes qui coupe plusieurs fois la piste de ski de fond. Un sentier ⑥ descend en serpentant dans le bois de la Belle-Aiguette jusqu'au centre de ski de fond.

Le massif du Grand-Plan

Il va du crêt du Poulet au Grand-Rocher et offre un superbe terrain d'exercice aux fondeurs, raquetteurs et randonneurs, avec une vue magnifique sur les sommets de Belledonne quand on arrive aux crêtes. C'est l'endroit idéal pour une sortie d'initiation au ski de randonnée avec un dépaysement garanti.

Fiche technique

50

Longueur : 6,5 km
Dénivelé : 500 m
Durée : 3 h, 5h en raquettes
Difficulté : facile, un peu difficile en raquettes
Période : à éviter par mauvais temps ou brouillard
Equipement : classique
Balisage : orange fluo
Carte IGN au 1/25 000 : Top 25 n°3433 OT "Allevard"

Cette balade a été réalisée par Nathalie Esnault et Elisabeth Prost, photos de Bruno Pambour.

Itinéraire d'accès

De Grenoble, empruntez la vallée de l'Isère jusqu'à Chambéry. Prenez la D 525 en direction d'Allevard et bifurquez à droite, trois kilomètres avant le village, sur D 280 qui monte au col du Barioz. Au col, prenez la route forestière, jusqu'au parking du foyer de ski de fond du Barioz.

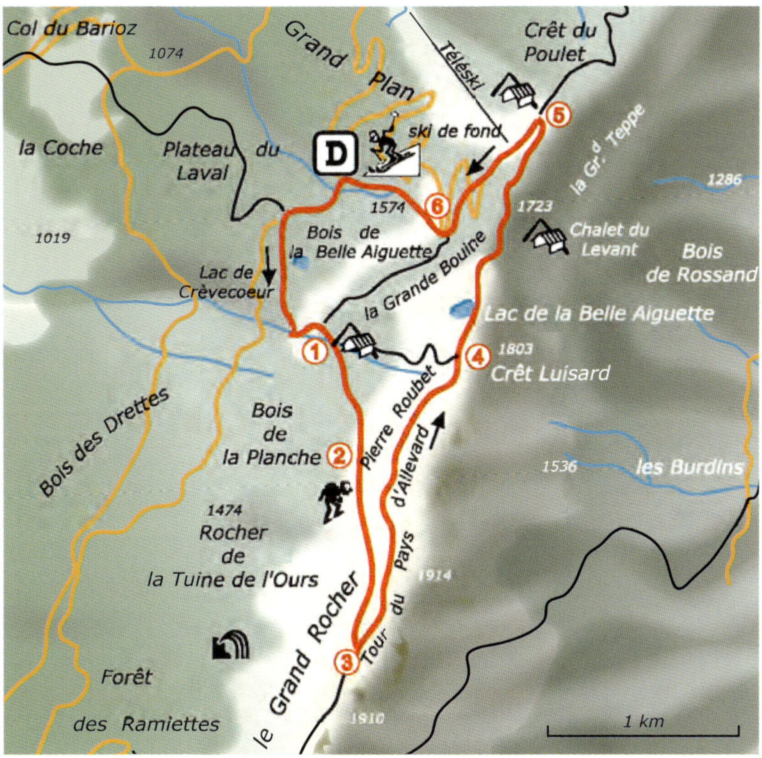

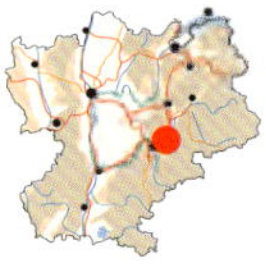

LE LAC ACHARD

Belledonne, belvédère du Taillefer

Au départ de Chamrousse, une promenade classique, mais le charme des rives boisées du lac Achard, face au massif du Taillefer, mérite toujours le détour.

La balade

De l'autre côté de la route, engagez-vous sur une large piste accédant à un terre-plein où est entreposé du matériel de remontées mécaniques ①. Traversez-le et suivez le sentier balisé en jaune, qui coupe une piste de ski et longe les courbes de niveaux. Passez sous le télésiège de l'Arselle ②, dernier signe de l'aménagement touristique de Chamrousse. Le versant de la Lauze, en vis-à-vis de l'imposant massif du Taillefer, vous transporte aussitôt dans un univers montagnard sauvage et préservé. Vous progressez dans des épicéas dont les racines s'entrelacent sous vos pas. Le vert des lichens colore magnifiquement les roches, alors que les hampes florales jaunes des grandes gentianes égayent votre ascension. Après un ruisselet et quelques gros blocs, au milieu de la pessière, la vue se dégage à droite, sur la combe bucolique de Bachat-Bouloud, aux lumineuses clairières. En arrière-plan se dessinent le Conest et la Peyrouse. Le chemin remonte le lit d'un ruisseau. Les premiers pins cembros et à crochets apparaissent. Exercez-vous à les reconnaître au nombre d'aiguilles, groupées par cinq pour le cembro, par deux pour le pin à crochets. Plus loin, de superbes spécimens pluricentenaires de cette espèce dressent leurs silhouettes torturées par le temps, de part et d'autre du sentier. Arrivé à un pierrier, gravissez-le par la gauche ③, pour rapidement gagner le replat de l'émissaire du lac. Une digue régularise le niveau de ses eaux. Situé dans un vallon très minéral, face au Taillefer et aux cimes de la Matheysine, le lac Achard est un des rares lacs d'altitude dont les rives sont boisées. Ce qui en fait tout le charme. Très fréquenté, le site est fragile et mérite à cet égard tout votre respect. Le retour s'effectue par le même itinéraire.

Sur l'actuel emplacement de l'hôtel du Club Montagnard Dauphinois, à Roche-Bérenger, se dressa en 1863 le premier refuge de Belledonne. La cabane de planche du "père Tasse", un patriarche à la personnalité haute en couleur, qui accueillit durant des décennies les curistes d'Uriage, en chemin vers la Croix de Belledonne.

Le lac Luitel : mémoire vivante des Alpes

Vu de la route, ce petit lac (0,5 ha) aux rives moussues piquetées d'arbres rabougris, semble sans intérêt. Détrompez-vous, des merveilles s'y cachent, justifiant son classement en réserve naturelle en 1961 : la première de France ! Le lac occupe une dépression creusée par un bras du glacier de la Romanche. Dans les eaux recueillies s'est rapidement créée une tourbière, qui accumule les sédiments depuis plus de treize mille ans ! Ces couches précieuses ont la propriété de piéger et de conserver les grains de pollen. Leur datation au carbone 14 a permis de retracer l'évolution des végétations et des climats depuis sept mille ans ! Dans son écrin sombre d'épicéas, le lac évoque à une échelle réduite les landes de tourbières de Scandinavie. Jusqu'au XIXe siècle, foin et bois du Luitel furent exploités. L'abandon des terrains de fauche permit à la forêt de recoloniser les abords de la tourbière. Un tapis de mousses aux belles couleurs allant du vert tendre au jaune mordoré ceinture l'eau libre, où nénuphars jaunes et trèfles d'eau nagent

Fiche technique

51

Durée : 2 h 15 mn
Dénivelé : 177 m
Difficulté : aucune
Période : printemps, été, automne, à éviter les après-midi des week-end
Equipement : randonnée classique
Balisage : jaune
Carte IGN 1/100 000 : n° 54
Carte-Guide IGN 1/25 000 : Top 25 n° 3335 OT : Grenoble

Cette balade est extraite de l'ouvrage ***Les plus belles balades autour de GRENOBLE des Chambaran à l'Oisans*** *de Bruno Pambour*

Itinéraire d'accès

De Grenoble, sur la Rocade, prenez la direction d'Uriage, par la route D.524. Montez à Chamrousse par la réserve naturelle du lac Luitel (étape à ne pas manquer, cf. plus bas). Avant la station, tournez à droite vers Bachat-Bouloud et garez-vous à proximité du pont menant au village d'enfants.

Transports en commun : cars VFD, ligne n° 601 : Grenoble - Chamrousse, arrêts Chamrousse Roche Bérenger et le Luitel.

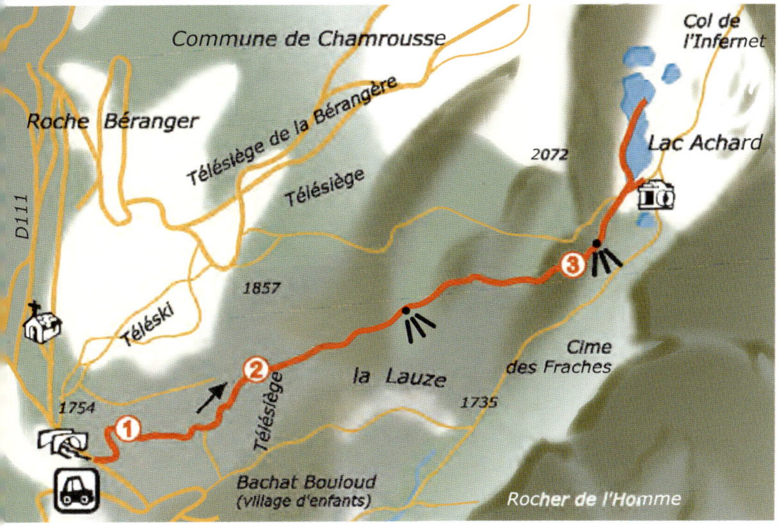

en surface. Parmi elles, les sphaignes, véritables éponges végétales, stockent l'eau des pluies : jusqu'à quarante fois leur poids se ! Elles poussent en touffes denses et forment des radeaux. Seule la partie supérieure de la plante s'accroit alors que les tissus morts se décomposent au fond, sous forme de tourbe. Un micro-climat froid et humide règne dans la cuvette du Luitel et favorise l'installation de plantes arctico-alpines, vivant normalement à plus haute altitude : pins à crochets qui végètent dans la tourbière acide malgré leur demi-siècle, bouleaux pubescents, rhododendrons, myrtilles... Et d'autres inféodées aux tourbières : scheuzérie des marais, laîche des bourbiers, canneberge, rares orchidées... Un itinéraire en caillebotis vous permet de visiter en toute sécurité la tourbière du lac Luitel, un "morceau de Laponie" enchâssé dans les Alpes.

Une carnivore !

La droséra, nom grec signifiant "humide de rosée", ou rossolis, c'est-à-dire "plante qui brille au soleil", quoi de plus poétique pour une plante qui pourtant n'a pas l'âme d'un "enfant de chœur" ! Car c'est bien d'une carnivore qu'il s'agit, une dévoreuse d'insectes qui, attirés et leurrés par ses gouttelettes brillantes, élégamment disposées mais visqueuses, s'engluent sur ses feuilles. La plante les referme alors sur les malheureuses proies prises au piège, et les dissout par de puissants sucs digestifs ! Typique des tourbières, cette beauté rare, d'origine arctique, est protégée par la loi.

Les ours de Chamrousse

« Les ours continuent à se montrer dans les montagnes du massif de Belledonne, et même près des endroits habités. Un de ces jours derniers, le sieur T...qui tient un chalet à Chamrousse montait pour rentrer chez lui, quand il aperçut une ourse couchée devant sa porte, en train d'allaiter un ourson. Le sieur T..., qui n'avait pas d'arme, s'arrêta, assez effrayé, à une cinquantaine

Ascension vers le lac Achard.

de mètres de son habitation, et, s'asseyant, se mit à manger un morceau de pain. L'ourson ne tarda pas à venir à lui. T... lui donna du pain, que le jeune animal parut goûter beaucoup. Quand il n'eut plus de pain, le nourrisson rejoignit sa mère et celle-ci ne tarda à reprendre le chemin de la forêt.» Vous aurez reconnu dans cette savoureuse anecdote rapportée par *L'Impartial Dauphinois* du 25 novembre 1873, le "père Tasse" ! L'ours du blason de Chamrousse n'est pas une légende.

À gauche : sorbier des oiseleurs sous la neige. Ci-dessous : le massif du Taillefer depuis le lac Achard.

LES SEPT-LAUX

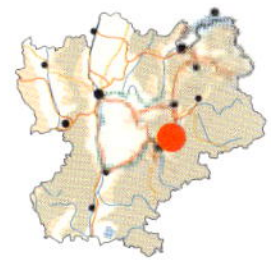

Belledonne, de lac en lac

À 60 km de Grenoble, une des plus belles balades dans l'univers des lacs d'altitude. Paysage et ambiance unique de miroirs aux reflets changeant, qui évoquent irrésistiblement la Scandinavie…

La balade

Le départ du nouveau sentier est signalé par un panneau en bois mentionnant "les 7 Laux", sur la gauche de la chaussée, au commencement d'un talus empierré. Huit cents mètres de dénivelé sont à avaler d'un trait, montez donc à votre propre rythme et de préférence le matin, à l'ombre fraîche du versant. Commencez par vous hisser, sans danger, par des marches taillées à même le roc. Des câbles d'acier en main courante, sécurisent le passage d'une barre rocheuse ①. Après quelques lacets dans des boqueteaux de fayards, et un gros pin sylvestre foudroyé, vous montez dans la combe du ruisseau des Sept-Laux. Descendez ensuite tranquillement vers un pierrier stabilisé et passez le torrent pour poursuivre l'ascension en rive droite. Par une série de lacets, vous rejoignez l'ancien sentier ② qui, depuis la route, cheminait sur cette rive. La vue sur l'éboulement qui obstrue l'ancienne route est spectaculaire. Une végétation très variée se développe dans cette combe exposée au sud, mais rafraîchie par l'encaissement de la vallée. En bas, ce sont des taillis de hêtres, bouleaux, épicéas. Érables, frênes et sorbiers des oiseleurs entourés de grandes épilobes, s'y mêlent. Plus haut, les ombellifères – dont quelques stations d'une sorte de gros chardon *Leuzea rhapontica* – et les framboisiers prennent le dessus. Parmi la flore, remarquez, suivant l'avancement de la saison, orchidées, centaurées, scabieuses des bois, grandes astrances, lis martagon, les inflorescences jaunes des sedum et des digitales… De nombreux lacets s'enchaînent pour vaincre le dernier verrou du vallon. Enfin, c'est l'arrivée à l'émissaire du

Les Sept Laux ; au fond, la chaîne de Belledonne.

Fiche technique

52

Durée : 6 h00
Dénivelé : 904 m
Difficulté : dénivelé et longueur
Période : printemps, été, automne
Equipement : randonnée classique
Balisage : jaune
Carte IGN 1/100 000 : n° 53
Carte-Guide IGN 1/25 000 : Top 25 n° 3335 ET : le Bourg d'Oisans. L'Alpe d'Huez

Cette balade est extraite de l'ouvrage ***Les plus belles balades autour de GRENOBLE des Chambaran à l'Oisans*** *de Bruno Pambour*

Itinéraire d'accès

De Grenoble, rejoignez par Uriage ou le Pont-de-Claix, la route N.85, en direction de Briançon, le Bourg d'Oisans. Après avoir traversé les sombres gorges de la Romanche, tournez à gauche au débouché de la plaine du Bourg d'Oisans, vers Allemont et la vallée de l'Eau d'Olle. 2 km après le Rivier d'Allemont, obliquez à gauche sur l'ancienne départementale, désormais coupée, par un gigantesque éboulement de roches. Une nouvelle voie fut reconstruite à l'abri des chutes de pierres, en rive gauche. La vallée de l'Eau d'Olle très étroite, aux versants très pentus, favorise les avalanches : elle est donc interdite à la circulation, en saison hivernale. Continuez jusqu'à l'élargissement de la route, qui sert désormais de parking
Transports en commun : aucun

premier lac ③. Encore un dernier effort avant de savourer le spectacle du lac de la Sagne aux eaux bleu clair. Dépassez-le par la droite pour découvrir à sa suite le lac de la Corne. Au mois d'août, les touffes blanches et soyeuses des linaigrettes égayent ses rives. Contournez-le par sa gauche, enjambez deux ruisselets superbement moussus, avant de gravir un petit ressaut rocheux. Vous arrivez au lac Jeplan. À droite, une petite dépression est littéralement couverte de linaigrettes. On en récoltait autrefois les fleurs pour tisser leurs filaments. De vigoureux sommets barrent l'horizon à l'est, de gauche à droite : le rocher Blanc, la Pyramide, le Toit à la cime aplanie, le pic de l'Agnelin et le pic des Eustaches. Depuis 1983, tous ces reliefs sont redevenus le royaume des bouquetins *(cf. plus bas)*. Soyez vigilants, il n'est pas rare d'en apercevoir un en crête. De la croupe du col des Sept-Laux ④, faites le tour du splendide lac de Cos, en contrebas de la bergerie. La vue sur le lac de Cottepens vous réserve une belle perspective sur le massif des Bauges, en Savoie. Ses eaux d'un sombre bleu turquoise sont limpides et claires. Dans le ruisseau, au premier plan, poussent de ravissants saxifrages – *Saxifraga stellaris* –, en petites touffes très ornementales. D'ici, retournez sur vos pas ou, si vos jambes l'acceptent, gagnez le refuge des Sept-Laux, établi sur une presqu'île ⑤ au confluent des lacs Cottepens, Carré et de la Motte. Les Sept Laux désignent en fait une bonne douzaine de lacs glaciaires. Revenez par le même itinéraire. De retour au parking, rafraîchissez-vous à la cascade des Sept-Laux.

De l'usage des "simples"

De tout temps, on a prêté à de nombreuses plantes fortement odorantes, des vertus particulières contre les esprits malfaisants. Aux XVe et XVIe siècles, de nombreux traités d'herboristerie relatant ces vieilles

Moutons aux Sept Laux.
Le lac de la Sagne.

croyances populaires, rassemblèrent ces recettes de "simples" du Moyen Âge : des plantes médicinales utilisées sans préparation comme remède. La tradition orale avait souvent recours à l'imaginaire merveilleux pour expliquer la découverte de ce qui fut les premiers médicaments ! Parfois, c'est un nain, une sorcière ou une fée qui indique une plante ; d'autres fois, c'est un chant d'oiseau qui sert de guide, ou bien un animal qui attire l'attention du chasseur blessé sur une herbe coagulant le sang… Certaines plantes alpines étaient déjà fort renommées pour leurs usages : « *…L'arme la plus efficace contre le diable, était la fumée d'herbes sèches se consumant lentement. Porter sur soi un bulbe d'ail de cerf protégeait des mauvais esprits et permettait de vaincre tous ses ennemis… Le genévrier – à qui furent consacrés des volumes entiers – repoussait la peste et les serpents, protégeait de la foudre… La nigritelle noirâtre, ou orchis vanille, entrait dans la composition de philtres d'amour. Le tubercule d'un cyclamen disposé sur la cuisse d'une femme en train d'enfanter, lui permettait d'accoucher sans difficulté…* » D'après *le Monde fascinant de la flore alpine,* d'Edeltraud et Othmar Danesch, Ed. Ringier, 1981.

Tapis de linaigrettes au lac de Cos.

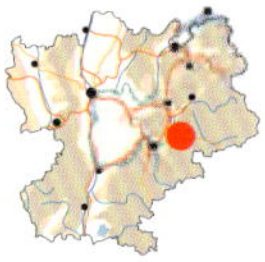

LE PLATEAU DE PARIS

Oisans, balcon de la Meije

À 81 km de Grenoble, découverte de l'un des plus grands pâturages des Alpes face au spectacle grandiose de la Meije et de ses glaciers.

Fiche technique

53

Durée : 2 h 45 mn
Dénivelé : 266 m
Difficulté : aucune
Période : fin de printemps, été, automne (enneigement précoce et durable)
Equipement : randonnée classique
Balisage : rouge et blanc, incomplet
Carte IGN 1/100 000 : n° 54
Carte-Guide IGN 1/25 000 : Top 25 n° 3335 ET : le Bourg-d'Oisans. L'Alpe d'Huez et n° 3436 ET : Meije - Pelvoux

Cette balade est extraite de l'ouvrage ***Les plus belles balades autour de GRENOBLE des Chambaran à l'Oisans*** *de Bruno Pambour*

Itinéraire d'accès

De Grenoble, gagnez le Bourg d'Oisans par la route N.85. Continuez jusqu'au lac du Chambon. Passez sur le barrage et tournez aussitôt, à gauche, vers Mizoën et Clavans-le-Bas. Avant ce village, bifurquez à droite vers Besse-en-Oisans, superbe village où les constructions reflètent la rareté du bois, frontière de la Savoie jusqu'en 1860, qui abritait autrefois douaniers et… contrebandiers ! Traversez Besse et suivez les indications plateau de Paris, pic du Mas de la Grave. Un kilomètre plus loin, au camping, franchissez le pont sur votre droite. En dix kilomètres d'une excellente piste en lacets, accédez au plateau de Paris, à 2.250 m d'altitude ! À la bifurcation pour le refuge du Rif Tort, garez-vous à gauche sur un replat. Pour la sécurité des troupeaux, n'amenez aucun chien ici.

Transports en commun : cars VFD, ligne n° 306 : Grenoble - Briançon, arrêt barrage du Chambon.

La balade

En contrebas de la piste, prenez le sentier de randonnée. Un petit panneau en bois indique la direction des lacs. Parallèlement aux méandres du Rif-Tort, traversez les ondulations pastorales du plateau ①, en direction de la cime de la Meije. D'innombrables petites bosses rident les croupes herbeuses. À gauche, le pic du Mas de la Grave domine la combe du Rif-Tort ②. Par endroits se dressent de petites touffes de joubarbe à toile d'araignée. Le sentier rejoint une piste avant de passer

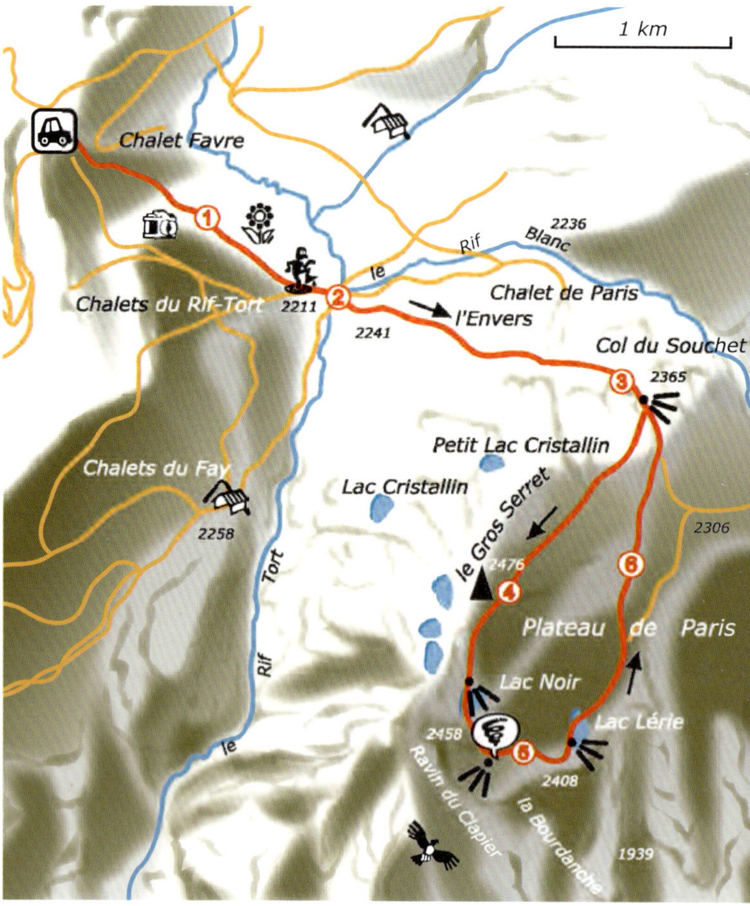

Le lac Noir, au fond le glacier de Mont-de-Lans.

le gué du Rif-Tort. Par une pente légèrement inclinée au nord, l'Envers, montez vers les barres rocheuses qui délimitent le nord du plateau de Paris. Les alchémilles jaunes tapissent les rochers. À gauche, au pied du dôme du Gros Têt, se trouve le chalet de Paris. Quelle sérénité émane de ce doux paysage bucolique ! Depuis toujours, ces immenses vallonnements gazonnés sont une terre bénie des bergers : les trois communes qui l'entourent, Besse-en-Oisans, Mizoën et La Grave, se disputèrent âprement ces alpages. Neuf cents hectares de pâturages parmi les plus réputés des Alpes. Commencés en 1366, les procès ne sont toujours pas terminés ! Le toponyme "Paris" n'a aucun rapport avec la capitale ou le héros mythologique grec : il provient du celte et signifie la bonne exposition au soleil, ce qui est le cas de ces hautes terres. Vous cheminez désormais parmi des affleurements rocheux jusqu'au col du Souchet ③, où les vertigineuses face nord de la Meije et du Râteau apparaissent. Les hautes parois granitiques surgissent des glaciers qui couvrent leurs flancs. Combien de millions de tonnes de glace sont accrochés ici au-dessus de la Romanche ? Entre la roche sombre et les champs de neige, la teinte bleutée des séracs dessine des taches de couleur surréalistes… Ne manquez pas, sur votre droite, un sentier peu marqué qui se faufile dans les roches blanches. À partir d'ici, il est déconseillé de s'aventurer sur le plateau par temps de brouillard. Vers la fin août, des centaines de criquets sauteront à chacun de vos pas ! Une courte montée et, au-delà des gorges de la Romanche, vous apercevez les glaciers de la Girose et de Mont-de-Lans, balafrés des dernières remontées mécaniques de la station des Deux-Alpes. Ce sont des glaciers de calotte, c'est-à-dire occupant une éminence et non une dépression, situation rare dans les Alpes. Laissez à votre droite, un mamelon couronné d'un cairn cylindrique – cote 2476 ④ –, avant de traverser un vaste "garde-manger à aigle royal", où les marmottes abondent au détour de chaque rocher. Continuez tout droit vers des rochers sombres, après avoir croisé un autre chemin. Cinquante mètres après l'antenne météo, les glaciers se reflètent dans les eaux du lac Noir. Contournez le lac par la droite et gagnez, plein sud, le rebord du plateau ⑤. Douze cents mètres de dénivelé vous séparent des eaux vives de la Romanche, qui grondent au fond de l'hostile combe de Malaval ! L'univers de cimes, parois, glaciers et à-pics qui vous entoure, est tout simplement prodigieux : la splendeur sauvage de l'Oisans a toujours émerveillé les voyageurs ! Longez prudemment vers la gauche les précipices, puis reprenez le sentier qui mène, après un pluviomètre, au lac Lérié. Un troupeau de montbéliardes, habituées du lieu, agrémente des tintements de ses cloches votre halte au bord de ses eaux. Bouclez votre visite du plateau, par le nord du lac, en suivant la branche gauche du sentier ⑥, vers le col du Souchet. Revenez par le même itinéraire au retour.

La Meije

Plongeant la Haute-Romanche dans l'ombre à la mauvaise saison, ses habitants la baptisèrent : *"œille de Meidjo"*, c'est-à-dire "aiguille de la mi-journée". Dernier sommet inviolé des Alpes, elle

Randonnée sur le plateau de Paris.

résista aux assauts répétés de toute une génération d'alpinistes. L'un d'entre eux Duhamel, qui échoua plusieurs fois, n'hésita pas à écrire : « *Je me permets de le dire avec assurance, la Meije ne peut être gravie.* » C'était compter sans Pierre Gaspard, habile montagnard et grand chasseur de chamois, qui, avec un jeune noble, Boileau de Castelnau, la vainquit en 1877 par sa face sud : l'arête du Promontoire. Le "père Gaspard" exulta au sommet : « *Ce ne seront pas les guides étrangers qui arriveront les premiers !* » L'exploit le méritait car les hommes firent preuve d'une audace et d'une endurance hors du commun, en bivouaquant deux fois dans les parois : la seconde nuit, sous les rafales de neige et un froid glacial, ils s'encordèrent au rocher pour ne pas tomber !

L'Oisans aux six vallées

Géographiquement défini comme le bassin versant de la haute et moyenne Romanche, cette région du Haut-Dauphiné se répartit en six vallées qui ont toutes leur propre identité : l'Eau d'Olle, la Lignarre, la Romanche, la Sarenne, le Vénéon et le Ferrand. Au nord et à l'ouest, les chaînes de Belledonne et du Taillefer enserrent la plaine du Bourg-d'Oisans, au sud et à l'est les hautes cimes des Écrins forment une barrière continue isolant la région des Alpes du Sud. Montagnes cristallines érigées par le plissement alpin qui dressa le mont Blanc, l'Oisans présente des paysages de haute montagne d'une belle continuité géographique par les massifs des Grandes-Rousses et surtout des Écrins-Pelvoux, qui abritent près du tiers des glaciers français. Leur unité, à peine écornée par quelques rares vallées internes, a réussi à préserver jusqu'à nos jours leur exceptionnelle beauté sauvage.

La Meije depuis le plateau de Paris.
Page de droite :
la Meije depuis le lac Lérié.

Le mélèze

Seul conifère à perdre ses aiguilles à l'automne, le mélèze est un habitant typique des hautes vallées, qui aime le froid, l'air sec et la lumière vive des Alpes internes. Pionnier hardi, il colonise pâturages et éboulis, et se cantonne de préférence sur les ubacs où il peut atteindre l'âge de cinq cents ans. Octobre le pare d'or et ses frondaisons embellissent alors la montagne d'une façon unique. Le mélézein se développe surtout entre 1300 et 2200 mètres d'altitude, et fut de tous temps favorisé par l'homme, en raison de l'excellent pâturage qui s'étend sous son feuillage dont la clarté permet la pousse d'un beau gazon. Son bois clair, exceptionnellement résistant à l'humidité et au temps, est utilisé pour la charpente, la menuiserie et les bardeaux de toiture des chalets.

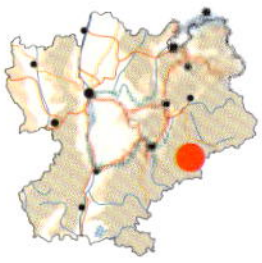

LE PLAN DE L'ALPE

Oisans, au pays de la Meije

À 98 km de Grenoble, au pied du col du Lautaret, balade dans le parc national des Écrins, face au pic Gaspard et aux Agneaux : un cadre majestueux pour découvrir la flore des montagnes du monde entier, au merveilleux jardin botanique du Lautaret.

Fiche technique

Durée : 3 h 30 mn
Dénivelé : 118 m (aller-retour), 328 m de descente en plus, en cas de retour sur Pont d'Arsine
Difficulté : aucune
Période : fin de printemps, été, automne
Equipement : randonnée classique
Balisage : sentier des Crevasses, rouge et blanc
Carte IGN 1/100 000 : n° 54
Carte-Guide IGN 1/25 000 : Top 25 n° 3436 ET : Meije - Pelvoux

Cette balade est extraite de l'ouvrage ***Les plus belles balades autour de GRENOBLE des Chambaran à l'Oisans*** *de Bruno Pambour*

Itinéraire d'accès

Quittez Grenoble, via Uriage ou le Pont-de-Claix, par la route N.85, en direction de Briançon. Les étapes s'égrènent le long de l'ancienne "petite route d'Italie", qui remonte la Romanche. Vous passez successivement le Bourg d'Oisans, le lac du Chambon, la combe de Malaval, la Grave, où vous rentrez dans les Hautes-Alpes, et Villar-d'Arêne avant de gravir les pentes du col du Lautaret. Jusqu'au XIXe siècle, seul un chemin muletier passait ici. Garez-vous au premier parking, sur votre droite, 800 m avant le col. Veillez à respecter la réglementation du parc national des Ecrins.
Transports en commun : cars VFD, ligne n° 306 : Grenoble - Briançon, arrêt col du Lautaret

La balade

Après les panneaux d'information du parc national des Écrins, rejoignez plus haut le sentier des Crevasses (1) qui, du col du Lautaret, longe la réserve naturelle de Combeynot, vers le refuge de l'Alpe et le col d'Arsine. Ce passage était autrefois un sentier de contrebande du sel avec le Briançonnais, emprunté pour échapper aux fameux "gabelous". Le massif du Combeynot abrite une forte population de chamois, le rut y est spectaculaire en novembre. Face à vous les glaciers du Lautaret et de l'Homme se lovent dans les pentes orientales de la Meije, au pied du pic Gaspard (3881 m), au-delà de l'arête austère du Bec de l'Homme. Après de vastes alpages, vous découvrirez par ce long cheminement sans vrai dénivelé, une belle aulnaie recouvrant le piémont nord du Combeynot. L'hiver, les vernes supportent un épais manteau neigeux et ploient vers la pente. Automne et printemps sont pratiquement inexistants au Lautaret. Un court été succède à un hiver d'une grande rudesse et qui n'en finit plus : près de neuf mois ! Les vents violents et glaciaux dégagent les crêtes et accumulent les fortes chutes de neiges dans les combes en des épaisseurs impressionnantes : dix à douze mètres parfois ! Le capitaine Scott ne s'y trompa pas lorsqu'il vint ici essayer son matériel avant de tenter, en 1912, la conquête du pôle

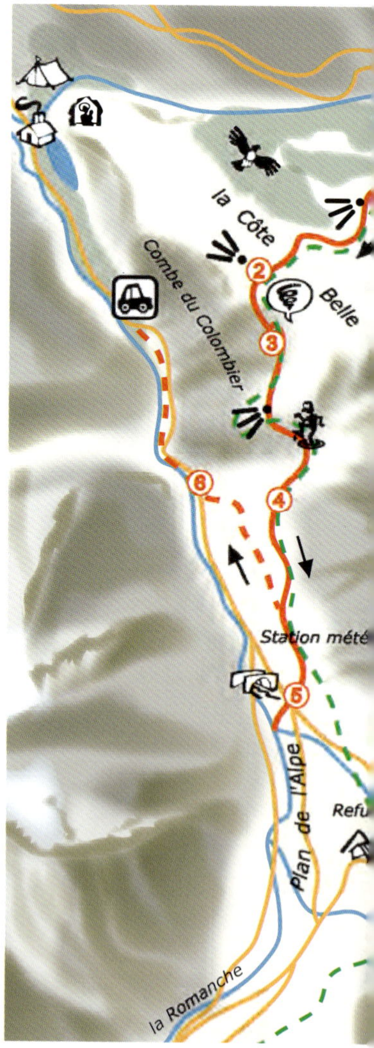

Sud, où il trouva la mort, comme le rappelle un monument commémoratif dans le jardin du Lautaret. Niché au pied de la Meije, dominé par 2300 m d'à-pics, de parois et de glaciers, Villar-d'Arêne mérite son proverbe : *« Eté sans lune, hiver sans soleil ! »* Aigle royal et circaète parcourent régulièrement l'azur du Lautaret, chacun à la recherche de son menu favori : marmottes et serpents. La flore des pelouses alpines est très riche : asphodèles, lis martagon et oranger, centaurées, silènes, grandes gentianes – à ne pas confondre avec le vérâtre –, adénostyles, géraniums, astrances, alchémilles… À la Côte-Belle ②, les pieds dans une pelouse à grande fétuque, le regard balaye la Haute-Romanche, avec en premier plan le Pied du Col et, au-delà du clocher de Villar-d'Arêne, le hameau perché du Chazelet adossé au plateau de Paris. À la verticale du Lautaret, le massif du Galibier annonce les Alpes du Nord et la Savoie. Le sentier oblique soudainement, sur le versant très érodé des Crevasses, frais et ombragé le matin. Les Agneaux (3664 m), à leur droite le glacier d'Arsine et le pic de Chamoissière barrent la vallée au sud. Au pied de cette montagne, des mines de cuivre, de plomb et d'argent furent exploitées au XIXe siècle, mais les frais dévorant les bénéfices, leur exploitation cessa rapidement à l'instar des autres gisements métallifères de l'Oisans. Des câbles d'acier sécurisent quelques passages aériens mais sans danger avant la combe du Colombier ③. Prenez garde aux pierres glissantes lors du passage du ruisseau. Remarquez les superbes capitules rosées des épilobes de Fleischer parmi les rochers. À la sortie du vallon apparaît la vaste dépression du Plan de l'Alpe, aplanie par l'érosion des langues glaciaires ④. Un verrou de

La Romanche dévalant le Plan de l'Alpe, Parc national des Écrins.

moraines le ferme au nord au pas d'Anna-Falque. La légende veut que cette belle jeune fille se soit jetée là, dans la Romanche, après avoir "étourdi" quelques jeunes gens avec l'aide d'esprits malins... Si vous disposez de deux véhicules, une solution astucieuse est d'en laisser un au parking du pont d'Arsine, en aval de ce pas : vous reviendrez alors par le sentier de randonnée. Pour le moment, plutôt que de continuer vers le refuge de l'Alpe, descendez, après la station météo, l'épaulement rocheux ⑤ qui vous sépare du lit de la Romanche. Ses flots sont si bleus dans les verts pâturages que l'on ne peut rêver meilleur endroit pour pique-niquer ! Au sud-ouest se dresse la roche Faurio à 3730 mètres, et le glacier de la Plate des Agneaux, source de la Romanche. Revenez par le même itinéraire ou par la variante du pas d'Anna-Falque ⑥.

Le jardin botanique alpin du Lautaret

Un merveilleux éden renaît chaque printemps au Lautaret, par la volonté des hommes et la grâce du climat : un jardin botanique alpin complètement intégré au site grandiose du Lautaret, où deux mille espèces de plantes de toutes les montagnes du monde s'épanouissent en de belles harmonies estivales. Le col du Lautaret est un des grands carrefours biogéographiques des Alpes. À la limite des Alpes du Nord et du Sud, soumis à l'influence atlantique, humide, des Alpes externes et celle, continentale, plus sèche, des Alpes internes, ses proches environs au sous-sol très varié, abritent près de quinze cents espèces végétales, soit le tiers de la flore française ! En raison de ces conditions exceptionnelles, l'université de Grenoble et le Touring Club de France fondèrent ici un jardin botanique alpin, en 1895. Aujourd'hui, soixante-dix rocailles traversées par des ruisseaux et dont une partie reconstitue les grandes formations végétales de la région (pelouses alpines, à grande fétuque, aulnaie, éboulis, marécages, combe à neige,...), vous présentent les flores des principales montagnes du globe. Un dépaysement total assuré par les agencements en couleurs vives ou en délicat camaïeu et par des plantes étonnantes telles ces pavots géants de l'Himalaya ou cette berce du Caucase qui s'élève à plus de deux mètres ! Le jardin joue également un rôle de laboratoire de recherche et de conservatoire génétique, assurant la reproduction de plantes menacées en vue de leur réintroduction dans la nature.

Col du Lautaret, massif du Combeyrot et le pic Gaspard, les Ecrins.

LE LAUVITEL

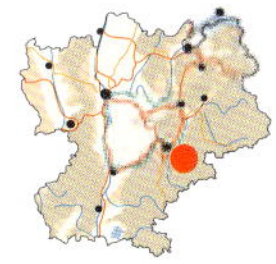

Oisans, porte des Écrins

À 67 km de Grenoble, un des plus beaux lacs glaciaires, serti dans un cirque minéral, à l'entrée du parc national des Ecrins. Marmottes, chamois, flore alpine à découvrir, mais aussi toute l'histoire d'un vallon autrefois cultivé par les hommes.

La balade

Au cœur de la Danchère, remplissez vos gourdes à la fontaine de l'ancien lavoir. La randonnée démarre sur un sentier pavé, aménagé par les anciens uissans, qui permettait la descente des "leyes", sorte de luges lourdement chargées de foin ou de bois. C'est aussi le départ d'un sentier de découverte du parc national des Écrins. De part et d'autre, la vue s'étend sur la vallée du Vénéon et la plaine du Bourg-d'Oisans. Au pont, en amont de l'oratoire, remontez la rive droite du torrent. L'été, l'ombre des feuillus est la bienvenue. Trembles, noisetiers, frênes, alisiers se plaisent dans la combe fraîche et humide du ruisseau du Lauvitel. Bouvreuil, mésange boréale, accenteur mouchet, pic épeiche, grive draine… animent les taillis. Plus haut, des murets de pierres délimitent d'anciens clos, reliques de l'activité agricole du hameau ①. Il y a quelques dizaines d'années encore, le vallon était entièrement entretenu par l'homme. À la prise d'eau du torrent, vous entrez dans le parc national des Écrins, matérialisé par ses bornes tricolores. Respectez sa réglementation. La Nature a ici tous ses droits. Longez la rive protégée des crues du torrent par une digue, avant de traverser une passerelle ②. Au-dessus du barrage, une profusion de petites cascades diffusent, le matin, la lumière solaire. Plus loin, des lichens orangés "peignent" les rochers. Passez un second pont où le torrent est canalisé. Glissez-

Le Lauvitel avec, au fond à gauche, la vallon du Fond du Lauvitel, classé en réserve intégrale.

Fiche technique

55

Durée : 3 h 15 mn
Dénivelé : 546 m
Difficulté : dénivelé
Période : printemps, été, automne
Equipement : randonnée classique
Balisage : rouge et blanc
Carte IGN 1/100 000 : n° 54
Carte-Guide IGN 1/25 000 : Top 25 n° 3336 ET : les Deux-Alpes

Cette balade est extraite de l'ouvrage ***Les plus belles balades autour de GRENOBLE des Chambaran à l'Oisans*** *de Bruno Pambour*

Itinéraire d'accès

De Grenoble, rejoignez par Uriage ou le Pont-de-Claix, la route N.85, en direction de Briançon. À l'extrémité de la plaine du Bourg-d'Oisans, au hameau du Clapier, quittez la route nationale et filez tout droit, en vous engageant dans la vallée du Vénéon, vers Saint-Christophe-en-Oisans. Bifurquez à droite 4 km plus loin, au pont des Ougiers, pour rejoindre la Danchère, petit hameau perché en versant nord, au-dessus du Vénéon. Partez à pied, du parking proche des maisons. Veillez à respecter la réglementation du parc national des Écrins.
Transports en commun : cars VFD, ligne n° 304 : Grenoble - la Bérarde via le Bourg-d'Oisans, arrêt les Ougiers.

vous à droite d'une barrière en bois. Parmi de grands épilobes en fin d'été et au pied d'un superbe sorbier des oiseleurs, vous avez une vue d'ensemble sur les cascades. Les falaises, à votre verticale, sont striées des marques sombres de chutes d'eau éphémères, alimentées par la fonte des névés au printemps. Les épicéas apparaissent, mais remarquez l'absence du mélèze, espèce des Alpes internes, qui n'a pu pénétrer dans la vallée du Vénéon tournée à l'ouest et fermée de tous les autres côtés par de hautes crêtes. Les merles à plastron se faufilent entre les arbres. La fauvette babillarde se reproduit dans les vernes qui bordent le ruisseau. En haut des lacets, refermez soigneusement une seconde porte en bois qui garde les troupeaux. Beau coup d'œil sur les hameaux de la Danchère et des Ougiers. Le verrou glaciaire du lac est recouvert d'une lande à rhododendron, à airelle rouge et myrtille, genévrier nain et framboisier ③. Hôtesses d'accueil du parc national, les marmottes saluent de leurs cris stridents, votre arrivée au Lauvitel. N'ajoutez pas une redondance de plus en l'évoquant par le mot lac : *"lau"* et *"vitel"* le signifient déjà tous deux en patois ! Plus grand lac de l'Oisans, d'origine glaciaire, il doit sa beauté âpre et sauvage, aux dénivelés impressionnants de parois, clapiers et éboulis, qui forment un écrin minéral autour de ses eaux bleues. Les "3 000" le cernent de toutes parts. Amusez-vous à reconnaître, de gauche à droite, l'aiguille de Venosc, la tête de la Muraillette, le pic du Clapier du Peyron, le signal du Lauvitel, les pointes de Confolant et Malhaubert et le Rochail. Le Lauvitel, au printemps, est spectaculaire avec ses icebergs. L'orchis sureau, jaune ou pourpre selon les pieds, recouvre ses prairies riveraines. Dans les parties les plus humides s'épanouissent la grassette commune, la parnassie des marais et les flocons neigeux des linaigrettes. Dans les lieux plus rocheux, vous découvrirez les saxifrages à feuilles rondes et faux-aizoon. Suivez la rive nord du lac, belvédère idéal aux grandes tables granitiques, habité à la belle saison par le merle de roche. Gagnez à droite, la cabane du Lauvitel. Le cri du cassenoix moucheté trahit la présence de pins cembros sur les versants. Après quelques gros blocs monolithiques provenant d'un gigantesque éboulement, vous redescendrez sur la Danchère par la Rousse ④, en vis-à-vis de l'Alpe de Venosc et des remontées mécaniques de la station des Deux-Alpes.

Le parc national des Écrins

Créé en 1973, le parc national des Écrins est le plus grand espace protégé de France, soit 92 000 hectares plus une vaste zone périphérique. À cheval sur l'Isère et les Hautes-Alpes, ceinturé par les vallées de la Romanche, du Drac et de la Durance, ce parc de haute montagne, couvre l'ensemble des sommets entre Grenoble, Gap et Briançon, et notamment les prestigieuses cimes de la Meije, des Écrins, du Pelvoux. Carrefour climatique entre les Alpes du Nord et du Sud, d'une grande amplitude altitudinale (de 800 à 4102 m), il abrite des milieux naturels très diversifiés où vivent des faunes et des flores d'une richesse exceptionnelle : plus de 300 espèces de vertébrés et 2500 plantes, soit la moitié de la flore française ! Protégeant des espaces naturels vierges, le parc s'évertue également à préserver la culture montagnarde très originale et spécifique à chacune de ses vallées.

Ci-dessus : ruisseau du Lauvitel.
Ci-dessous : le Lauvitel depuis l'Embernard, col du Vallon.

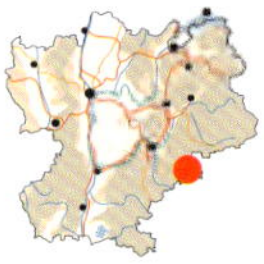

LE PLAN DU CARRELET

Oisans, là où l'alpinisme est roi

À 85 km de Grenoble, au cœur du massif des Écrins, un festival de cimes et de glaciers, forment un prodigieux décor, théâtre d'un alpinisme né au XIXe siècle.

La balade

Rejoignez le sentier à gauche, en haut du parking, qui remonte le Vénéon en rive droite. En cinq minutes, vous êtes à l'entrée du parc national des Écrins ①. La vallon de la Bérarde est l'une des rares vallées internes, avec notamment celle d'Ailefroide à l'est, qui pénètre le cœur du massif des Écrins. La belle lumière de fin d'après-midi illumine ces hautes cimes ; c'est le meilleur moment pour découvrir un des plus beaux paysages du Haut-Dauphiné. Le sentier se faufile parmi les gros blocs, entre les tapis de genévriers nains, les aulnes verts et quelques bouleaux. Les framboises, en fin d'été, sont vite dégustées dans ce vallon très couru par les randonneurs et les cordées en route pour les sommets. En amont, sur l'adret, vous serez surpris de découvrir une des dernières forêts d'altitude de l'Oisans et la seule qui subsiste dans la vallée du Vénéon ②. Elle est exclusivement composée de pins à crochets et s'élève jusqu'à 2 600 mètres par endroits ! Son enrochement aérien interdit quasiment toute exploitation, ce qui en fait une véritable relique : toutes les autres ont disparu en raison des coupes de bois de chauffage, des incendies et du surpâturage infligés par l'homme durant des millénaires. Vous surplombez le Vénéon, lorsque surgit, sur votre gauche, la crête sommitale de l'Ailefroide, à 3 954 mètres d'altitude. Ignorez, pour le moment, le sentier à droite qui enjambe le Vénéon et rejoint la Bérarde par le vallon du Chardon ③. Au Plan du Carrelet, la haute vallée se sépare en deux bras enserrant la tête du Chéret. À droite apparaît le glacier du Chardon, dominé par les pics du Says. Tout au long de la montée, des combes

Le Plan du Carrelet au cœur du massif des Écrins.

latérales offrent des dégagements spectaculaires sur les cimes couronnées de glaciers. Depuis quelques dizaines d'années, à l'aplomb de leur bastion inviolé, la forêt de pins à crochets s'est reconstituée sur le Plan du Carrelet, le classement en parc national les protégeant définitivement de toute atteinte. Après le refuge du Carrelet, la vue se dégage nettement sur le vallon du Chardon. Les merles à plastron filent entre les gros pins pluricentenaires. À dix minutes du refuge, poursuivez à droite vers le refuge de la Pilatte, invisible et niché au fond de la combe glaciaire qui vous fait face. En mi-saison, en début et fin de journée, les chamois sont peu farouches : certains se laissent approcher à quelques dizaines de mètres ! À vous de les repérer dans les pierriers et pelouses qui couvrent les versants. Progressez jusqu'à la cote 2016 ④ . Vous bénéficierez d'abord, sur votre gauche, d'un splendide panorama sur la Barre des Écrins et son célèbre clocher. Le vrai sommet n'est pas visible d'ici, mais quel festival de crêtes ! Ensuite, le vallon s'ouvre sur le vaste glacier de la Pilatte, source du Vénéon, dans son bel écrin de granit, qui culmine aux Bans à 3 669 mètres. Le spectacle est somptueux au couchant, les parois rosissant à l'extrême ! Pour le retour, empruntez le même itinéraire en sens inverse, ou bifurquez au pont, en aval du refuge du Carrelet, pour gagner le vallon du Chardon ③. Seules des passerelles permettent le franchissement des fougueux torrents du Vénéon et du Chardon. Le chemin remonte et contourne ce dernier, en une profonde boucle dans le haut de sa vallée ⑤. Vous profiterez d'un retour en balcon au pied de parois verticales, dans les clapiers et éboulis ⑥ où, d'un regard neuf, vous revisiterez les prodigieux sommets aux alentours. En vue du hameau, une superbe perspective, au nord, sur le vallon des Étançons couronné par la Meije, récompensera vos efforts ⑦.

Fiche technique

56

Durée : 4 h
Dénivelé : 379 m
Difficulté : longueur (12 km)
Période : printemps, été, automne
Equipement : randonnée classique, jumelles utiles pour observer les chamois
Balisage : Carte IGN 1/100 000 : n° 54
Carte-Guide IGN 1/25 000 : Top 25 n° 3436 ET : Meije. Pelvoux

Cette balade est extraite de l'ouvrage ***Les plus belles balades autour de GRENOBLE des Chambaran à l'Oisans*** *de Bruno Pambour*

Itinéraire d'accès

De Grenoble, rejoignez par Uriage ou le Pont-de-Claix, la route N.85, en direction de Briançon. À l'extrémité de la plaine du Bourg d'Oisans, au hameau du Clapier, quittez la route nationale et filez tout droit, en vous engageant dans la vallée du Vénéon, vers Saint-Christophe-en-Oisans, où se trouve la tombe de Pierre Gaspard, vainqueur de la Meije. Ensuite jusqu'à la Bérarde, la route est très étroite et ne permet pas le croisement de deux véhicules, sauf aux élargissements régulièrement disposés. Soyez donc prudent, et évitez si possible les périodes d'affluence (dimanches et jours fériés à la belle saison) sous peine de vous retrouver face à une colonne de voitures. Garez-vous au parking de la Bérarde. Veillez à respecter la réglementation du parc national des Écrins.
Transports en commun : cars VFD, ligne n° 304 : Grenoble - la Bérarde via Bourg d'Oisans, arrêt la Bérarde.

Où l'alpinisme est roi

Alors que le massif du Mont-Blanc était parcouru depuis le XVIIIe siècle, l'isolement de l'Oisans, la longueur des marches d'approches menant à ses sommets, retarda leur conquête jusqu'au XIXe. Curieusement, ce sont les Britanniques, grands explorateurs du globe, qui furent les premiers attirés par ces cimes inviolées, un monde inconnu ou l'imaginaire vagabondait. De nombreux écrits paraissent alors, relatant *« la grandeur sauvage, les précipices et la silhouette fantastique des sommets du massif »* (Bonney, 1863). Jusqu'alors, les autochtones s'étaient peu intéressés au monde hostile qui s'étendait au-delà des derniers alpages. En 1864, contre l'avis des gens du pays, qui prétendent la voie impossible, Whymper, Moore, Walker et leurs deux guides réussissent la traversée de la Brèche de la Meije par le couloir des Enfetchores. Les "Graverots", habitants de la Grave, n'en reviennent pas ! La même année, l'équipe réalise la "première" de la Barre des Écrins. À partir de 1870, le révérend Coolidge, un jeune Américain accompagné de sa tante Miss Brevoort, réalisa 74 premières dans le massif ! La profession de guide naquit sous l'impulsion de ces étrangers, convertissant les plus agiles chasseurs de chamois à ce nouveau métier promis à un bel avenir dans ces hautes vallées. De nombreux autres Anglais et Français s'illustrèrent ensuite dans cette grande épopée alpine. Leurs noms baptisent souvent les reliefs vaincus : pics Coolidge, Gaspard, de Neige-Cordier, Tuckett et Jean-Gauthier, pointes Swan, Castelnau et Piaget, brèches Zsigmondy et Turc… Les "premières" modifièrent parfois profondément les cartes : avant la conquête de la Barre des Ecrins, le Pelvoux était considéré comme le plus haut sommet du Dauphiné ! Chaque nouvelle cime vaincue était un véritable exploit. Peut-on imaginer les conditions spartiates de l'époque ? Aucun refuge n'existait, on dormait à l'abri d'un rocher ou d'un arbre… L'absence de carte précise, des vêtements lourds en laine, une technique d'escalade rudimentaire avec de gros souliers cloutés, étaient autant de handicaps ! Sous l'impulsion du Club alpin français (CAF), créé en 1874, et de la Société des touristes du Dauphiné, un réseau de sentiers fut aménagé, onze refuges construits et les compagnies de guides organisées. Le début du XXe siècle vit l'ascension de voies d'accès aux sommets, toujours plus difficiles. Aujourd'hui, le massif des Écrins est le second centre d'alpinisme français, où, en raison de l'affluence, il est devenu impératif de réserver ses couchettes dans les refuges, si l'on veut accéder au bonheur des sommets !

En haut : les Bans et le glacier de la Pilatte, les Écrins.
À droite : vallon du Chardon, Haute-Vénéon.

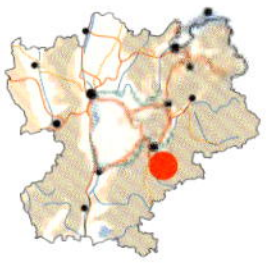

LES LACS DU TAILLEFER

Taillefer, à la rencontre des perles d'eau

À 49 km de Grenoble, découverte de lacs glaciaires au pied de l'imposant massif du Taillefer. Ruisseaux s'écoulant en méandres, tourbières et le lac Fourchu au contour singulier, évoquent irrésistiblement les étendues sans fin de l'Écosse ou de la Norvège : un autre monde au bout de vos chaussures !

Fiche technique

57

Durée : 3 h, aller et retour
Dénivelé : 465 m
Difficulté : aucune
Période : printemps, été, automne
Equipement : randonnée classique
Balisage : rouge et blanc, et blanc et vert
Carte IGN au 1/100 000 : N° 54
Carte-Guide IGN 1/25 000 : Top 25 n° 3335 OT : Grenoble

Cette balade est extraite de l'ouvrage ***Les plus belles balades autour de GRENOBLE des Chambaran à l'Oisans*** *de Bruno Pambour*

Itinéraire d'accès

Quittez Grenoble par la route N.85, direction Briançon. À Vizille, prenez la direction le Bourg-d'Oisans, par la route N.91. Remontez l'étroite vallée de la Romanche jusqu'à Séchilienne. Bifurquez alors à droite, vers Saint-Barthélemy-de-Séchilienne et l'Alpe-du-Grand-Serre (route D.114), station que l'on atteint après 12 km de montée, en lacets serrés. Aux premières maisons, tournez à gauche, vers le lac du Poursollet. La route étroite monte en quelques virages, au-dessus du village, puis, suit le flanc de la montagne sur une dizaine de kilomètres. Garez-vous au parking à l'extrémité de la route

Transports en commun : cars VFD, ligne n° 305 : Grenoble - l'Alpe-du-Grand-Serre, arrêt la Morte.

La balade

Partez sous une voûte boisée. Après les premiers chalets, franchissez par une passerelle en bois l'émissaire du lac du Poursollet. Profitez de la vue magnifique sur le lac, halte très agréable au retour de la balade. Cinquante mètres après la passerelle, obliquez à gauche pour franchir un second torrent. Suivez toujours les balises du sentier de randonnée. Une inscription blanche sur un rocher d'angle vous oriente vers le lac Fourchu. Dépassez encore quelques chalets et bifurquez à gauche, à la hauteur de la buvette des Marmottes. Une vaste pelouse alpine, où un torrent dessine de ravissants méandres, se déroule sous vos pieds, faux-plat parfai pour une mise en jambes ①. Admirez face à vous les vertigineuses falaises et éboulis du Petit Taillefer, d'où fusent les cris de marmottes. Belle cascade au flanc des parois. Le sentier s'engage ensuite dans des taillis d'épicéas, serpente et traverse successivement quatre torrents, asséchés en été ②. Appréciez le "Bon courage", peint en rouge au milieu du chemin et qui vous donnera du baume au cœur pour le reste de l'ascension ! Après avoir dépassé les derniers arbres, des myriades de fleurs s'offrent à vos yeux : campanules, adénostyles aux gracieuses ombelles roses, grappes

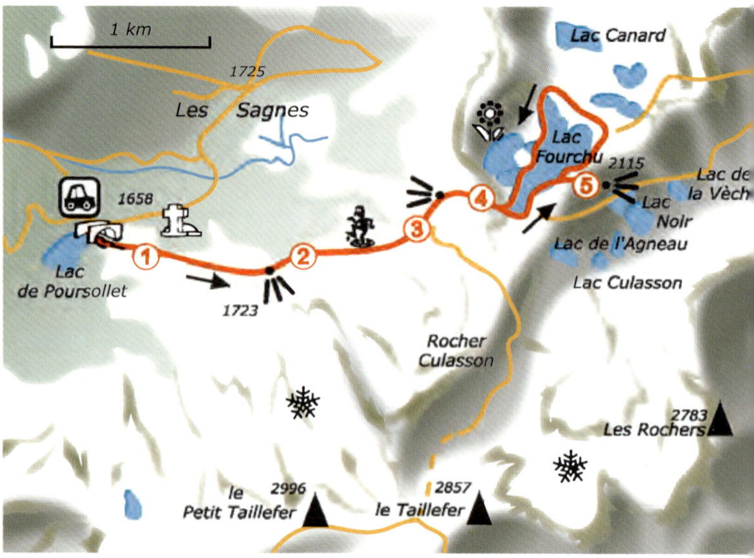

jaune doré des aconits tue-loup d'une remarquable beauté. À gauche, la station de Chamrousse, bien visible en crête et, devant vous, le Grand Galbert avec, à sa droite, la cime de Cornillon. Après un raidillon, franchissez un cinquième torrent en eau ③. Remarquez sur votre gauche, quelques gros résineux à la cime en forme de dôme : des pins cembros, dont les aiguilles sont ramifiées par cinq. Encore un effort pour gagner le plateau. Longez la ravine du torrent, en la laissant à votre gauche ④, pour aller directement au lac Fourchu. De pittoresques vallons abritent les arabesques des ruisseaux. Les plumeaux blancs des linaigrettes signalent les tourbières. À la mauvaise saison, les lagopèdes descendent des cimes du Taillefer pour hiverner sur ce plateau plus clément. Le lac est dominé par l'impressionnante masse minérale du Taillefer (2 857 m). Le massif tire son nom des anciennes mines de plomb argentifère – et non de fer, exploitées dans le passé sous l'arête de Brouffier. Contournez l'extrémité sud du lac et escaladez, dans un effort final, le petit mamelon le surplombant à la cote 2 115 ⑤, où vous aurez une vue imprenable sur le chapelet de lacs qui s'égrène aux alentours : lac Canard au nord, et côté Taillefer, de gauche à droite lac de la Veche, lac Noir, lac de l'Agneau et lac Culasson. Vous pouvez faire le tour du lac Fourchu avant de redescendre par le même itinéraire.

Le lac Fourchu, dans le massif du Taillefer.
Ci-dessous : émissaire du lac Fourchu.

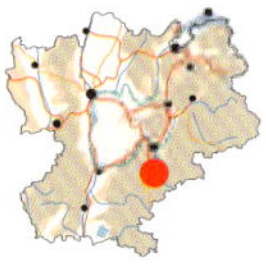

LE BONNET DE CALVIN

Trièves, autel de l'Obiou

À 69 km de Grenoble, ce sommet arrondi, défendu par des barres rocheuses est l'un des plus beaux panoramas du sud de l'Isère, aux frontières du Trièves, du Dévoluy et du Beaumont.

En haut : le Bonnet de Calvin.

Fiche technique

58

Durée : 3 h 30 mn
Dénivelé : 654 m
Difficulté : dénivelé, deux passages sans danger nécessitent l'aide des mains
Période : printemps, été, automne
Equipement : randonnée classique
Balisage : trèfle rouge à quatre feuilles (sentiers du Trièves), rouge et jaune
Carte IGN 1/100 000 : n° 54, pli B2
Carte-Guide IGN 1/25 000 : Top 25 n° 3337 OT : Dévoluy et 3336 OT : la Mure
À voir aux environs : musée du Trièves à Mens ; pont de Brion dans les gorges de l'Ebron ; habitat traditionnel à Mens, Cornillon-en-Trièves, Saint-Baudille-et-Pipet et Prébois ; cirque de Tréminis.

Cette balade est extraite de l'ouvrage
Les plus belles balades autour de GRENOBLE des Chambaran à l'Oisans
de Bruno Pambour

Itinéraire d'accès

De Grenoble, dirigez-vous vers Sisteron, par la route N.75. Dépassez Monestier-de-Clermont, et au col du Fau, porte du Trièves, prenez à gauche, la route de Mens. Passez les gorges de l'Ebron, brèche profonde dans le bassin du Trièves par l'impressionnant pont de Brion, qui domine de 60 mètres le torrent. Le paysage bocager, avec ses fermes massives, qui semblent établies depuis toujours, entre les collines boisées, se poursuit jusqu'à Mens, capitale du pays. Dirigez-vous vers les Granges. À Mantayre, tournez à droite et montez vers Bessaire. À la fin de la ligne droite, après ce dernier hameau, en contrebas de la piste, découvrez la Pierre des Sacrifices, qui aurait servi à des immolations du temps des druides. Continuez l'ascension en longs lacets, dans la forêt domaniale de Saint-Genis. Après une première barrière levée, contemplez un superbe panorama sur le Trièves, la Matheysine, le Valbonnais et les cimes de l'Oisans. Laissez votre véhicule au parking et aire de pique-nique aménagés par l'ONF, face au Bonnet de Calvin.
Transports en commun : cars Grindler, ligne n° 450 : Grenoble - Mens, arrêt Mens.

La balade

Au-delà de l'aire de pique-nique, engagez-vous à droite, dans une plantation d'épicéas ①, repeuplement serré et stérile aux arbres malingres et dépourvu de sous-bois. À la sortie de cette "aberration végétale", poursuivez le chemin vers l'extrémité sud du Châtel. L'objet de vos futurs efforts dresse sa curieuse silhouette allongée devant vous. Son pourtour semble avoir été taillé à coups de machette : plusieurs rubans rocheux, les "bancs", entrecoupées de sangles, ceinturent la croupe sommitale, arrondie et recouverte d'alpages. L'autre nom de la montagne, le Bonnet de Calvin évoque naturellement la religion réformée qui s'est solidement implantée en Trièves dès le XVe siècle. Rapidement, vous rejoignez l'épingle d'une piste forestière ②, que vous suivrez direction sud. À 500 mètres, en un lacet serré à gauche, une piste s'échappe au nord ③. C'est la voie de l'ascension, balisée par des trèfles rouges et l'indication du sommet. Les framboisiers tapissent les clairières entre hêtres et épicéas. La piste se transforme, à la cote 1517, en un sentier qui oblique aussitôt à droite, vers le sud ④. La vue s'étend sur tout le Bonnet de Calvin et, à droite, sur les crêtes du Grand-Ferrand et le Trièves. En été, partez en début de matinée, sous peine de cuire sur ce versant l'après-midi ! Plusieurs sentes mènent en fait à la clé de l'ascension du Châtel : le passage des "bancs" de rochers qui, de loin, semblent rendre inaccessible le sommet. Il n'en est rien ! Les trèfles à quatre feuilles rouges, symboles des randonnées du Trièves, guideront sûrement vos pas dans le dédale des escarpements rocheux. Le chemin ne tergiverse plus et attaque franchement l'ultime pente accédant aux bancs. En quelques lacets, vous êtes à la verticale de mélèzes et de la première barre. Par cette vire herbeuse ⑤, d'une platitude bienvenue pour le souffle (!), longez sur environ 300 mètres, le pied du second banc, où l'œuvre de l'érosion a formé de nombreux abris naturels. Par une brèche, résultat d'un éboulement du banc supérieur, accédez facilement aux pâturages du Bonnet de Calvin. Une dernière pente gazonnée et voici le cairn de la crête, épine dorsale du sommet ⑥. À votre gauche se trouve un site d'envol apprécié des parapentistes. Au printemps, trolles et narcisses s'épanouissent dans les pelouses ; plus tard ancolie des Alpes, gentiane jaune, arnica, aster, lis martagon fleurissent. Gagnez au sud le vrai sommet, le "Pompom" (1 937 m), où l'horizon se découvre de tous côtés. À proximité immédiate se dressent les imposantes tours calcaires de l'Obiou, proue septentrionale du Dévoluy. Sa forme lui donna certainement son nom, car tête de l'Obiou signifie en patois, "tête de bœuf". Il dispose lui-même d'un avant-poste, l'Aiguille. Plus au sud, les cimes du Ferrand dominent le cirque de Tréminis. Se tournant à l'ouest, le regard glisse sur les sombres contreforts des cols de la Croix-Haute et de Menée, couverts de conifères et refuges du pic noir et de la chouette de Tengmalm, pour buter sur les falaises orientales du Vercors, dénommées parfois "Dolomites françaises". À vos pieds, le Trièves déploie le charme de ses vallons, collines et villages. Ici se sont déroulés les célèbres romans de Jean Giono *Batailles dans la montagne* et *un Roi sans divertissement*. Au nord des gorges du Drac s'étend la Matheysine avec son alignement de lacs glaciaires, puis à droite, l'Oisans et le puissant massif cristallin des Écrins. Plein est, découvrez le lac du Sautet entouré par le Beaumont, le Valbonnais et les profondes vallées du Valjouffrey et du Valgaudemar dont quelques sommets sont facilement reconnaissables, du nord au sud : la roche de la Muzelle, la pyramide de l'Olan, le Sirac, le Vieux-Chaillol, etc. Achevez votre traversée du Châtel en redescendant sur la col de la Brèche ⑦, dans un tapis de genévriers nains. Aidez-vous de vos mains pour le passage du premier banc puis, en quelques lacets, négociez les deux suivants. Du bas, l'extrémité du Bonnet de Calvin semble figée tel un vaisseau de pierre ! Quittant le versant de Cordéac, vous regagnez au nord-ouest, par le sentier doublement balisé des Tours de Trièves et de l'Obiou, les premiers pins et épicéas ⑧. À la première bifurcation, allez à gauche dans un bois de pins sylvestres et de fayards parsemés de chênes pubescents et mélèzes. Les clairières sont couvertes de framboisiers et d'épilobes. Vous pouvez maintenant vous diriger à vue vers le parking de départ. Toujours par le sentier de pays, vous arrivez à la piste qui vous a précédemment mené au sommet (balises au trèfle rouge). Dévalez-la à gauche, puis bifurquez à nouveau à droite lorsqu'elle en rejoint une autre. À la prochaine épingle à cheveux très serrée à gauche, quittez-la pour suivre la trace qui parvient au-dessus du reboisement d'épicéas, à côté du parking.

Le Triéves vu depuis le Bonnet de Calvin.

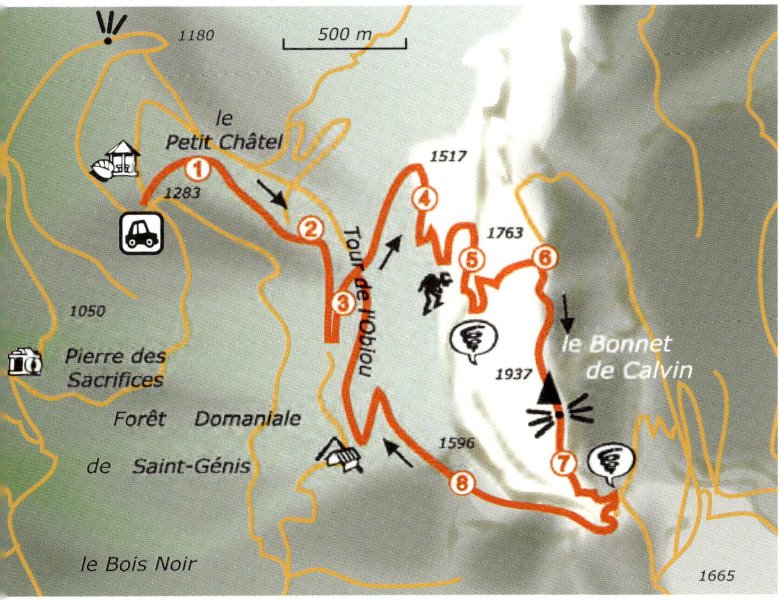

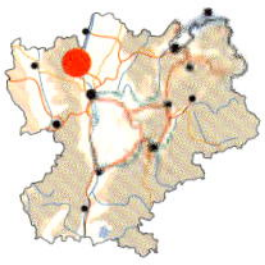

LES LANDES DE LA CROIX ROSIER

Haut Beaujolais, landes du haut Beaujolais

À 67 km de Lyon, une balade insolite dans la solitude des crêtes du Beaujolais viticole, à travers de vastes landes à genêts et à callune des pelouses balayées par les vents et de profondes forêts.

La balade

Partez à gauche sur le chemin montant dans des taillis de chênes, charmes et noisetiers (balisage orange puis orange/bleu) ①. Après 400 m, vous voilà sur la crête. Pour votre plus grand plaisir, l'itinéraire va la suivre, alternant brèves montées et descentes en balcon permanent sur le Beaujolais. Les pelouses sommitales sont cernées par des landes où callune et trois espèces de genêts se rencontrent : le sagitté, le poilu et celui à balais. Fougère aigle, ronce, rosier sauvage, sureau noir, aubépine, épine-vinette s'y mêlent au gré des sols et des orientations. Après une brève descente, à la hauteur d'un rognon rocheux barbouillé de balises (cote 712), on retrouve le sentier qui monte depuis le dernier lacet de la route ②. Il contourne la combe encaissée du ruisseau des Chardilles. À la patte d'oie de la cote 677 ③, continuez à droite en suivant le balisage bleu/rouge à travers un champ de genêts élevés et des squelettes d'arbres brûlés. Au lieu-dit Roche-Martin (cote 665), sous l'échine du crêt David, l'horizon se dégage. Droit devant, la crête totalement boisée louvoie à droite, puis file complètement défrichée jusqu'à la grosse ferme fortifiée de Sainte-Marie, bien utile pour se repérer. Au-delà, la crête de la croix de Saburin s'étire, frangée par les pelouses claires. Le chemin de terre serpente dans des taillis puis, après un lacet, offre une superbe perspective sur un profond vallon qui dévale vers Cherves et Quincié, la patrie de Bernard Pivot. C'est la combe de Longueval, la bien nommée, aux flancs couverts d'un épais manteau de feuillus (chênaie-charmaie). Le sentier plonge ensuite entre deux talus, sous des taillis de chênes bien ombragés et tapissés de fougères. C'est le royaume à l'automne des cèpes et des chanterelles. En bas de la descente ④, poursuivez à droite en suivant les balisages bleu/rouge et orange/bleu. Face à la bâtisse de la Sablière, une vigne "égarée" vous rappelle que vous êtes bien en Beaujolais ! Il faut dire que, malgré l'exposition favorable, plein sud, elle atteint ici sa limite altitudinale à 560 m. Après la première vigne, bifurquez à gauche pour dévaler un fossé jusqu'à un croisement ⑤. Traversez-le pour suivre tout droit la ligne de crête le long d'une seconde vigne à droite. Avant de prendre le premier sentier qui s'enfonce en forêt, sur la gauche, à angle droit ⑦ (croix bleu/rouge sur un châtaignier et anciennes balises jaune, vert, bleu, blanc), poussez un peu plus loin sur le chemin principal. Il longe une plantation de douglas avant de dominer magistralement les vignobles du Perréon et de Clochemerle ⑥. Au sud-ouest, les hautes croupes du crêt de l'Heule, de la Pyramide (888 m) et les hauteurs de Saint-Cyr-le-Chatoux forment un vaste amphithéâtre boisé drainé par une multitude de torrents aux noms évocateurs : ruisseau des Chardilles, du Rosier, de Fond Satillon, du Bout-du-Monde, du Laveur, de la Futes, de Montmain, de la Ponsonnière, de la Papilloud, des Bussières, de Fonzelle, des Palletières, des Fées… Avouez que le coup d'œil valait de détour. Revenez sur vos pas pour suivre le sentier étroit précédemment décrit ⑦ (à droite au retour). Il

Fiche technique

Durée : 4 h 30
Longueur : 12 km
Dénivelé : 168 m
Difficulté : longueur
Période : toute l'année, l'hiver selon enneigement
Equipement : randonnée classique
Balisage : orange/bleu, bleu/rouge, jaune
Carte IGN 1/100 000 : n°43, pli B8
Carte-Guide IGN 1/25 000 : n° 2929 est : Beaujeu et n° 2930 est : le Bois-d'Oingt
À voir aux environs : pissotière, caveau et musée de la Vigne et du Vin de "Clochemerle" (Vaux-en-Beaujolais), château (XVIIe s.) et cuvage (XVIIIe s.) de la Chaize à Odenas, habitat vigneron de la Grange Charton à Régnié-Durette, château de Varennes (XVIe s.) à Quincié, mont Brouilly (pèlerinage des vignerons le 8 septembre), cuvage de Brouilly à St-Lager, château d'Arginy (Xe s.) à Charentay, musée des Arts et Traditions populaires Marius Audin à Beaujeu, cloître de Salles-Arbuissonas (XIIe s.), panorama de la chapelle de St-Bonnet et château de Montmélas à Montmélas-St-Sorlin.

Cette balade est extraite de l'ouvrage ***Les plus belles balades autour de LYON du Beaujolais au Pilat*** *de Bruno Pambour*

Itinéraire d'accès

Quittez l'agglomération lyonnaise par l'A 6. Sortez à Belleville. À la Croisée de Belleville, suivez la D 37 vers Beaujeu. Passez Cercié au pied du pittoresque mont Brouilly.
Un kilomètre après le rond-point des Samsons, tournez à gauche sur la D 9 en direction de Quincié/Marchampt.
À l'entrée de Marchampt, prenez à gauche la D 72 qui traverse le village et grimpe au col de la croix Rosier. Après 6 km d'ascension, 300 m après le dernier lacet, garez-vous sur le premier replat gazonné (vue dégagée au sud, environ 700 m avant le croisement du col).
Transports en commun : aucun

chemine sous des châtaigniers prolixes en fruits à l'automne. À l'orée du bois, vous découvrez les landes naturelles où trône la ferme Sainte-Marie.
Au printemps, orchis mâle et militaire fleurissent dans les graminées tandis que les chants de l'alouette lulu, de la fauvette grisette, du bruant fou et de la linotte égayent ces vastes solitudes. Au crépuscule, la lande est le théâtre des spectaculaires parades de l'engoulevent : des vols en cercles où l'oiseau claque des ailes. Il est envoûtant de se laisser bercer par son chant monotone : un insolite ronronnement modulé sur plusieurs notes qui n'est pas sans rappeler un cyclomoteur ! Près de dix rapaces nichent dans les environs : épervier, buse variable, bondrée apivore, busard saint-Martin, circaète, faucon crécerelle… Ouvrez l'œil, ils survolent fréquemment les crêtes. La faune entomologique est également remarquable avec l'ascalaphe, la mante religieuse et de nombreux papillons parmi lesquels deux espèces rares : le grand porte-queue et le grand nègre hongrois. Logiquement, une forêt devrait remplacer la lande dans un siècle. Conséquence d'anciens défrichements qui ont profondément modifié le sol de ces crêtes granitiques, la lande à callune bloque ici le processus de colonisation des arbustes et devient un milieu stable où s'arrête la succession végétale (d'après Anne-Marie Laurent). Un arrêté de biotope protège l'ensemble de ces richesses.
Sur un vaste périmètre, les prairies sèches de Sainte-Marie sont clôturées. Evitez-les par la droite en longeant des taillis d'acacias et de noisetiers ⑧. Plus bas, suivez à gauche la piste menant à la ferme. Elle la contourne par une large courbe qui remonte vers le nord. À la hauteur du portail de la propriété ⑩, grimpez à gauche en suivant le balisage jaune vers la crête. La cote 624 vous réserve une vue admirable sur les pelouses, délicieusement blondes en fin d'été, qui moutonnent aux sommets des versants boisés. Progressez sur l'ultime crête à travers une abondante végétation de chênes, de noisetiers, d'épine noire, de genêts et de genévriers. Peu après, un chaos rocheux semble jaillir de terre et marque la fin de l'itinéraire ⑪. Le panorama est à nouveau généreux sur les modestes sommets du Beaujolais. En alignement de la crête, au nord-ouest, se profile la silhouette caractéristique du mont Brouilly qui trahit son origine volcanique. À ses alentours, l'océan de vignes s'étire à perte de vue, limité à l'est par le val de Saône. Vers le sud, vous reconnaîtrez Villefranche, la colline de Buisante et les monts d'Or. Au nord, en arrière de la crête dominant Marchampt et Quincié, s'élève le pylône du Fût d'Avenas. Faites demi-tour et revenez sur vos pas : la solitude des landes du haut Beaujolais, contrairement au vin de ce beau pays, est à consommer sans modération.

Vignoble du Perréon, en Beaujolais.

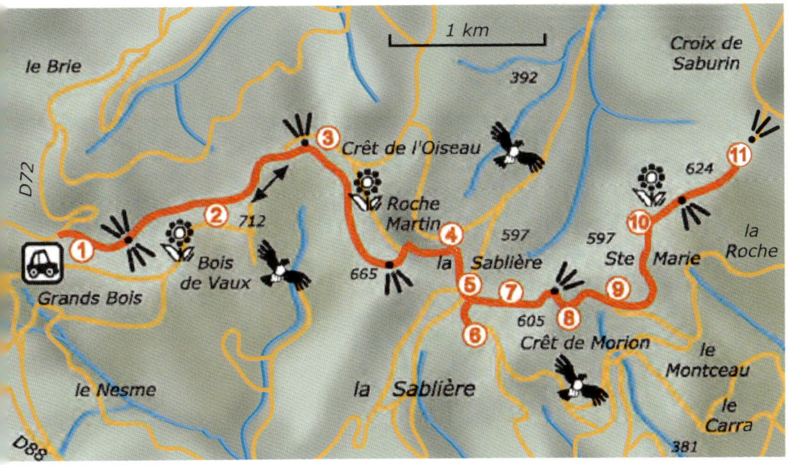

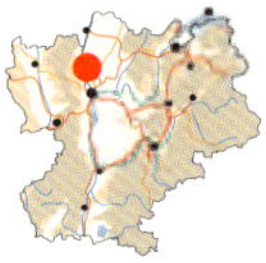

LES CABORNES DE POLEYMIEUX

Monts d'Or, sur les traces d'Ampère

Lyon, promenade à la rencontre du patrimoine de la "perle de la couronne des monts d'Or".

La balade

De l'église, prenez à droite la route de Nerbey ① : elle laisse le cimetière à sa gauche puis se transforme en chemin. Après quelques villas et un carré de vignes, en vis-à-vis du bois escarpé du mont Thou, on découvre le vallon drainé par le Thou, l'un des plus importants ruisseaux des monts d'Or qui, via Curis, se jette dans la Saône. Plus en amont, c'est au lavoir des Gambins, près de la source du même nom encore aujourd'hui captée, que l'aqueduc romain des monts d'Or prenait naissance. Une polyculture bien typique du massif (vergers, vignes, prairies d'élevage, maïs, tournesol…) se partage le versant sud. Juste avant une ligne électrique où il faut obliquer à gauche, laissez votre curiosité vous conduire vingt mètres plus loin pour admirer, sur la gauche, la première caborne du circuit. Revenez sur vos pas pour reprendre le chemin ascendant qui rejoint peu après une voie séculaire à remonter à gauche vers le vieux Poleymieux ②. Le chemin du Chêne à la Vieille-Église est bordé d'un somptueux muret de pierres sèches. Les pierres triangulaires disposées verticalement sur son sommet, outre leur fonction esthétique, assurent par leur poids la solidité de l'ouvrage en empêchant les éléments de le démanteler. Orné de nombreux motifs grâce à l'habile agencement de pierres de colorations différentes, il comporte plusieurs escaliers de vignerons et des cabornes, isolées ou en forme de petite guérite incluses dans le mur de soutènement. En haut du chemin, au quartier des Combes et de la Feyssolière, suivez à gauche, sur dix mètres, une voie goudronnée puis, à droite, prenez une sente le long de la clôture d'une propriété. En haut du chemin de la Péronnière ③, continuez à droite vers la croix Rampau et la tour Rissler, le dernier vestige de l'enceinte du château (XIVe s.). Une tour carrée, à l'ori-

Fiche technique

60

Durée : 2 h 30
Longueur : 8 km
Dénivelé : 180 m
Difficulté : aucune
Période : toute l'année
Equipement : randonnée légère
Balisage : bleu clair
Carte IGN 1/100 000 : n°51, pli A4
Carte-Guide IGN 1/25 000 : n° 3031 ouest : Lyon, fiche n°6 du topoguide À la découverte des Monts d'Or et fiche n°8 du topoguide Sentiers de découverte en région lyonnaise, Sécirely.
À voir aux environs : Couzon : carrières de pierres (vue panoramique depuis le Crêt à Albigny) ; St-Romain ; hameau de St-Fortunat, Collonges : demeures anciennes (XIVe et XVe s.) et le plus célèbre restaurant de France, celui de Paul Bocuse ; musée de l'Automobile à Rochetaillée ; panorama de Montanay sur les Monts d'Or et le val de Saône.

Cette balade est extraite de l'ouvrage ***Les plus belles balades autour de LYON du Beaujolais au Pilat*** *de Bruno Pambour*

Itinéraire d'accès

Accès par l'A 6, sortie Limonest, puis par la D 92 vers Poleymieux, ou par la D 73 via St-Didier, ou par les quais de Saône puis la D 73 via Curis. À Poleymieux, prenez la D 92e vers la croix Rampau pour vous garer au parking derrière l'église.
Transports en commun : TCL lignes n° 40, arrêt Neuville-sur-Saône, puis ligne n°84, arrêt Poleymieux-Eglise.

Une caborne à Poleymieux au Mont d'Or.

gine le clocher de l'ancienne église, la domine. Vingt mètres plus loin, remarquez à gauche un charmant vieux puits. À 400 m, à la cote 452, faites un détour à droite en direction de St-Germain, jusqu'à la croix Rampau. À 200 m, à une fourche marquée par un beau chêne, se trouvent les ruines du moulin d'Ampère. Ce dernier n'en était pas propriétaire mais rencontrait ici sa fiancée, Julie, venue à pied de St-Germain. Une citation du journal du célèbre savant, datée du 3 juillet 1797 témoigne de ces moments intimes : « *Nous les accompagnâmes le soir, jusqu'au moulin à vent où je m'assis encore à côté d'elle pour observer, nous quatre, le coucher du soleil qui dorait ses habits d'une lumière charmante.* » Continuez à droite jusqu'à l'aire de piquenique, où vous grimpez à gauche vers la table d'orientation du Touring Club de France (1937). De gauche à droite, à partir du nord, vous reconnaîtrez par temps clair : le val de Saône (avec notamment Villefranche, Trévoux, Neuville), la Dombes, le Bugey, les Préalpes, à l'est le mont Blanc à 158 km, au sud-est les Écrins, au sud le mont Thou avec à sa droite le col de Presles, la Garenne hérissée de pylônes, et plein ouest, au-delà des monts de Tarare, le lointain Puy de Dôme à 143 km et enfin les monts du Beaujolais qui terminent ce prodigieux tour d'horizon. Revenez sur vos pas pour reprendre à droite la route précédemment délaissée. À 200 mètres ④, faites une incursion de 50 m, à droite, sur le chemin des Carrières pour découvrir le lavoir du Cendre. De nouveau sur la route, ignorez à gauche le sentier de la Garenne (balisage jaune). À la cote 433, en balcon du val de Saône, prenez à droite l'ancien chemin de Chasselay ⑤ entre des haies d'érables et d'aubépines (balisage bleu clair et bleu foncé). En sous-bois, négligez un premier sentier herbeux à gauche pour, 50 m plus loin, bifurquer à gauche sur un chemin millénaire ⑥ qui traverse horizontalement un joli bois de feuillus, où chênes sessiles, frênes, érables planes et champêtres, tilleuls, charmes, châtaigniers se mêlent. À gauche, derrière le muret, une superbe caborne aux blocs bien taillés vous attend. Établi sur un versant nord, le sous-bois dense procure l'été une délicieuse sensation de fraîcheur. Bientôt, on enjambe un ancien muret moussu et en partie effondré, qui se termine sous les frondaisons de deux hauts frênes par une caborne écroulée. Un lacet vous élève ensuite à un chemin transversal à suivre à droite ⑦, entre des haies de buis et des taillis de chênes pubescents. En 1813, des soldats autrichiens et français se sont affrontés là, laissant leurs morts dans une fosse commune difficilement repérable à proximité. Après quelques pins sylvestres, continuez à gauche sur un autre chemin toujours balisé. À la sortie des bois, au croisement ⑧, poursuivez tout droit en balcon d'un champ. En haut, la fin du chemin barrée vous oblige à remonter à droite, par une épingle à cheveu, un raidillon le long d'un circuit pour véhicules tous terrains ⑨. À un carrefour à trois voies, rejoignez à droite la D 92e. Descendez-la à gauche jusqu'à la pancarte de Poleymieux ⑩, où vous bifurquerez à droite, en contrebas, sur un chemin gazonné en alignement du mont Narcel, qui dépasse une caborne adossée à un tumulus. Puis le chemin goudronné du Bouchat se dirige à gauche vers le village ⑪. Aux premières maisons, continuez tout droit sur le chemin de La Maby, puis par la montée des Chavannes le long de vieilles demeures en pierres dorées. À la hauteur de la guérite des TCL, descendez à gauche l'étroit et discret chemin du Pavé, puis à droite le chemin de la Péronnière ⑫ (à gauche, beau porche avec auvent et blason et, 50 m plus bas, croix sculptée dégagée de l'angle du mur). Au virage, devant la statue de la Vierge, rejoignez directement l'église par le chemin de Planchamp, à droite.

Vignobles des monts d'Or.

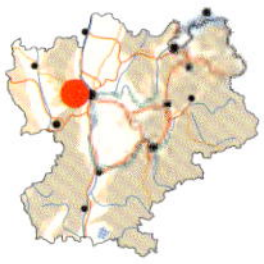

LE CIRCUIT DE LA GERLE

Coteaux du Lyonnais, vallée du Garon

À 17 km de Lyon, la fraîche et verdoyante vallée du Garon abrite des vestiges spectaculaires de l'aqueduc du Gier, prouesse de l'ingéniosité romaine.

La balade

Au virage, prenez à droite le chemin carrossable ① (balisage double trait blanc) qui, rapidement, sous les frondaisons de robiniers et tilleuls, passe sous l'une des quatre dernières arches d'un "pont-siphon" de l'aqueduc romain du Gier. Daté du règne d'Hadrien (120 après J.-C.), il était d'une perfection technique rarement atteinte et pourvu d'un grand nombre d'ouvrages d'art : tunnels, près de trente ponts, longues files d'arcades, quatre siphons. Long de 85 km, il était le seul à alimenter le sommet de Fourvière, à 300 mètres d'altitude, avec un débit de 25 000 m^3 par jour. Les eaux du Gier captées à la Martinière, à 410 m d'altitude, à 3 km au sud de Saint-Chamond, étaient conduites dans un canal maçonné, revêtu d'un enduit hydraulique de chaux et de brique pilée, et couvert par des dalles ou par une voûte en plein cintre. Pour assurer le transport de l'eau par gravitation naturelle sur toute sa longueur, sa pente était faible de l'ordre de 1 à 3 m par kilomètre, soit 1 à 3 mm par mètre ! Le canal était généralement enterré dans une tranchée, invisible. Il ne sortait de terre que pour garder son niveau lorsque le terrain s'abaissait, ou pour franchir une petite vallée grâce à des arches basses ou un "pont-canal". Lorsqu'il rencontrait de larges vallées comme celles du Garon ou de l'Yzeron à Beaunant, incontournables pour rejoindre Fourvière sur le plateau du

Pêchers en fleurs, monts du Lyonnais.

Fiche technique

61

Durée : 2 h 30
Longueur : 7,2 km
Dénivelé : 90 m
Difficulté : aucune
Période : toute l'année
Equipement : randonnée légère
Balisage : incomplet, double trait blanc
Carte IGN 1/100 000 : n°51, pli B3
Carte-Guide IGN 1/25 000 : n° 3032 ouest : Oullins. Givors
À voir aux environs : autres vestiges remarquables de l'aqueduc du Gier : les arcades du Plat de l'Air à Chaponost, le "pont-siphon" de Beaunant à Ste-Foy-les-Lyon; églises romanes des Coteaux du Lyonnais (St-Vincent à St-Laurent-d'Agny, Messimy, St-André de Larny à Pollionnay, Ste-Marie de Taluyers, Montagny…), parc de Lacroix-Laval à Marcy-l'Etoile

Cette balade est extraite de l'ouvrage ***Les plus belles balades autour de LYON du Beaujolais au Pilat*** *de Bruno Pambour*

Itinéraire d'accès

Gagnez Brignais par la D 42 (direction Rive-de-Gier) ou par l'A 7, sortie à l'échangeur de Pierre-Bénite-Sud. Au centre de Brignais, suivez la direction "vallée du Barret/auberge du Garon/aqueducs romains". À 2,5 km, garez-vous au mieux à droite de la route juste avant qu'elle ne traverse la vallée du Garon vers l'auberge du même nom.
Transports en commun : Transports publics 69 ligne n°101 Lyon/Givors/Vienne, 105 Lyon/Mornant, 125 Lyon/St-Etienne, arrêt Brignais centre, tél.: 78 62 67 69; ligne SNCF n°595c Lyon/Brignais, arrêt Brignais. Départ de la balade à 2,5 km (direction "vallée du Barret/auberge du Garon/aqueducs romains").

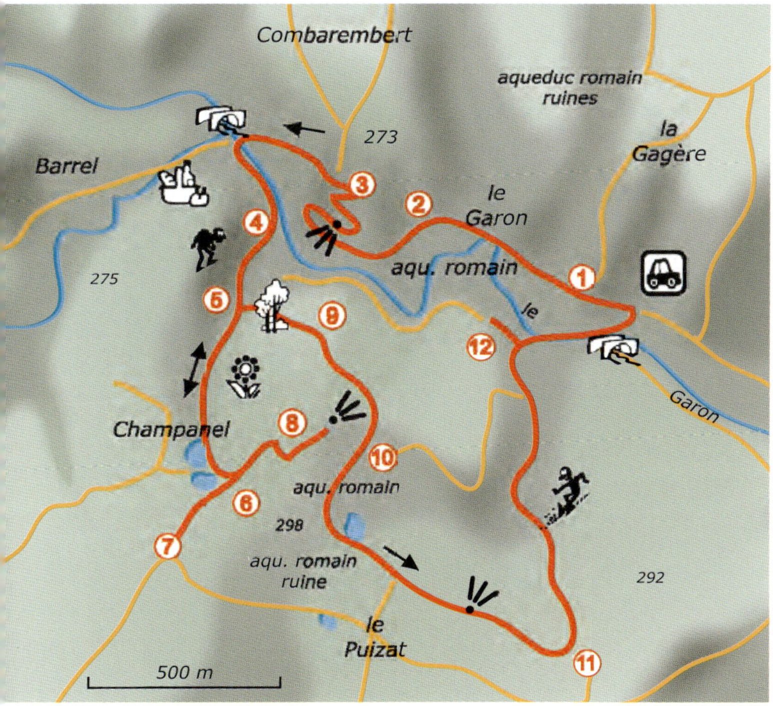

Arcades du Plat de l'Air à Chaponost.

Point du Jour, il était impossible techniquement de construire un pont-canal pour franchir ces vallées larges de plus d'un kilomètre et profondes de plus de cent mètres. Pour mémoire, le pont du Gard avec ses trois étages détient le record de hauteur avec 49 mètres et n'a que 270 mètres de longueur. Ces obstacles géographiques ne pouvaient être vaincus que par un siphon, qui reproduisait à grande échelle le principe des vases communicants. Issue d'un réservoir de chasse en haut de la vallée, l'eau passait en conduite forcée (dans une dizaine de tuyaux de plomb de 25 cm de diamètre, capables de supporter d'énormes pressions) au fond de la vallée sur un "pont-siphon", haut d'une vingtaine de mètres seulement, avant de remonter jusqu'à un réservoir de fuite, légèrement plus bas que le réservoir de chasse, où le canal reprenait. Le pont-siphon de la vallée du

Le torrent du Garon.

Garon était long de 208 m et haut de 21 m, avec 23 arches. La totalité du siphon, long de 1 200 m, avait une dénivellation de 93 m entre le réservoir de chasse et le haut du pont-siphon (d'après J. Burdy).

Au hameau du Garon, les premières arches de l'ouvrage se profilent en rive droite. Au niveau d'un chemin privé qui gagne le fond du vallon ②, restez à droite pour vous élever progressivement en balcon de la vallée : un bel amphithéâtre de verdure, où montent les chants fluides des merles et des grives. Quatre lacets s'enchaînent avant de rejoindre une maison aux volets verts ③, où vous bifurquez à gauche dans une descente rapide. Après une bâtisse isolée en sous-bois, franchissez le Garon par le gué ou par l'une des deux passerelles situées juste en aval de son confluent avec le Furon. Le Garon, qui prend sa source sous le col des Brosses, à l'ouest d'Yzeron, a gardé son caractère sauvage : la truite fario et le cincle plongeur fréquentent ses eaux vives. Descendez sa rive droite. Après une petite maison, puis un petit bois, le sentier s'écarte de la rivière pour traverser une prairie, au milieu de laquelle se présente une patte d'oie ④. Restez à droite pour gagner le fond de l'herbage, rentrez en forêt (chiffre 4 sur un arbre), puis grimpez un bref raidillon jusqu'à un chemin transversal ⑤. Remontez-le à droite à mi-pente d'un vallon touffu, où chênes, charmes et frênes se plaisent. Sur le haut, un parc privé abrite une belle pièce d'eau entourée d'arbres magnifiques : frênes, érables, marronniers, tilleuls, robiniers… Au crépuscule, à la belle saison, l'appel flûté du hibou petit-duc y résonne. Suivez ensuite à gauche un large chemin carrossable ⑥. À 100 m, faites un aller-retour, à droite, pour découvrir "le Chameau" ⑦, une des dernières arches au beau parement réticulé d'une série de quatre-vingts presque toutes détruites : certaines s'élevaient à 18 m ! De retour au croisement, continuez tout droit sur 100 m, puis à droite et à gauche en suivant les panneaux "la Gerle", nom patois qui désigne le réservoir de chasse du siphon du Garon. L'accès final s'effectue par une sente dans un champ de blé ⑧, à respecter absolument. Au nord, remarquez les ouvertures d'où partaient les tuyaux en plomb. De l'autre côté de la vallée, au nord-est, la Gagère, le réservoir de fuite, est visible. Revenez sur vos pas jusqu'au parc avec l'étang pour redescendre le vallon (ignorez les deux sentes qui descendent à gauche vers le Garon), puis décrivez par le même chemin une large boucle dans la chênaie-charmaie de l'Appent ⑨ : la délicate phalangère à fleurs de lis, aux longs épis blancs, s'y épanouit en juin, chanterelles et lépiotes élevées feront le bonheur des amateurs de champignons en saison. Après une courte montée, à la sortie du bois, poursuivez tout droit au croisement ⑩ ; "la Gerle" est à votre droite. Après la ferme, suivez à gauche le long d'un mur riche en matériaux de l'aqueduc, le chemin de la Gerle, asphalté, à travers des prairies de fauche. Cinq cents mètres après le Puisat, à l'angle d'une villa et d'un transformateur EDF ⑪, quittez-le à gauche pour dévaler le chemin de Raze-Bagnon (pancarte). Après avoir négligé deux chemins sur la droite, il devient encaissé et boueux : pour éviter de patauger, suivez à droite le talus aménagé (glissant par temps de pluie). Passé un goulet, la combe s'ouvre sur un pâturage (ânes), puis débouche sur la ferme de Raze-Bagnon. En bas, avancez 100 m sur la gauche ⑫ pour contempler les premières arches du pont-siphon. De retour à la ferme, suivez la route qui longe puis franchit le Garon pour regagner votre véhicule.

LA BOUCLE DU RENARD

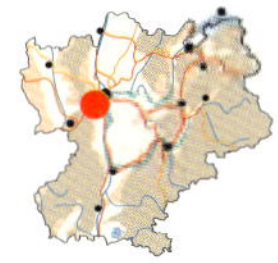

Coteaux du Lyonnais, dépression du Jarez

À 29 km de Lyon, entre les monts du Lyonnais et le massif du Pilat, le plateau et les combes de Saint-Jean-de-Touslas, en balcon de la vallée du Gier, offrent une promenade aux attraits variés (maisons-fortes, architecture traditionnelle, vastes panoramas, vallons frais et ombragés).

La balade

Les singulières mosaïques des murs de la sacristie sont l'œuvre du curé Cognet vers 1930. Derrière l'église, passez devant le garage Citroën pour vous engager aussitôt à droite dans un discret et étroit passage entre deux murets ①. Après quelques cerisiers, le massif du Pilat apparaît au-delà de la dépression du Jarez, nom donné aux deux versants, Lyonnais et Pilat, dominant la vallée du Gier. La pierre granitique sombre et la tuile romaine sont deux constantes de l'architecture traditionnelle du pays. Arrivés à une petite route, suivez-la à droite sur 150 m avant de tourner à gauche vers Bourgneuf/Goutreuil ②. À l'ouest se profile le village de St-Maurice-sur-Dargoire alors que le panorama s'ouvre sur la vallée du Gier avec, au premier plan, le château d'Écossieux (XVIe s., propriété privée). Après Bourgneuf, à la hauteur d'une ligne électrique moyenne tension ③, quittez la route qui vire à droite, pour continuer tout droit sur un chemin herbeux, le long d'un muret de pierres sèches. Champs de maïs, de céréales et prairies s'étalent autour de l'ancienne maison-forte dotée d'un pigeonnier de huit cents nids. Cent mètres après un cabanon en pierre, à un calvaire, bifurquez à gauche en direction du château (balisage violet et renard). Passez un carré de vignes, belle perspective au sud sur la combe du Losange et Dargoire. Après avoir longé le mur d'enceinte, au croisement ④, suivez à droite la route de Dargoire sur deux cents mètres, puis obliquez à gauche juste avant la première maison de Paradis, à l'angle d'une mare ⑤. Après une brève descente encadrée par deux murets dans un petit vallon humide (calvaire et

Mosaïque de la sacristie de Saint-Jean-de-Touslas.

Fiche technique

62

Durée : 2 h 00
Longueur : 7,8 km
Dénivelé : 58 m
Difficulté : aucune
Période : toute l'année
Equipement : randonnée classique
Balisage : violet, vert, renard, incomplet
Carte IGN 1/100 000 : n°51, pli B3
Carte-Guide IGN 1/25 000 : n° 2932 est : Mornant
À voir aux environs : églises romanes des Coteaux du Lyonnais (St-Lazare à St-Martin-de-Cornas, St-Laurent à St-Vincent-d'Agny, église du vieux bourg à Montagny, prieuré et église de Taluyers), chêne monumental (proche du château de Layer) à St-Maurice-sur-Dargoire, bourgs médiévaux de Mornant (maison de pays) et de St-Andéol-le-Château, vestiges de l'aqueduc du Gier : pont des Granges à St-Maurice-sur-Dargoire (accès : après les Granges, faire 600 m vers Jurieux, puis avant la Chandelle, prendre à pied un sentier à gauche sur 400 m, pont à 100 m à droite), pont du Mornantet à Mornant (en contrebas du carrefour D 30/D 63(vers St-Sorlin), landes humides entre Montagny et Chassagny, zoo de St-Martin-la-Plaine (centre de reproduction d'espèces menacées d'extinction).

Cette balade est extraite de l'ouvrage ***Les plus belles balades autour de LYON du Beaujolais au Pilat*** *de Bruno Pambour*

Itinéraire d'accès

Sortez de l'agglomération lyonnaise par la D 42 ou par l'A 7, sortie à l'échangeur de Pierre-Bénite-Sud, en direction de Rive-de-Gier. Après le carrefour de Bellevue, prenez la première route à gauche, la D 103e, jusqu'à St-Jean-de-Touslas : parking de l'église.
Transports en commun : Transports publics 69 ligne n°125 Lyon/St-Etienne, arrêt St-Maurice-sur-Dargoire - Fontblanche (à 600 m de St-Jean-de-Touslas).

splendide saule isolé), remontez sur le plateau jusqu'à un hangar agricole récent, à droite ⑥. Quittez là le balisage pour emprunter à gauche un chemin en alignement avec le clocher de Saint-Jean-de-Touslas et offrant un horizon dégagé sur les monts du Lyonnais. Après un coude, vous rejoignez la D 103e ⑦. Suivez-la à droite sur cent mètres, puis allez à gauche vers la Gibertière. Évitez ce hameau par sa gauche. Au splendide calvaire en pierre daté de 1669 et dédié à saint Jean et à saint Philippe, descendez à droite ⑦ vers un sillon vert dominé au nord par le château de la Mouchonnière : la combe d'Allier. Négligez un premier chemin sur la gauche, puis le chemin principal lorsqu'il tourne à droite, pour rejoindre le fond du vallon par un chemin creux entre deux murets. À la belle saison, la combe, ombragée à souhait, est un havre de fraîcheur et contraste étonnamment avec l'aridité du plateau. Peupliers, charmes, noisetiers et tilleuls forment un sous-bois touffu. Sous de gigantesques peupliers de plus de

Meules de paille, plateau du Lyonnais.

trente mètres de hauteur, vous retrouvez le balisage violet, vert et du renard avant de traverser le ruisseau à gué ou par la passerelle (borne en pierre au milieu des eaux). Remontez le versant sud : après un beau frêne, les chênes pubescents s'imposent à mi-pente le long d'un muret de pierres sèches bordé de genêts et d'aubépines (nombreux lézards et reptiles). Au croisement ⑧, de retour sur le plateau, prenez à gauche un chemin gazonné qui surplombe la combe. À la hauteur de quelques arpents de vigne, le château de la Mouchonnière apparaît à nouveau. À la cote 329, continuez sur une petite route. Après une double courbe, dirigez-vous à gauche vers le château ⑨. Contournez-le par la droite et admirez son entrée nord encadrée de deux tours pourvues de meurtrières en forme de croix (calvaire de 1751). Plongez ensuite vers la combe d'Allier par un ancien chemin à même la roche, parfois envahi par les orties à la belle saison. Un pittoresque pont en pierre vous invite à goûter à nouveau le charme paisible du ruisseau. Durant la montée, ignorez deux chemins à droite (mare à mi-pente). À une patte d'oie ⑩, restez à droite entre des haies : beau coup d'œil en arrière sur le château. Passez le cimetière puis la caserne des sapeurs-pompiers pour rejoindre le centre du village.

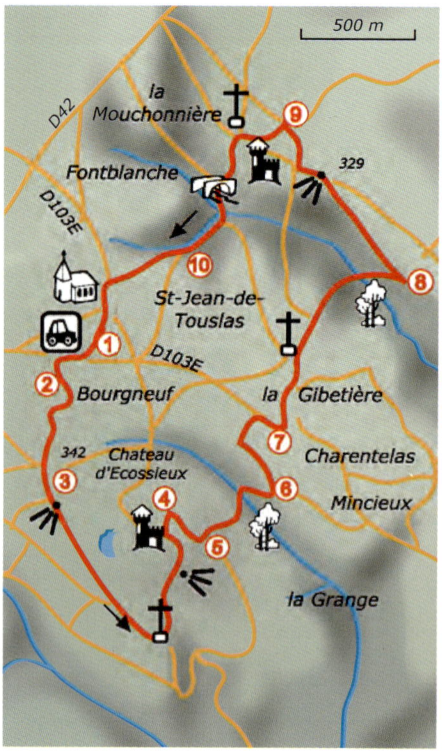

Châteaux d'Ecossieux, Saint-Jean-de-Touslas.

LA VALLÉE NOIRE

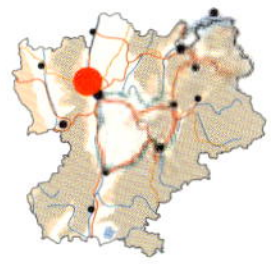

Monts du Lyonnais, chaîne d'Yzeron

À 21 km de Lyon, pâturages, landes et forêts de Vaugneray offrent une campagne préservée en belvédère de l'ouest lyonnais et de la vallée de la Brévenne.

La balade

Avant de partir, profitez de l'esplanade à gauche du château. Elle offre un vaste panorama sur le versant nord-ouest de la chaîne d'Yzeron et le profond sillon de la Brévenne qui l'isole des croupes occidentales des monts du Lyonnais. Située sur la voie romaine d'Aquitaine, qui reliait Lyon à Bordeaux, Saint-Bonnet doit son nom à la halte qu'effectuèrent, en 722, les habitants de Clermont-Ferrand lorsqu'ils ramenèrent le corps de leur évêque, saint Bonnet, décédé à Lyon. Ancienne résidence d'été des abbés de Savigny, le château, à l'origine du XVe s., fut transformé en demeure néo-féodale au XIXe s. Sa chapelle dont les fondations dateraient du VIIe s., est toujours un lieu de pèlerinages (24 juin, 15 août et 8 septembre). Seul, son accès est libre (par la terrasse de l'auberge).

Face à l'entrée de l'auberge, traversez la D 113 pour rentrer sous les arbres. Au croisement, à vingt mètres, avant de suivre à droite le sentier de randonnée (balisage blanc/rouge doublé de jaune et rouge), jetez un œil sur la vallée de Vaugneray depuis les insolites remparts et tourelles rococo en briques et mica blanc ①. Longeant la crête ②, le sentier passe successivement trois énormes cyprès, une voûte de coudriers, puis un beau chêne. Après une plantation incongrue de douglas avec quelques spécimens âgés, la chênaie naturelle reprend ses droits. En surplomb de la route, remarquez deux chênes qui, curieusement, forment un X en croisant leurs fûts. Peu après, pins sylvestres et mégalithes apparaissent. Au col de Malval ③, traversez à gauche le carrefour : entre la D 50 vers Vaugneray et la D 113 vers Yzeron, prenez un chemin en contrebas de cette dernière (pas de balisage). Cent cinquante mètres plus loin ④, restez sur le sentier principal qui descend dans des taillis de châtaigniers. Une récente "coupe rase" procure un point de vue sur la vallée. L'importance de ses forêts valut à Vaugneray son ancienne appellation *Vallis Nigra,* d'où provient son nom actuel. Rongées depuis des siècles par les défrichements agricoles, elles ne subsistent plus qu'à l'état d'îlots plus ou moins étendus sur les croupes et les versants accidentés. Plus loin en sous-bois, les alignements de blocs moussus le long du chemin témoignent de son passé séculaire : cette "coursière" reliait Vaugneray à Courzieu. À l'orée de la forêt, à travers des prairies, le sentier longe une haie, puis rejoint un chemin carrossable. À votre gauche, vous découvrez la crête précédemment parcourue, hérissée des cimes de hauts douglas, et le versant de la Berlandine. Droit devant, le plateau lyonnais conduit le regard jusqu'à la métropole. Cent mètres plus loin ⑤, continuez à gauche sur une petite route goudronnée qui arrive rapidement à la verticale de la ferme du Vernay. Bifurquez à

Ferme des monts du Lyonnais - Vaugneray. ????????????

Fiche technique

63

Durée : 2 h 30
Longueur : 8 km
Dénivelé : 265 m
Difficulté : aucune
Période : toute l'année
Equipement : randonnée classique
Balisage : incomplet, blanc et rouge
Carte IGN 1/100 000 : n°51, pli B2
Carte-Guide IGN 1/25 000 : n° 2931 est : l'Arbresle
À voir aux environs : château de Bénevent (XVe s.) à Vaugneray, Courzieu (quartier des Hôtelleries, parc animalier), musée de la Mine à St-Pierre-la-Palud, chapelle romane St-André de Larny à Pollionnay, musée Antoine Brun à Ste-Consorce.

Cette balade est extraite de l'ouvrage ***Les plus belles balades autour de LYON du Beaujolais au Pilat*** *de Bruno Pambour*

Itinéraire d'accès

De Tassin-la-Demi-Lune, prenez la direction de Craponne. À la fin de la ligne droite de Craponne, suivez la D 24 vers Grézieu-la-Varenne contourné par le nord, puis le col de la Luère où vous tournerez à gauche sur la D 113 vers le col de Malval. À 1,5 km, garez-vous à gauche après le château et la chapelle de St-Bonnet-le-Froid.
Transports en commun : aucun

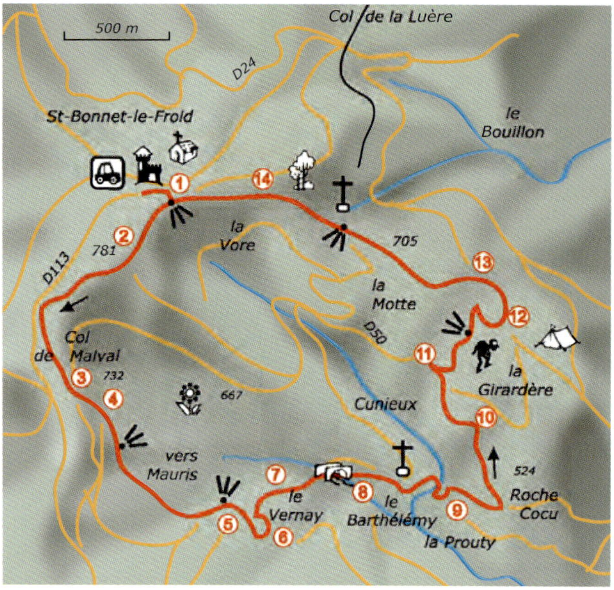

gauche sur le premier chemin qui longe le haut de l'exploitation ⑥ et passe à l'arrière de l'étable de stabulation. Vingt mètres plus loin, une patte d'oie se présente au début de la descente. Le chemin communal descend à droite ⑦ jusqu'à un portail à refermer après votre passage (chiffre 1 marqué en rouge à droite), franchit le pâturage (nouveau portail à refermer), puis longe des vergers de fruits rouges à respecter absolument : cerisiers, framboisiers, groseilliers, cultures bien traditionnelles des monts du Lyonnais. Au fond du vallon, sous les frondaisons de peupliers, franchissez à gauche le pont puis remontez la route ⑧. Au calvaire, négligez le chemin qui part à gauche. La route tourne à l'angle d'une belle ferme puis contourne par la droite une petite combe. Dans la première épingle à cheveux, ignorez un chemin à droite. À la prochaine fourche ⑨, à 100 m, gagnez à droite la D 50. Prudemment, en suivant son bas-côté gauche (enfants tenus par la main), remontez-la sur 800 m ⑩. À la verticale de la ferme de la Girardière ⑪, quittez-la pour bifurquer en épingle à cheveux sur un large chemin à droite. Il longe une prairie où poussent de gros châtaigniers centenaires. En vis-à-vis, le versant en friche, couvert de genêts, résulte de l'abandon de pâturages. Passé une masure, par un dernier lacet, vous rejoignez la voie romaine qui s'élève de Vaugneray à Saint-Bonnet ⑫. Suivez-la à gauche. Après une allée bordée de cèdres et de douglas (ruines), à une fourche où trône un pin sylvestre ⑬, continuez à gauche (balisage jaune) dans une pinède en balcon de la vallée. Il est facile de repérer, sur les pentes opposées, les alignements serrés des framboisiers. Plein ouest, en crête, un bâtiment clair signale le col de Malval avec, à sa gauche, le dôme boisé du crêt Chevreau. Vers le sud, en arrière-plan, les croupes de Pié-Froid, du Grand-Bétey et du Châtelet dominent le hameau de Châteauvieux et la vallée encaissée de l'Yzeron. À une croix en fer forgé (cote 698), où vous retrouvez le sentier de randonnée, restez à gauche pour surplomber bientôt la splendide ferme de la Vore : un exemple remarquable de l'architecture rurale des monts du Lyonnais. Autour d'une cour fermée par une grande porte, trois bâtiments massifs, aux toits en tuiles et aux murs extérieurs aveugles, s'ordonnent en fer à cheval. Le dernier kilomètre s'effectue dans un bois varié de chênes, charmes, châtaigniers, noisetiers, hêtres, frênes où de beaux arbres ont été préservés ⑬.

En haut : le chêne de St-Maurice-sur-Dargoire. Ci-dessous : peupliers à l'orée de l'automne.

LES CRÊTES D'YZERON

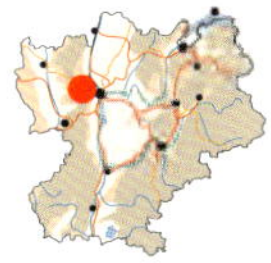

Monts du Lyonnais, balcon de l'ouest lyonnais

À 25 km de Lyon, le tracé de l'ancien aqueduc romain, belvédère de la vallée de l'Yzeron et des contreforts occidentaux des monts du Lyonnais, vous promène de fermes en pâturages et bois, avec en point d'orgue le point de vue de la Madone.

La balade

Perché sur son éperon rocheux à 750 m d'altitude, au carrefour des profondes vallées de l'Yzeron et du Garon, le village pittoresque d'Yzeron est une ancienne place-forte des comtes du Forez. Admirez tout d'abord le panorama depuis la table d'orientation située sur la terrasse de l'église. Revenez sur vos pas pour descendre à droite une ruelle. Au croisement plus bas se trouve, à cent mètres sur la droite la maison de l'Araire. Propriété du Groupe de recherche sur l'histoire et le folklore de l'ouest lyonnais (adresse : passage de l'Araire - 69510 Messimy), elle présente des expositions temporaires annoncées par la presse. Suivez à gauche le chemin du Châtel ①. Après les sapeurs pompiers, il rejoint la D 489. Suivez-la prudemment à droite vers Lyon. Quatre cents mètres plus loin ②, quittez-la en montant une petite voie goudronnée, à gauche, en direction des Esselards (balisage jaune et bleu clair). Du premier virage, ne manquez pas, en arrière, un premier point de vue sur Yzeron. À une patte d'oie ③, allez à droite pour passer au dos de la ferme des Esselards par un chemin en balcon de la vallée. Bordé de gros chênes, de frênes et de châtaigniers, ce chemin à mi-pente suit le tracé de l'ancien aqueduc romain de l'Yzeron dont quelques vestiges affleurent au sol. Il captait les eaux du torrent à l'emplacement du récent plan d'eau du Ronsey. Veillez à rester bien à l'horizontale en suivant le balisage. Après une brève échappée sur la combe de Goutte-Chérine, le chemin progresse en sous-bois (hêtres) et croise à plusieurs reprises des amas de blocs de granit. Ignorez ensuite un départ de sentier sur la gauche ④ pour traverser la combe humide et boisée des Aduts. Le ruisseau bondit en gerbes blanches entre les blocs. À la cote 673 ⑤, la vue se dégage au nord

La chaîne d'Yseron.

Fiche technique

64

Durée : 2 h 40
Longueur : 9 km
Dénivelé : 219 m
Difficulté : aucune
Période : toute l'année, hiver selon enneigement
Equipement : randonnée classique
Balisage : incomplet, jaune, bleu
Carte IGN 1/100 000 : n°51, pli B2
Carte-Guide IGN 1/25 000 : n° 2932 est : Mornant
À voir aux environs : Yzeron : maison de l'Araire, cascade en contrebas du village, chapelle St-Jean-Baptiste de Châteauvieux (XIe s.), bourg médiéval de Rochefort à St-Martin-d'en-Haut, parc animalier de Courzieu.

Cette balade est extraite de l'ouvrage ***Les plus belles balades autour de LYON du Beaujolais au Pilat*** *de Bruno Pambour*

Itinéraire d'accès

De Tassin-la-Demi-Lune, suivez la direction Francheville/Craponne puis remontez la D 489 jusqu'à Yzeron, où vous tournerez à gauche vers le centre du bourg. Garez-vous sur la place du village ou sur le parking au-dessus.
Transports en commun : Transports publics 69 ligne n° 194 Lyon/St-Martin-en-Haut/St-Symphorien-sur-Coise, arrêt Yzeron.

sur les contreforts qui dominent Vaugneray, du crêt Chevreau au col de la Luère. Remontez ici, à gauche, en épingle à cheveux, un chemin carrossable qui arrive au hameau du Soupat. Aux maisons ⑥, prenez sur la gauche la première route goudronnée. Elle prodigue des vues panoramiques sur Lyon, l'ouest lyonnais et le versant nord de la vallée de l'Yzeron avec les croupes de Pié-Froid, du Grand-Betey et du Châtelet, qui tentent de masquer en arrière-plan le signal de Saint-André et le sud de la chaîne. Après les fermes traditionnelles des Aduts, gardez la droite à la fourche de la cote 806. Deux cents mètres plus loin, après une grosse ferme à l'aplomb du hameau du Rozard ⑦, rejoignez directement à droite la D 113 pour la traverser et poursuivre en direction de Saint-Clair. À la cote 831, la petite route rejoint la ligne de crête ⑧ en offrant un joli coup d'œil sur les monts de Tarare et leur point culminant : la tour Matagrin à 999 m d'altitude. Passez devant la massive ferme de Saint-Clair pour vous diriger vers un mamelon boisé : le crêt de Pimongon. Au croisement de la cote 816, traversez à gauche une prairie, puis un bois en direction de la Madone (balisage jaune). Dans un pré étroit, suivez à gauche sur cinquante mètres la lisière des arbres avant d'obliquer à droite à nouveau dans un bois de chênes bordé de genêts ⑨. Au sommet, depuis 1893, est érigée Notre-Dame-d'Yzeron, à la blancheur virginale couronnée d'or (panorama sur le haut des vallées de l'Yzeron et du Garon). Par la gauche, dévalez directement vers Yzeron ⑩ (balisage blanc). En bas du versant, à la hauteur d'une ligne électrique ⑪, rejoignez par la droite la D 113. Suivez-la à droite jusqu'à la montée des Bruyères qui descend à gauche vers le village ⑫ (au croisement, remarquez la ferme des Bruyères avec ses fenêtres à meneaux et son fronton triangulaire décoré d'un blason). Poursuivez ensuite à droite dans les pavillons jusqu'à la D 489, d'où vous gagnerez le centre du village.

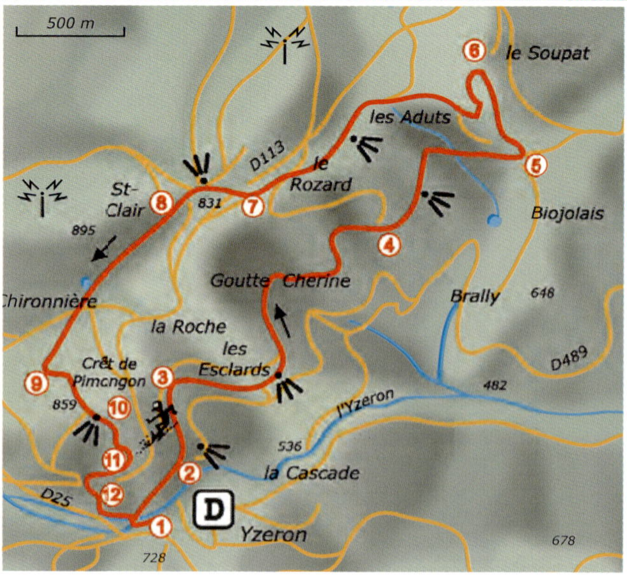

Monts du Lyonnais.
Village et cascade d'Yseron.

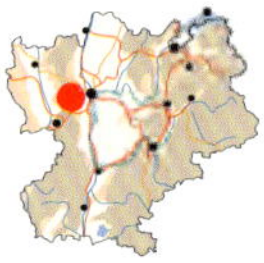

LES HAUTS DE RIVERIE

Monts du Lyonnais, sur les traces des "chauffeurs du Lyonnais".

À 36 km de Lyon, perché sur son éperon rocheux, le bourg médiéval de Riverie, l'un des plus beaux villages de la région, offre un panorama remarquable sur le Pilat, la vallée du Rhône, le Dauphiné et les Alpes. L'occasion de s'aérer parmi les mamelons de pâturages et les grosses fermes isolées où sévissaient la redoutable bande des "chauffeurs du Lyonnais".

Le château et l'église de Riverie.

La balade

L'étymologie de Riverie, issue de *ripa,* est due à sa situation géographique sur le rebord des monts du Lyonnais. Autrefois, ce site stratégique sur la route de Vienne à Roanne était le siège d'une puissante baronnie qui contrôlait une dizaine de villages. En 1590, les troupes de la Ligue l'assiégèrent et démantelèrent son château et ses remparts. La forteresse féodale fut remplacée par l'actuelle maison-forte. Curieusement, Riverie est, aujourd'hui, la plus petite commune de Rhône-Alpes (près de 42 ha). La découverte de ses richesses médiévales est un bon préambule avant de démarrer la balade. De la rue principale, dirigez-vous à droite vers le vieux bourg. À cent mètres, vous parvenez à la place du Marché ①. L'auberge "la Picoraille" occupe l'ancien hospice de l'ordre des chevaliers de Saint-Jean-de-Jérusalem. À sa droite, un passage voûté

Itinéraire d'accès

Sortez de l'agglomération lyonnaise par l'A 7 (sortie à l'échangeur de Pierre-Bénite-Sud en direction de Brignais) ou par la D 42 à suivre vers Rive-de-Gier. Au carrefour de Bellevue, vous bifurquerez à droite vers St-Maurice-sur-Dargoire. Dans le village, continuez à droite vers St-Didier-sous-Riverie/St-Symphorien-sur-Coise pour monter à Riverie (5,5 km d'ascension). Rejoignez à droite le centre du village pour vous garer.

Transports en commun : aucun

Fiche technique

65

Durée : 2 h 40
Longueur : 8,5 km
Dénivelé : 150 m
Difficulté : aucune
Période : toute l'année, l'hiver selon enneigement
Equipement : randonnée classique
Balisage : incomplet, jaune, blanc et rouge
Carte IGN 1/100 000 : n°51, pli B2
Carte-Guide IGN 1/25 000 : n° 2932 est : Mornant
À voir aux environs : Signal de St-André (15 mn à pied du hameau de Pierre Longue sur la D 113); hameau médiéval de Rochefort à St-Martin-d'en-Haut; St-Didier-sous-Riverie : église, croix du XVIe s. à Verzeux et à la Fillonnière, vestiges de l'aqueduc romain du Gier; bourgs médiévaux de Montagny, de Chassagny, de Mornant; chêne de St-Maurice-sur-Dargoire (proche du château de Layer).

Cette balade est extraite de l'ouvrage ***Les plus belles balades autour de LYON du Beaujolais au Pilat*** *de Bruno Pambour*

conduit à la rue Morte où fut enterrée la population mâle massacrée par les Ligueurs. Le sang des victimes coula, d'après la légende, jusqu'à Saint-Didier-sous-Riverie ! Revenez sur la place pour prendre à gauche une ruelle qui conduit au puits communal (1496). Tournez à droite pour rejoindre l'église du XIe s. restaurée. Sur sa façade, le beau blason à deux levrettes représente les armoiries du baron de Bénéon. Par sa droite, gagnez la terrasse de la maison-forte (début du XVIe s.), où se trouve un magnifique tilleul planté au temps de Sully. Revenez au puits communal pour prendre à droite l'ancien chemin de ronde ② réservé aujourd'hui aux piétons. En suivant le tracé des anciens remparts, il offre de splendides panoramas qui se renouvellent sans cesse et s'étendent par temps clair jusqu'aux Alpes, du mont Blanc aux Écrins. Après avoir négligé un chemin qui descend à gauche vers Saint-Didier-sous-Riverie, la vue plonge sur la "retombée" des monts du Lyonnais profondément entaillée par les saignées boisées du Petit et du Grand-Bozançon, une frontière naturelle entre les départements du Rhône et de la Loire (l'aqueduc romain du Gier les traversaient à leur confluent). Au-delà, se profilent la vallée du Gier et le sillon rhodanien qui encadrent le massif du Pilat. En vue de Sainte-Catherine, à la croisée d'un chemin, se trouve une belle croix (1677). De retour à la rue principale (D 63), gagnez à gauche le carrefour avec la D 2 ③ par où vous êtes arrivé en voiture. Prenez aussitôt à droite une petite route qui, au départ, la suit parallèlement (balisage jaune). À un calvaire en fer forgé, montez à droite un chemin herbeux à travers des prairies en balcon du bocage de la vallée du Petit-Bozançon ④. Au sud-ouest, la croix du Grand-Châtelard domine des pentes boisées. Sans le soupçonner, vous passez à la verticale de

Élevage sur les coteaux.
Ci-dessous : Saint-Didier-sur-Riverie.

la grotte de la Madone, accessible et visible depuis la D 2. Le chemin se transforme momentanément en sentier bordé d'un muret de pierres sèches, avant de s'élargir à nouveau en vue de Sainte-Catherine. Ce village est à cheval sur la ligne de partage des eaux entre l'océan Atlantique et la mer Méditerranée, respectivement les bassins de la Loire et du Rhône. Dans le bourg, une peinture

Sainte-Catherine, sur la ligne de partage des eaux Atlantique-Méditerranée.
Deux aspects du Riverie médiéval.

murale illustre ce caractère géographique. Après avoir ignoré un chemin à droite, vous dépassez une source et un abri en pierres avant d'arriver au hameau de Montaland. Poursuivez à droite la route qui remonte vers le nord entre deux villas ⑤. À gauche, vous découvrez une belle perspective sur le vallon verdoyant de la Coise et les crêts de l'Aubépin. En contrebas, la Vergnassière est la première des massives fermes traditionnelles croisées par l'itinéraire. Le chemin tourne vers l'ouest en longeant un muret et une hêtraie, traverse successivement deux petits bois dominant le hameau de Charézieux, témoin muet de l'un des nombreux crimes des "chauffeurs du Lyonnais". À la jonction avec la route qui rejoint directement Riverie par la droite ⑥ (cote 819), descendez à gauche, tout d'abord en direction de Charézieux, puis vers le hameau de Chavassieux, par un chemin creux en sous-bois des Pins du Monsu (pin sylvestre, épicéa, merisier, bouleau). En bas du versant, il retrouve dans un coude une petite route à suivre à droite. Après avoir dépassé un calvaire blanc (à 20 m), puis un petit étang alimenté par le ruisseau de la Vergnassière, quittez-la dans le premier virage ⑦ pour remonter en prolongement un sentier encadré par deux haies. Sur la droite, l'imposante ferme de Richagneux se dévoile. À mi-pente, au croisement avec la route de Chavassieux (calvaire), suivez à droite le bitume sur 250 m, jusqu'à un transformateur EDF ⑧ où vous obliquerez à gauche sur un chemin parallèle. Il passe au dos de la ferme de Chiparie, puis grimpe jusqu'à un croisement près d'une ferme isolée ⑨. Descendez à droite la route qui la longe puis gagne le hameau de Soleymieux. Au croisement (cote 804), remontez à gauche la route qui après la ferme d'Arcole, se hisse en crête ⑩. Partout s'étalent les pâturages. Au printemps, le vanneau huppé agresse par son vol élégant et ses cris stridents l'intrus qu'il juge trop près de son nid. L'élevage est l'activité dominante à ces altitudes : la production laitière des monts du Lyonnais est la plus performante de l'ensemble de la région Rhône-Alpes. L'horizon se dégage au nord sur le Signal de Saint-André et les crêts voisins : à sa gauche, le crêt Pelossier et à sa droite, le Châtel et le Rampeau. Le point culminant des monts du Lyonnais fut l'un des repères géodésiques établis par le géographe Cassini pour lever la première carte du royaume au XVIIIe s. Le village de Saint-André-la-Côte était situé sur une voie ancienne reliant Vienne au Forez et jalonnée d'hôpitaux (celui de Saint-André est mentionné en 1351). Suivez la route jusqu'à la sortie d'un îlot boisé où elle oblique à gauche ⑪ : continuez à droite sur le chemin principal. Deux cents mètres plus loin ⑫, bifurquez à droite, plein sud, sur le chemin bordé d'un muret de pierres et emprunté par le sentier de randonnée, à travers de vastes champs de céréales mollement ondulés. Durant la descente où le regard embrasse le plateau Lyonnais ⑬, négligez un sentier à gauche avant de laisser à votre droite le bois du Grand-Molard, puis un second à la cote 801. Rejoignez ensuite la D 113. Longez-la à droite sur cent mètres, puis, à la sortie du virage ⑭, prenez la seconde route à droite qui s'enfile entre des villas. Un chemin raide la prolonge ⑮ et vous ramène à Riverie.

LES CHAPELLES DE L'AUBÉPIN

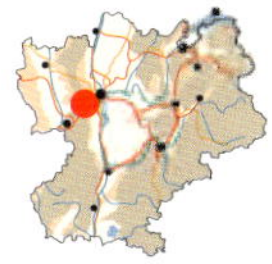

Monts du Lyonnais, vallée de la Coise

À 42 km de Lyon, au cœur des monts du Lyonnais, promenade, de chapelles en croix, dans la vallée verdoyante de la Coise, en panorama du Pilat et du Forez.

La balade

Du parking, revenez dans le centre du bourg au carrefour des routes de Larajasse, Saint-Christophe-en-Jarez et Sainte-Catherine. Sortez du village par cette dernière ①. Avant le cimetière, obliquez à gauche en direction des Grandes-Bruyères. À cent cinquate mètres, au premier croisement, se trouve une croix dont le croisillon initial a été remplacé par du béton (!). Seule sa base, datée de 1539, est d'époque. Bifurquez là, à droite, pour rejoindre la route de Sainte-Catherine où vous prendrez aussitôt à gauche la route de Saint-Pierre ②. À son départ, ne manquez pas la croix Galland, du XVIe s., protégée par l'ombrage d'un cerisier. Son croisillon est orné de deux sculptures représentant le Christ sur le devant et la Vierge à l'arrière. La montée offre une superbe vue sur le verdoyant vallon de la Coise. À 250 m, quittez la route pour suivre le second chemin à droite ③. Il grimpe au sommet du mamelon boisé. Un beau pin sylvestre veille sur la chapelle Saint-Pierre-de-Pizey (1706), du nom d'un ermite qui aurait séjourné là. Redescendez jusqu'à une intersection marquée par une modeste croix en bois (cote 880). Par la petite route ④, gagnez à gauche le hameau de Saint-Pierre (jolis toits en tuiles). À cinquante mètres sur la droite, au milieu des maisons, est dressée, sur un mur, une émouvante croix datée de 1706, c'est-à-dire contemporaine de l'édification de la chapelle. Une large table de pierre forme son piédestal. À la base carrée de son fût, légèrement conique, l'inscrip-

À droite : chapelle de Saint-Pierre.
Ci-dessous : croix en fer forgé au hameau de Lamure.

Itinéraire d'accès

Sortez de l'agglomération lyonnaise par l'A 7 (sortie à l'échangeur de Pierre-Bénite-Sud en direction de Brignais) ou par la D 42 à suivre vers Rive-de-Gier. Au carrefour de Bellevue, vous bifurquerez à droite vers St-Maurice-sur-Dargoire. Dans le village, continuez à droite vers St-Didier-sous-Riverie/St-Symphorien-sur-Coise. Passez Riverie puis Ste-Catherine. 1 km plus loin, bifurquez à gauche sur la D 63 vers l'Aubépin (parking sur la place du bourg).
Transports en commun : aucun

Fiche technique

66

Durée : 2 h 10
Longueur : 7,5 km
Dénivelé : 185 m
Difficulté : aucune
Période : toute l'année, l'hiver selon enneigement
Equipement : randonnée classique
Balisage : incomplet, bleu clair
Carte IGN 1/100 000 : n°51, pli B2
Carte-Guide IGN 1/25 000 : n° 2932 est : Mornant
À voir aux environs : Larajasse : église (XVe s.), maisons anciennes, château de Varax (XVIIIe s.), château de La Fay (XVe s.-XVIIe s.), dolmen de Vaudragon ; Pomeys : château de Sacconay (XIVe-XVIe s.) ; St-Symphorien-sur-Coise : capitale du saucisson, vieux bourg (porte de Riverie, maisons du XVe s. et XVIe s., quartier des tanneries), église-forteresse (XVe s.), maison des métiers, centre culturel des monts du Lyonnais au château de Pluvy, célèbre marché du mercredi ; musée du Chapeau à Chazelles-sur-Lyon ; bourg médiéval de Riverie.

Cette balade est extraite de l'ouvrage ***Les plus belles balades autour de LYON du Beaujolais au Pilat*** *de Bruno Pambour*

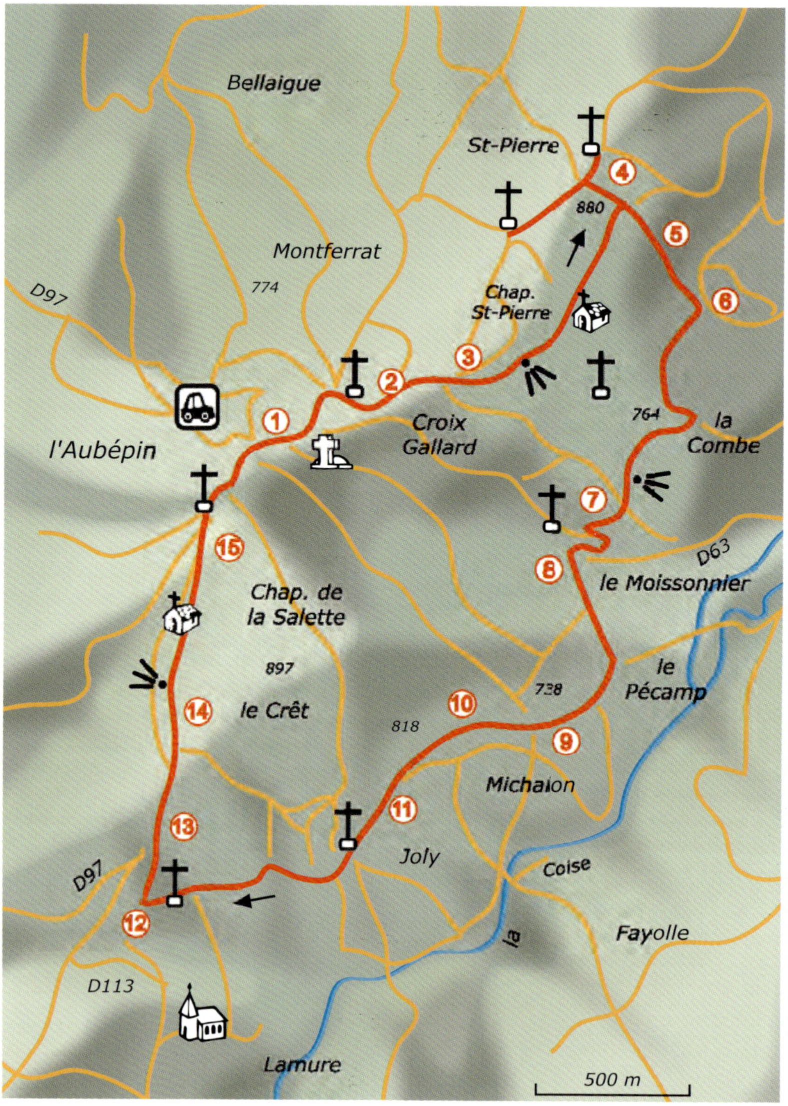

tion "J O S 1814" témoigne d'une restauration. Son croisillon est similaire à celui de la croix Galland. Les plus curieux iront découvrir à 400 m, au sud-ouest, sur la route de l'Aubépin, la croix de Montmain (XVIIe-XVIIIe s.) dont le croisillon de pierre a été remplacé par un substitut en bois. Dans les deux cas, revenez à la cote 880 pour descendre tout droit sous une voûte d'érables et de frênes ⑤. Sur votre gauche, au nord-ouest, quelques dômes boisés émergent des lourdes croupes. La plus haute, le Signal de Saint-André, est le point culminant des monts du Lyonnais, à 935 m d'altitude. Cinq cents mètres plus loin, dans une épingle à cheveux ⑥, en vue d'une ferme isolée, tournez à droite sur un chemin dans un bois de chênes et de pins sylvestres, en ayant soin de négliger aussitôt un sentier sur la gauche. Peu après, dans la descente, continuez à gauche puis passez une villa récente avant de rejoindre, à la verticale de la ferme de la Combe, une petite route à mi-pente (cote 764). À travers pâturages, elle vous mène, à droite, en balcon de la vallée de la Coise, à la D 63 ⑦ (à gauche, vue sur Sainte-Catherine et Riverie). Descendez-la jusqu'à la seconde épingle à cheveux ⑧. Avant de plonger à droite vers le Moissonnier et le Pécamp, jetez un œil en haut du chemin, au pied d'un gros sapin, sur la croix de Moissonnier qui fut élevée en 1850 par la comtesse de Cibeins pour célébrer une naissance. La ferme du Moissonnier est le point le plus bas du circuit (cote 721). Sur le versant opposé se dresse le fier pigeonnier de la ferme de la Faverge. Sur la droite de la ferme du Pécamp, montez un chemin raide et boueux ⑨ (superbe noyer à gauche) qui croise une route (clôture électrique à enjamber), puis dépasse

Le village de Lamure.

un récent bâtiment agricole. Lorsque le chemin s'oriente à droite ⑩, poursuivez tout droit sur un sentier gazonné et étroit qui surplombe le hameau de Michalon et son panorama bucolique. Après quelques gros chênes ombrageant un poulailler, il rejoint, à hauteur d'un frêne, une petite route ⑪ où vous progressez toujours, à droite, en direction du village de Lamure. Ne descendez pas au hameau de Joly où part le balisage bleu clair. Cinquante mètres plus loin, au départ du chemin de l'Aubépin, une croix de fer forgé remplace un croisillon de pierre tombé en ruines. La route dépasse deux fermes. À une croix en fer forgé (1870) ⑫, remontez à droite (balisage rouge). Les moins pressés visiteront le charmant hameau fleuri de Lamure et son église (1 km aller et retour). À la jonction avec la D 113 et la D 97 ⑬, longez cette dernière à droite sur cent cinquante mètres avant d'obliquer à droite sur un chemin qui suit la crête ⑭. À l'ouest, vous reconnaîtrez le sillon de la Coise qui rejoint la vallée de la Brévenne avec les bourgs de Saint-Symphorien-sur-Coise et de Chazelles-sur-Lyon (musée du Chapeau, *cf encadré*). Au-delà, la plaine et les monts du Forez forment l'horizon. Après une intersection, apparaît la pittoresque chapelle de la Salette, fondée en 1870 en hommage à Notre-Dame-de-la-Salette (sanctuaire situé à Corps en Isère), à l'intérieur, statuettes naïves et nombreux ex-voto. Il ne vous reste plus qu'à vous diriger vers le clocher de l'Aubépin pour rejoindre la D 97 ⑮ (au carrefour, belle croix de mission en pierre de Volvic datée de 1891), puis votre véhicule.

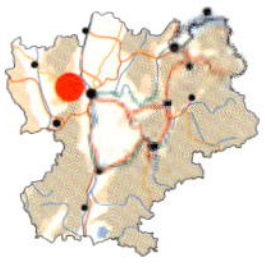

LE MONT POTHU

Monts du Lyonnais, vallée de la Brévenne

À 45 km de Lyon, l'ascension du mont Pothu part de Brullioles, pittoresque capitale du bigarreau au cœur du charmant vallon du Cosne : une vraie "carte postale" des monts du Lyonnais.

Fiche technique

67

Durée : 2 h 00
Longueur : 7 km
Dénivelé : 278 m
Difficulté : aucune
Période : toute l'année, l'hiver selon enneigement
Equipement : randonnée classique
Balisage : jaune/vert, blanc/rouge
Carte IGN 1/100 000 : n°43, pli D3
Carte-Guide IGN 1/25 000 : n° 2931 ouest : Tarare et 2931 est : l'Arbresle
À voir aux environs : St-Laurent-de-Chamousset : château (XIVe au XVIe s., ne se visite pas), porte de Brullioles (XVIe s.), marché aux veaux du lundi ; Montrottier : place de la Basse-Cour, place de la Dîme; belvédère de la Madone à Villechenève; site minier de Jacques Cœur (armoiries sur le portail de l'église) à Brussieu ; train de l'Evasion de l'Arbresle à Ste-Foy-l'Argentière.

Cette balade est extraite de l'ouvrage ***Les plus belles balades autour de LYON du Beaujolais au Pilat*** *de Bruno Pambour*

Itinéraire d'accès

Rejoignez la N 7, direction Roanne depuis Tassin-la-Demi-Lune ou par l'A 6 (sortie Limonest) et la Tour-de-Salvagny. À l'Arbresle, prenez à droite la N 89 vers Ste-Foy-l'Argentière. Après Sain-Bel, à la Brévenne, montez à droite la D 24 en direction de Brullioles/Bessenay/Montrottier.
À 100 m, continuez tout droit sur la D 81 vers Brullioles. Garez-vous dans le village sur la place de l'auberge ou celle de l'église.
Transports en commun : Transports publics 69, ligne n°168 Lyon/Chambost/Longessaigne, arrêt Brullioles.

La balade

Depuis la place Neuve (auberge), prenez la route de Saint-Julien-de-Bibost (D 635) ①. Face à la belle croix en "pierre dorée" devant la chapelle Saint-Roch (XVIIIe s., mobilier classé), suivez à gauche la départementale (balises blanc/rouge, jaune/vert, jaune, bleu…). Après avoir longé le cimetière, poursuivez à droite vers Pothu. À deux cents mètres, après le boulodrome ②, montez à gauche, sur une petite route en suivant le balisage jaune/vert qui est celui de l'itinéraire. Cent mètres plus loin ③, bifurquez à droite toujours vers Pothu. Après avoir dépassé une ferme à la cour délicatement rosée, tournez à nouveau à droite ④. Faites cent mètres puis, en vue de la ferme de Malherbe droit devant ⑤, montez à gauche, en épingle, un chemin qui rejoint un raidillon gazonné le long d'une clôture. Il laisse à gauche une habitation, puis la maison de Noémi (chambres

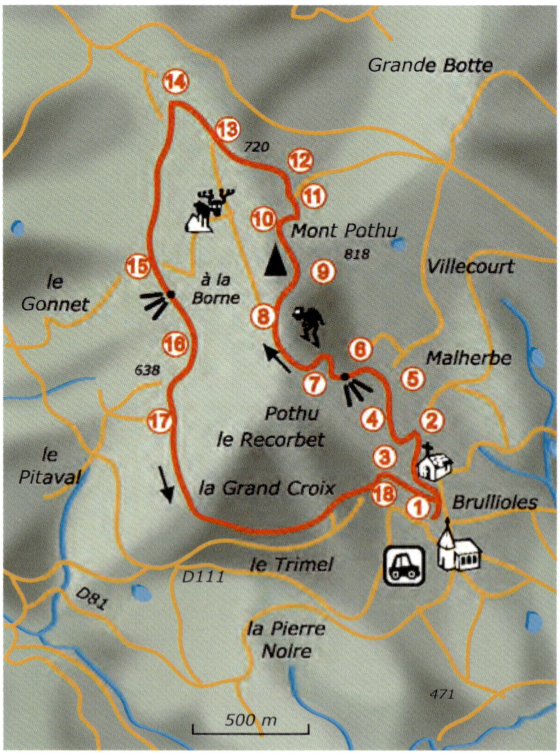

d'hôtes) où il devient asphalté. Au croisement ⑥, allez à gauche. À l'énorme cyprès qui orne l'enceinte de la ferme de Pothu (porche intérieur), montez à droite au-dessus des bâtiments où le sentier vire en lacet sur la droite ⑦. Après le second lacet, le sentier se creuse, devient secret à l'ombrage de taillis de chênes, de frênes et de noisetiers. Il est encore temps de profiter du panorama qui, peu à peu, s'est dévoilé au cours de l'ascension.

Adossé au versant sud-est du mont Pothu, Brullioles est une vraie image d'Épinal : il a gardé le cachet des petits villages d'autrefois, ceux dont on rêve… Au-delà, s'étire le vallon du Cosne, affluent de la Brévenne qui, par son profond sillon, sépare la chaîne d'Yzeron du nord des monts du Lyonnais. Les hautes croupes boisées sont échancrées du nord au sud par les cols de la Croix-du-Ban, de la Luère, de Malval, de la Croix-de-Part et des Brosses. Au sud-ouest, le village de Montromant est situé à mi-pente du vallon sauvage du Rossand. En crête, à droite, pointe le clocher d'Aveize. Au nord-est, les bourgs dorés de Sain-Bel et de l'Arbresle, phares de pierre en amont de la vallée de la Brévenne, ont pour toile de fond les monts d'Or.

Par un dernier lacet, grimpez sous l'ombrage de chênes et de charmes (arum tacheté). Une patte d'oie se présente à 500 m ⑧ : restez à droite (toujours le même balisage + pancarte Brullioles 15, 22 et 27 km). De beaux pins sylvestres apparaissent sur un replat ; certains sont morts foudroyés. Ignorez une sente à gauche juste avant la clairière sommitale clôturée, que vous longez par la droite pour rejoindre de gros blocs ⑨. Le sentier continue en descente sur trente mètres puis remonte vers la gauche en plusieurs traces jusqu'à un second amas de mégalithes qu'il laisse à sa droite. Plusieurs légendes circulent encore sur le mont Pothu et "la Pierre" qui aurait été un mystérieux autel druidique. De récentes découvertes archéologiques témoignent de la fréquentation du site depuis la préhistoire. Plus bas, après de nouveaux blocs, le sentier traverse une vaste coupe rase ⑩ d'où le regard embrasse des crêts boisés au nord de Montrottier. Au nord-ouest, derrière un pylône, se dresse la tour de télécommunications de la tour Matagrin (1 004 m). Plein nord, les monts du Beaujolais ourlent l'horizon. Un large chemin descend rapidement sur la droite de la coupe. Au premier croisement ⑪, suivez à gauche les balises jaune/vert. Cinquante mètres plus bas, à un second carrefour, tournez à droite sur le chemin principal. Il rejoint vite un large chemin transversal et plat ⑫, à prendre à gauche dans une hêtraie (abandon du balisage jaune/vert au profit du rouge). Ce chemin, toujours orniéré, est un vrai livre de la forêt. Il suffit d'un

Foire aux veaux à Saint-Laurent-de-Chamousset.

Environs du mont Pothu.

Le château de Chamousset à Saint-Laurent-de-Chamousset.

peu d'attention pour y découvrir les traces de ses hôtes : chevreuil, sanglier, renard, blaireau... À une intersection où trône un beau fayard ⑬, négligez le chemin qui part à gauche. Après de splendides pins sylvestres, l'orée du bois vous réserve une belle perspective sur le vallon du Conan issu de Montrottier. Aussitôt après, le long d'une plantation de douglas ⑭, bifurquez à gauche pour rentrer en sous-bois en suivant le balisage rouge et blanc/rouge du sentier de randonnée. Il dévale une chênaie-charmaie (à sa sortie, ignorez une sente à gauche), puis, à travers des prairies de fauche, progresse horizontalement en balcon de la pittoresque vallée du Cosne ⑨. Ce paysage de bocage semi-clos et de doux mamelons boisés avec des forteresses isolées (le Gonnet, Grand Pitaval, Pitaval...) est une "carte postale" des monts du Lyonnais. Le château de Chamousset, dont l'architecture semble sortie tout droit d'un conte de fées, domine le versant opposé. Edifié au XIVe s., remanié au XVIe, il fut restauré au XIXe par un élève de Viollet-le-Duc. Bien qu'il ne se visite pas, il est possible de le contempler de belle façon depuis la route menant à la ferme de Chamousset (à partir de la D 81).

Après une jolie ferme en pisé (cote 657), un chemin goudronné prend le relais. À l'intersection avec le chemin montant à la ferme de la Borne ⑯, restez à droite. Deux cents mètres plus loin (cote 638), alors qu'il redescend, quittez-le pour prendre, à mi-pente à gauche, un chemin gazonné ⑰. Après un dernier bois et à nouveau en vue de la chaîne d'Yzeron, le sentier vous ramène progressivement vers Brullioles. Dépassez les premières maisons pour retrouver l'asphalte. À la Grand-Croix, conservez à gauche la même direction le long d'un verger de cerisiers (belle vue sur le village), puis sur une petite route. Cent mètres plus loin ⑱, à la hauteur d'une borne à incendie rouge, plongez à droite sur un chemin herbeux qui conduit au croisement à proximité du cimetière. Rejoignez la chapelle Saint-Roch pour revenir ensuite à droite au centre du village.

LE MONT POPEY

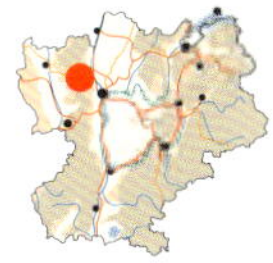

Monts du Lyonnais, vallée du Trésoncle

À 43 km de Lyon, la vallée du Trésoncle, lovée autour du sombre mont d'Arjoux, offre une remarquable harmonie de paysages : vergers de cerisiers, pâturages, bois. Avec en prime, un belvédère sur la vallée de la Turdine, les monts du Beaujolais et les monts du Lyonnais.

La balade

Commune fleurie, Ancy marie à merveille le granite et la pierre jaune. Avant de partir, admirez le portail gothique de l'église, dédiée à saint Pierre. Il provient de l'une des deux églises de l'abbaye de Savigny, détruites en 1793. De la place, traversez la rue principale (D 7) pour monter une petite route ①, qui rapidement, le long de vergers de cerisiers, s'élève au-dessus du village et de la vallée du Trésoncle. Négligez un premier chemin à droite, puis un second cent mètres plus haut (cabanon rouge), en poursuivant à gauche sur un chemin gazonné entre deux haies. Dans un lacet qui offre un superbe point de vue sur Ancy, la vallée et le cône sombre du mont d'Arjoux, vous pénétrez sous des taillis de noisetiers, chênes et frênes avant de déboucher sur une voie goudronnée à la croix du Crêt. Après avoir joui du panorama au nord-ouest sur la vallée de la Turdine et les monts de Tarare, prenez à droite, en épingle, le chemin de crête ② (balisage jaune et bleu). Parmi des taillis clairs de chênes pubescents et de pins sylvestres bordés de genêts à balais, il progresse en balcon de la vallée.

Au sud-est s'étirent la vallée de la Brévenne et la chaîne d'Yzeron. Arrivé à un beau pin, ignorez un chemin sur la gauche. Le versant sud est réservé à des

Montée vers le mont Popey.

Fiche technique

68

Durée : 2 h 00
Longueur : 6,5 km
Dénivelé : 173 m
Difficulté : aucune
Période : toute l'année
Equipement : randonnée classique
Balisage : double trait bleu
Carte IGN 1/100 000 : n°43, pli D3
Carte-Guide IGN 1/25 000 : n° 2931 est : l'Arbresle
À voir aux environs : château d'Avauges (reconstruit au XVIIe s.); chapelles médiévales de Clévy, de Grévilly et de Vindry ; musée lapidaire de Savigny ; carrières de Glay à St-Germain-sur-l'Arbresle ; village de Bully ; l'Arbresle : superbe église du XVe (vitraux XVIe s. et boiseries), vestiges du château des abbés de Savigny (XIe-XVe s.), maisons gothiques et Renaissance ; couvent Ste-Marie-de-la-Tourette à Eveux (architecture de Le Corbusier) ; Sain-Bel : château du XIIe s., église du XIe s. et maisons anciennes ; château de Cruzols à Lentilly.

Cette balade est extraite de l'ouvrage ***Les plus belles balades autour de LYON du Beaujolais au Pilat*** *de Bruno Pambour*

Itinéraire d'accès

Rejoignez la N 7, direction Roanne depuis Tassin-la-Demi-Lune ou par l'A 6 (sortie Limonest) et la Tour-de-Salvagny. À l'Arbresle, prenez à droite la N 89 vers Ste-Foy-l'Argentière. À Sain-Bel, tournez à droite sur la D 7 vers Savigny. Poursuivez-la ensuite en remontant la vallée du Trésoncle jusqu'à Ancy. Garez-vous à gauche sur la place de l'Église.
Transports en commun : aucun

Les crêtes du mont Popey, dans les monts de Tarare.

parcs à moutons. Après une brève descente, vous parvenez à la croix du Bancillon (1869). Ornée d'un cœur, elle est, comme toutes les croix de la région, taillée dans la pierre jaune de l'Arbresle. Poursuivez en crête ③ en profitant au nord de dégagements sur Saint-Romain-de-Popey, la vallée de la Turdine et, au sud, sur l'aval de la vallée avec ses mosaïques de champs de céréales, de pâturages, de cerisaies et ses grosses fermes traditionnelles. Le sentier s'enfonce à nouveau dans des buissons d'aubépine, d'épine noire et d'églantier, puis parvient à une patte d'oie ④. Dirigez-vous à gauche vers un gros pin, puis le long d'un champ, rejoignez le mamelon boisé du mont Popey. Comme le mont d'Arjoux à la silhouette évocatrice, il est formé de roches volcaniques. Leur irruption en surface se produisit lors de la fracture qui donna naissance à la vallée de la Brévenne. La pelouse sommitale (croix en bois), réserve une vue panoramique sur la vallée de la Turdine avec, en arrière-plan, le pays des Pierres Dorées. Revenez au croisement précédent ④ pour descendre à gauche le versant sud, en friche, face aux hameaux de Mullin et de Taylan. À hauteur d'une parcelle cultivée à droite, négociez deux lacets avant de gagner une cerisaie au milieu de laquelle trône un frêne isolé ⑤ (balises bleu et rouge). Obliquez alors à droite pour revenir par une large courbe vers la vallée du Trésoncle. Entre les cerisiers, vous rejoignez la D 7 ⑥. Suivez-la à gauche sur dix mètres avant de plonger sur un chemin qui gagne le bas du vallon ⑦. Après quelques abricotiers, vous passez des cultures maraîchères (serre et bassin) et des alignements de framboisiers et de groseilliers. En surplomb du Trésoncle, une jolie rivière à truites, à l'ombre de hauts peupliers garnis de lierre, vous gagnez une petite route qui remonte à gauche vers la ferme des Gouttes ⑧. Prenez-la à droite sur deux cents mètres. Après la ferme, au premier virage vers le nord ⑨, continuez à gauche sur un chemin qui se

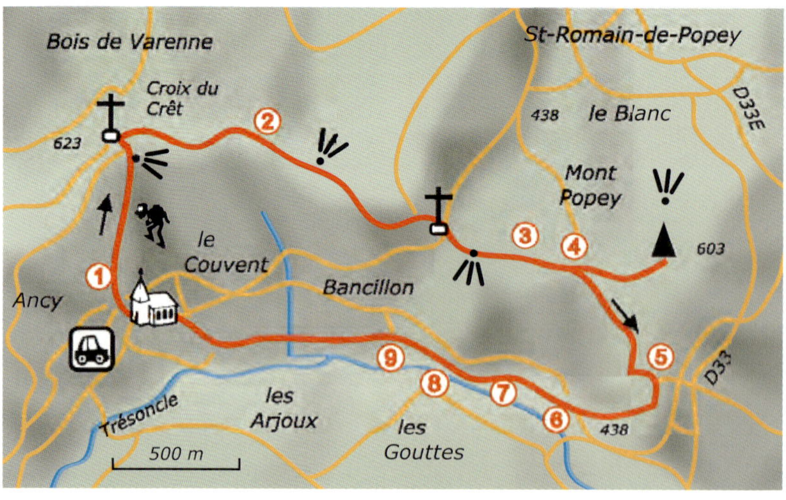

dirige vers le clocher d'Ancy. À travers des pâturages, il longe à distance la rivière. À l'intersection de la cote 471, remontez au village indifféremment par la droite ou par la gauche.

Les chapelles médiévales des monts de Tarare

Trois chapelles, peu connues, sont à découvrir dans le canton de Tarare. Construite au XIVe s., la chapelle votive de Clévy est constituée d'une nef et d'une chapelle latérale. Dans le chœur, elle présente une baie aveugle à remplage de style gothique flamboyant. En face de l'entrée de la chapelle, de l'autre côté de la D 33, au pied d'une croix monumentale, se trouve inséré dans le sol un bloc de granit qui présente une cavité en forme d'œil. Il faisait l'objet d'une dévotion païenne : les mères faisaient uriner leurs enfants sur cette pierre pour les protéger des maladies et leur apprendre plus vite à marcher. Érigée au XIe s., la chapelle de Grévilly domine remarquablement la vallée de la Turdine depuis la commune de Saint-Forgeux. Elle devint un lieu de pèlerinage à la Vierge en 1322. Elle a conservé son chœur roman orné de peintures médiévales et présente un portail gothique sous un bel auvent. Très ancienne, même si aucune date ne peut être donnée, la chapelle de Vindry présente un étonnant clocher-mur avec sa galonnière.
À l'intérieur, un bénitier en pierre dorée et les fresques de Louis Josserand (1937) côtoient plusieurs tableaux dont l'ex-voto du curé Chauve Les Olmes à Marie, à la signification mystérieuse.
Accès : Clévy, par la D 33 via Saint-Romain-de-Popey ou depuis Pontcharra ; Vindry, depuis Pontcharra par la D 31e vers Saint-Loup ; Grévilly, depuis Pontcharra par la D 27 via Saint-Forgeux (Visites des chapelles de Grévilly, de Clévy et de Vindry).

Ancy, vallée du Trésoncle.

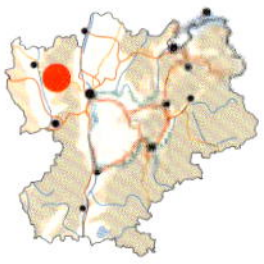

LES CRÊTES DE VIOLAY

Monts du Lyonnais, les “montagnes du Matin”

À 58 km de Lyon, cette promenade vous invite à découvrir le bocage des “montagnes du Matin”, en lumineux belvédère du Roannais, des monts de la Madeleine, de la trouée de Tarare et du haut Beaujolais.

La balade

Les ancêtres celtes des Foréziens, les Ségusiaves, voyaient se lever le soleil sur les monts du Lyonnais et ils les baptisèrent poétiquement “montagnes du Matin”. Violay provient du latin *via :* la commune était placée à la croisée d'importants chemins (voie Sayette, voie romaine). Sur le mur de la cure, une coquille Saint-Jacques sculptée signale que le village était une halte connue des pèlerins sur la route de Saint-Jacques-de-Compostelle. Aujourd'hui, des industries textiles (rideaux), de salaison et une fabrique de meubles assurent l'économie de la commune.

Du parking, revenez au croisement précédent pour suivre à gauche la route du

Fiche technique

Durée : 2 h 45
Longueur : 9 km
Dénivelé : 217 m
Difficulté : aucune
Période : toute l'année, l'hiver selon enneigement
Equipement : randonnée classique
Balisage : jaune/blanc, blanc/rouge
Carte IGN 1/100 000 : n°43, pli D7/D8
Carte-Guide IGN 1/25 000 : n° 2931 ouest : Tarare
À voir aux environs : table d'orientation de la tour Matagrin ; sentier botanique de la Belette et moulin à eau de maître Marcel à Ste-Agathe-en-Donzy (D 1) ; musée du Tissage à Bussières (métiers en fonctionnement d'avril à octobre, accès par la D 1 ; vieille ferme avec galerie à colonnes à Affoux ; Tarare : maisons médiévales sur la place du Marché, tour de la Prébende des Martin (XVe s.) rue du Château, église St-André, moulinage Jean-Baptiste Martin, château de la Bussière (XVIe s.), fête des Mousselines tous les cinq ans (juin 2005); château de Joux-sur Tarare (XIIe s., ne se visite pas).

Cette balade est extraite de l'ouvrage
Les plus belles balades autour de LYON du Beaujolais au Pilat
de Bruno Pambour

Itinéraire d'accès

Rejoignez la N 7, direction Roanne/Tarare depuis Tassin-la-Demi-Lune ou par l'A 6 (sortie Limonest) et la Tour-de-Salvagny. Passez l'Arbresle, Pontcharra-sur-Turdine et Tarare. Un kilomètre après la sortie de la ville, montez à gauche la D 14 jusqu'à Violay. Dans le bourg, prenez à gauche la route de Signy (D 49 direction Villechenève). À 100 m, se trouve un parking.
Transports en commun : aucun

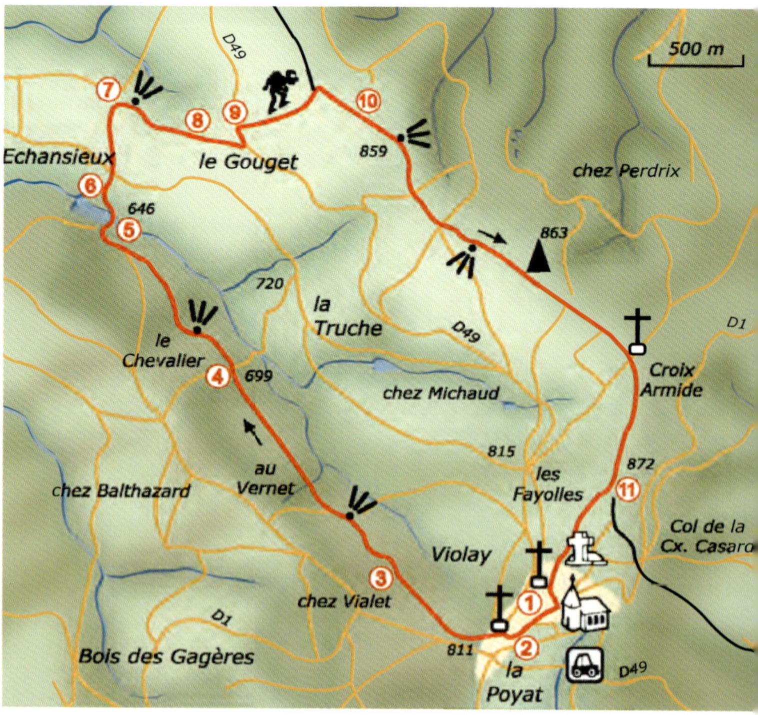

La retenue du Gantet.

Chêne ①. À 150 m ②, tournez à droite sur le chemin de la Chapelle en direction "chez Vialet". Trente mètres plus loin, au calvaire, dirigez-vous à gauche (balisage jaune/ blanc) en négligeant, trent mètres plus bas sur la droite, une voie sans issue. La voie goudronnée cède la place après le hameau chez Vialet à un bon chemin à la pente agréable ③. En vis-à-vis des maisons du Bouton, la descente, douce, s'effectue en balcon de la vallée du Gantet à l'habitat dispersé (fermes du XVIIe s.). Harmonie et sérénité se dégagent de ce paysage bocager qui se renouvelle sans cesse au fil de vos pas. Moutons, vaches et chevaux rappellent l'importance de l'élevage dans ces collines élevées. Après un carré de douglas, le chemin laisse à droite la ferme du Vernet, puis traverse un versant en friche couvert de fougères (quelques chênes) et de genêts à balais. En contrebas s'étire un bois de chênes et de bouleaux. Face au hameau de la Truche, passez la pittoresque ferme du Chevalier. Au croisement ④, restez à gauche pour progresser toujours à mi-pente du vallon dans la même direction. À proximité, un site archéologique a été mis au jour avec un énorme amas de pierres, une enceinte et les fondations d'un bâtiment. Dans un rayon de mille mètres, des silex taillés et des poteries gallo-romaines témoignent également de l'occupation ancienne du lieu qui, d'après la tradition orale, serait l'ancien Violay.

Le fond du vallon, très humide, abrite plus bas deux petits étangs de retenue des eaux du Gantet. Sur une petite route, l'itinéraire se faufile à droite entre les deux plans d'eau ⑤, puis passe une ferme abandonnée en pierres et pisé qui sert de grange. À une patte d'oie ⑥ , restez à droite. Cent mètres plus loin, traversez le carrefour pour monter pleine pente une petite route prolongée par un chemin. Après une vieille ferme (cour intérieure avec piliers), il gagne un croisement sur un faux-plat au milieu des pâturages ⑦. Poursuivez à droite. Au nord, la vue porte sur le vallon du ruisseau du moulin Lafay, parallèle à celui du Gantet. Remarquez sur les pentes opposées, plein sud, de vastes chablis. Quatre cents mètres plus loin ⑧, ignorez sur la gauche, le chemin menant à la ferme des Gouttes. À la verticale du Goujet, profitez d'une nouvelle perspective sur le vallon avant de suivre à gauche sur cent mètres la D 49. Quittez-la ⑨ pour grimper à droite, dans une plantation de douglas, un sentier toujours balisé qui rejoint directement la crête. Suivie par le sentier, elle vous ramène, à droite ⑩, jusqu'à Violay en vous offrant un superbe panorama : à l'ouest, les monts du Forez et de la Madeleine ; au nord-est, la trouée de Tarare et les monts du Beaujolais. Droit devant, au sud-ouest, la tour Matagrin guide votre retour. Après un bois de chênes et de hêtres malingres parsemés de pins sylvestres, le sentier évolue longuement à découvert parmi prairies et cultures de céréales. À la hauteur d'une croix en bois, les monts de la Madeleine réapparaissent. Après un carré de peupliers, négligez plusieurs croisements en conservant toujours la même direction. Bientôt, le dôme de cuivre du clocher de Violay apparaît. Au croisement de la croix Armide, obliquez légèrement à droite en gardant la même altitude. À la cote 872 ⑪, à l'angle d'une borne à incendie et d'un bosquet de douglas, quittez le sentier de randonnée pour redescendre directement sur le village. Après le cimetière, ne manquez pas à l'intersection, une croix très ancienne (XVIIe s.) dont le fût tronconique a été renforcé par une armature métallique. À proximité se trouve la chapelle Saint-Roch, sanctuaire vraisemblablement érigé après la grande peste de 1630 et qui a subi plusieurs restaurations (joli chœur avec une statue de Saint-Roch polychrome). Rejoignez à gauche le centre du bourg. Les plus curieux visiteront le petit musée, installé dans d'anciennes caves voûtées, où sont exposées les découvertes archéologiques de la Truche.

La tour Matagrin

Construite en 1876 au sommet du mont Boussuivre, la tour Matagrin était à l'origine un singulier rendez-vous de chasse. Point culminant des monts de Tarare à 1004 m d'altitude, située sur la ligne de partage des eaux Atlantique/ Méditerranée, elle est un des points de triangulation de la France. Une borne napoléonienne, repère trigonométrique érigé en 1812 à cet endroit, est incluse dans le mur extérieur près de la porte. En haut de la tour, une table d'orientation guide la découverte d'un exceptionnel panorama à 360°. De ce belvédère, par temps clair, vous découvrez quatorze départements ! Le spectacle est grandiose lorsqu'au lever du soleil, en toile de fond de la Dombes et du Bugey, la chaîne des Alpes apparaît. En poursuivant le tour d'horizon vers la droite, vous reconnaîtrez au-delà des moutonnements des monts du Lyonnais, le Pilat, le plateau du Velay avec le mont Mézenc et le Gerbier-de-Jonc, puis la plaine et les monts du Forez, les monts de la Madeleine, le Roannais et, au nord, les monts du Beaujolais avec le mont Saint-Rigaud et le sillon de l'Azergues.

La tour Matagrin est ouverte toute l'année. Accès depuis Violay par le col de la Croix-Casard (route de Tarare, D 1) où à droite, vous prendrez la route de Villechenève sur 800 m, puis un chemin à gauche qui conduit au joli bois de mélèzes proche de la tour (aire de pique-nique).

Panorama sur les monts du Beaujolais depuis la tour Matagrin.

LES CRÊTES DES SAUVAGES

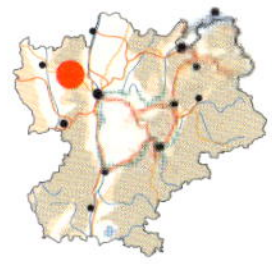

Haut Beaujolais, monts de Tarare

À 56 km de Lyon, à travers bois et pâturages, l'échine des Sauvages est un belvédère de choix sur le relief tourmenté du Tararois et des monts du Beaujolais.

La balade

Sur la ligne de partage des eaux entre la Loire et le Rhône, le col des Sauvages fut toujours un passage privilégié entre le Lyonnais et le Roannais, mais aussi redouté pour ses accès difficiles. Au carrefour de la route de Tarare, devant l'hôtel Saint-Pierre, est érigée l'ancienne clef de voûte de la chapelle des Tallebard qui était attenante à l'ancienne église paroissiale de Saint-Pierre-des Sauvages. Elle est incluse dans un monument élevé au souvenir des prêtres réfractaires sauvés de la déportation par les habitants, en 1793. L'église, au centre du bourg, abrite une pietà polychrome du XVe s. sauvegardée du vandalisme révolutionnaire.

Du carrefour, suivez la petite route qui se dirige, au nord, vers Bonnefont/les Nioules/le Pouet. À cinquante mètres ①, prenez à droite le sentier de randonnée qui grimpe hardiment vers la crête. Après un carré d'épicéas, il dévoile des vues dégagées au sud et à l'ouest qui ne cesseront de s'embellir au cours de l'ascension. La montée soutenue requiert

Les monts du Forez et les crêtes des Sauvages.

Fiche technique

70

Durée : 2 h 00
Longueur : 6,5 km
Dénivelé : 133m
Difficulté : aucune
Période : toute l'année, l'hiver selon enneigement
Equipement : randonnée classique
Balisage : blanc/rouge
Carte IGN 1/100 000 : n°43, pli C8
Carte-Guide IGN 1/25 000 : n° 2930 ouest : Amplepuis
À voir aux environs : N.-D.-de-la-Roche ; château de Rochefort (XIIIe s.), musée Barthélemy-Thimonnier et quartier Déchelette à Amplepuis ; lac des Sapins à Cublize ; Tarare : maisons médiévales sur la place du Marché, tour de la Prébende des Martin (XVe s.), rue du Château, église St-André, moulinage Jean-Baptiste Martin, château de la Bussière (XVIe s.), belvédère de N.-D.-de-Bel-Air, fête des Mousselines tous les cinq ans (juin 2005) ; château de Joux-sur-Tarare (XIIe s., ne se visite pas).

Cette balade est extraite de l'ouvrage ***Les plus belles balades autour de LYON du Beaujolais au Pilat*** *de Bruno Pambour*

Itinéraire d'accès

Rejoignez la N 7, direction Roanne/Tarare depuis Tassin-la-Demi-Lune ou par l'A 6 (sortie Limonest) et la Tour-de-Salvagny. Passez l'Arbresle et Pontcharra-sur-Turdine. Au centre de Tarare, au second feu, tournez à droite sur la D 8 en direction de Cours/Amplepuis. Aux Sauvages, garez-vous le long de la route ou à gauche dans le centre du village.
Transports en commun : Transports publics 69 ligne n°186 Lyon/Tarare/Cours-la-Ville, arrêt les Sauvages-bourg.

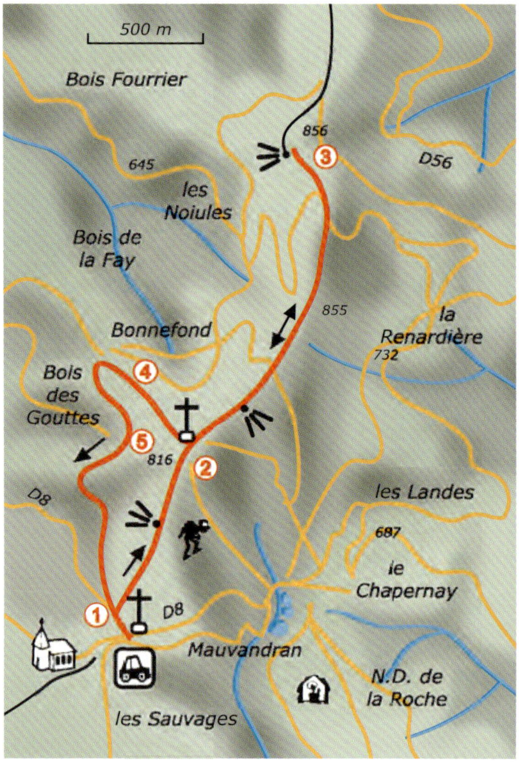

Les monts du Lyonnais depuis les crêtes du Sauvage. Vaches charolaises.

un pas lent et régulier : à vous de trouver votre rythme pour ne pas arriver en haut essoufflé ! Sur un faux-plat bienvenu, vous rejoignez une intersection marquée par une croix ②, continuez tout droit entre les pâturages pour gravir les quarante derniers mètres de dénivelé (pylône). La crête est un observatoire privilégié pour contempler les hautes croupes des monts de Tarare où la Turdine a creusé sa profonde vallée : plus de sept cents mètres de dénivelé en quelques kilomètres ! À votre gauche, Notre-Dame-de-la-Roche *(cf encadré)* figure au premier plan de ces montagnes qui culminent à la tour Matagrin. À l'ouest, au-delà de la dépression du Roannais, se profilent les monts de la Madeleine. En contrebas, la vallée du Rançonnet conduit à Amplepuis. L'étranglement du col des Sauvages, où passait dès l'antiquité une voie romaine, l'ancienne route de l'Étain, fut emprunté ensuite par la "route royale", la voie de communication historique de Lyon à Paris. La N 7 suit aujourd'hui des rampes moins raides au col du Pin-Bouchain. Le relief des Sauvages est également franchi par la voie ferrée Lyon-Atlantique grâce à un tunnel de trois kilomètres, qui fut l'un des plus longs de France jusqu'au percement du Mont-Cenis.

Hors pâturages, les sols laissés en friche et formés sur des roches granitiques et volcaniques, naturellement pauvres et acides, sont le royaume du genêt et de la fougère, de la callune et de l'aubépine. À gauche, un tas de pierres témoigne d'un ancien épierrage, étape indispensable pour la mise en valeur de ces terres. Le sentier dépasse deux carrés de douglas. À gauche, le bois Fourrier tente de résister vainement à l'enrésinement en cette essence venu d'Amérique du Nord. Des chevaux s'ébattent sur les prairies à l'aplomb de la ferme de Bonnefond. La désagréable sensation de passer du jour à la nuit vous étreint lorsque le chemin pénètre dans un bois sinistre de douglas. Leur plantation dense acidifie les sols et empêche le développement de sous-bois. À la sortie des résineux, on goûte avec joie un splendide panorama sur les pentes boisées du vallon de Peisselay où se niche le hameau de la Renardière, et surtout par temps clair sur les Alpes (mont Blanc, massifs de la Vanoise et des Écrins). Poussez plus en avant jusqu'à un vaste chablis sur la gauche ③, qui offre de belles échappées sur le bois Fourrier et, au nord, sur la vallée du Reins enserrée par les sombres crêts du haut Beaujolais.

Faites demi-tour pour regagner les Sauvages par le même itinéraire en savourant une nouvelle perspective sur le paysage. Revenu à la croix (cote 816) ②, le retour jusqu'aux Sauvages peut s'effectuer par une variante forestière *via* le bois des Gouttes : de la croix, obliquez à droite, puis à gauche, pour descendre ④ jusqu'à la cote 774 où une petite route ⑤, à travers bois et prairies, vous ramène à gauche au village.

LA ROCHE D'AJOUX

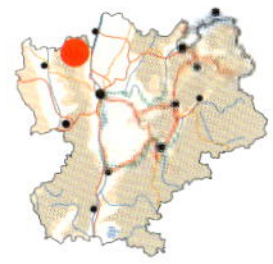

Haut Beaujolais, la "Suisse beaujolaise"

À 65 km de Lyon, cet ancien autel druidique domine les sombres forêts du val d'Azergues au cœur de la montagne beaujolaise et offre un formidable panorama circulaire des monts de la Madeleine aux Alpes.

La balade

Le val d'Azergues offre un contraste saisissant. En une trentaine de kilomètres, on passe des vignobles du bas Beaujolais et des villages fleuris des Pierres Dorées aux sombres versants de résineux qui enserrent des hameaux de montagne. Important nœud routier, le col des Echarmeaux commande trois des quatre vallées qui dévalent du mont Saint-Rigaud, le point culminant de la montagne beaujolaise et le Rhône à 1012 m d'altitude. Les vallées de l'Ardières *via* Beaujeu et de l'Azergues *via* Lamure et Lozanne rejoignent le val de Saône, et celle du Botoret, par Chauffailles, se dirige vers la Loire. Dès le XIVe s., des charrois de bœufs acheminaient les fûts de vins de la Saône à la Loire en remontant la vallée de l'Ardières jusqu'aux Echarmeaux. Dans l'attente du convoyage, les vins du Beaujolais et du Mâconnais étaient entreposés au hameau des Dépôts, dans de vastes caves voûtées sur plusieurs niveaux. Ce gigantesque entrepôt appartient aujourd'hui à une maison de négoce et se visite toujours (Vins Louis Tête). Depuis le début du XXe s., les Echarmeaux, desservis par la ligne de chemin de fer Lyon-Paray-le-Monial, sont une station de villégiature des Lyonnais.

Avant la balade, admirez au centre du rond-point la statue de Napoléon Ier, exécutée sous le Second Empire par le sabotier Molette, un fervent bonapartiste ainsi qu'en témoigne le quatrain gravé sur son socle. Faute de modèle, il se méprit sur la célèbre posture de l'Empereur, la main sous le gilet, un geste familier dû à de fréquents maux d'estomac. Au lieu de la main droite, l'artiste représenta la gauche, ce qui soulage plutôt le foie ! Deux autres exemples de son art sont érigés à proximité : la Vierge du mont Joly (accès par la D 10 E puis à gauche par le sentier de randonnée) et le socle d'une croix avec quatre bas-reliefs (D 10).

Montez au col pour suivre la D 485 en direction de Propières. À trente mètres du rond-point, prenez à droite une voie goudronnée "sur-balisée" (rouge/blanc, poule jaune, rose/vert). Aussitôt après la première propriété sur la gauche, se présente une patte d'oie ① : poursuivez le sentier à droite le long d'une haie de thuyas et d'une barrière blanche. Après quelques plantations de douglas qui contrastent singulièrement dans la forêt de feuillus, le sentier s'élève vigoureusement sur le versant est de la montagne. Après dix minutes de marche, ignorez dans une courbe deux chemins à droite et à gauche. À l'orée d'une haute sapinière, dans un virage à droite, alors que la vue se dégage sur le haut de la vallée, enjambez un ruisseau puis obliquez à gauche sur le sentier de randonnée ②. Il suit un raccourci agréable à travers une

Itinéraire d'accès

Quittez Lyon par l'A 6 et sortez à Limonest pour suivre la direction de Lozanne (D 485). Remontez ensuite toute la vallée de l'Azergues jusqu'au col des Echarmeaux. Au rond-point, garez-vous à droite le long des maisons.
Transports en commun : Transports publics 69 ligne n°204 Villefranche/Beaujeu/Monsols, arrêt les Echarmeaux ; ligne SNCF n°567 Lyon/Lozanne/vallée d'Azergues, arrêt Poule (à 3 km des Echarmeaux).

Fiche technique

71

Durée : 2 h 20
Longueur : 7 km
Dénivelé : 258 m
Difficulté : aucune
Période : toute l'année, l'hiver selon enneigement
Equipement : randonnée classique
Balisage : jaune, blanc et rouge
Carte IGN 1/100 000 : n°43, pli B8
Carte-Guide IGN 1/25 000 : n° 2929 ouest : Chaufailles
À voir aux environs : tour d'orientation du mont St-Rigaud, château des Fougères (XIIIe s.) à Poule-les-Echarmeaux, château de la Farge et accueil à la ferme du Bois-Botton à Propières, chœur roman et fresques du XVe s. de l'église de Monsols, maison du col de Crie (ouverte de mars à octobre, de 11 h à 18 h), autel d'Avenas (XIIe s.), château de Pramenoux (XIIe-XVIIe s.) à Lamure, sentier botanique de la forêt de la Cantinière, douglas géants de Claveisolles, corniche de l'Azergues depuis les Echarmeaux à Grandis par la D 10 *via* Ranchal puis la D 54 *via* St-Nizier-d'Azergues, hameau des Filatures dans la vallée du Reins, musée Jean-Claude-Colin à St-Bonnet-le-Troncy, caves voûtées des Dépôts, musée Marius-Audin et maison de pays de Beaujeu.

Cette balade est extraite de l'ouvrage ***Les plus belles balades autour de LYON du Beaujolais au Pilat*** *de Bruno Pambour*

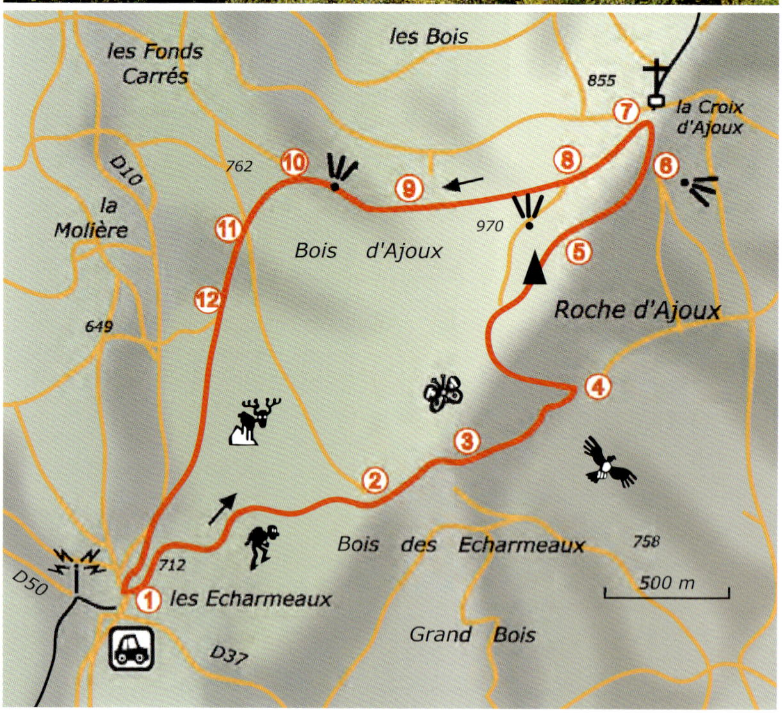

clairière, des résineux, puis une seconde trouée très sauvage où se mêlent bouleaux, genêts et fougères. À angle droit ③, il rejoint le chemin balisé en jaune où l'ascension continue à gauche parmi des genêts et le long de chablis. Les spectaculaires troncs cisaillés sont le résultat de l'ouragan de 1982. La traversée horizontale offre un superbe panorama sur le val d'Azergues. À l'extrémité de la ligne droite, bifurquez à gauche en épingle à cheveu ④. Le sentier grimpe hardiment, décrivant une large courbe vers la droite, vers la croupe sommitale couronnée de fayards malingres, conséquence du sol pauvre et des rudes conditions climatiques qui sévissent sur ces crêtes d'altitude. Les premières mégalithes moussues signalent la roche d'Ajoux. Contournez-la par sa droite pour la gravir par son versant ouest et jouir de son formidable belvédère sur le haut Beaujolais, la vallée de l'Azergues, les monts du Forez, de la Madeleine, le Roannais et le Charollais, le Jura et les Alpes. Tout proche au nord-est, s'élève le mont Saint-Rigaud, qui autrefois était doté de vertus miraculeuses : des pénitentes en quête de maternité le gravissaient. Il existe toujours un pèlerinage traditionnel le 15 août. Les sombres et austères versants de la montagne beaujolaise sont la cause des enrésinements excessifs, principalement en douglas, lors des reboisements. Au sud-ouest, les légendes fleurissent sur le sommet conique du mont Tourvéon. On raconte que Nostradamus venait y observer les astres et que les ruines d'une forteresse auraient appartenu au traître Ganelon, coupable de la mort de Roland à Roncevaux. En châtiment, il aurait été projeté du haut de la montagne, enfermé dans un tonneau hérissé de pointes… À cinq kilomètres, plein nord, un prieuré de la puissante abbaye de Cluny s'installa dès le Xe s. dans le hameau du même nom. Il fut abandonné au XVe s. "Ajoux" provient de "Joux" qui signifie montagne boisée en vieux français. Cette

Le val d'Azergues depuis la roche d'Ajoux, haut Beaujolais.

toponymie illustre parfaitement l'insularité de ce sommet granitique émergeant des bois. Au souvenir des sabbats et des cérémonies druidiques qui s'y déroulaient dans les temps anciens, l'imagination vagabonde.

Au pied de la roche, ignorez vers la gauche le balisage rose/vert, pour descendre la crête (5), guidé dans la hêtraie par les marques blanc/rouge et jaune. La chouette de Tengmalm, rapace nocturne montagnard, hante de ses vibrants hululements ces vastes espaces de solitude. Cerf, chevreuil et sanglier y trouvent refuge. Après 400 m, le sentier bascule à gauche et dévale le versant nord. Il traverse à flanc une forêt mixte puis débouche sur un immense chablis où la vue s'ouvre sur les pâturages au nord de Chênelette. À la fin de la clairière (6), empruntez à gauche un chemin "orniéré", qui 200 m plus loin rejoint le col de la croix d'Ajoux (7). En abandonnant le sentier, obliquez aussitôt complètement à gauche sur un chemin horizontal qui s'enfile entre des plantations de douglas d'âges différents. Après 200 m, la hêtraie et un discret balisage jaune réapparaissent. Alors que la descente s'amorce, au niveau d'un large chablis sur la droite (8), négligez un chemin qui monte à gauche. Vous pénétrez ensuite sous une sapinière puis dépassez une seconde trouée due aux effets dévastateurs des tourbillons. Ignorez plus loin une sente à droite (9). Les sous-bois clairs de gros sapins assurent quelques vues dégagées au nord sur la vallée du Sornin. Suite à une nouvelle petite clairière, une plantation dense de douglas avec absence de tout sous-bois est la preuve flagrante de la stérilité écologique de ce genre de reboisement. À l'orée d'un nouveau chablis, à la hauteur d'arbres de plus de trente mètres de hauteur, quittez le balisage jaune qui descend vers Propières pour obliquer à gauche sur un discret chemin (deux croix jaunes) (10). Il progresse sous de belles frondaisons et décrit une large courbe vers la gauche. Dans une clairière, il rejoint un chemin venant de la gauche. Poursuivez à plat dans la même direction. Peu après, sous la futaie, traversez tout droit un croisement complexe à quatre chemins (11). Une fourche se présente 50 m après : restez bien à droite en gardant la même orientation. Le sentier devient étroit dans une clairière puis s'élargit à nouveau en forêt. Trois cents mètres après la dernière patte d'oie, ignorez un chemin qui file à droite (12). Le dernier kilomètre est une douce et agréable descente à travers de hautes sapinières clairiérées. À la verticale de la route de Propières, une allée parallèle vous ramène au col des Echarmeaux.

La roche d'Ajoux et le val d'Azergues.

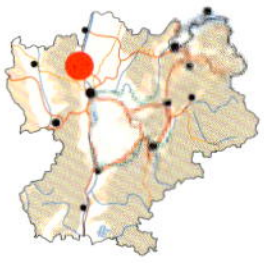

LES PIERRES DORÉES

Beaujolais, le charme toscan du bas Beaujolais

À 32 km de Lyon, de vieux villages perchés en manoirs chargés d'histoire, parmi des paysages vallonnés qui évoquent la Toscane, promenade à la rencontre de l'harmonieux pays des Pierres Dorées.

La balade

Fruit des richesses du terroir et des siècles de labeur des hommes, une harmonie indicible règne à Theizé. Avant de partir, admirez, sur la place du village, la croix des Enfants de Theizé, érigée en 1567. Son fût octogonal porte les emblèmes de la corporation des tailleurs de pierres. À l'extrémité de la place, montez à gauche en direction du château de Rochebonne et de la vieille église. À cent mètres, un porche donne accès à l'ancienne église du XVIe s., qui sert aujourd'hui de lieu d'expositions et de concerts (visite l'après-midi en été). Elle a gardé, à mi-hauteur dans le chœur, un litre funéraire, c'est-à-dire une bande noire portant les armoiries du seigneur, placées d'autant plus haut que sa noblesse était grande. Avant de tourner à gauche au niveau d'une croix, gagnez en haut de la rue l'esplanade du Marronnier où la vue porte jusqu'aux Alpes. À gauche, le château de Rochebonne, du XVIIe s., dresse sa façade classique surmontée d'un fronton triangulaire entre deux tours rondes en saillie. Il présente une vaste salle d'armes, des peintures du XVIIIe s. en trompe-l'œil et un escalier à balustres (visite à partir de l'ancienne église). Depuis 1995, il accueille une exposition permanente, originale et vivante, sur le thème des vendanges et de la vinification.

Revenez au chemin de Bancillon. Goudronné au départ, il monte le long du château (balisage jaune/rouge et jaune), puis domine rapidement le village en s'enfilant entre deux émouvants murets de pierres ①. Par une allée de buis, il accède à la statue de la Vierge édifiée en hommage à Notre-Dame-de-Lourdes en 1943 : un remarquable belvédère sur l'est du pays des Pierres Dorées. Le sentier serpente ensuite entre des buis et des bosquets de pins noirs et sylvestres, puis laisse à sa droite un superbe clos de vignes pourvu à chaque angle de deux cadolles en parfait état ②. Plus haut, après un troisième abri en pierres sèches au toit croquignolet, vous passez au pied d'une tour qui servit de relais au fameux télégraphe Chappe. La vue porte déjà sur le bourg médiéval d'Oingt, les monts de Tarare et le haut Beaujolais. Une patte d'oie se présente ③ : restez à gauche parmi des buis et des taillis de chênes pubescents, puis sur la pelouse de crête égayée en juin par les corolles roses et blanches de la coronille variée. À la borne de la cote 603, c'est un panorama à 360° au cœur du pays des Pierres Dorées qui ravira vos sens. Vous reconnaissez les villages du Bois-d'Oingt et de Bagnols au sud, de Ville-sur-Jarnioux et de Cogny au nord. La crête se prolonge en une longue échine boisée qui monte au crêt de Châtoux, puis se poursuit vers l'un des plus beaux belvédères du Beaujolais viticole : le signal de Saint-Bonnet. Vers le levant, la colline de Buisante plonge vers Villefranche et la plaine de la Saône avec, en

Fiche technique

72

Durée : 2 h 50
Longueur : 9 km
Dénivelé : 212 m
Difficulté : aucune
Période : toute l'année
Equipement : randonnée classique
Balisage : incomplet, jaune et rouge, jaune
Carte IGN 1/100 000 : n°43, pli C9
Carte-Guide IGN 1/25 000 : n° 2930 est : le Bois-d'Oingt
À voir aux environs : Theizé : chapelle St-Hippolyte (XVIIe s.), Oingt : château de Prosny, chapelle de Saint-Clair à Ville-sur-Jarnioux, château et lavoir de Jarnioux (XVe-XVIIe s.), fresques (XIVe s.) de la chapelle St-Paul-de-Lacenas, château (XVe s.) et maisons à auvent de Bagnols, château de la Flachère (XIXe s.) à St-Vérand, Espace Pierres-Folles à St-Jean-des-Vignes, le Bois-d'Oingt (village de roses), Ternand, Châtillon-d'Azergues, Chessy-les-Mines, Charnay, Chazay-d'Azergues, hameau ancien de Graves à Pouilly-le-Monial, église romane de Morancé, carrières de Glay à St-Germain-sur-l'Arbresle, tour télégraphe et vue de Buisante à Marcy-en-Beaujolais, Ecole de dégustation des Pierres Dorées à Chessy-les-Mines.

Cette balade est extraite de l'ouvrage ***Les plus belles balades autour de LYON du Beaujolais au Pilat*** *de Bruno Pambour*

Itinéraire d'accès

Quittez Lyon par l'A 6 et sortez à Limonest pour suivre la direction de Lozanne. Remontez la vallée de l'Azergues par la D 485. Après le beau village de Châtillon, tournez vers Chessy, où à gauche à la sortie du village, vous suivrez la D 19 jusqu'à Theizé (belle vue sur le château de Bagnols avant Frontenas). Garez-vous sur la place de l'église.
Transports en commun : Transports publics 69, ligne n°202 Villefranche/Bois-d'Oingt/Tarare, arrêt Theizé - le Boitier.

arrière-plan, l'immense plateau de la Dombes. Après une brève descente, vous dépassez des tas de pierres, résultats d'anciens épierrages. Après avoir longé l'aire d'envol d'un club d'aéromodélisme, suivez à droite une petite route sur cent mètres ④. Prenez ensuite à gauche le chemin en direction le Navoureux (pancarte en bois). En haut de la pente, adossé à un bois, un banc vous invite à savourer le paysage. Le sentier évite par la gauche le bois. Lorsque trois voies apparaissent, restez sur celle du milieu en suivant les balises jaunes. Plus loin, à une patte d'oie, suivez à droite puis à gauche le balisage. Le sentier traverse le bois des Bruyères sous une très belle voûte de buis qui semblent se courber avec grâce sur votre passage et forment un véritable corridor végétal. À la sortie du bois, les façades ocre d'Oingt se dressent plus superbes que jamais. Vous longez des prairies de fauche, repaire de mulots et de campagnols dont sont friands la buse variable et le faucon crécerelle. Le sentier s'oriente ensuite vers le crêt de Châtoux. Après avoir négligé à gauche un chemin filant vers l'ermitage de Saint-Abram ⑤, puis dépassé un cabanon en pierres, vous rejoignez à la cote 608 une petite route empruntée par le sentier de randonnée. Descendez-la à gauche vers le Bois-d'Oingt ⑥. En magnifique balcon de la combe de Vervuis, tapissée de vignes, et de la vallée de l'Azergues, elle progresse vers Oingt. Sur la crête opposée, plein ouest, le village de Sainte-Paule domine le hameau de Mussy. Une croix de 1596 sur la place du village, représentant deux bergers, deux rois mages, la Vierge et la Sainte Trinité, et les trésors de son église romane (pietà et vitrail du XVe s., bénitier, culots d'ogive sculptés) valent un détour en voiture. Au débouché d'un bois d'acacias, l'arrivée sur Oingt devient un vrai régal. Siège de la confrérie des Grapilleurs des Pierres Dorées, ce village a été soigneusement préservé du modernisme et mérite une visite attentive. Des trois portes qui fermaient la cité, il ne reste que la porte de Nizy par laquelle on pénètre dans le village ⑦. Des ruelles ont été repavées à l'ancienne comme les rues Tyre-Laine, Trayne-Cul, tout de suite à gauche, et la rue Philippe-Vapillon. Bordée de vieilles maisons où se sont installées des échoppes d'artisans, elles mènent à la Maison commune (XVIe s.) et à l'église, l'ancienne chapelle du château (XIVe s.) qui a conservé un chœur gothique avec des culots d'ogive sculptés et de hautes fenêtres. La vicomté d'Oingt et l'abbaye de Savigny furent au cœur de la guerre sans merci que se livrèrent, au haut Moyen Âge, les seigneurs du Forez et ceux du Lyonnais. De nombreuses tours, vestiges d'anciennes forteresses, témoignent de ces âpres combats. C'est le cas de la haute tour du village, unique relique du château du XIe s.. De mai à la Toussaint, les après-

"Cadolle", cabane de pierres sèches, à Theizé, au pays des Pierres Dorées.

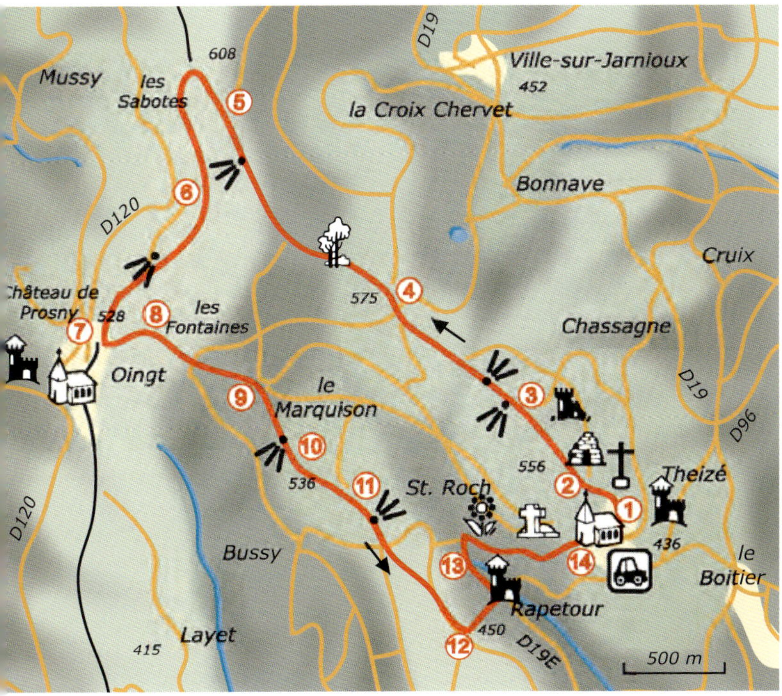

midis des samedis et dimanches, vous profiterez de sa vue panoramique. La plus célèbre fille du pays est Marguerite d'Oingt (1289-1310), prieure de la chartreuse de Poleteins, mystique, qui est considérée comme le premier écrivain lyonnais qui écrivit en français.
De retour sur la D 96, traversez à droite le carrefour pour suivre la route de Theizé/ Pouilly-le-Monial/Villefranche ⑧.
À deux cents mètres, elle surplombe joliment le vallon de Nizy, écrin d'une polyculture traditionnelle à cette altitude : vignes, bocage de prairies d'élevage, vergers. Négligez successivement la route du Colombier à droite, celle des Fontaines à gauche, puis de nouveau à droite, la route de Moiré (D 607, calvaire de 1784). Après une longue ligne droite, à l'entrée d'un virage à gauche ⑨ (cote 534), quittez la départementale pour prendre à droite une petite route. À la fourche, dix mètres plus loin, restez à droite en crête. Après trois maisons, un chemin prolonge l'asphalte ⑩. Il offre une vue plongeante sur la combe encaissée du ruisseau de Merloux qui dévale au sud de Theizé. Le chemin longe un bois de pins noirs bordé d'une haie de frênes, puis traverse des buis avec des chênes isolés avant de rejoindre en biais une route ⑪. Suivez-la à droite dans le vignoble qui gagne ici le crêt de la Fay. Au croisement de la cote 505, continuez tout droit le long de chênes et d'une prairie. Au fond du vallon, cerné par les vignes, le manoir de Rapetour résiste non sans mal aux siècles. Construit au XVe s., il était jadis, avec Rochebonne et Cruix, l'un des trois fiefs de Theizé. Exemple unique d'architecture hybride des styles toscan et beaujolais, c'est l'un des plus intéressants trésors du Beaujolais qui, malheureusement, ne se visite pas. Edifié sur l'emplacement d'une ancienne forteresse signalée dès 830, il a conservé son appareil féodal défensif extérieur et abrite une superbe cour à l'italienne avec une galerie Renaissance. Sa restauration est en cours. À la cote 450, la route bute à angle droit sur une voie montante ⑫. Descendez-la vers le manoir. À l'angle de la forteresse, après une très belle maison vigneronne dotée d'une galerie à colonnes de pierre, prenez à gauche un chemin aménagé en sentier botanique par les élèves de l'école de Theizé. Décrivant une boucle dans le fond du vallon ⑬, il remonte ensuite vers Theizé. À la belle saison, un élégant étiquetage vous fera découvrir la multitude des plantes sauvages. Après le cimetière, traversez la D 96 ⑭ pour passer devant l'ancien lavoir reconverti en parterre de fleurs, puis retrouvez la place de l'église.

Le village de Theizé.

Vallon de Nizy, polyculture beaujolais.

LE MONT DU PY

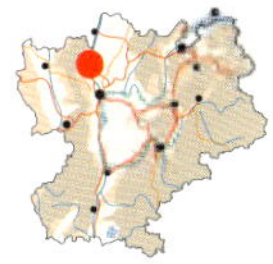

Beaujolais, vignoble de Morgon

À 55 km de Lyon, promenade initiatique entre les vignes du plus "morgonnant" des beaujolais, des vallons secrets et la chênaie séculaire de Pizay.

La balade

Ne manquez pas avant ou après la balade de visiter le château de Fontcrenne (XVIIe s.), où siège la mairie et dont les caves abrite le caveau de Villié-Morgon, le premier ouvert en Beaujolais en 1952 et l'un des plus beaux par sa suite de salles voûtées Dans son parc aux essences rares, un monument aux morts courageusement antimilitariste représente des femmes en deuil dénonçant la guerre. De la place de l'église, suivez la D 18 vers Pizay. Quittez-la 30 m plus loin pour tourner à droite sur le chemin de la Briratte. Au premier croisement ①, continuez à droite sur la route principale qui monte vers le coteau. Sur la droite, négligez trois chemins avant de prendre le quatrième ②, en surplomb du hameau de la Briratte. Ne manquez pas de jeter un coup d'œil en arrière sur Villié-Morgon. Parmi les vignes du célèbre cru, le chemin grimpe vers le mont du Py où l'expression du terroir s'affirme plus qu'ailleurs. Cette douce colline "d'où coule un lait incomparable et pur" (Emile de Villié), est épanouie comme un sein généreux. À son sommet, une croix est érigée depuis 1906 en reconnaissance d'une récolte exceptionnelle. Tout autour, la monotonie de l'océan de vignes n'est rompue que par les toits de tuiles des cabanons de vignerons et les vallons humides du Morgon et de la Morcille. Au sud-ouest, les sombres frondaisons du bois du Pizay seront un des attraits de la balade. Plus au sud, le cône du mont Brouilly domine les flots de l'Ardières qui dévalent jusqu'à la Saône depuis les pentes du mont Saint-Rigaud, le point culminant de la montagne beaujolaise. Vers le nord-ouest, se dresse l'étonnant clocher de Chiroubles au pied des hautes croupes du Fût d'Avenas. Plein nord, le plus féminin des crus du Beaujolais s'épanouit autour du charmant village de Fleurie.

L'itinéraire se poursuit à droite de la croix, descendant peu après ③ vers le hameau de Haut Morgon où l'on découvre le caractère tranquille de l'habitat vigneron. Traversez le premier croisement ④ pour vous faufiler en face dans une rue entre les maisons. Elle dépasse à droite une superbe

Fiche technique

73

Durée : 3 h 10
Longueur : 9,6 km
Dénivelé : 122 m
Difficulté : longueur
Période : toute l'année
Equipement : randonnée classique
Balisage : incomplet, jaune
Carte IGN 1/100 000 : n°43, pli B10
Carte-Guide IGN 1/25 000 : n° 2929 est : Beaujeu et n° 3029 ouest : Belleville
À voir aux environs : château de Corcelles (XVe s.), table d'orientation du Fût d'Avenas, autel d'Avenas (XIIe s.), habitat vigneron de la Grange Charton à Régnié-Durette, mont Brouilly, cuvage de la Chaize (XVIIIe s.), musée des Arts et Traditions populaires et caveau des beaujolais-villages à Beaujeu, maison des beaujolais à St-Jean-d'Ardières, Romanèche-Thorins : musée Raclet, musée du Compagnonnage et hameau du vin.

Cette balade est extraite de l'ouvrage ***Les plus belles balades autour de LYON du Beaujolais au Pilat*** *de Bruno Pambour*

Itinéraire d'accès

Quittez l'agglomération lyonnaise par l'A 6. Passez Villefranche et sortez à Belleville. À la Croisée de Belleville, suivez momentanément la D 37 vers Beaujeu. Après le pont de chemin de fer, tournez à droite sur la D 18 vers Villié-Morgon. Garez-vous sur la place de l'église.
Transports en commun : aucun

Vignoble à Villié-Morgon.

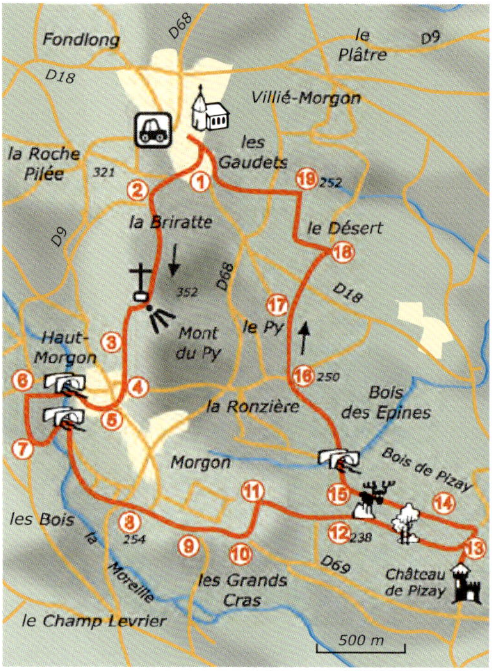

Maison de vigneron à Villié-Morgon.

maison vigneronne dont la façade est couverte de vigne vierge. Au carrefour avec la rue principale ⑤, décalez-vous à gauche pour prendre en face une route qui dépasse un caveau et une croix, puis descend dans le vallon de la Morcille, frais et humide, et donc délaissé par la viticulture (beau peuplier tremble). Après le pont, l'asphalte remonte à un carrefour avec des maisons ⑥, au milieu des vignes, où il faut prendre à gauche. Après fait 200 m et dépassé un chemin pourvu d'un cabanon à droite, prenez à gauche ⑦, en suivant le balisage jaune, sur un chemin de terre dans le vignoble. Il rejoint rapidement un bois de chênes et de frênes où il descend à gauche, puis traverse la Morcille par un petit pont. Le fond du vallon a conservé ses prairies bocagères et abrite une peupleraie. Le sentier longe momentanément la rive gauche du ruisseau en bordure des vignes, puis remonte entre les alignements de ceps. Veillez à rester sur le chemin principal. En une longue courbe vers la gauche, il rejoint la D 68 ⑧ (cerisier isolé et tonneau signalant la cave du Clos d'Antonin). Suivez-la à gauche sur 30 m puis continuez à droite sur une petite route. À 100 m, passez tout droit un croisement en vue de la tour carrée du domaine des Grands Cras. Plus loin, à la patte d'oie ⑨, gagnez à gauche la D 69 reliant Morgon à Pizay. Empruntez-la à droite sur 100 m (large talus herbeux sur la gauche), puis bifurquez sur le premier chemin à votre gauche ⑩, en vue du château de Pizay. Laissez un chemin à droite et depuis un croisement orné d'un cerisier ⑪, dirigez-vous à droite vers le château, le long d'une buse drainant les vignes. Lorsque le chemin tourne vers la gauche ⑫, continuez à droite sur le sentier qui longe l'orée sud du bois du Pizay, peuplement relicte de la chênaie originelle qui recouvrait le val de Saône jusqu'au Moyen Age. Merisiers, charmes, chênes sessiles et pédonculés et châtaigniers élancent leurs frondaisons et sont un refuge pour chevreuils et sangliers. À l'extrémité du bois ⑬, un détour s'impose à droite pour admirer la façade et surtout le jardin à la française du château de Pizay. Le donjon carré avec ses tourelles aux toits vernissés et ses échauguettes, date du XVe s.. Une aile Renaissance, une chapelle du XVIIIe s. et des bâtiments d'habitation du XIXe s. complètent l'ensemble disparate. Les ifs du jardin, taillés en pièces de jeu d'échecs, sont disposés entre les allées rayonnant vers un cadran solaire. Le château devenu un restaurant gastronomique et un hôtel de luxe sert de centre de séminaires. De retour à l'angle du bois ⑬, dépassez le parcours sportif, puis prenez à gauche l'allée du Py. Sous les ramures de chênes séculaires, elle traverse le bois dans sa plus grande longueur. Au carrefour des chênes ⑭, au milieu du bois, conservez la même direction. Après des taillis de chêne rouge d'Amérique, vous sortez à son orée ouest et poursuivez à droite ⑮ dans des friches pour gagner rapidement le pont jeté sur le Morgon. Le chemin remonte doucement en direction du clocher de Villié jusqu'au hameau de la Ronzière (cote 250) où il traverse une petite route ⑯, puis se poursuit horizontalement entre les vignes. Après une fourche où il faut rester à droite ⑰, il franchit la D 18 et devient asphalté. 200 m plus loin, tournez à gauche ⑱. Au Désert, repartez sur la droite sur 250 m pour rejoindre le chemin qui monte à gauche aux Gaudets ⑲. De retour sur la départementale, il ne vous reste plus qu'à regagner l'église de Villié-Morgon.

LE MONT DE BESSAY

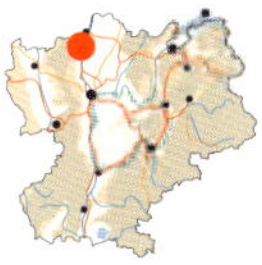

Entre Beaujolais et Mâconnais

À 64 km de Lyon, ce modeste coteau entouré de célèbres crus : juliénas, saint-amour, chénas, saint-véran… est un belvédère de choix sur la vallée de la Mauvaise et le sud du Mâconnais.

La balade

Du parking de la poste, passez à droite entre l'église et le cellier de la Vieille-Église, caveau de dégustation où il fait bon s'arrêter au retour. Après avoir laissé à gauche la rue des Labourons, obliquez à gauche à la première fourche en direction de la Bottière ①. Au prochain croisement ②, restez à gauche le long d'un habitat dispersé entre les vignes. Au nord, l'échine du mont de Bessay est le premier but de la balade. Au carrefour à quatre voies de la cote 267 ③, on délaisse momentanément le balisage (grappe de raisin dans un verre) qui file à droite, pour monter la route à gauche, le long d'un ruisseau encaissé aux rives boisées (acacias, frênes, merisiers). Plus haut, vous longez le château des Capitans, résidence du célèbre Juliénaton, Victor Peyret, le fondateur du cellier de la Vieille-Église en 1954, qui se ruina pour la promotion de la commune et de son cru. La demeure présente un élégant toit en tuiles écailles à motifs géométriques et une belle façade en pierres. Traversez avec prudence la route de Mâcon ④ (D 17E, monument élevé à la mémoire d'un martyr de la Résistance sur la droite), pour enchaîner en face la voie sans issue où vous retrouvez le balisage. L'itinéraire s'enfile entre deux maisons, puis s'élève aussitôt à gauche en contour-

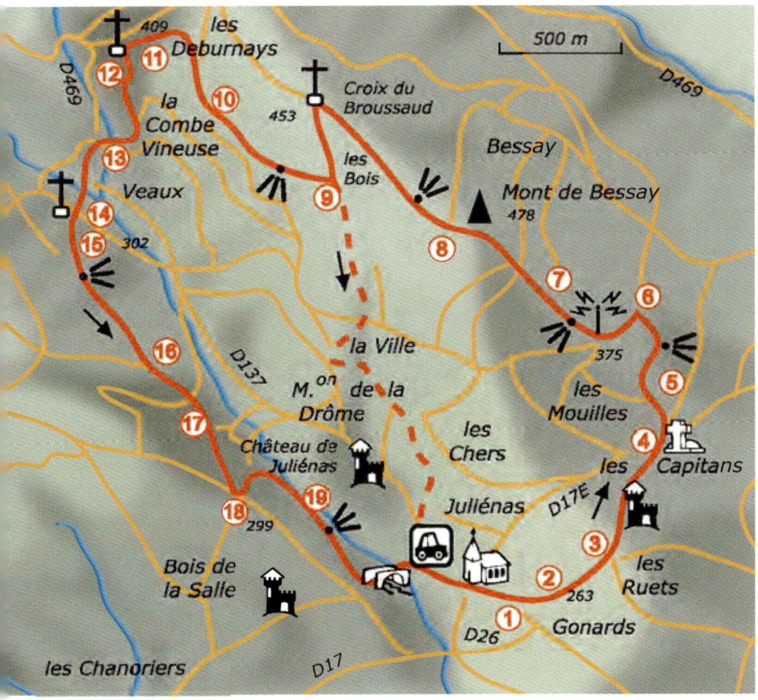

Fiche technique

74

Durée : 3 h 00
Longueur : 10 km
Dénivelé : 228 m
Difficulté : aucune
Période : toute l'année
Equipement : randonnée classique
Balisage : grappe de raisins dans un verre
Carte IGN 1/100 000 : n°43, pli B10
Carte-Guide IGN 1/25 000 : n° 3029 ouest : Belleville
À voir aux environs : Juliénas : cellier de la Vieille-Église, caveau du Bois de la Salle, château (XVIIe s.) et maison de la Dîme (XVIe s.), Jullié : château de la Roche (XVIIe s.) et chapelle du Vâtre (XVIe s.), caveau de Chénas (XVIIIe s.), le Moulin à Vent, Romanèche-Thorins : musée Raclet, musée du compagnonnage et hameau du vin, village de St-Vérand, roche de Solutré et son musée de la Préhistoire.

Cette balade est extraite de l'ouvrage ***Les plus belles balades autour de LYON du Beaujolais au Pilat*** *de Bruno Pambour*

Itinéraire d'accès

Quittez l'agglomération lyonnaise par l'A 6. Passez Villefranche et sortez à Belleville. Contournez Belleville par le nord pour suivre la N 6 en direction de Crêches-sur-Saône/Mâcon (maison des Beaujolais à St-Jean-d'Ardières). À Pontanevaux, bifurquez à gauche sur la D 95 vers Juliénas. Garez-vous sur le parking de la poste au centre du village.
Transports en commun : aucun

nant la dernière maison. Vous grimpez pleine pente entre les vignes, parallèlement à une ligne haute tension. Après avoir négligé un chemin à gauche ⑤, vous passez sous la ligne électrique puis rejoignez une petite route à longer vers la gauche ⑥ (nouveau passage sous les câbles). Vous cheminez en balcon de la Ville, des Thévenins, de Plâtre-Durand, hameaux de Saint-Amour-Bellevue, la patrie du plus septentrional des crus du Beaujolais et, plus au nord, de Saint-Vérand, déjà en Mâconnais, au terrain calcaire où le cépage chardonnay produit des vins blancs légers, élégants et fruités qui font merveille en début de repas. À l'est, le vignoble s'étend pratiquement jusqu'à la Saône à la Chapelle-de-Guinchay. Deux cents mètres plus loin, au croisement dominé par un réservoir en béton et une antenne, montez à droite, toujours sur l'asphalte, en direction du mont de Bessay. Avec une superbe maison vigneronne au premier plan, vous découvrez la vallée de la Mauvaise, dont les eaux dévalent depuis les hauteurs de Vauxrenard, contournant par le nord le versant escarpé du Bois-Retour, et les villages de Jullié et d'Émeringes où s'étend également l'appellation juliénas. Sur la droite de Juliénas, le château du Bois de la Salle édifié au XVIIe s. abrite la cave coopérative qui vinifie 30 % de l'appellation. À la fin du goudron ⑦, décalez-vous légèrement à droite pour poursuivre sur le chemin du milieu. Sur la crête, quelques landes à genêts à balais et à épine noire sont encore épargnées par la viticulture. Ignorez un chemin sur la gauche, puis à la patte d'oie, vingt mètres plus loin, restez à gauche. Le chemin passe entre les deux croupes sommitales d'altitude égale. Au prochain croisement ⑧, continuez tout droit sur la crête en direction de Pruzilly, la quatrième commune de l'appellation. Plein nord, les éperons calcaires de Vergisson et de Solutré émergent entre deux croupes. Au sud, deux cents mètres de dénivelé vous séparent du fond du vallon du Cotoyon. Après avoir dépassé un charmant cabanon de vigneron, à la croix du Broussaud (bâtisse en pierres), descendez à gauche en épingle sur une voie goudronnée vers Juliénas. À la ferme des Bois ⑨(possibilité de rejoindre tout droit directement Juliénas en descendant à vue), bifurquez à gauche en lacet pour vous diriger, à mi-pente du vignoble, vers l'amont du vallon du Cotoyon. À sept cents mètres, longez trente mètres sur la droite la route de Pruzilly, avant de basculer à gauche sur le chemin qui redémarre ⑩ (panneau "vignoble de Juliénas"). Après quelques châtaigniers et frênes, il descend le long de sureaux, contourne une prairie avec un splendide saule, puis évite par la droite le hameau des Deburnays. Face à un croisement orné d'un calvaire en pierre dorée ⑪, prenez à gauche sur cent mètres la route de Juliénas. Au panneau les Rochats ⑫, quittez-la dans le premier virage serré à droite, pour dévaler, à l'angle d'un noyer, un chemin gazonné vers le hameau de la Combe-Vineuse, si bien nommé. Sur l'asphalte retrouvé, en vis-à-vis du beau versant de vignes précédemment parcouru et dominé par la chapelle de Pruzilly, vous traversez les maisons. À la jonction avec la D 469 ⑬ (cote 360), négligez-la pour descendre à gauche une sente herbeuse le long d'un muret. Elle conduit à une belle demeure pourvue de deux tours carrées et d'un portail à auvent, sise près du Cotoyon. À son angle, tournez à gauche pour continuer à droite sur la D 137. Au croisement avec la D 469 ⑭ (calvaire), remontez vers

Ancien pigeonnier à Quincié-en-Beaujolais et vignobles de la côte de Brouilly.

Cenves. Après cent cinquante mètres, à l'entrée d'un virage à droite ⑮, écartez-vous à gauche sur un chemin goudronné qui part en contrebas. Il progresse en balcon des maisons de Veaux. Les pentes nord du fond du vallon, impropres à la culture de la vigne, servent de prairies d'élevage. Après une haie de hauts peupliers, ignorez plusieurs chemins desservant les vignes. Le chemin suit l'orientation du thalweg à mi-versant. Arrivé à un cerisier isolé ⑯, descendez à gauche, en alignement sur le clocher de Juliénas, un large chemin transversal le long d'un caniveau bétonné drainant les ceps. À la hauteur d'une habitation recouverte d'un crépi blanc ⑰, enchaînez à droite sur une petite route. Après une seconde ferme, magnifique, elle remonte au lieu-dit "Vayolette" ⑱ (cote 299) où, face à une maison blanche, vous descendrez à gauche. Cent mètres plus bas, devant le portail d'une propriété isolée, prenez le second chemin sur la droite. Il longe le haut d'un bois pentu à la verticale du Cotoyon ⑲. Remarquez à gauche, les nombreux drains dans les vignes. À la fin du bois, il vous faut scruter le versant opposé. Au hameau de Blondel, à gauche, se trouve la maison de la Dîme, construite au XVIe s. et dont la façade présente deux rangées de six arcades. Abolie en 1789, la perception de ce privilège ecclésiastique, dixième partie du revenu de la terre imposée, se faisait au bénéfice du chapitre de Saint-Vincent-de-Mâcon. Droit devant, le château de Juliénas aux origines féodales (XIIIe s.), totalement reconstruit au XVIIe s, dresse ses hauts murs. Ses immenses caves voûtées comptent parmi les plus belles du Beaujolais. À la fin du chemin, suivez le balisage qui vous invite à contourner la première maison par la gauche pour rejoindre le C 106. Après avoir franchi une dernière fois le ruisseau du Cotoyon, il ne vous reste plus qu'à rejoindre Juliénas et à déguster le fameux cru.

Le château de Juliénas et le mont de Bessay. Ci-dessous : ferme traditionnelle en balcon à Juliénas.

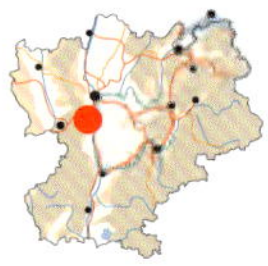

DE LÔNES EN TERRASSES

Moyenne vallée du Rhône, au royaume du castor

À 41 km de Lyon, promenade le long du Rhône face à l'île du Beurre à la rencontre d'un fleuve encore sauvage, puis, de coteaux en vignobles, jusqu'au belvédère de Semons d'où trente kilomètres de fleuve s'offrent au regard.

Fiche technique

75

Durée : 2 h
Longueur : 3 km
Dénivelé : 148 m
Difficulté : aucune
Période : toute l'année
Equipement : randonnée classique ou bottes, jumelles
Balisage : blanc/jaune, sentier du PNR Pilat
Carte IGN 1/100 000 : n°51, pli C3
Carte-Guide IGN 1/25 000 : n° 3033 ouest Roussillon
À voir aux environs : Condrieu : promenade sur l'ancien chemin de halage, maison de la Gabelle et église St-Etienne (XIVe s.) ; Vienne romaine et chrétienne : temple d'Auguste et de Livie, théâtre romain, cité et musée archéologique de St-Romain-en-Gal, cathédrale St-Maurice (XIIe-XVIe s.), église et cloître St-André-le-Bas (XIIe s.), musée lapidaire de l'église St-Pierre, musée des Beaux-Arts et d'Archéologie ; villages de St-Michel-sur-Rhône et de Chavanay ; réserve naturelle de l'Ile de la Platière ; table d'orientation du mont Monnet.

Cette balade est extraite de l'ouvrage ***Les plus belles balades autour de LYON du Beaujolais au Pilat*** *de Bruno Pambour et Alfredo Venturi / VISA Image.*

Itinéraire d'accès

Descendez la vallée du Rhône par l'A 7. Après Vienne, sortez vers Condrieu/Ampuis pour suivre la N 86 jusqu'à Tupins. Deux kilomètres plus loin, garez-vous à droite, au parking du Centre d'observation de la nature de l'Ile du Beurre.
Transports en commun : ligne SNCF n° 503 Lyon/Vienne/Valence, arrêt Condrieu, Transports Publics 69 lignes n°115 Lyon/Vienne/Pélussin et n°123 Lyon/Annonay, arrêt Condrieu (départ de la balade à 1 km par la N 86, direction Lyon).

La balade

Du parking, gagnez à gauche le pont sur la D 124 vers Semons, où il faut prendre à gauche le chemin le long du ruisseau de Bassemon ①. Passant sous les ponts de la nationale et du chemin de fer, il conduit à une passerelle qui rejoint le Centre d'observation de la nature de l'île du Beurre, édifié sur la rive droite du Rhône. Des expositions permanentes permettent de découvrir les mystères des lônes, leur faune et leur flore sauvages. Du centre, le sentier suit une palissade, puis longe la lône de l'île du Beurre. Son étymologie provient vraisemblablement de l'altération du mot "bièvre", qui signifie castor en vieux français. Ce bras du Rhône est le témoin d'un passé où le fleuve divaguait dans son lit alluvionnaire. Le site est protégé par un arrêté de biotope. Après avoir côtoyé la voie ferrée, progressez en silence le long de l'eau calme, masquée à la belle saison par la luxuriante végétation de la "vorgine". Peupliers noirs et blancs, aulnes, saules et arbres de Judée, envahis par une abondance de lianes comme le houblon, colonisent densément les rives. Erables negundos et robiniers introduits par l'homme abondent également. Plus en arrière se trouve une forêt humide de frênes et d'ormes, qui, malheureusement, a souvent été remplacée par une peupleraie. Peu après, faufilez-vous grâce à une barrière de

cannisses jusqu'à un observatoire en bois ②. Armé de jumelles et d'un peu de patience, laissez-vous imprégner par l'atmosphère indicible de ce monde sauvage. C'est le temps qu'il faut pour que surgisse un héron cendré, dont une colonie est établie dans les arbres en face, une aigrette, ou un martin-pêcheur filant au ras de l'onde. À moins qu'un faucon hobereau ne chasse les libellules ou qu'un balbuzard de passage ne plonge sur un chevaine… L'hiver, de nombreux grands cormorans fréquentent un dortoir sur l'île. De mars à août, les milans noirs survolent sans cesse les frondaisons en lançant leurs vibrantes trilles. Au total, plus de cent cinquante espèces d'oiseaux ont été recensées ici. Le castor n'est pas loin. Animal nocturne, il ne sort souvent qu'au crépuscule. Les traces de ses activités sont plus faciles à déceler, notamment les souches rongées en pointe de crayon. Attention de ne pas le confondre avec deux autres rongeurs aquatiques présents ici : le ragondin et le rat musqué, tous deux originaires d'Amérique. Mais il faut repartir sur le sentier. À la barrière marquant la limite de l'espace protégé ③, le chemin s'oriente à gauche vers le coteau, passe dans un tunnel sous la voie ferrée, puis rejoint la N 86. Avec prudence et en tenant vos enfants par la main, traversez-la et suivez-la à droite. À

Chenal nord, Ile du Beurre.

cinquante mètres, évitez-la en vous écartant à gauche sur une bretelle parallèle (panneau d'informations du PNR Pilat). Puis, on la longe à nouveau brièvement, jusqu'à un calvaire où vous montez à gauche une voie goudronnée le long d'un ruisseau (balisage blanc/jaune). Dans le premier virage à gauche, passez sous une arche de pierre ③. Un ancien chemin grimpe hardiment parmi les *cheys,* nom local des murets dont certains datent de l'époque romaine. Le gneiss du sous-sol affleure par endroits. La nature a repris quelques droits sur ce coteau naguère cultivé. Des chênes pubescents se sont réinstallés, formant un rafraîchissant sous-bois où poussent l'arum d'Italie, l'hellébore fétide et le piquant fragon. Plus haut, au niveau de trois grands cèdres, la vue se dégage entièrement sur le fleuve. Jadis, de constantes relations s'effectuaient à pied entre le piémont et la "plaine" en raison des diverses activités agricoles qui s'y déroulaient : céréales et maraîchage en bas, vigne sur les coteaux, élevage, arboriculture et céréales sur le plateau. Chaque commune de la vallée du Rhône possédait ainsi plusieurs terroirs aux productions diversifiées et complémentaires. À proximité de beaux chênes, une patte d'oie se présente ④. Avant de poursuivre l'ascension à droite, avancez-vous de dix mètres pour profiter, à l'entrée d'une vigne, d'un superbe point de vue sur la vallée et la lône. Au sommet du coteau, le sentier passe entre les maisons et rejoint l'église. La paroisse fut longtemps à Tupin et les gens de Semons y descendaient par le coteau. Emportée par l'une des plus fortes crues du Rhône en 1711, elle fut reconstruite au sommet de la colline. À l'intérieur, Notre-Dame-de-Semons donnait lieu à un pèlerinage annuel des bateliers du Rhône. De sa terrasse, le lit du Rhône se découvre sur plus de trente kilomètres, encadré par le piémont du Pilat et les moraines boisées du Bas-Dauphiné, avec en toile de fond, les Alpes. Jusqu'en 1934, une tour servait d'observatoire à un armateur qui surveillait la bonne navigation de ses navires. L'île du Beurre est malheureusement bien une survivance du Rhône sauvage. À Tupin-Semons, le fleuve n'a miraculeusement pas été endigué, mais élargi et relevé. Les peupleraies plantées par l'homme ont partout remplacé la forêt alluviale originelle. En amont, le barrage de Vaugris contient le Rhône. En aval, son cours est canalisé pour prévenir ses crues et surtout produire de l'énergie électrique. Dompté par la Compagnie nationale du Rhône, le fleuve n'est plus ce « *taureau furieux et qui court vers la mer* » évoqué par Michelet… Après le parking du belvédère, traversez la route pour descendre en face un chemin parallèle qui la croise ensuite à deux reprises. À l'aplomb de la combe boisée du ruisseau de Bassemon (cabanon en tôle), le sentier se faufile entre une vigne et un verger ⑤, puis traverse une nouvelle fois la route de Condrieu. Ces terrasses brûlées par le soleil et bien drainées favorisent un vignoble de qualité justement nommé côte-rôtie. Le sentier dévale la pente engoncé entre deux hauts murets, puis vire à droite vers un petit bois ⑥. Une fenêtre aménagée dans le mur offre une belle vue sur la pointe sud de l'île du Beurre. De part et d'autre, amandiers et micocouliers sont les témoins de l'influence méridionale qui remonte le sillon rhodanien. Une dernière fois, il coupe la route et se poursuit, décalé de cinq mètres sur la droite ⑦ (balise sur poteau téléphonique). En bas, par la départementale, vous retrouvez à droite le pont proche du parking.

Le Rhône et l'île de la Chèvre depuis Semons.

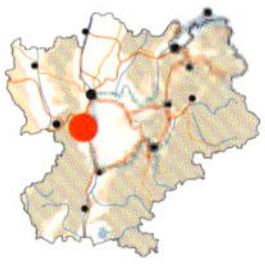

LES GORGES DE MALLEVAL

Pilat, la côtière du Rhône

À 52 km de Lyon, parmi vignes et vergers du piémont rhodanien, promenade qui relie les berges du Rhône au village médiéval de Malleval, niché au fond d'une gorge austère.

Fiche technique

Durée : 1 h 50 sans la visite de Malleval
Longueur : 4,8 km
Dénivelé : 117 m
Difficulté : aucune
Période : toute l'année, à éviter par forte chaleur estivale
Equipement : randonnée classique
Balisage : blanc/marron sentier n°8 PNR Pilat, orange/bleu (Tour de la Loire)
Carte IGN 1/100 000 : n°51, pli C3
Carte-Guide IGN 1/25 000 : n° 3033 ouest Roussillon, boucle n°2 sentiers du PNR Pilat
À voir aux environs : sentier de découverte de la réserve naturelle de l'île de la Platière, musée des Mariniers à Serrières, église St-Pierre (XIIe s.) à Champagne, vignobles de St-Joseph, parc naturel régional du Pilat (accueil à Pélussin), château XVe et XVIe s. à Lupé, prieuré des XIVe et XVIIe s. et site mégalithique de Pierre-Juton à Roizey, moulinage Barou à Vinzieux.

Cette balade est extraite de l'ouvrage ***Les plus belles balades autour de LYON du Beaujolais au Pilat*** *de Bruno Pambour*

Itinéraire d'accès

Descendez la vallée du Rhône par l'A 7. Après Vienne, sortez vers Condrieu/Ampuis pour suivre la N 86 jusqu'à St-Pierre-de-Bœuf. Dépassez le croisement avec la D 503, vers Malleval, pour monter vers le bourg. Ignorez une première route à gauche, pour prendre la seconde vers "base nautique/ camping/complexe sportif" : garez-vous immédiatement à droite, en contrebas de la N 86.

Transports en commun : Transports publics 69 ligne n°123 Lyon/Annonay, arrêt St-Pierre-de-Bœuf.

La balade

Saint-Pierre-de-Bœuf est l'un des plus anciens ports de la vallée du Rhône (vieux quartiers et port méritent le détour au retour). Traversez avec prudence la N 86 pour monter à droite, vingt mètres plus loin (panneau d'information et départ du sentier n°8 du PNR Pilat), par le chemin du Pilat ①. Immédiatement, une patte d'oie se présente : suivez les balises à gauche, puis à droite au pied d'une villa. Entre les maisons, il rejoint au croisement avec la rue de Bonnardaux, le chemin de la Chana à prendre à droite ②. Après quatre-vingts mètres, engagez-vous à droite dans un chemin très encaissé entre un mur et un haut talus vertical (balises blanc/marron, VTT). Après des vergers de cerisiers, pêchers et poiriers, par une sente à droite, gagnez le haut de la croupe du Bonnardaux (croix, masure abandonnée) pour jouir d'un magnifique panorama circulaire. Limitée à l'ouest par la côtière granitique du Pilat appelée "le rivage" par les paysans de "la montagne", à l'est par les collines du Bas-Dauphiné, la plaine étroite du Rhône se dévoile, de la boucle de Condrieu à l'île artificielle créée par le canal de dérivation du barrage de Saint-Pierre-de-Bœuf. Son plan d'eau fait partie de la réserve naturelle de l'île de la Platière, enserrée plus au sud par le vieux Rhône et ses lônes. Dominé à l'ouest par les crêtes du Pilat, le défilé de Malleval est l'un des nombreux vallons encaissés qui entaillent les collines du piémont rhodanien. Ces reliefs souvent escarpés sont des refuges pour la faune et la flore : la remarquable phalangère à fleur de lis aux longs épis blancs fleurit en mai-juin à la lisière des chênaies sèches ; le hibou grand duc, le plus grand rapace nocturne d'Europe, niche dans les escarpements et il n'est pas rare d'entendre au crépuscule son chant grave et sonore "hou…ho" résonner dans

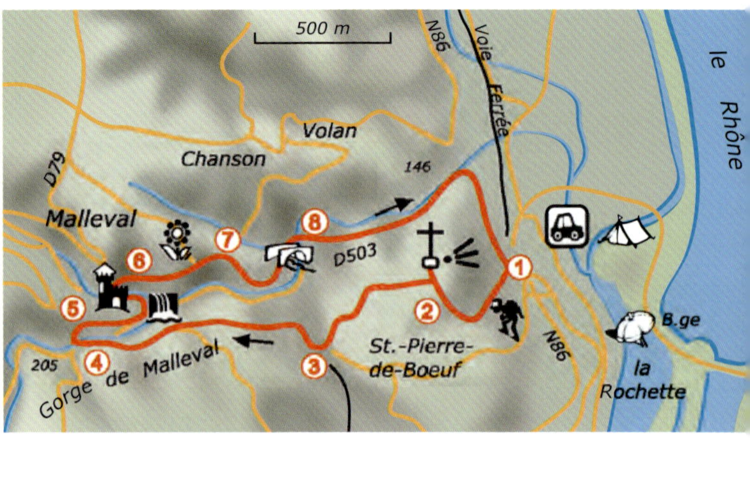

es vallons. En vis-à-vis, sous le château du Volan, les ceps de vigne sont élégamment disposés en éventail. Situés entre les vignobles de Côte-Rôtie et de St-Joseph, ils donnent des vins depuis longtemps renommés. Reprenez le chemin qui s'oriente bientôt au sud-ouest en longeant les cerisiers puis une vigne. Après deux maisons, à la première fourche, continuez à droite. Trente mètres plus loin, à la seconde patte d'oie ③, quittez le balisage VTT pour progresser à droite (balisage blanc/marron) sur un très agréable chemin horizontal en terrasse au-dessus de l'Alléon. La forte pente de ce versant nord a empêché toute valorisation agricole : les touffus bois de chênes, charmes, châtaigniers, frênes et robiniers ménagent régulièrement des points de vue sur le vallon. À la verticale cerclent milans noirs, buses variables et bondrées apivores. Soudain, sous les crêtes du Pilat, Malleval – de *Mala Valis,* mauvaise vallée – apparaît, étageant ses maisons sur un éperon rocheux dominé par l'église et les vestiges de l'ancien château. Située sur un promontoire, au confluent de deux torrents, l'Épervier et le Batalon, cette ancienne place-forte, naturellement protégée, se trouvait sur une route impériale entre la vallée du Rhône et le Vivarais. Propriété des comtes du Forez, la cité médiévale avait plus de trois cents maisons, deux cours de justice, une forte garnison et un grand marché. Les guerres de religion ont précipité son destin : le 6 mars 1574, les huguenots l'attaquèrent et y mirent le feu. Les catholiques reprirent le château fort et le rasèrent pour empêcher le retour de l'ennemi. En contrebas du village, le grondement sourd du saut de Laurette, puissante cascade sur le Batalon, attire votre attention. Le sentier descend ensuite rapidement jusqu'à la D 503. Avant de la longer à gauche sur cent mètres, traversez-la pour jeter un coup d'œil depuis le vieux pont en pierre ④ sur la combe du Batalon. Montez à droite vers Malleval, sur la D 79 en balcon des gorges ⑤. Dans le virage, avant les premières maisons, repérez à droite le chemin sans issue (balisage blanc/marron et orange/bleu) par lequel vous reviendrez après la visite du village. Il descend rapidement pour franchir le torrent de l'Épervier puis remonte à droite entre de belles maisons fleuries ⑥. Un mûrier centenaire rappelle l'importante industrie de la soie qui, jusqu'à la fin du XIXe s., était alimentée par les vers à soie et les mûriers du Vivarais présents jusqu'à Pélussin. Le chemin se poursuit en terrasse, au pied de vignes qui ménagent une vue superbe sur Malleval. À quelques dizaines de mètres, la roche, qui affleure de toutes parts sur ce versant sud, est colonisée par le figuier de Barbarie, un des

Le village médiéval de Malleval.

témoins, avec le figuier, l'érable de Montpellier, le micocoulier et le chêne vert, de l'appartenance de ce piémont au Midi. Comme dans toutes les régions méditerranéennes, le figuier de Barbarie ou opuntia, d'origine américaine, a été introduit ici : il se maintient dans le site depuis fort longtemps, épanouissant ses spectaculaires corolles jaunes en juin. La faune reflète également cette influence méridionale. La fauvette orphée, le pipit rousseline et l'engoulevent fréquentent bosquets et landes sèches. La perdrix rouge colonise les versants les plus chauds en compagnie de la genette, le chat du Moyen Âge. Lézard hispanique au nom évocateur et chant des cigales les chaudes journées d'été sont d'autres acteurs de cette fresque ensoleillée. Arrivé à une fourche, prenez à droite un chemin à flanc d'anciennes terrasses ⑦ (balisage orange/ bleu et VTT). S'inclinant à droite, il descend dans les chênes pubescents jusqu'au torrent du Batalon. Franchissez-le par une passerelle, puis descendez sa rive droite jusqu'à une villa où vous rejoignez la D 503 ⑧. C'est la partie la moins agréable du circuit : descendez-la sur son côté gauche jusqu'à sa jonction avec la N 86 à l'entrée de Saint-Pierre-de-Bœuf ⑨. Le parking est à quatre cents mètres à droite.

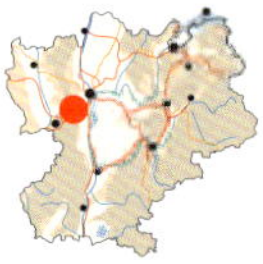

LES ROCHES DE MARLIN

Pilat, chartreuse de Sainte-Croix-en-Jarez

À 48 km de Lyon, à partir de l'émouvante chartreuse de Sainte-Croix-en-Jarez aujourd'hui reconvertie en village, découverte d'un étonnant site mégalithique. Panorama remarquable sur le Jarez, la vallée du Gier et les monts et coteaux du Lyonnais.

La balade

De la place, face au portail monumental de la chartreuse, dirigez-vous à droite sur la D 30 vers Châteauneuf/Rive-de-Gier ; cinquante mètres après le pont en pierres, montez à droite la petite route vers Rochassieux ① (pas de balisage). Dès le premier lacet, vous dominez magnifiquement la chartreuse, secrètement nichée au pied du versant nord du crêt de Montivert. Après une villa, la pente se raidit entre prairies et champs de céréales. Face à la route qui va à droite vers Rochassieux ②, prenez à gauche un chemin herbeux à mi-pente, le long d'un bois de chênes et en balcon de la vallée du Couzon. À une croisée de chemins, à la verticale du hameau de Thesay (calvaire en bois), continuez tout droit (balisage jaune/blanc et bleu). Cerisiers et châtaigniers vous accompagnent. À la route ③, descendez à gauche vers Jurieux. Avant de prendre la première route à droite ④ vers les roches de Marlin, empruntée par le Tour de Loire et le sentier Béatrice-de-Roussillon (sentier n° 8 du PNR Pilat), les plus curieux iront admirer la chapelle romane de Jurieux qui, jusqu'à la Révolution, fut l'église paroissiale de Sainte-Croix-en-Jarez. Après une propriété, la route devient un chemin gazonné à travers champs. À l'aplomb de la ferme de la Grange, la

Chartreuse de Sainte-Croix-en-Jarez.

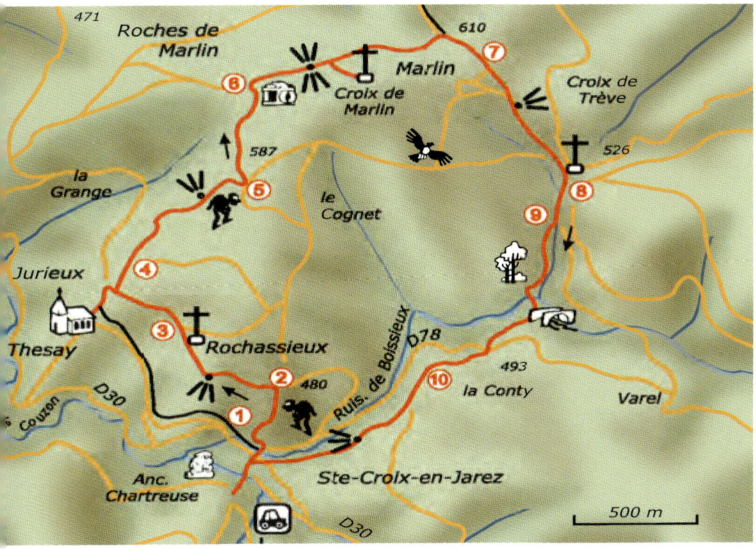

pente se redresse dans des taillis de châtaigniers. En vis-à-vis, le vaste versant des Marandonnières, autrefois cultivé, s'est couvert d'une lande à genêt à balais qui le pare d'or à la fin mai. Au croisement de la cote 587 (poteau indicateur), obliquez à gauche ⑤. Les premiers mégalithes apparaissent en crête alors que vous traversez un bois récemment ravagé par un incendie. Un fabuleux panorama à 360° se dévoile sur le Pilat, le versant du Jarez, la vallée du Gier, les monts du Lyonnais et la vallée du Rhône. Plus ou moins alignées le long de la crête, les roches de Marlin sont des pierres mégalithiques. Appelées aussi "pierres du Diable" ou "pierres qui chantent", des légendes y voient un lieu de culte païen. Il est vrai qu'il est facile d'imaginer, dans ce site ouvert à tous les vents, les premiers hommes célébrer leurs rites sur ces autels naturels… Dans la lande à genêt et à aubépine, suivez la crête vers la droite ⑥, puis en vous écartant à droite, faites un aller-retour jusqu'à la croix de Marlin, érigée sur une ancienne borne départementale. À la cote 610, quittez le sentier n° 8 qui part à gauche vers Châteauneuf, pour descendre à droite à travers des herbages (balisage blanc/jaune). À deux cents mètres, à une fourche ⑦, restez à gauche pour éviter le hameau de Marlin. Dévalez la pente jusqu'à une petite route qui rejoint, vingt mètres plus loin, la D 78. Rejoignez à droite le carrefour de la croix du Trève. Au départ de la route de La Chapelle ⑧, obliquez à droite sur un chemin bordé d'une haie d'aubépines, d'églantiers et de ronces. À deux cents mètres se présente une patte d'oie ⑨ : allez à droite pour vous rapprocher du fond du vallon, bientôt très touffu (beaux acacias et frênes). Par une passerelle, franchissez le ruisseau de Boissieux, puis remontez vers la droite par un lacet. Au hameau de Conty, sur la D 78, prenez à gauche une petite route le long d'une belle étable ⑩. En gardant votre droite, à la fourche de la cote 486, elle vous ramène à la chartreuse. Profitez de la vue plongeante pour découvrir les jardins suspendus qui entourent ses bâtiments. Sa visite est un précieux délassement après la balade

La chartreuse de Sainte-Croix

C'est en 1280, trois ans après la mort aux croisades de son mari Guillaume de Roussillon, que Béatrice, poursuivant la croix et les sept étoiles d'argent qui lui étaient apparues dans un songe, rejoignit le vallon retiré du Couzon où elle fonda une chartreuse. Monastère jusqu'en 1792,

Fiche technique

77

Durée : 2 h 30
Longueur : 8 km
Dénivelé : 237 m
Difficulté : aucune
Période : toute l'année
Equipement : randonnée classique
Balisage : blanc/marron (sentier n°8 PNR Pilat), orange/bleu (Tour de la Loire), blanc/jaune
Carte IGN 1/100 000 : n°51, pli C3
Carte-Guide IGN 1/25 000 : n° 2933 est : St-Chamond
À voir aux environs : croix en fer forgé à l'entrée du village de Pavezin ; table d'orientation du mont Monnet (à partir du col de Grenouze sur la D 78) ; vieux bourg de Doizieux (XIIIe s.) ; la maison des Tresses et des Lacets à la Terrasse-sur-Dorlay.

Cette balade est extraite de l'ouvrage ***Les plus belles balades autour de LYON du Beaujolais au Pilat*** *de Bruno Pambour*

Itinéraire d'accès

Quittez l'agglomération lyonnaise en direction de St-Etienne par l'A 7 puis l'A 47. Sortez à Rive-de-Gier/centre pour remonter la D 30 sur 10 km jusqu'à Ste-Croix-en-Jarez. Parking à gauche de l'entrée de la chartreuse.
Transports en commun : aucun

La chapelle de Jurieux.

année où les moines furent chassés, il fut vendu comme bien national aux habitants de Pavezin qui s'installèrent dans les lieux. Le monastère devint village et, en 1888, Sainte-Croix fut érigée en commune… Vos pas se dirigent d'abord vers le portail monumental orné du blason des chartreux : le globe terrestre surmonté de la croix et entouré de sept étoiles symbolisant saint Bruno, fondateur de l'ordre et ses six compagnons. La première cour était réservée aux activités des frères chartreux qui assuraient la vie de la communauté et l'exploitation des domaines. À gauche, un passage voûté mène à une belle grille en fer forgé (XVIIe s.) : l'accès aux jardins privés jadis cultivés par les moines. Revenez dans la cour pour pénétrer, au fond et à gauche, dans le monastère proprement dit par une longue ruelle pavée : autrefois un couloir entièrement voûté. En son milieu, face à l'église, se trouve l'ancienne cuisine (immense cheminée de style Renaissance) faisant office de salle d'accueil et d'exposition. La visite guidée permet notamment de découvrir l'église (remarquables boiseries : stalles avec leurs miséricordes et leurs accoudoirs sculptés, statues et église primitive avec ses fresques murales du XIVe s.) et une cellule reconstituée. Dans la cour des Pères, l'ensemble harmonieux des treize cellules suggère toujours le recueillement et la sérénité de la vie monastique. Les pères chartreux ont vécu là au cours des siècles, partageant leur temps entre la prière, l'étude et les travaux manuels selon la stricte règle cartusienne. Des traces d'arcades sur la façade à droite sont les vestiges du grand cloître détruit en 1840. Le clocher du XIXe s. est construit à l'emplacement des appartements de Béatrice. Chaque cellule comportait, au niveau de la cour, deux pièces servant d'oratoire et de chambre, une terrasse et un promenoir. Au-dessous se trouvait le bûcher, l'atelier et le jardin. Certaines portes des cellules (au fond de la cour) sont d'époque, plusieurs sont surmontées du blason des fondateurs. Au-dessus de l'une d'elles, un bas-relief représente un chartreux méditant sur la mort (au fond à gauche). Le passage souterrain, au centre de la cour, vous permet en remontant à droite d'un ruisseau de revenir par l'extérieur de la chartreuse devant son entrée. (Visite guidée de la chartreuse tous les jours).

Les roches de Marlin.
Ci-dessous : la chartreuse de Sainte-Croix-en Jarez.

LES TROIS DENTS

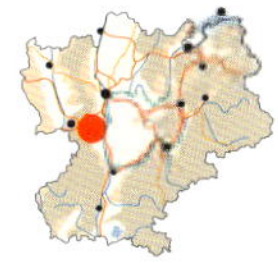

Pilat, balcon de la vallée du Rhône

À 70 km de Lyon, ces “rognons” de granit offrent une promenade initiatique au relief mouvementé : un splendide belvédère sur le versant oriental du Pilat, la vallée du Rhône, le Bas-Dauphiné et les Alpes.

La balade

Du parking, montez au crêt de Graland, au pied de la tour carrée. Du terre-plein sommital, sur la gauche, l'échine rocheuse des Trois Dents s'étire vers le levant et les Alpes scintillantes par temps clair. Le but de la balade est l'ultime rognon granitique de cette crête. Efforcez-vous dès à présent de mémoriser l'itinéraire qu'il vous faudra suivre en sens inverse. Descendez en suivant des sentes multiples dans les genêts en direction de la crête ①. Évitez par la droite le premier éperon rocheux. Descendez ensuite avec prudence dans un chirat vers le second rognon, accessible, mais que vous contournerez par sa droite à travers une lande à genêt, callune et myrtille, parsemée de fayards malingres et d'alisiers blancs ou “allouchiers”. Le port torturé de ces arbres témoigne des dures conditions auxquelles ils sont soumis en crête : vents permanents et souvent violents, froid, gel, sécheresse. Le sentier remonte vers la crête jusqu'à la roche Anglaise qu'il évite à nouveau par la droite ②. Les plus curieux se hisseront sur son sommet par sa face est. En balcon des deux versants, vous progressez ensuite momentanément à droite de la ligne de crête, avant de gagner, à quelques dizaines de mètres en contrebas, un sentier qui traverse en terrasse des chirats, quelques ronciers puis un boqueteau d'arbres ③. Cette muraille de pierres a une origine humaine. Elle délimitait vraisemblablement un lieu sacré et pourrait dater de l'âge du Bronze, deux cents ans avant

Premières neiges sur les Trois Dents ; à l'horizon, les Alpes.

Fiche technique

78

Durée : 1 h 30
Longueur : 3 km
Dénivelé : 75 m
Difficulté : passages dans des chirats, l'aide des mains est parfois recommandée, itinéraire à éviter si le rocher est mouillé.
Période : printemps, été, automne selon enneigement
Equipement : randonnée classique
Balisage : aucun
Carte IGN 1/100 000 : n°51, pli C2
Carte-Guide IGN 1/25 000 : n° 2933 est : St-Chamond
À voir aux environs : table d'orientation du crêt de l'Œillon, sentier d'interprétation et chapelle de St-Sabin, centre d'informations du PNR Pilat au Moulin de Virieu à Pélussin, chartreuse de Ste-Croix-en-Jarez.

Cette balade est extraite de l'ouvrage ***Les plus belles balades autour de LYON du Beaujolais au Pilat*** *de Bruno Pambour*

Itinéraire d'accès

Depuis Lyon, gagnez le PNR* Pilat au choix par l'A 7 (Marseille) ou l'A 47 (St-Etienne). Par l'A 7, sortez à Condrieu/Ampuis pour suivre la N 86 jusqu'à Chavanay où vous bifurquerez à droite sur la D 7. 3 km après Pélussin, tournez à gauche sur la D 62, puis à 400 m, à nouveau à gauche sur la D 63, vers le Bessat/col de l'Œillon. Au Collet de Doyzieux, continuez vers le col de l'Œillon (avant le col, profitez du belvédère de la Faucharat) : parking à gauche près de l'auberge.

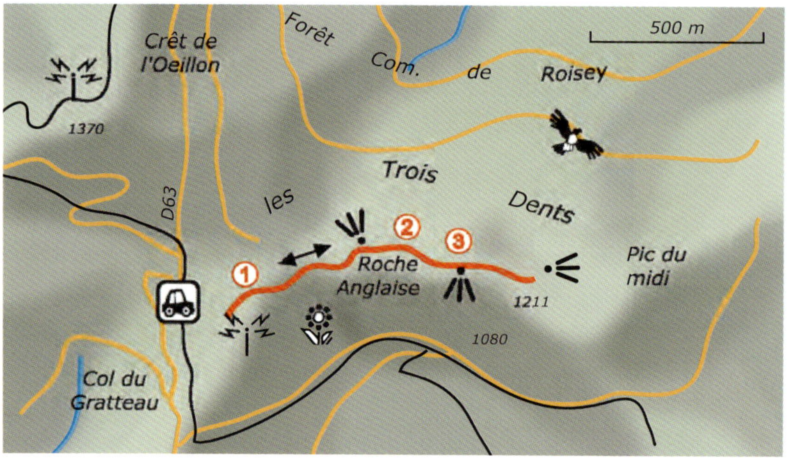

notre ère. Peut-être y trouverez-vous le légendaire "puits aux Fées"... Le sentier remonte ensuite vers la crête, évite l'avant-dernier ressaut rocheux par la droite, puis rejoint enfin le sommet tabulaire du pic du Midi. Le magnifique panorama circulaire qu'il vous réserve effacera rapidement vos efforts. Les Trois Dents, proue orientale du massif, dominent des versants très abrupts, que ce soit au nord vers Pélussin, ou au sud vers Maclas. La vue embrasse la vallée du Rhône, de Vienne aux premiers plateaux ardéchois. Par temps clair, notamment par "ciel de traîne" après le passage d'une dépression, vous découvrez tout le Dauphiné et les Alpes : du nord au sud, surgissant derrière les Préalpes calcaires, le mont Blanc, les cimes de la Vanoise et le massif des Écrins se distinguent facilement. Plus rarement, la vue s'étend au nord-est aux crêts du Jura et au sud-sud-est jusqu'au mont Ventoux, le "géant de Provence". Plein sud, à gauche du crêt de Peillouté, la chapelle de Saint-Sabin est un lieu de pèlerinage à découvrir après la balade. Au-delà se profilent les monts du Vivarais. L'échine du mont Pilat, hérissée de ses pylônes et tours au crêt de l'Œillon et au crêt de la Botte, barre l'horizon ouest. Un examen attentif des versants à vos pieds révèle le remarquable étagement de la végétation. Autour des chirats du pic du Midi, la hêtraie-sapinière caractérise l'étage montagnard. Plus bas, le sapin disparaît, laissant la place au pin sylvestre, puis c'est au tour du fayard, remplacé par le chêne sessile à l'étage collinéen autour de Maclas et de Pélussin. Revenez par le même itinéraire au crêt de Graland.

Les Trois Dents, massif du Pilat.

LES CRÊTES DU PILAT

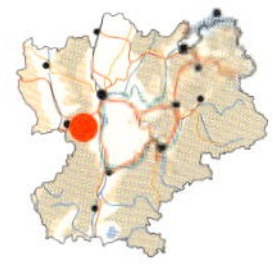

Sur les traces de Jean-Jacques Rousseau

À 73 km de Lyon, l'épine dorsale du Pilat offre une évasion aux airs alpestres à travers "brandes", éboulis et bois. Un balcon magnifique sur les Alpes, les monts du Vivarais et du Forez, la chaîne des Puys et les monts du Lyonnais, à consommer sans modération !

La balade

La Jasserie dénommée autrefois "grange du Prat", fut édifiée par les moines de la chartreuse de Sainte-Croix-en-Jarez. La cloche de la chapelle guidait alors le voyageur perdu dans le brouillard. En 1769, Jean-Jacques Rousseau y vint herboriser. Aujourd'hui, les bâtiments abritent une délicieuse auberge.

Coupez le dernier virage de la route goudronnée pour retrouver une piste empruntée par le sentier n° 4 du PNR Pilat en direction du crêt de l'Œillon ① (panneau). Elle tire droit à flanc à travers les landes à callune et à genêt appelées localement "brandes", qui se plaisent sur ces sols acides. Composée de plantes résistantes et rustiques, de faible taille, cette formation végétale ne craint pas les climats ventés et froids. En Europe, elle se rencontre des côtes atlantiques à l'étage montagnard, particulièrement sur les granits, gneiss et schistes. Dans le Pilat, les airelles myrtilles et rouges, de la famille des éricacées comme la callune fausse-bruyère, voisinent avec les genêts purgatifs et à balais. Depuis l'aube des temps, l'homme avec ses troupeaux et le feu a entretenu ces vastes étendues. C'est le territoire des bergers et des parcours à moutons. Avec l'abandon de ces pratiques pastorales, les landes évoluent lentement vers la forêt, colonisées par des essences de lumière comme le pin sylvestre et le bouleau. Tout un cortège de plantes d'altitude s'épa-

La Jasserie, dans le Parc naturel régional du Pilat.

Fiche technique

79

Durée : 2 h 30
Longueur : 8,2 km
Dénivelé : 132 m
Difficulté : aucune
Période : printemps, été, automne selon enneigement
Equipement : randonnée classique
Balisage : blanc/marron, sentier n°4 PNR Pilat
Carte IGN 1/100 000 : n°51, pli C2
Carte-Guide IGN 1/25 000 : n° 2933 est St-Chamond
À voir aux environs : sentier d'interprétation et chapelle de St-Sabin, maison de la Passementerie à Jonzieux, centre d'informations du PNR* Pilat au Moulin de Virieu à Pélussin, chartreuse de Ste-Croix-en-Jarez.

Cette balade est extraite de l'ouvrage ***Les plus belles balades autour de LYON du Beaujolais au Pilat*** *de Bruno Pambour*

Itinéraire d'accès

Depuis Lyon, gagnez le PNR Pilat au choix par l'A 7 (Marseille) ou l'A 47 (St-Etienne). Par l'A 7, sortez vers Condrieu/Ampuis pour suivre la N 86 jusqu'à Chavanay où vous prendrez à droite la D 7. Trois kilomètres après Pélussin, tournez à gauche sur la D 62, puis à 400 m, à nouveau à gauche sur la D 63, vers le Bessat/col de l'Œillon. Au Collet de Doyzieux, continuez vers le col de l'Œillon, puis vers St-Etienne/croix de Chaubouret. Après 7 km, suivez la D 8 à droite sur 800 m avant de monter en épingle à cheveu sur la D 86 vers la Jasserie/Crêt de la Perdrix jusqu'au parking de la Jasserie (auberge).
Par l'A 47, sortez à St-Chamond. Au centre ville, suivez la direction PNR Pilat/la Valla-en-Gier. Remontez la D 2 jusqu'à la croix de Chaubouret. Puis suivre à gauche la D 8 vers Bourg-Argental sur 400 m et monter à gauche la D 86.
Transports en commun : aucun

nouissent dans ces espaces balayés par les vents : alchemille des Alpes baptisée ici "herbe de saint Sabin", centaurée des prés, pensée de Silésie, fenouil des Alpes, campanule à feuilles de pêcher, renouée bistorte, œillet des granits, angélique des Pyrénées, arnica des montagnes… Le moindre ruissellement ou petite dépression accumulant l'eau bouleverse la composition floristique. La lande sèche côtoie la lande humide ou tourbeuse dont les espèces les plus remarquables sont la canneberge, la laîche ou carex, la linaigrette à feuilles étroites, les sphaignes et lycopodes, l'orchis maculé, la violette des marais. Les milieux rocheux sont le domaine du groseillier des rochers, du grand sedum, du saxifrage étoilé, du gaillet des rochers…

À la cote 1325, la piste redescend rapidement dans la combe escarpée du Sara parmi de beaux sapins, des épicéas et quelques hêtres ②. Le sapin blanc, essence d'ombre dans sa jeunesse, occupe, mêlé au hêtre, de vastes surfaces dans le massif. La hêtraie-sapinière est la forêt naturelle de l'étage montagnard. Au cours des siècles, l'homme a privilégié le sapin sur les terrains les plus riches, refoulant le fayard dans les pentes difficiles à exploiter en raison de leur forte déclivité ou de leur substrat rocheux. En revanche, l'épicéa a été introduit lors des reboisements. Il n'est spontané, en France, que dans les Alpes, le Jura et les Vosges. Les endroits les plus frais et bien éclairés du sous-bois sont colonisés par des plantes de grande taille : fougères, épis mauves des épilobes ou "lauriers de saint Antoine", laiterons alpins aux corolles bleues, adénostyles à feuilles d'alliaire, séneçons de Fuchs, doronics aux superbes capitules jaunes, l'emblème du Pilat. Après avoir franchi le ruisseau dont les eaux grossissent le torrent du Dorlay, le sentier remonte vers la tour de télécommunications du crêt de l'Œillon visible au loin ③. Le versant du Jarez plonge vers la vallée industrieuse du Gier. Plus haut, des sapins centenaires couverts de lichens et de souffreteux fayards sont les premiers témoins du rude climat qui sévit ici. Le sentier vire en lacet sous la tour carrée du crêt de Botte ④ et rejoint le "chemin des crêtes" où l'on revient vers l'ouest, à droite. Vingt mètres plus loin ⑤, obliquez à gauche sur un sentier qui se dirige droit vers un pylône. La butte proche (cote 1388) offre un bel aperçu du prodigieux panorama qu'il vous sera plus facile de détailler de la table d'orientation du crêt de la Perdrix. Les landes entrecoupées par les chirats couvrent l'échine du massif qui semble s'étirer sans fin vers l'horizon. Remarquez le nanisme des pins sylvestres et des alisiers brutalisés par les vents, le froid et la sécheresse. À la belle saison, le pipit spioncelle, le bruant fou, le rouge-queue noir, la linotte mélodieuse, le traquet motteux et le merle de roche élèvent leurs nichées dans ces immensités. Le sentier retrouve ensuite le chemin empierré ⑥ qui descend doucement à un col au pied d'une pente boisée ⑦. Attaquez l'ascension vers le crêt de la Perdrix selon les indications du panneau. Deux cents mètres plus loin, à la cote 1370, bifurquez à gauche sur un chemin de terre. À deux cent cinquante mètres, au premier croisement ⑧, montez à droite, en angle droit, une sente discrète mais bien marquée et balisée (blanc/marron) à travers une belle végétation de pins, d'alisiers et de genêts à balais. Plus haut, elle progresse même sous une belle voûte de robiniers. Au sommet (nouveau poteau indicateur) ⑨ n'hésitez pas à effectuer à gauche l'aller-retour jusqu'au crêt de l'Arnica, un promontoire

Landes à genêts et myrtilles.

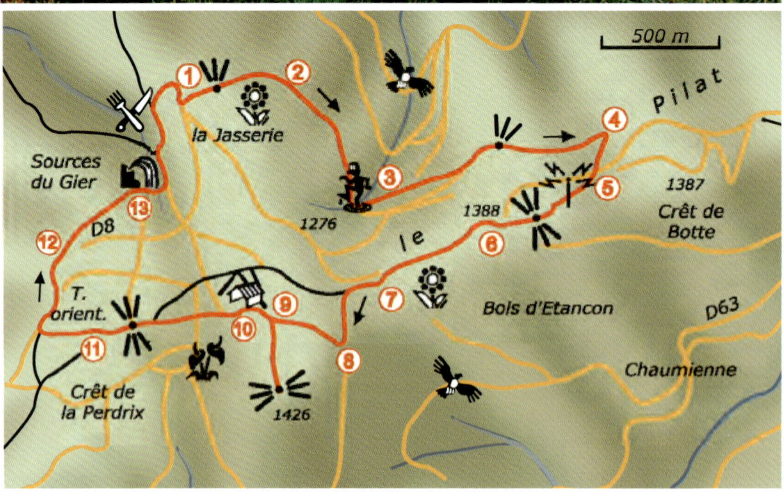

rocheux cerné de chirats d'où la vue embrasse l'ensemble de la crête, du crêt de l'Œillon au crêt de la Perdrix, et ses avant-postes orientaux. De gauche à droite, il s'agit des Trois Dents, des dômes boisés du crêt de Peillouté, de la montagne de Saint-Sabin et du crêt de l'Aireiller droit devant. De retour au panneau, vous découvrirez avec surprise le chalet-abri G.-Duclos avant de continuer à gauche vers le crêt de la Perdrix ⑩. Après quelques prairies tourbeuses, vous gravissez un dernier chirat alangui sous le point culminant du massif (1431 m d'altitude). Au début du siècle, il était doté d'un relais de télégraphe Chappe à signaux optiques. La table d'orientation, érigée par le Touring club de France en 1939, permet enfin de nommer les reliefs qui s'élèvent à l'horizon. Au sud, les monts du Vivarais étalent leur multitude de croupes. Vers l'ouest, du sud au nord, vous reconnaîtrez les monts du Velay, ceux du Forez, la chaîne des Puys. Au nord, la vallée du Gier isole le massif des monts du Lyonnais. À l'est, le regard s'attarde d'abord sur le puissant sillon rhodanien qui ourle les derniers sursauts du Massif Central. Au-delà, la vue file jusqu'aux hautes cimes du massif du Mont-Blanc, de la Vanoise, de Belledonne et des Écrins. Au sud des Baronnies, il n'est pas rare de découvrir le mont Ventoux ! Du sommet, redescendez en gardant la même direction sud-ouest, par un chemin herbeux. À la première patte d'oie ⑪, dévalez au plus court sur la droite pour rattraper le sentier qui suit à droite la route de la Jasserie sur quatre cents mètres. À la sortie d'un double virage gauche/droite ⑫, il la quitte pour descendre entre deux remonte-pentes, puis passe sous les câbles de celui de droite ⑬, contournant les sources du Gier jusqu'à la Jasserie.

Sur le chemin du crêt de la Botte. Ci-dessous : au pied d'un chirat ; ces coulées de pierres stériles marquent le paysage du Pilat.

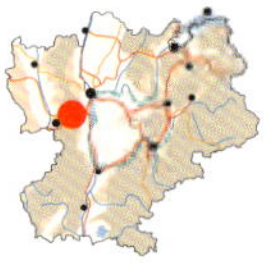

LE SAUT DU GIER

Pilat, fayards et chirats

À 63 km de Lyon, dans un cirque sauvage dévalent les chirats, le torrent du Gier précipite ses gerbes blanches de plus de cinquante mètres de hauteur. L'automne est la saison privilégiée pour jouir de ce spectacle dans la splendeur dorée des fayards.

Fiche technique

80

Durée : 1 h 10
Longueur : 3 km
Dénivelé : 234 m
Difficulté : aucune
Période : printemps, été, automne selon enneigement
Equipement : randonnée classique
Balisage : blanc/marron sentier n°4 du PNR Pilat
Carte IGN 1/100 000 : n°51, pli C2 n° 2933 est St-Chamond
À voir aux environs : table d'orientation du crêt de la Perdrix ; maison des Tresses et des Lacets à la Terrasse-sur-Dorlay ; St-Etienne : musée d'Art moderne, musée d'Art et d'Industrie, musée de la Mine.

Cette balade est extraite de l'ouvrage ***Les plus belles balades autour de LYON du Beaujolais au Pilat*** *de Bruno Pambour*

Itinéraire d'accès

Quittez Lyon par l'A 7. À Givors, gagnez le PNR Pilat par l'A 47 en direction de St-Etienne. Sortez à St-Chamond. Au centre ville, suivez la direction PNR Pilat/la Valla-en-Gier. Après le pont du barrage de la Rive, prenez à gauche la D 76 (direction Doizieux) qui remonte le long du barrage du Piney. Dans une épingle à cheveu à gauche, poursuivez tout droit sur une petite route jusqu'à la Scie du Bost (d'après la carte IGN) ou le Moulin du Bost (selon les panneaux routiers) : parking à droite en contrebas du hameau, sous l'auberge où était installée la scierie.
Transports en commun : aucun

La balade

Montez à l'entrée du hameau pour suivre à gauche entre les maisons, le sentier n° 4 du PNR Pilat en direction du saut du Gier. Autrefois, une scierie alimentée par la force motrice du ruisseau du Grand-Creux, issu du crêt de la Perdrix, occupait l'actuelle auberge. Le chemin en faux-plat dépasse des potagers puis traverse des pâturages (chevaux) en balcon superbe de la haute vallée du Gier ①. Avant de dévaler vers Saint-Chamond, le Gier alimente les barrages du Piney et de la Rive. Au pied d'un vénérable fayard ②, obliquez à droite vers le saut du Gier. L'ascension commence véritablement sur un ancien chemin dallé à l'ombre d'une hêtraie. De Saint-Étienne à Chavanay, c'était l'ancienne voie par laquelle les mulets amenaient depuis la vallée du Rhône le vin dans des outres de cuir, rapportant au retour deux sacs de charbon. La splendeur de l'automne n'est pas ici un vain mot : les fayards parent d'or les versants de la montagne. C'est l'époque où alisiers blancs, sorbiers des oiseleurs et sureaux rouges offrent leurs baies aux oiseaux. Les myrtilles et framboises de la fin de l'été ne sont déjà plus qu'un souvenir alors que les amateurs trouveront girolles et russules. La montée se poursuit sous une belle sapinière, puis "bute" sur un énorme éboulis

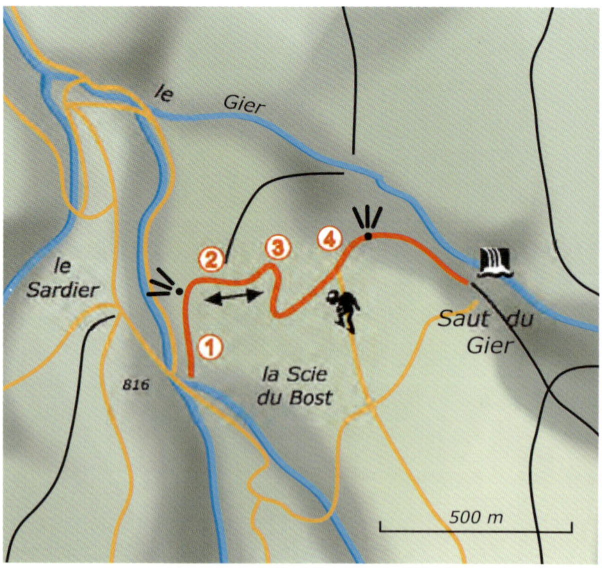

de pierres grises, un chirat où elle vire à droite ③ pour l'éviter par une large boucle en forêt. À cent mètres, restez à gauche sur le large sentier ; une consigne à suivre également, peu après, à une seconde patte d'oie ④. De nombreuses pierres moussues témoignent de la forte humidité de ce versant nord. C'est le moment privilégié pour découvrir les rondes incessantes des mésanges et roitelets, les chants des grives draines et musiciennes, les appels liquides de la sitelle, les cris métalliques d'un vol de becs-croisés et ceux, explosifs, du pic épeiche. Sur un replat, en vis-à-vis des spectaculaires à-pics rocheux de la combe du Gier, un frémissement sonore précède la vision des gerbes d'écume blanche du saut du Gier. Hêtres et sapins tapissent les pentes hors éboulis. La cascade, enfin, apparaît. Magnifiquement échevelée après de fortes pluies, elle rebondit en trois gradins au cœur d'un sauvage cirque minéral où se déverse un chirat. Parmi les gros blocs, avancez-vous jusqu'à son pied. La baignade y est des plus rafraîchissantes, l'été. Le retour s'effectue par le même itinéraire en sens inverse.

À droite : le saut du Gier.
Ci-dessous : hêtres et épicéas bordent le chirat du saut du Gier.

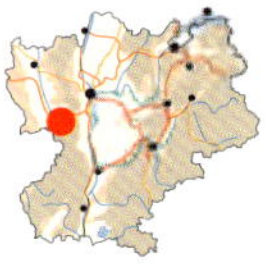

LE GOUFFRE D'ENFER

La vallée du Furan

À 70 km de Lyon, les lacs de barrage du gouffre d'Enfer et du pas du Riot sont des perles d'azur nichées au sein de la sauvage vallée du Furan.

La balade

Face à l'église, prenez à gauche la rue Clemenceau. À la fourche, à cinquante mètres, descendez à droite une route prolongée par un chemin vers le barrage du gouffre d'Enfer ① (balisage blanc/marron et jaune). Après une ferme, le profond sillon de la vallée du Furan se découvre. Alors que vous dévalez franchement la pente, le barrage du pas du Riot brille en amont. Après un lacet contournant une pessière, une patte-d'oie marquée d'un beau pin sylvestre se présente ②. Restez à gauche sous les hêtres et épicéas. En contrebas, les eaux bleutées du barrage miroitent à travers les frondaisons. Après quelques beaux cèdres, un crochet au belvédère du gouffre d'Enfer s'impose. Cet éperon rocheux, colonisé par les pins sylvestres, résista à l'érosion des eaux du Furan, les obligeant à le contourner en une boucle d'une admirable beauté. Dans l'azur, les hirondelles de rocher décrivent leurs arabesques sans fin alors que les cris rauques du grand corbeau déchirent le silence. Reprenez le sentier pour gagner la digue du barrage ③ (baignade et sports nautiques interdits). Le site est impressionnant : les parois vigoureusement taillées dans les granites schisteux forment un étroit et sombre goulet propice à l'établissement d'un barrage. Construite de 1862 à 1866, sa digue, pourvue d'escaliers, haute de cinquante-deux mètres sur cent de long, retient 1 620 000 m^3 d'eau potable alimentant la ville de Saint-Etienne. Les Romains avaient, les premiers, décelé les capacités de château d'eau du Pilat en construisant l'aqueduc du Gier. Aujourd'hui, de nombreux petits barrages alimentent en eau les agglomérations des vallées du Gier et de l'Ondaine. Depuis des siècles, le réseau hydrographique du Pilat a également joué un rôle majeur dans l'économie de la région en permettant à de nombreuses activités artisanales d'utiliser sa force motrice. Filatures, moulinages, tissages se sont installés dans les vallées, laissant d'imposantes bâtisses et une tradition de production textile de qualité comme la passementerie. Sur la rive opposée, une sente raide monte aussitôt à gauche à un calvaire (cote 830) offrant une vue panoramique du barrage et de l'aval de la vallée, où se trouve perchée la citadelle de Roche-Taillée (XIIe s.). De retour au plan d'eau, bien qu'il soit tentant de goûter à l'ombre d'une rangée d'érables, remontez sa rive droite le long d'un fossé et d'une conduite forcée ④.

Sur la gauche, après de fortes pluies, une petite cascade dévale la roche. Peu après, il est difficile de ne pas céder à nouveau au charme du gouffre d'Enfer. Fayards et sapins couvrent le versant nord alors que celui exposé au sud est le domaine du chêne pubescent et du pin sylvestre. Au niveau des Côtes, sous une superbe hêtraie, vous rejoignez les belles eaux vives du Furan. Près de trois cent trente kilomètres de rivières et ruisseaux de première catégorie (eaux claires peuplées en salmonidés) témoignent de la qualité des eaux du Pilat. La truite fario, prise la plus recherchée par les pêcheurs, y vit en compagnie du goujon, de la loche de rivière, du vairon, du chabot et du brochet dans les barrages. Certains torrents abritent encore de rares écrevisses à pattes blanches. La bergeronnette des ruisseaux et le cincle plongeur sont, en revanche, des rencontres plus courantes au fil de l'eau. Par une passerelle, franchissez le Furan afin de poursuivre en rive gauche ⑤.

Vous dépassez des vannes hors d'usage (1862) qui contrôlaient son débit durant la construction du barrage. Après une haie

Fiche technique

Durée : 2 h 30
Longueur : 8,3 km
Dénivelé : 150 m
Difficulté : aucune
Période : printemps, été, automne selon enneigement.
Equipement : randonnée classique
Balisage : jaune, blanc/marron sentier n° 6 PNR. Pilat
Carte IGN 1/10 000 : n° 51, pli C1
Carte-Guide IGN 1/25 000 : n° 2933 O : St-Etienne

Cette balade est extraite de l'ouvrage ***Les plus belles balades autour de LYON, du Beaujolais au Pilat*** *de Bruno Pambour*

Itinéraire d'accès

Quittez Lyon par l'autoroute du Sud. À Givors, prenez l'A 47 jusqu'à St-Etienne où vous suivrez la direction St-Etienne - Bellevue puis Firminy-le Puy. Quittez la voie rapide à la sortie Annonay-Valence par le col de la République-Bourg-Argental-PNR Pilat. Remontez la N 82 jusqu'à Planfoy. Au feu, gagnez à gauche le bourg : garez-vous sur un parking à droite derrière l'église.
Transports en commun : ligne SNCF Lyon-Saint-Étienne.

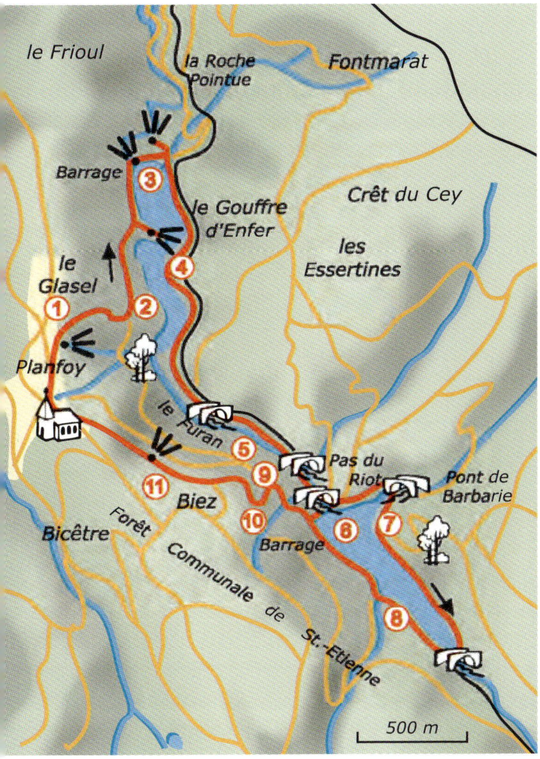

Le gouffre d'Enfer, un site d'une incroyable sauvagerie aux portes de Saint-Etienne.

d'érables, le chemin est barré par de gros blocs. Montez à droite pour rejoindre le haut du pont (belle perspective). Gagnez par la même rive le pied du mur du barrage du pas du Riet (33 m de haut sur 154 m de long). Ignorez un premier pont pour découvrir, d'un second, le trop-plein du barrage à droite : une belle succession de cascades en escalier en période de crue. Longez à gauche le mur puis rejoignez sa crête par quelques lacets ⑥ (retour possible à Planfoy en traversant la digue, puis en remontant la route à droite). Construit de 1875 à 1878 pour renforcer la capacité du barrage du gouffre d'Enfer, le Pas du Riot retient 1 350 000 m^3 d'eau. Longez sa rive droite le long de pins sylvestres. Après le pont de Barbarie, suivez à droite la berge du plan d'eau ⑦ jusqu'à un pont de bois qui franchit le Furan. Redescendez la rive gauche ⑧. À la digue du barrage, remontez la route sur trois cents mètres. Après un virage marqué à gauche, bifurquez sur le premier chemin balisé à gauche ⑨. À son départ, ignorez un sentier sur la droite pour grimper en pleine pessière. À cent cinquante mètres ⑩, prenez sur la droite, en épingle à cheveux, un sentier peu visible mais toujours balisé à travers des épicéas. Laissez à votre droite deux maisons. Le chemin passe sous le hameau du Biez ⑪, puis, à travers pâturages, rejoint Planfoy.

La passementerie de Saint-Étienne

L'usage local désigne sous ce nom la fabrication du ruban de soie qui, par sa largeur (moins de 45 cm), se distingue de l'étoffe tissée par les canuts lyonnais. Importée d'Italie au XVIe s., la rubanerie stéphanoise s'affranchit à la fin du XVIIe s. de la fabrique lyonnaise. Vers 1820, l'adaptation du métier à mécanique Jacquard (un système de cartes perforées permettant de programmer les dessins) établit la prospérité des marchands-fabricants qui, sur trente mille métiers, font travailler une kyrielle d'hommes, de femmes et d'enfants au sein de fabriques. Vivant chaotiquement entre "chôme" (crise) et "presse" (période de prospérité), la fabrique traditionnelle disparaît dans les années soixante. Outre ses exceptionnelles collections d'armes (du XVe s. à nos jours) et de cycles, industries stéphanoises par excellence, le musée d'Art et d'Industrie possède un fonds d'un million et demi d'échantillons de rubans, tresses et lacets, l'un des plus importants au monde. Dans les ateliers reconstitués, d'anciens passementiers refont les gestes d'autrefois et produisent sous vos yeux rubans et tableaux tissés sur les divers métiers installés. L'atelier de lissage, qui permet de perforer de manière très complexe les cartons des mécaniques Jacquard, est unique. (Visite du musée d'Art et d'Industrie : 2, place Louis-Comte - 42000 St-Étienne. Tél. : 04 77 60 28 84.

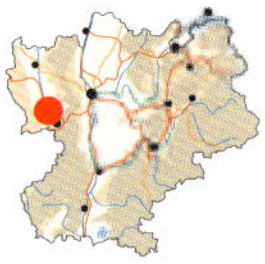

LE PLATEAU DE LA DANSE

Gorges de la Loire, barrage de Grangent

À 76 km de Lyon, aux portes de Saint-Étienne, la Loire décrit des méandres au fond de gorges sauvages : un site grandiose à découvrir à travers les forêts et landes du plateau de la Danse.

La balade

Du bas du parking, descendez vers les gorges par le chemin de terre qui longe à droite le hameau de Quéret, puis traverse des prairies pâturées par des moutons et quelques génisses ① (balisage jaune/bleu). Profitez de la superbe perspective sur le défilé de la Loire en amont. Sur le versant opposé, dominant Çaloire et des pentes boisées, le village de Chambles est regroupé autour de son église et de son donjon. Avec le château d'Essalois plus en aval sur la même rive, c'est l'un des plus beaux belvédères des gorges (accès par la D 108). Après une large courbe vers la droite, le long d'une lande à genêt à balais piquetée de pins sylvestres, le sentier rejoint le haut d'une combe fraîche qu'il vous faut dévaler ②. Après avoir dépassé une masure abandonnée, puis quelques beaux frênes, à une fourche, suivez bien à gauche le fond du vallon. Plus bas, admirez un superbe noyer puis un châtaignier géant. Frênes, noisetiers, tilleuls forment un sous-bois humide. Le sentier passe de gauche à droite du thalweg, retrouvant des pins puis décrit quelques lacets (troncs en travers). Au prochain croisement ③, bifurquez à droite en suivant les balises rouge/blanc et jaune/bleu, pour remonter brièvement dans un peuplement mixte de feuillus et résineux. À travers une pinède pure au sous-bois riche en fougères et digitales pourpres, vous cheminez le plus divinement du monde en balcon du fleuve. Le sentier, ombragé le matin, est fréquenté par renards et genettes comme l'attestent leurs nombreux fèces. Face à deux maisons isolées en rive gauche, un point de vue sur la Loire avec Chambles en nid

Fiche technique

82

Durée : 2 h 00
Longueur : 6 km
Dénivelé : 255 m
Difficulté : aucune
Période : toute l'année
Equipement : randonnée classique
Balisage : jaune et bleu, blanc et rouge
Carte IGN 1/100 000 : n°50, pli
Carte-Guide IGN 1/25 000 : n° 2833 est : Firminy
À voir aux environs : St-Victor-sur-Loire : bourg médiéval, église (XIe s.), château du XIIIe s., croisières de jour et de nuit, réserve naturelle volontaire de St-Étienne. Tour des gorges de la Loire par la D 25 et la D 32 vers St-Just-St-Rambert : château de la Baraillère (XVIIe s.), barrage et île de Grangent ; puis par la D 108 vers le sud : belvédère du château d'Essalois (XVIe s., accès depuis Laborie), hameau des Camaldules au bord de la Loire (accès à pied depuis Essalois), Chambles : panorama, donjon (XIIe s.), église romane, presqu'île des Échandes au Pertuiset, château de Cornillon. St-Étienne : musée d'Art moderne, musée d'Art et d'Industrie, musée de la Mine.

Cette balade est extraite de l'ouvrage ***Les plus belles balades autour de LYON du Beaujolais au Pilat*** *de Bruno Pambour*

Itinéraire d'accès

Quittez Lyon par l'autoroute du sud. À Givors, prenez l'A 47 jusqu'à St-Etienne où vous suivrez la direction Roanne/Clermont par l'A 72 jusqu'à la sortie Firminy/le Puy. Quittez la voie rapide en direction de St-Genest-Lerpt/Roche-la-Molière/St-Victor-sur-Loire. À Roche-la-Molière, prenez à droite la D 32 jusqu'à St-Victor-sur-Loire. À l'entrée du village, montez à gauche en épingle à cheveu le chemin du Quéret : parking au hameau sur le plateau.
Transports en commun : aucun

Les gorges de la Loire depuis le plateau de la Danse.

d'aigle mérite une halte. Peu après, parmi les pins sylvestres sculptés par la bise, un petit promontoire vous réserve un coup d'œil encore plus formidable vers l'amont des gorges ④. En rive gauche, les pentes arides sont colonisées par les chênes pubescents, la lande à genêt purgatif à l'odeur âcre, la ronce, l'aubépine et les pelouses sèches. En quelques lacets, vous gagnez plus bas le chemin menant à gauche à la pointe des Révotes ⑤ (centre nautique des Éclaireurs de France). Suivez-le à droite. À deux cents mètres, ne manquez pas en contrebas sur la rive du fleuve, quelque peu masqués par la végétation, la "pierre branlante" et un monolithe vigoureusement dressé. Le chemin suit un versant nord où se plaisent les feuillus : érables champêtres et sycomores, tilleuls, frênes, charmes, chênes sessiles... L'occasion de découvrir une avifaune forestière qui chante à gorge déployée à la belle saison (grive musicienne, fauvette à tête noire, bouvreuil, accenteur mouchet, roitelets huppé et à triple-bandeau, mésanges noire et huppée, sitelle). Bientôt, alors que le chemin s'élève, apparaît le bourg médiéval de Saint-Victor perché sur son piton rocheux. Autrefois, le village vivait en partie du commerce du saumon. Au premier plan, contournée par le méandre, la presqu'île du Châtelet abrite les ruines d'un prieuré mentionné dès le XIe s. Après trois colossaux châtaigniers, révélateurs de l'acidité du sol, les hêtres s'imposent parmi de gros blocs isolés. Après une maison au portail bleu, rejoignez la route goudronnée, le "chemin du Quéret" ⑥. Remontez-la à droite. Après deux coudes, à la hauteur de la villa "le Bosquet", négligez un premier chemin à droite. Cent mètres plus haut, juste après l'entrée en épingle à cheveux d'une villa ⑦, prenez à droite un sentier balisé jaune/bleu. Passé un petit champ, il monte en sous-bois. À une patte d'oie ⑧, continuez l'ascension à gauche sous les frondaisons de fayards, pins sylvestres et bouleaux. Plus loin, un étonnant mégalithe dressé rappelle l'occupation protohistorique du plateau de la Danse. Sa toponymie serait liée à la célébration de la fête du gui par les Celtes ou, selon une autre version, à des elfes qui entraînaient dans des danses folles les filles de Saint-Victor... Ignorez plusieurs sentes sur votre gauche pour gravir les dernières pentes par le sentier bien balisé. À la sortie du bois, dans une clairière sur le plateau ⑨, suivez à droite le sentier qui rejoint la cote 685 (la table d'orientation n'existe plus). En descendant à gauche parmi les genêts et de vénérables pins, vous bénéficierez, depuis des rochers dégagés, d'un des plus beaux panoramas de toute la région (tenez vos enfants par la main) : la Loire serpente entre les versants granitiques, décrivant des méandres d'azur au sein du défilé. À l'ouest, les hautes croupes des monts du Forez séparent le bassin de la Loire du fossé d'Ambert. Au nord s'étale la vaste dépression du Forez. Revenez sur vos pas pour traverser le plateau dans des taillis clairs de chênes pubescents et de pins sylvestres garnis de mégalithes. Après une vaste prairie ⑩ où la vue porte à nouveau sur l'amont des gorges, la petite route vous ramène à droite au parking.

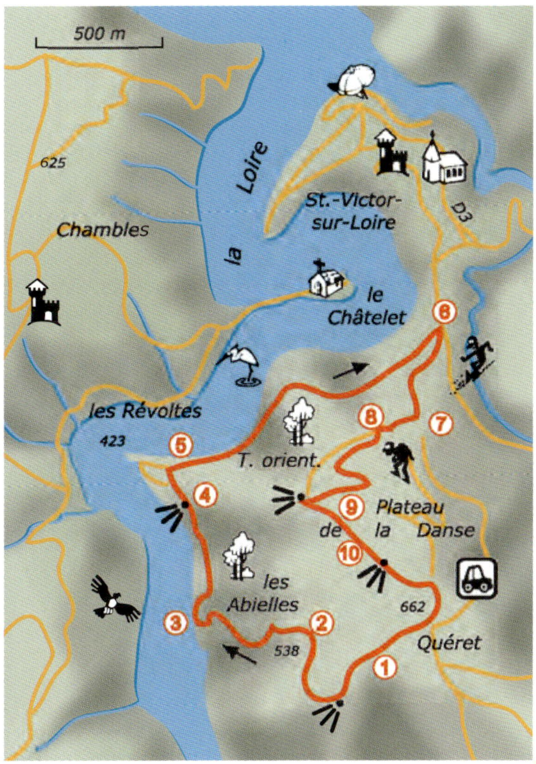

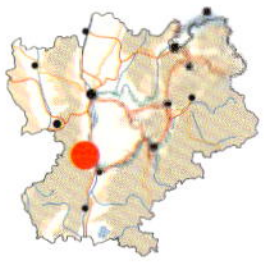

LE CHATEAU DE ROCHEBONNE

Saint-Martin-de-Valamas, les gorges de l'Eyrieux, le hameau de la Rochette

À 65 km à l'ouest de Valence, à proximité de belles cascades, un piton rocheux porte les ruines vertigineuses d'un château féodal dans un site exceptionnel. Un fabuleux décor pour une balade.

La balade

Vous empruntez tout droit l'ancienne voie ferrée qui passe bientôt sur un pont de fer au-dessus de la vallée, offrant de belles perspectives sur l'Eyrieux. Votre marche tranquille va durer deux kilomètres, jusqu'à un carrefour où vous choisissez à gauche l'itinéraire du sentier balisé rouge et blanc ①, qui dessine une belle épingle à cheveux pour contourner un grand pré. Il s'élève en lacets à travers les prairies puis les châtaigniers et les pins. À la sortie d'un petit bois, les ruines imposantes du château surgissent, dans un site abrupt. En vous dirigeant vers lui, vous rejoignez la petite route goudronnée, que vous prenez à droite sur cinquante mètres et tout de suite à gauche avant le hameau de Nant-Paillez ②. Le sentier monte en serpentant jusqu'à un ruisseau puis longe une clôture bordée de magnifiques châtaigniers, dont plusieurs centenaires. Dans un tournant, vous passez au milieu des ruines du hameau de la Rochette. Une belle voûte en pierre attire le regard. Le sentier serpente entre les blocs de pierre vers les premières cascades qui ruissellent le long des rochers, à proximité d'un beau merisier. En suivant les marques rouges et blanches à gauche, vous remontez le long des cascades qui coulent sur les dalles rocheuses et gagnez une esplanade située au-dessus du château. De là, vous pouvez à loisir admirer sa silhouette se détacher sur le ciel, pans de mur dressés, tour de guet, fenêtres ajourées… Si vous êtes monté vers la fin de l'après-midi, vous le verrez merveilleusement éclairé par les derniers rayons du soleil couchant ! De là, vous pouvez admirer un des plus beaux panoramas sur la vallée de l'Eyrieux et les sommets, y compris le mont Mézenc. Le troupeau de chèvres apparemment familiarisé avec ce site grandiose est souvent installé dans les ruines…

Fiche technique

Longueur : 10 km
Dénivelé : 326m
Durée : 4 h
Difficulté : sans
Période : toutes saisons
Équipement : randonnée classique
Point d'eau : Saint-Martin
Balisage : bleu et blanc, rouge et blanc
Carte Michelin : n° 246 pli 19
Carte IGN 1/25000 : n° 2936 Ouest
À voir aux environs : Saint Julien-Boutières et les ruines de son château féodal.

Cette balade est extraite de l'ouvrage ***Les plus belles balades autour de VALENCE du Vercors à l'Ardèche*** *de Christiane Birot*

Itinéraire d'accès

De Valence, vous gagnez Saint-Péray où vous prenez la D533 jusqu'à Lamastre, puis la D578 à gauche jusqu'au Cheylard et de là la D120 à droite vers Saint-Agrève. Arrivé à Saint-Martin-de-Valamas, vous traversez l'Eyrieux à droite et à l'extrémité du pont, encore à droite, longez la rivière en passant devant la station d'épuration. Vous stationnez au bout de la route goudronnée, en contrebas de l'hospice.

Saint-Martin-de-Valamas.

Vous redescendez le long des cascades, puis aux ruines du hameau et prenez dans un tournant un chemin balisé bleu et blanc (les marques ne sont visibles qu'à cinquante mètres) qui s'oriente à droite vers l'ouest. C'est votre chemin de retour. Sur le parcours il traverse d'autres cascades, puis atteint un carrefour où vous laissez à gauche la voie goudronnée qui redescend directement à Saint-Martin, pour vous engager sur le chemin de droite ③. Il s'élève à travers les fougères puis passe en corniche au-dessus d'un paysage sauvage, en direction d'une petite route qu'il faut prendre à gauche vers Les Blaches (ou Tavaste) ④. Dans le dernier tournant avant la ferme, vous prenez le chemin qui se présente dans l'alignement de la route ⑤. Il s'enfonce dans les genêts, puis dans un bois de merisiers et de pins, qui ménage de belles échappées sur le village de Saint-Martin-de-Valamas en contrebas. Vous traversez un bois d'acacias, passez une clôture que vous prendrez bien soin de refermer. Après un grand tournant en épingle à cheveux à gauche ⑥, vous repassez un peu plus bas dans les acacias. Vous descendez au milieu des genêts vers le château de Lavis, dont vous observerez le bel appareillage de pierre. Vous voici de retour à Saint-Martin.

Citadelle du vertige

Le château de Rochebonne couronne un des nombreux dykes volcaniques de la région des Boutières : un site abrupt, égayé par le ruissellement d'immenses cascades. Tel un veilleur, son donjon se dresse fièrement au-dessus des collines, face aux sommets des hautes terres, suc de Sara, Gerbier-de-Jonc, mont Mézenc. Le rocher qui le soutient est fendu en deux, laissant apparaître au milieu une gorge occupée par la végétation. Édifié au XIe siècle, il fut occupé par le seigneur Pons de Brion. Le prieuré de Saint-Martin, qui venait de s'installer à proximité, s'était placé sous sa protection. Son rôle militaire fut important pendant les guerres de religion, où catholiques et protestants se le disputèrent. Le chef protestant Lacroix le reprit en 1577 au chef catholique, le seigneur Pons de Rochebonne. Il fut pillé et détruit quelques années plus tard. Il faut monter voir ce site grandiose et solitaire et apprécier l'audace des seigneurs qui ont élevé là ce vertigineux nid d'aigle.

Page suivante : le château de Rochebonne, les randonneurs ne sont pas les seuls à fréquenter les ruines…

LE CHÂTEAU DE CRUSSOL

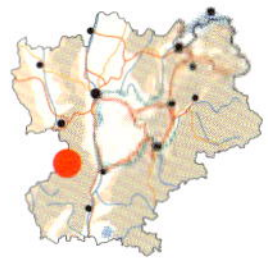

Saint-Péray, le château de Crussol et la longue crête en corniche

À 7 km à l'ouest de Valence, la balade classique des Valentinois à l'assaut de la forteresse qui domine fièrement leur ville : un magnifique circuit en crête qui offre des vues étendues sur les Alpes, le Massif Central et la vallée du Rhône.

La balade

Vous empruntez le chemin qui s'élève vers le château, bientôt rejoint par l'itinéraire du sentier de randonnée ① qui vous conduit à une première ligne de remparts. Déjà le paysage s'ouvre à l'est sur les montagnes du Vercors et les reliefs aux formes caractéristiques des Trois Becs dominant la forêt de Saoû, et au sud sur les montagnes de la Drôme provençale. Vous montez au château à travers les vestiges de la "Villette", petit village fortifié. Progressant à travers les vieux pans de murs, vous vous élevez vers les ruines de l'ancien logis seigneurial qui s'ouvre sur le Rhône par des fenêtres à meneaux de l'époque Renaissance. Deux pignons très aigus appelés "cornes de Crussol" encadraient à l'origine la toiture. Le corps de logis constitue un balcon vertigineux de quelque deux cent vingt-cinq mètres d'à-pic au-dessus de la plaine. De ce belvédère, la vue embrasse un panorama immense : la ville de Valence et le Rhône qui déroule son long ruban bleu parcouru par des barges de grande taille et entrecoupé de barrages et d'usines électriques ; tout autour, les mosaïques de couleur dessinées par les champs et les vignobles réputés (Saint-Péray, Cornas) ; et en toile de fond, toute la chaîne des Alpes.

Vous sortez du château par une poterne située à l'ouest, où vous retrouvez le balisage rouge et blanc ②. Le sentier grimpe vers le sud, ménageant une perspective nouvelle sur la forteresse qui apparaît alors comme un véritable nid d'aigle. Il se dirige vers un petit bois de cèdres puis, toujours en crête (ce qui réserve des vues magnifiques de part et d'autre), gagne un bois de chênes verts. Le parcours s'effectue ensuite en sous-bois, des trouées ici et là constituant autant de fenêtres sur des paysages magnifiques. Après une zone incendiée, vous arrivez à une première et ancienne carrière. Le sentier file ensuite en corniche au-dessus du Rhône, longeant un bel affleurement de dalles calcaires. Au niveau d'une deuxième carrière, un piquet métallique invite à tourner à droite près d'un rocher portant des marques rouges et blanches ③. Vous descendez quelques mètres et bifurquez à gauche pour continuer la descente dans un bois de chênes verts et blancs. Le sentier s'élargit vers le bas des carrières, se transformant en un chemin d'exploitation qui se dirige vers une petite route goudronnée. Une dizaine de mètres avant de l'atteindre, au niveau d'une plantation d'abricotiers, vous fran-

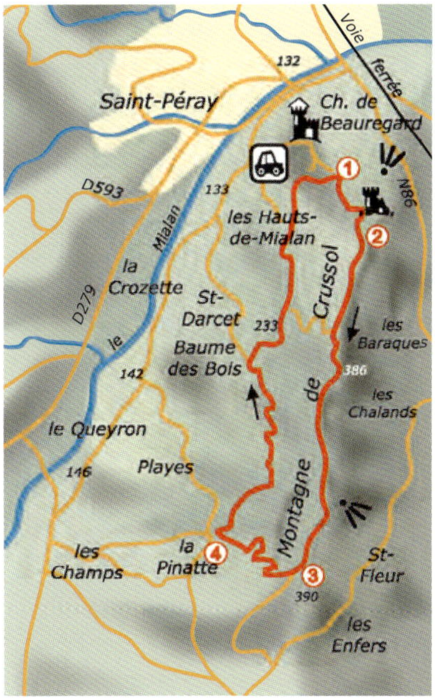

Fiche technique

84

Dénivelé : 250 m
Durée : 3 h 15
Difficulté : néant mais attention aux enfants à proximité des à-pic
Période : toutes saisons, évitez les heures chaudes
Équipement : randonnée légère
Point d'eau : néant
Balisage : rouge et blanc, bleu
Carte Michelin : n° 246 pli 19
Carte IGN : 3036 O

Cette balade est extraite de l'ouvrage ***Les plus belles balades autour de VALENCE du Vercors à l'Ardèche*** *de Christiane Birot*

Itinéraire d'accès

Vous quittez Valence par la N 532, franchissez le Rhône et atteignez Saint-Péray où vous prenez la petite route qui monte vers le château de Beauregard. Vous le dépassez en poursuivant vers Crussol et garez la voiture sur les vastes emplacements à proximité de la statue de la Vierge qui domine la ville de Saint-Péray.

La ligne des remparts.

chissez à droite un talus ④ pour emprunter le sentier qui passe au-dessus du verger. Il s'agit maintenant de revenir à Saint-Péray par le sous-bois, en marchant de niveau (négligez les sentiers qui remontent sur la crête ou qui redescendent dans le vallon). Montant vers le nord à travers des bois de chênes verts, pins sylvestres et pins d'Alep, le sentier longe une clôture sur la gauche puis s'élargit à travers un beau bois de chênes blancs et verts. Une pancarte signale une propriété privée ; il faut alors monter deux fois à droite pour contourner un bois de pins noirs et redescendre à gauche pour rejoindre le sentier montant de la gauche. Cheminant avec lui en serrant à droite, vous arrivez à un réservoir d'eau proche de la statue de la Vierge où vous retrouvez votre véhicule.

Un site imprenable entre terre et ciel

Perchée sur un éperon calcaire avec lequel elle se confond, au-dessus d'un à-pic de deux cents mètres, la forteresse surveille, telle une sentinelle, le sillon rhodanien. L'occupation de ce promontoire remonterait à la préhistoire. Un des premiers édifices répertoriés, construit sur le sommet du rocher de Crussol aurait été un temple gallo-romain dédié à Mars. Au IXe siècle, on évoque la construction d'un donjon entouré de fortifications. Giraud Bastet sera le premier seigneur à y établir son château au XIIIe siècle. Le château de Crussol, avec ses trois enceintes, couvrait près de trois hectares et un périmètre de huit cents mètres. La première enceinte qui bordait l'esplanade avait une hauteur de quinze mètres, la seconde était doublée d'un chemin de ronde, tandis que tours, châtelets et bastillons en défendaient l'accès. Autant dire que la forteresse était bien gardée contre l'assaillant.

Les "petits sires" de Crussol et leurs descendants, très vite élevés à des charges officielles importantes du royaume, chambellan, duc d'Uzès, pair de France, commencèrent à s'éloigner de l'inconfortable citadelle. Le nid d'aigle ne put échapper plus tard aux guerres religieuses et changea plusieurs fois de propriétaire. Pris en 1573 par les protestants et fortifié, il sera repris par les catholiques et détruit au XVIe siècle On raconte que Bonaparte, en garnison à Valence, monta plusieurs fois à la forteresse, accompagné de son jeune frère. Certains prétendent même qu'au péril de sa vie il voulut en faire l'ascension par la falaise. En 1952, quelques-uns des derniers vestiges, une "corne" et une tourelle en cul-de-lampe furent endommagées par la foudre et heureusement très vite restaurées.

Les vestiges du chemin de ronde.

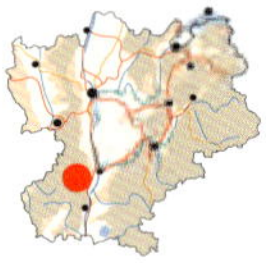

LA CORNICHE DE L'EYRIEUX

et le château de Pierregourde : le vieux village de Saint-Laurent-du-Pape, la corniche de l'Eyrieux, les ruines du château.

À 19 km au sud-ouest de Valence, une balade vivaroise mémorable qui vous fera monter de la riante vallée de l'Eyrieux aux sauvages croupes montagneuses d'où vous découvrirez un panorama immense.

La balade

Un chemin goudronné portant un balisage jaune (deux traits) monte vers le hameau et décrit un virage à gauche entre de belles maisons aux murs de galets, puis un virage à droite. Vous le suivez jusqu'à une première fourche où vous descendez à gauche le long d'un mur de pierre, avant d'obliquer à droite, vingt mètres après, sur un chemin non revêtu ①. D'abord de niveau, le chemin progresse au dessus du vallon du Ruisseau de la Crotte et passe quelques jeunes micocouliers. Sous un bouquet de pins maritimes se cache une belle citerne voûtée en pierre. Le chemin monte en pente régulière et traverse un petit vallon. Après un virage à droite, il parvient à un col occupé par un verger. Vous tournez à gauche ② pour monter en corniche au-dessus d'une belle gorge creusée par le ruisseau de Font qui, à la saison humide, y dégringole en cascade. Traversant un bois de chênes blancs et verts, le chemin se rapproche du lit du ruisseau pour le traverser au niveau d'un gué et remonter en rive droite du vallon de Préneuf. La pente s'accentue. Quelques châtaigniers font leur apparition. Vous atteignez un replat non boisé, carrefour de plusieurs sentiers. Négligeant la voie de gauche balisée en jaune, vous choisissez de monter tout droit par un sentier également marqué jaune ③ qui s'oriente à l'ouest puis au nord, en surplomb au-dessus du ravin de Méllière. Après avoir dépassé la ruine de Geisseires, vous découvrez droit devant vous, la silhouette du château. Vous montez à travers prés en suivant les traces des troupeaux pour atteindre une haute clôture que vous longez : la ferme de la Sablière a pour spécialité l'élevage de lamas, que vous pourrez probablement apercevoir. Continuant la montée, vous prenez un chemin de terre qui, après quelques lacets, tourne à droite vers la bergerie ④ puis à gauche, en laissant la ferme sur la droite. Dans cette partie de l'itinéraire, soyez attentif au troupeau (chiens en laisse) et respectez la tranquillité des exploitants. Vous atteignez bientôt le site du château féodal ⑤ dont la construction serait antérieure à 1200 et qui aurait été détruit en 1630 sur ordre de Richelieu, pour éviter qu'il ne devienne

Lama de la Sablière.

Fiche technique

Longueur : 10 km
Dénivelé : 450 m
Durée : 3 h
Difficulté : néant
Période : toutes saisons
Équipement : randonnée légère
Point d'eau : néant
Balisage : jaune (2 traits), rouge et blanc
Carte Michelin : 77 pli 11
Carte IGN 1/25000 : 3036 ouest Saint-Péray
À voir aux environs : La Voulte-sur-Rhône, son vieux village, son château détruit lors de la dernière guerre

Cette balade est extraite de l'ouvrage ***Les plus belles balades autour de VALENCE du Vercors à l'Ardèche*** *de Christiane Birot*

Itinéraire d'accès

Vous quittez Valence par l'ouest, franchissez le Rhône et par la D 533 puis la N 86 descendez en rive droite vers La Voulte. Un kilomètre après le hameau de Château-Rouge, vous prenez à droite la D 121 vers Beauchastel et Saint-Laurent-du-Pape. Vous laissez le vieux village de Beauchastel sur votre droite, traversez le village de Saint-Laurent-du-Pape en direction du Cheylard. À la sortie du village, vous garez votre voiture sur un parking situé à droite de la D 121 au départ de la petite route de Baumazet, 250 m avant le carrefour de la D121 qui monte à Vernoux.

un bastion pour les protestants pourchassés, la famille de Pierregourde ayant pris parti pour la Réforme. Au pied des rochers supportant le donjon, vous découvrez les ruines des corps de logis et des pans de murs fortifiés de l'ancien village. Le site est grandiose et le panorama immense : vers l'est et le sud-est les barres du Vercors et au loin les Alpes, les Préalpes du Sud avec les Trois Becs, les Baronnies et jusqu'au Ventoux et la basse vallée de l'Eyrieux ; en vous retournant, la trouée de la haute vallée de l'Eyrieux surplombée par les échines déchiquetées des serres avec à l'horizon le sommet du Mézenc et, au sud, l'ensemble de serres sauvages séparant la vallée de l'Eyrieux de celle de l'Ouvèze.

La descente s'effectue par le tracé du sentier de randonnée. Vous redescendez à la bergerie ④ et suivez à gauche le sentier, d'abord horizontal sur environ cinq cents mètres. Vous passez devant la ruine de Manson, laissez à gauche le chemin qui va à la ferme des Sussons et descendez à droite en vous dirigeant vers la forêt. Le chemin dessine une épingle ⑥, contourne le bois et descend le long de la Serre de Baneirol. Il traverse une forêt de pins tout en ménageant des vues dégagées. Remontant légèrement, vous atteignez la clairière de Baumier avant de redescendre dans une belle forêt de pins. À travers un bois de chênes verts et de pins, le chemin descend jusqu'à une lisière ; vous laissez le sentier partir à gauche ⑦ pour continuer la descente vers les hameaux de Begouir et de Baumazet, votre point de départ.

Ci-dessus : Mante religieuse.
Ci-dessous : une façade des ruines du château de Rochegourde.

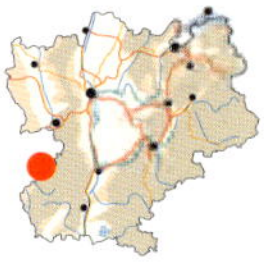

LE TOUR DU MONT MÉZENC

Les croix de Boutières, de Mézenc et de Peccata

À une centaine de kilomètres à l'ouest de Valence, l'ascension et le tour du plus haut sommet de l'Ardèche, cet ancien volcan de 1753 m, belvédère unique sur les montagnes environnantes. Une balade exceptionnelle.

Fiche technique

86

Longueur : 14 km
Dénivelé : 425 m
Durée : 5h
Difficulté : longueur, absence de balisage d'un court tronçon
Période : été, par beau temps uniquement ; éviter absolument les jours de brouillard
Équipement : randonnée de montagne : pulls, anoraks (le vent souffle parfois très fort là-haut)
Point d'eau : aucun
Balisage : rouge et blanc, bleu
Carte Michelin : n° 246 pli 18
Carte IGN 1/25000 : n° 2836 est
À voir aux environs : La chartreuse de Bonnefoy. Le lac d'Issarlès aux rives abruptes, logé dans un cratère volcanique.

Cette balade est extraite de l'ouvrage ***Les plus belles balades autour de VALENCE du Vercors à l'Ardèche*** *de Christiane Birot*

Itinéraire d'accès

Vous quittez Valence par l'ouest, franchissez le Rhône vers Saint-Péray et gagnez Lamastre puis Saint-Agrève par la D 533.
Vous poursuivez votre itinéraire vers l'ouest en empruntant à gauche la D 15, un km au nord de Saint-Agrève, sur laquelle vous allez roulez 13 km avant de prendre à gauche la D 500 (direction : Fay-sur-Lignon).
Vous gardez cette même route après Fay-sur-Lignon pendant encore 13,5 km avant de prendre à gauche la D 15 vers les Estables.
Vous traversez le village et par la D 631 gagnez en 3 km le col de la croix de Boutières.
Vous garez votre voiture au rond-point.

La balade

Vous empruntez à gauche du chalet au toit de chaume, le chemin du sentier balisé rouge et blanc. Il traverse un bois d'épicéas dont le sol est tapissé de myrtilles, fleurs d'arnica, œillets, bruyère, marjolaine. En vous retournant, belle vue sur le village des Estables en contrebas. Un premier sommet en forme de dôme et recouvert de pierres apparaît sur la droite, puis un second au loin, portant la croix de Mézenc. Le sentier progresse jusqu'à un premier carrefour ① indiquant sur un panneau la direction des sommets. Quittant un moment l'itinéraire du sentier de randonnée, vous suivez à droite le balisage bleu menant d'abord au point culminant de l'Ardèche (1753 m) ②. Une table d'orientation gravée sur lauze permet de déchiffrer le paysage. Un panorama immense : au sud , des quantités de Sucs, dont le Gerbier-de-Jonc, dominant le plateau de l'Ardèche avec les Cévennes en toile de fond ; à l'ouest et au nord, le bassin du Puy, le Massif central, la Haute-Loire. Pour compléter le tour d'horizon, vous vous dirigez vers la table d'orientation est, d'où la vue porte sur la région des Boutières avec ses multiples crêtes séparées par des vallées profondes et

Pause au pied du mont Mézenc.

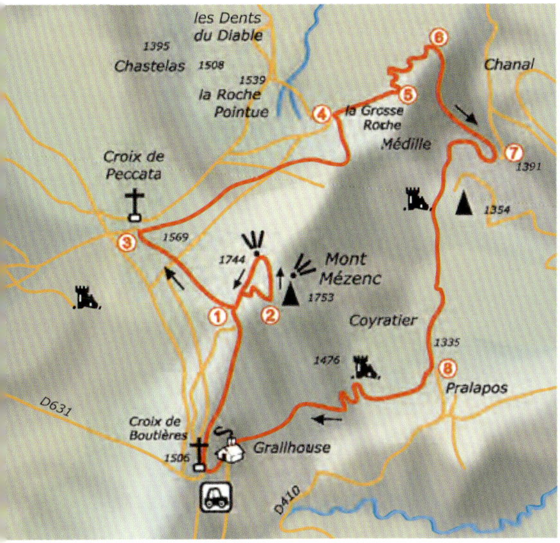

au-delà, la chaîne des Alpes avec ses principaux sommets. En revenant par un sentier (balisé bleu) délimité par des pierres plantées, vous passez par un replat pour gagner le sommet (1749 m) qui porte la grande croix du Mézenc. De là, vous redescendez jusqu'au carrefour avec l'itinéraire du sentier de randonnée ①, pour entreprendre maintenant le tour du volcan. En suivant à droite le balisage rouge et blanc, vous descendez en forêt un large chemin barré de marches en troncs d'arbres. Arrivé au carrefour de la croix de Peccata (la belle croix en pierre se trouve juste de l'autre côté de la route), vous prenez tout de suite à droite ③ la direction de Choralep, un large chemin dans un bois d'épicéas, dont le sol est tapissé l'été d'un parterre de fleurs multicolores, œillets, arnicas, épilobes. Vous marchez de niveau avant d'amorcer une légère descente et poursuivre tout droit à un embranchement, en suivant le sentier vers la "Grosse Roche". À la sortie de la forêt vous arrivez au pied de ce massif rocheux ④. Veillez bien à laisser le sentier de randonnée partir à main gauche, tandis que vous choisissez à droite un sentier non balisé qui court entre la lisière de la forêt à droite et une clôture à gauche. À une centaine de mètres, une borne blanche marquée D sur un petit replat fait face à un balisage blanc sur un arbre mort. Vous suivez le sentier qui se resserre dans la végétation, épilobes, framboisiers, en longeant la clôture qui tourne bientôt à gauche. Vous continuez alors tout droit sur un raidillon qui monte à un petit sommet (1508 m) signalé par une seconde borne marquée "D" ⑤. De cette petite esplanade, vous apercevez les hauteurs du mont Mézenc à droite. Vous obliquez à gauche sur un sentier qui descend en suivant la crête vers la clôture que l'on retrouve en bas. Des marques blanches et rouges sur les arbres vont jalonner le sentier qui descend maintenant en lacets réguliers dans le bois. Arrivé à un layon (sur la gauche, à cinquante mètres, vous apercevez la lisière de la forêt et les pâturages), vous descendez le chemin bien tracé à droite ⑥, dont les arbres portent des marques blanches (limites de parcelles). Quelques-uns couchés en travers du chemin obligent soit à les escalader, soit à les contourner par un chemin à gauche élargi par des travaux forestiers. Le chemin poursuit sa descente en pente régulière et à la sortie du bois rejoint l'itinéraire balisé rouge/blanc ⑦. Le flanc ouest du Mézenc apparaît dans toute sa majesté au-dessus d'une vallée immense. Le chemin s'y engage, traverse un bouquet d'arbres et, avant d'atteindre la ferme des Médilles, bifurque à gauche dans un champ. Il rejoint la route qu'il faut prendre à droite sur un kilomètre et demi en dépassant les fermes de la Chara à gauche et Coyratier à droite. Trois cents mètres après, un chemin balisé rouge et blanc quitte la route à droite ⑧, pour s'élever en pente régulière à travers les prés. Le contournement du Mézenc par le sud offre des perspectives impressionnantes sur l'imposant massif dénudé, à l'ensellement caractéristique. Le chemin traverse un bois puis, longeant la forêt, passe en corniche au-dessus de la vallée, avant de rejoindre le col de la Croix-de-Boutières.

En haut : le profil du Mézenc.
Ci-dessous : la croix de Boutières sur le mont Mézenc.

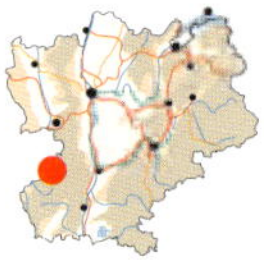

LE MONT GERBIER-DE-JONC

Prodigieux belvédère naturel (1 551 m), les sources de la Loire

À une centaine de kilomètres à l'ouest de Valence, l'ascension de ce jaillissement volcanique en forme de meule : la balade incontournable des hautes terres.

La balade

Vous vous dirigez vers le pied du dôme dont vous vous apprêtez à gravir la cime. Vu de près, le volcan apparaît recouvert d'une carapace de pierres plus ou moins stables entre lesquelles vous allez devoir vous frayer un chemin pour grimper au sommet. Prenez votre temps et choisissez au fur et à mesure de votre progression, les sentiers les plus sympathiques. Les plus faciles comme les plus escarpés, tous mènent au même but, le sommet. Vous vous hissez enfin jusqu'à la cime. Après l'effort, voici la récompense bien méritée : un panorama circulaire beau à vous couper le souffle. Tout près, le mont Mézenc et les différents sucs volcaniques, suc de Sare, suc de Montfol, suc de la Barre, sans oublier les filets d'eau des sources de la Loire ; plus loin, le bassin de l'Eyrieux, la vallée du Rhône et jusqu'à la chaîne des Alpes. Un belvédère inoubliable ! La descente se fait de la même façon, en progressant au mieux entre les rochers, faisant face au paysage, cette fois-ci. En bas,

Sur les pentes du Gerbier-de-Jonc.

Fiche technique

87

Durée : 1h AR
Difficulté : progression rude dans des éboulis instables
Période : été, demi-saison sans neige
Équipement : randonnée légère
Point d'eau : au pied du Gerbier
Balisage : aucun
Carte Michelin : n° 246 pli 18
Carte IGN 1/25000 : n° 2836 est
À voir aux environs : Borée : ses maisons aux toits de lauzes, le château du Gros, l'église du XVe siècle. Saint-Martial et son lac artificiel. Sainte-Eulalie, village typique de la montagne ardéchoise.

Cette balade est extraite de l'ouvrage ***Les plus belles balades autour de VALENCE du Vercors à l'Ardèche*** *de Christiane Birot*

Itinéraire d'accès

Le mont Gerbier-de-Jonc se dresse à proximité de la D 378 que l'on peut atteindre par la D122 au départ de Mézilhac. On rejoint Mézilhac au départ de Valence soit par Lamastre (D533) et le Cheylard (D578), soit par Privas et le col de L'Escrinet (N104). Arrivé au pied du mont Gerbier se garer à proximité d'une auberge.

quelques buissons de myrtilles vous offrent l'été leurs fruits délicats. Vous partirez ensuite, si vous le souhaitez, à la recherche de la "vraie" source de la Loire. Au pied du versant sud-ouest du mont Gerbier-de-Jonc naissent plusieurs filets d'eau qui forment les sources de la Loire. Chaque ferme environnante revendique le privilège de voir naître la vraie source dans sa fontaine ou son abreuvoir. Qu'elle soit la vraie, l'authentique ou la véritable, l'eau des différentes sources est fraîche, pure et excellente à boire.

Un cône de laves figées

Une image amusante voudrait le faire ressembler à une gerbe de jonc. Sa dénomination a plutôt pour origine une racine indo-européenne, *gar* signifiant rocher et une racine latine, *jugum* voulant dire montagne. Gerbier-de-Jonc signifierait "mont rocheux". Ce dôme en pain de sucre qui appartient au mont Mézenc, est de type "péléen", du nom de la montagne Pelée de la Martinique. Ces volcans, apparus à l'ère tertiaire, ont eu des laves tellement visqueuses qu'elles n'ont pas réussi à s'épancher à l'extérieur. Elles ont formé un pointement que l'érosion a dégagé. La lave, le phonolithe, a été désagrégée en éclats. Ce sont les éboulis de cette roche légère et sonore de couleur grise qui recouvrent la carapace à l'aspect écailleux du Gerbier-de-Jonc. Les nombreux sucs en forme de dôme qui se dressent sur les plateaux des Hautes-Boutières, donnent au paysage un aspect lunaire très original.

En direction des sources de la Loire, au pied du mont Gerbier-de-Jonc.

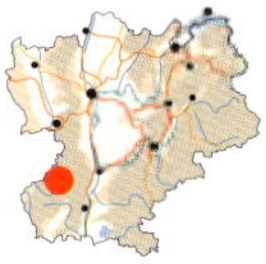

LA CASCADE DU RAY-PIC

Une chute d'eau de plus de trente mètres

À 88 km au sud-ouest de Valence et 23 km du mont Gerbier-de-Jonc, la rivière de la Bourges se précipite d'une hauteur impressionnante sur les rebords d'une coulée de lave : une courte balade pour découvrir cette curiosité spectaculaire.

Fiche technique

Longueur : 2 km
Dénivelé : 40m
Durée : 1h
Difficulté : aucune
Période : toute l'année, surtout au printemps et à l'automne où le débit d'eau est le plus abondant
Équipement : randonnée légère
Point d'eau : sans
Balisage : pancarte indicative
Carte Michelin : n° 246 pli 18
Carte IGN 1/25000 : n° 2837 est
À voir aux environs : L'abbaye cistercienne de Mazan du XII°siècle, installée dans un site solitaire du massif forestier de Mazan. Burzet et sa célèbre procession de la Passion qui rassemble le Vendredi Saint, une foule de fidèles venue de toute la région.

Cette balade est extraite de l'ouvrage ***Les plus belles balades autour de VALENCE du Vercors à l'Ardèche*** *de Christiane Birot*

Itinéraire d'accès

La cascade du Ray-Pic est accessible par la D 215, à 12 km de Mézilhac que l'on rejoint de Valence, soit par Lamastre (D533) et le Cheylard (D578), soit par Privas et le col de l'Escrinet (N104), suivie de la D122. À Mézilhac vous continuez la D122 sur 5 km et tournez à gauche à Lachamp Raphaël, un des villages les plus élevés de l'Ardèche avec ses 1300 m d'altitude, pour prendre la D215 qui descend vers le Ray-Pic. Dans la descente, soyez attentifs à observer la partie supérieure de la cascade. Après 7,5 km, vous arrivez sur une aire de stationnement et garez la voiture.

Panneau à proximité de la cascade du Ray-Pic.

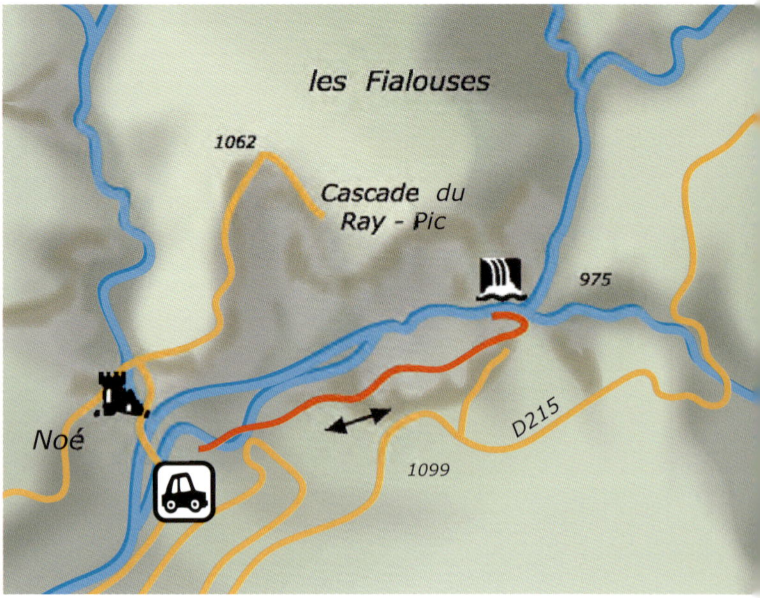

La balade

Un panneau indique le lieu de départ de la balade. Le sentier quitte le parking et se faufile dans une végétation de genêts et de fougères. Vous gravissez avec lui les marches qui ont été aménagées et poursuivez la montée vers le site. De hautes falaises apparaissent au-dessus de la rivière, que l'on devine en entendant son grondement sourd. Vous surplombez les gorges, progressant vers l'étroite échancrure. Le sentier entame sa descente, tantôt par une pente régulière, tantôt par des escaliers aménagés, pour atteindre le fond du ravin de la Bourges. Vous vous guidez au fracas assourdissant que fait la chute d'eau en se jetant en bas. Vous arrivez au pied de la cascade du Ray-Pic : elle saute d'une plate-forme supérieure et dégringole entre deux rochers basaltiques dans une belle vasque d'eau limpide. Spectacle fascinant et grandiose ; halte nécessaire. Invitation à se poser sur les rochers du bord de l'eau pour admirer les différentes chutes d'eau et observer, de l'autre côté du lit de la Bourges, les coulées de lave et de beaux prismes de basalte, dont les teintes sombres donnent au lieu son étrange sévérité.
Le retour se fait par le même chemin.

Les orgues basaltiques

Fréquentes dans les régions volcaniques, les orgues basaltiques sont constituées d'un ensemble de prismes de basalte accolés. Les plus connues en Europe sont celles de Murat et Bort-les-Orgues dans le Cantal et celles de la Chaussée-des-Géants en Irlande. À Ray-Pic, ces coulées de basalte résultent d'une activité volcanique assez récente, vieille de quelques dizaines de milliers d'années, tandis qu'elles seraient plus anciennes dans les Coirons, de l'ordre de six millions d'années. Diversement colorées, les orgues basaltiques offrent toujours un spectacle d'une grande originalité.

La cascade du Ray-Pic dans les gorges de la Bourges, et les orgues basaltiques.

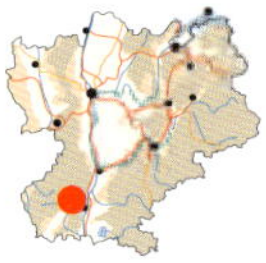

ROCHEMAURE

Le pic Chenavari et le village médiéval au pied de son volcan

À 45 km au sud de Valence, à l'extrémité du plateau du Coiron, la montée au château féodal de Rochemaure par les ruelles pittoresques du vieux bourg et l'ascension du sommet tout proche.
Des sites impressionnants et des panoramas de toute beauté.

Fiche technique

89

Longueur : 11 km
Dénivelé : 430 m
Durée : 4 h
(plus la visite du château)
Difficulté : aucune
Période : toutes
Équipement : randonnée classique
Point d'eau : au village
Balisage : jaune (à partir du château)
Carte Michelin : n° 246 pli 21
Carte IGN 1/25000 : 3038 ouest Montélimar
À voir aux environs : Cruas, l'ancienne église abbatiale romane et ses deux cryptes des XIe et XIIe siècles, avec leurs chapiteaux archaïques. Alba-la-Romaine, le château établi sur un rocher volcanique, les fortifications, les façades des maisons en basalte noir.

Cette balade est extraite de l'ouvrage
Les plus belles balades autour de VALENCE du Vercors à l'Ardèche
de Christiane Birot

Itinéraire d'accès

Vous quittez Valence par la N 38 puis la N 86 direction La-Voulte en rive droite du Rhône, passez le Pouzin, Cruas et Meysse. À l'entrée du village de Rochemaure dont vous apercevez les hautes tours et les murailles crénelées, vous tournez à droite pour vous garer sur la place de l'église ou celle de la mairie toute proche.

La balade

Pour monter au château, vous allez traverser le vieux bourg en découvrant ses maisons moyenâgeuses et Renaissance ainsi que ses fontaines. Au départ de la mairie, vous empruntez la rue du Faubourg, suivie de celle de la Violle, jusqu'au chemin de Malbouron entrecoupé d'escaliers que vous remontez à droite. Arrivé à proximité de la tour du Gast, vous prenez à gauche sur une centaine de mètres la petite route qui monte au château et trouvez à droite le chemin de Madame. Il vous conduit d'abord à la chapelle Notre-Dame-des-Anges au gracieux campanile, entourée de son cimetière. Édifice de style

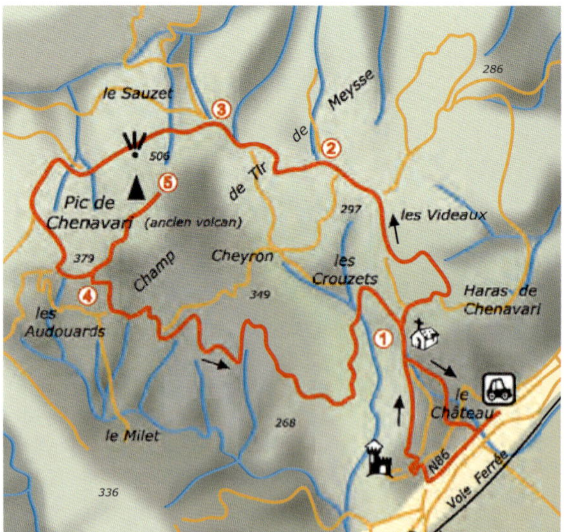

Vestiges du château de Rochemaure.

gothique provençal, elle fut détruite par les protestants au XVIe siècle et reconstruite peu après. Le chemin de Madame continue au-dessus du cimetière et s'élève à proximité d'un long rempart. Un panneau signale qu'il est prudent de ne pas s'approcher de la muraille en raison du risque d'éboulement. Soyez donc vigilant. Vous montez jusqu'à la route que vous traversez pour parcourir la dernière portion de chemin avant l'arrivée au château. Dressé sur un dyke basaltique, le monument domine la ville basse de plus de cent vingt mètres. Un site impressionnant ! Le donjon, construit entre 1120 et 1140 par le seigneur de Monteil, dresse sa silhouette délabrée, entouré des tours et de la maison seigneuriale (on y accède lors de la visite, par un escalier raide et très étroit auquel succède un escalier encore plus étroit qui donne sur une petite tour servant d'ultime refuge au seigneur en cas d'attaque). Vous découvrez… et traversez le château en vous dirigeant à droite vers les quartiers nord (qui, à l'époque, occupaient toute la crête jusqu'au village de La Fare appelé maintenant Les Vidéaux).

Vous prenez la petite route menant aux Vidéaux, en laissant à droite celle qui descend à Rochemaure. À deux cent cinquante mètres environ, vous remarquez sur votre droite un bâtiment en ruines ① : la chapelle Saint-Laurent est connue pour une inscription étonnante placée au-dessus de sa porte d'entrée. La petite route se sépare ; vous prenez la voie de droite qui contourne un lotissement et s'élève vers les Vidéaux. Dans le hameau, vous choisissez à gauche le chemin goudronné des Freydières qui porte le balisage rouge et blanc du sentier de randonnée ②. Après deux cent cinquante mètres, vous laissez le sentier partir à gauche et poursuivez tout droit vers le pic Chenavari dont la silhouette se précise. Au carrefour suivant, à un kilomètre environ, vous laissez le chemin des Freydières filer à droite et vous bifurquez à gauche ③ pour faire le tour du volcan. Vous passez à proximité d'une ferme et progressez sur le chemin qui n'est plus revêtu. Arrivé à un col, vous trouvez, entre deux pylônes électriques le balisage jaune qui vous indique le chemin à prendre pour atteindre le sommet du volcan ④. Un parcours facile vous mène au pic Chenavari (507 m) ⑤. Là-haut, le panorama est immense, notamment sur la vallée du Rhône : le donjon de Rochemaure dominant le fleuve avec, en toile de fond, le Vercors et les Baronnies fermant l'horizon à l'est. Côté sud, à quelques mètres en contrebas, une couche d'orgues basaltiques avec chaussées des géants rappelle l'origine volcanique de la montagne. Vous redescendez au col et bifurquez à gauche pour revenir à Rochemaure en contournant le Chenavari, cette fois-ci par le sud (le balisage jaune vous accompagne jusqu'au château, les marques rouges et blanches seulement sur les sept cents premiers mètres). Le chemin serpente autour du ravin de Malatère, du Devès et du ravin de Rigas, ménageant des vues saisissantes en contrebas, sur le château fort. Vous rejoignez une portion de voie revêtue puis la petite route que vous avez quittée, au niveau de la chapelle Saint-Laurent ①. Vous la prenez à droite pour redescendre ensuite directement à Rochemaure. À proximité du carrefour avec la route menant au château, vous cherchez à gauche le raccourci appelé sentier du Saut-de-l'Âne, qui descend au village. Il rejoint un peu plus bas la route qu'il faut prendre sur quelques mètres à gauche, pour trouver tout de suite à droite le sentier de Gaudissart qui descend vers la mairie.

Le château de Rochemaure et la chapelle Notre-Dame-des-Anges.

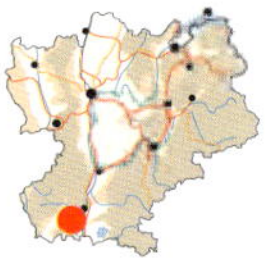

LA DENT DE REZ

Le village et le plateau de Gras, la table calcaire de Rez.

En Ardèche méditerranéenne, au départ d'un pittoresque village médiéval disposé au milieu des amandiers, des mûriers et des vignes, l'ascension d'un balcon aux vues très étendues.

La balade

Vous entrez dans le village dominé par la silhouette imposante de l'église au clocher carré, passez devant la poste, la mairie et le café, avant de sortir tout droit par la poterne ouverte dans le rempart. Le chemin balisé en jaune descend sur votre gauche pour remonter la rive gauche du

Fiche technique

Longueur : 14 km
Durée : 4 h
Dénivelé : 350 m
Difficulté : aucune
Période : demi-saisons, hiver
Équipement : randonnée classique
Point d'eau : Gras
Balisage : jaune et blanc
Carte Michelin : 246 pli 22
et 245 Provence Côte d'Azur pli 2
Cartes IGN 1/25 000 : 2939 Est

Cette balade est extraite de l'ouvrage
Les plus belles balades autour de VALENCE du Vercors à l'Ardèche
de Christiane Birot

Itinéraire d'accès

Vous gagnez Viviers soit par la N 86, soit par l'autoroute A 7 (sortie Montélimar sud) et prenez dans Viviers la D 507 en direction de Saint-Thomé-Aubenas. Après 6 km, vous prenez à gauche la D 362 vers Gras qui vous ménage des vues superbes sur le village perché de Saint-Thomé. La petite route sinueuse passe devant le joli hameau de Valgayette avant d'arriver à Gras où vous stationnez à l'entrée du village.

Le sommet de la Dent de Rez.

vallon au-dessus du ruisseau et d'anciens terrains de culture ou vergers. À proximité d'un gros micocoulier, un point de vue intéressant s'ouvre, en se retournant, sur le village perché de Gras. À une première bifurcation où quelques marches taillées dans la pierre apparaissent sur la gauche, vous continuez sur le chemin de droite qui vous conduit à proximité de dalles calcaires affleurantes. Au niveau d'un gros amandier, il descend dans les marnes noires et traverse à gué le ruisseau à la hauteur d'un pont détruit ①. Progressant maintenant en rive droite, le sentier serpente au-dessus de la plaine de Bauzu en montant régulièrement vers le plateau. La pente s'accentue avant de rejoindre la crête où une belle perspective s'offre sur la dent de Rez. Le sentier s'élargit en chemin, bifurquant à droite à proximité de la ligne électrique. Il longe d'immenses clapiers, témoins du labeur acharné des hommes pour cultiver ces terres arides et difficiles. À un semblant de fourche, vous continuez tout droit vers un vieux mas et prenez à droite un bon chemin qui va rejoindre la petite route goudronnée. Vous l'empruntez à gauche ② sur cinq cents mètres jusqu'au hameau de Gogne que vous traversez. Vous continuez à descendre sur quelques centaines de mètres la route empierrée en direction du massif de Rez, avant d'arriver à un carrefour de chemins. Laissant la piste de DFCI à droite, vous prenez tout droit pour

Le plateau sommital de la dent de Rez.

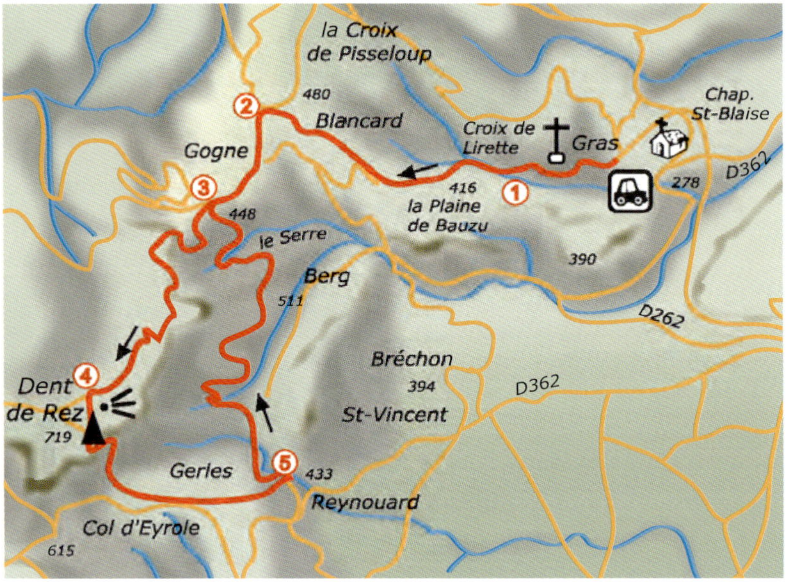

trouver immédiatement à gauche le sentier balisé jaune et blanc ③ qui s'élève vers la dent de Rez. L'itinéraire monte régulièrement en lacets à travers une végétation méditerranéenne de thym, buis, genévrier cade et atteint un plateau. En tournant à gauche ④, vous atteignez le sommet, matérialisé par un signal géodésique. La dent de Rez, point culminant du Bas-Vivarais avec ses 719 m, vous réserve un panorama circulaire sur tout le plateau de Saint-Remèze, la vallée du Rhône, les monts des Cévennes, du Vivarais (massif du Tanargue et plateau du Coiron), la chaîne des Alpes, précédée par les montagnes de la Drôme Provençale, le mont Ventoux et le Guidon du Bouquet. Des baladeurs courageux ont d'ailleurs érigé en tradition l'ascension nocturne de la dent de Rez pour y contempler le lever du soleil sur les Alpes!

Vous contournez par la droite le signal géodésique, pour trouver le sentier qui s'insinue entre les falaises et descend vers le Rocher de la Montre. Il dévale ensuite en zigzaguant sur la croupe, puis franchit quelques barrières de parcs à moutons. Soyez gentils de bien les refermer derrière vous et de tenir votre chien en laisse. Un grand chemin arrive de la droite, avec lequel vous continuez à descendre. Avant d'arriver à Reynouard, vous tournez à gauche vers le mas de Gerles. La petite route d'abord goudronnée, puis empierrée, vous offre sur près de quatre kilomètres de niveau, un beau parcours en forêt, moment très agréable après la rude montée. Elle vous ramène au carrefour de sentiers ③ qui vous est familier au pied du hameau de Gogne. Vous rentrez à Gras par l'itinéraire emprunté à l'aller. Il vous offre à l'arrivée des vues renouvelées sur ce village que vous allez maintenant pouvoir découvrir : son église au clocher carré, sa maison des chasseurs, ses vieilles demeures, ses remparts.

Il faut saluer le dynamisme de l'association qui s'est créée pour restaurer et faire vivre le village de Gras. Vous pourrez monter voir la jolie petite chapelle romane Saint-Blaise, installée sur une butte, un peu à l'écart du village, entourée de son cimetière ; son toit est fait de dalles et des vases d'argile situés dans la voûte serviraient, dit-on, à en améliorer l'acoustique.

Le village et la chapelle de Gras.

LES GORGES DE L'ARDÈCHE

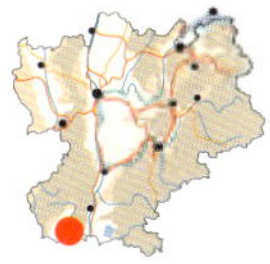

Le hameau de Sauze, les rives de l'Ardèche, la grotte de Saint-Marcel

Un itinéraire-découverte des célèbres défilés rocheux de l'Ardèche.

La balade

Vous empruntez la piste qui longe l'Ardèche et vous offre dès le départ un décor de rêve : sur l'autre rive, le village fortifié d'Aiguèze, devant vous les premières barres rocheuses du canyon surplombant la rivière, et sur l'eau les canoës de la descente des gorges en fin de parcours. Le chemin se ramifie en plusieurs sentiers. Vous allez suivre l'itinéraire assez fantaisiste des traits rouges qui, tour à tour, se cache dans les sous-bois, passe sur des

Fiche technique

91

Longueur : 11 km (sans les variantes)
Durée : 3 h 30
Dénivelé : 200 m
Difficulté : prudence sur les dalles rocheuses (glissantes par temps humide)
Période : toute l'année en évitant les périodes pluvieuses
Équipement : randonnée légère
Points d'eau : gorges de Saint Marcel
Balisage : rouge
Carte Michelin : 80 pli 9
Cartes IGN 1/25 000 : 2939 Est

Cette balade est extraite de l'ouvrage ***Les plus belles balades autour de NÎMES*** *de Christiane Birot*

Itinéraire d'accès

Quelques kilomètres après Pont-Saint-Esprit, en remontant vers le nord sur la N 86, vous prenez à gauche la D 901 vers les gorges de l'Ardèche ; 5,5 km après, à droite, la D 141 en direction de Saint-Martin-d'Ardèche. Vous passez le pont qui enjambe la rivière et prenez à gauche la D 290, route touristique des gorges. À 1 km de Saint-Martin-d'Ardèche, le hameau de Sauze offre au bord de la rivière à gauche, un emplacement pour garer votre voiture (payant en été).

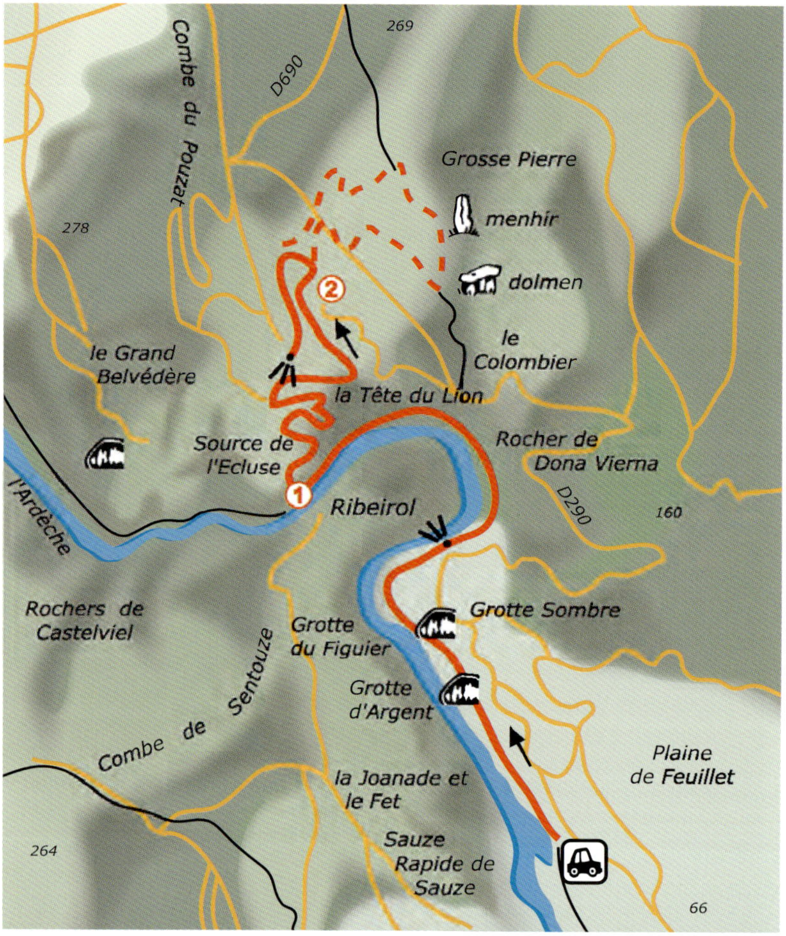

dalles plates au bord de l'eau ou grimpe à l'assaut de quelque rocher facile à escalader. Vous remarquez les nombreuses baumes dans les parois des falaises. Certaines portent des noms connus : la grotte Sombre, la grotte du Figuier… Vous arrivez sous le belvédère de Ranc-Pointu et suivez la large courbe dessinée par l'Ardèche. Des falaises imposantes dominent le lit de la rivière où les canoës amorcent le grand virage. Vous devez passer sur quelques rochers plats en surplomb, un moment du parcours attrayant, mais qui nécessite un minimum d'attention. Arrivé près du camping ①, vous remontez à droite pour le traverser et prendre la piste qui mène à la route touristique des gorges ②. En chemin, vous jouirez d'une vue de plus en plus aérienne sur la large courbe dessinée par l'Ardèche et sur les kayaks colorés qui ressemblent à des points lumineux.

À l'arrivée, au niveau des grottes de Saint-Marcel, trois possibilités de découvertes vous sont proposées en option :

- *La montée au Grand Belvédère*
(1 km AR ; 1/2 h)
Vous empruntez la route sur cinq cents mètres à gauche pour atteindre le Grand Belvédère d' où le regard plonge à plus de deux cents mètres sur l'enfilade des gorges, un point de vue remarquable.

- *La promenade de découverte du sentier botanique et archéologique*
(2,3 km ; 1 h 30)
Parcours jalonné de panneaux sur la flore, menhir, dolmen.

- *La visite des grottes de Saint-Marcel*
exploration souterraine (1 h) ouverte au public du 15 mars au 15 novembre de 10 h à 19 h (droit d'entrée). Renseignements au 04 75 04 38 07.

Le retour se fait par le même chemin, descendez la piste qui mène au camping et filez sur la rive gauche de l'Ardèche jusqu'au hameau de Sauze où vous arriverez peut-être en même temps que les canoës que vous avez suivis tout au long du parcours.

À gauche : le Lézard vert, un habitué des calcaires méridionaux.
Page de droite : les gorges de l'Ardèche.

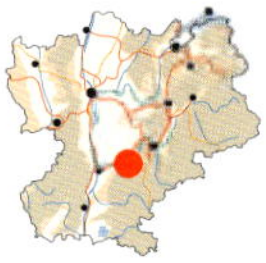

LES CRÊTES DE FONT-D'URLE

Vercors, chamois et pâturages

À 75 km de Grenoble, promenade aérienne sur les crêtes d'un vaste plateau calcaire surplombant le cirque sauvage de Saint-Julien-en-Quint. Ouvrez l'œil : chamois et mouflons s'y rencontrent facilement.

Fiche technique

92

Durée : 3 h 00
Dénivelé : 251 m
Difficulté : promenade aérienne de crête à déconseiller aux jeunes enfants, brouillards fréquents
Période : printemps, été, automne
Equipement : randonnée classique
Balisage : rouge et blanc au retour, incomplet
Carte IGN 1/100 000 : n° 52
Carte-Guide IGN 1/25 000 : Top 25 n° 3136 OT : Combe-Laval

À voir aux environs : route de combe Laval, monastère orthodoxe de St-Antoine-le-Grand, musée du site préhistorique et musée national de la Résistance à Vassieux-en-Vercors, grottes de la Draye Blanche et de la Luire, belvédère du col de la Bataille.

Cette balade est extraite de l'ouvrage ***Les plus belles balades autour de GRENOBLE des Chambaran à l'Oisans*** *de Bruno Pambour*

Itinéraire d'accès

Depuis Grenoble, l'autoroute de Valence est l'accès le plus rapide. Sortez à Saint-Marcellin et dirigez-vous vers Saint-Nazaire-en-Royans par la route N 532. Deux kilomètres avant ce bourg, obliquez à gauche pour atteindre Saint-Jean-en-Royans, où commence la célèbre route de Combe Laval, dont les splendides belvédères embrassent tout le Royans. Pendant 4 km, promenade vertigineuse, de surplombs – 600 mètres ! – en tunnels creusés à même le roc, dans un site couronné de murailles à pic ! Au col de la Machine, gagnez Font d'Urle, en traversant la forêt domaniale de Lente. Dans la station, garez-vous à l'entrée de la piste qui mène au pylône, vers les crêtes.

Autre possibilité : en empruntant la route d'accès à la balade n° 11, poursuivez vers la Chapelle-en-Vercors et Vassieux, d'où vous gagnez Font-d'Urle, par le col de la Chau. Pour le retour, n'hésitez pas à redescendre dans le Royans par l'incroyable route des Goulets, qui forcent à deux reprises les étroites gorges de la Vernaison, par une succession de tunnels et d'encorbellements audacieux.

Transports en commun : aucun

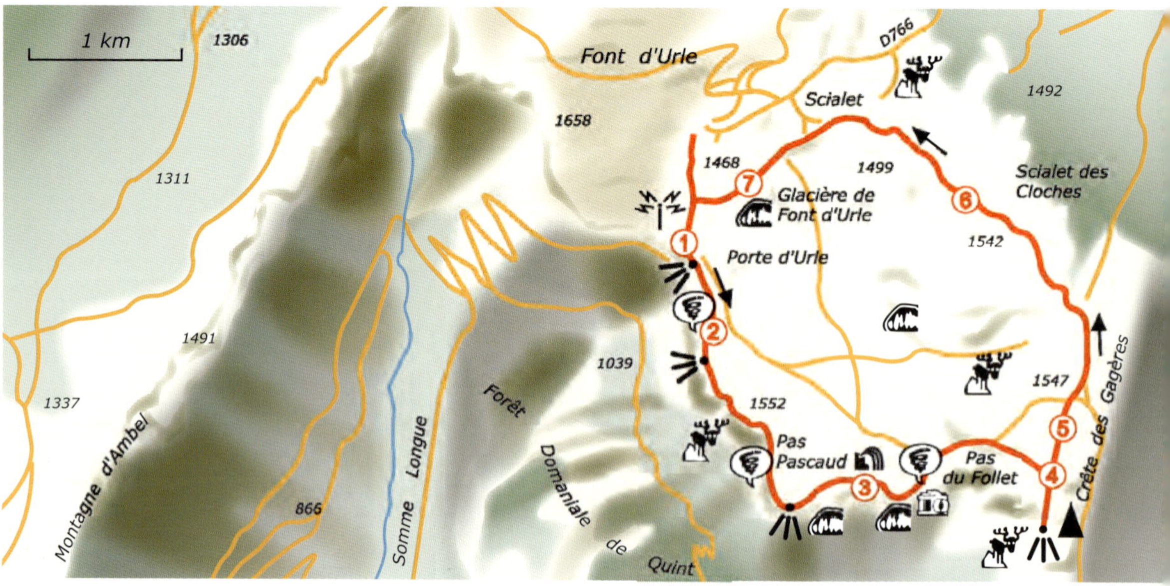

La balade

Dirigez-vous vers la porte d'Urle ①, une des rares brèches naturelles qui permit aux hommes, durant des millénaires, de communiquer avec le Diois. Votre itinéraire est désormais très simple : suivez à gauche les crêtes qui dominent magistralement le cirque grandiose de Saint-Julien-en-Quint ②. Encadré par les falaises du plateau d'Ambel – "d'en haut" – et de Mérignac, la vue plonge de mille mètres sur les vallées et collines du Diois. C'est aussi un observatoire privilégié pour surprendre, plutôt en début et fin de journée, chamois et mouflons (ces derniers introduits en 1956) sur le plateau ou, dans les pierriers, cerfs et chevreuils qui s'aventurent au-delà des derniers arbres. Des marmottes, réintroduites en 1983, lancent leurs sifflements et régalent parfois l'aigle royal. Tichodrome échelette et faucon pèlerin fréquentent également les parois. Les pelouses subalpines remplacent la hêtraie-sapinière sur les tables calcaires de Font-d'Urle. Au printemps, tulipes sauvages et érythrones dent-de-chien les colorent, rejointes plus tard par les nigritelles, asters des Alpes, bartsies alpines… Depuis des millénaires, les troupeaux de moutons estivent ici. À la fin du siècle dernier, le plateau accueillit une transhumance originale de chevaux, créée par des Arlésiens et qui n'a pas disparu à ce jour. Après la fontaine du Chien ③, ne manquez pas une surprenante double arche naturelle au bord de la paroi, érosion surréaliste ! Après avoir dépassé le pas du Follet, accédez par un raidillon ④ au puy de la Gagère (1651 m), où vous découvrez un superbe panorama à 360° sur le plateau de Vassieux, les hauts-plateaux du Vercors, le Grand Veymont et la ligne de crêtes du rebord oriental du massif. Derrière elle se profilent quelques sommets des Écrins : roche de la Muzelle par le pas de Berrières, barre des Écrins, pic du Lac-Blanc à droite du rocher des deux Sœurs… Au sud-est, l'Obiou est plus visible et, tout au sud dans le lointain, les barres rocheuses suspendues de Saou surgissent des collines du Diois. Descendez plein nord par une petite combe ⑤ dont la pente s'ac-

En haut : habitat néolithique, atelier de taille de silex de Vassieux-en-Vercors. Ci-dessous : le plateau de Font-d'Urle.

Cascades de nuages dans le cirque de Saint-Julien, Font-d'Urle.

centue. Quelques maigres fayards apparaissent sur la droite, en crête. Encore quelques pas, traversez un premier sentier et voici le sentier de randonnée qui, par une agréable traversée des pâturages, rejoint Font-d'Urle. Urle provient d'une très ancienne racine *ur,* qui signifie eau (cf Truc, 1991). Le chemin suit à distance la lisière de la forêt de Lente, qui ne supporte plus les dures conditions climatiques du plateau, où les lapiaz affleurent partout. Par temps gris, leur omniprésence lui donne un aspect "lunaire". Soyez vigilants : des mouflons paissent régulièrement ces grandes étendues, à vous de les déceler avant qu'ils ne prennent la fuite ! Deux grands cairns, jumeaux de pierre ⑥, confirment la bonne direction de vos pas, vers le serre de Montué. À l'orée de la hêtraie, examinez prudemment l'entrée en entonnoir de quelques-uns des scialets des Cloches. Avant de rejoindre la station, faites un détour par la glacière de Font-d'Urle ⑦ dont les deux entrées sont ceinturées par une clôture afin de prévenir la chute de bêtes.

La forêt de Lente

La vaste forêt de Lente (3 000 ha) a la singularité d'avoir longtemps été isolée par les nombreuses parois rocheuses qui la cernent. Cédée aux chartreux de Bouvante par les seigneurs locaux, ils l'exploitèrent durant six siècles, malgré son difficile accès. Pour cela, ils tracèrent plusieurs chemins muletiers dans les escarpements difficiles, afin d'évacuer les bois vers leurs scieries. Le charbon de bois alimentait les forges de Bouvante et de Saint-Laurent-en-Royans. En haut de Combe-Laval, une machine, qui donna au col son nom, acheminait le charbon de bois de Lente. Il était ensuite chargé sur des mulets qui l'acheminaient par le chemin des chartreux (en cours de réhabilitation par le PNR Vercors). Malgré la présence de quelques familles, aucun village ne s'établit jamais et le hameau de Lente – situé dans une clairière défrichée pour le pâturage du temps des moines – naquit il y a un siècle, du besoin des Eaux et Forêts (aujourd'hui l'Office national des forêts) de disposer à pied d'œuvre de forestiers. L'exploitation de la forêt connut alors un véritable essor, grâce à l'ouverture des routes de Pionier en 1866, de Combe-Laval en 1896, sur lesquelles se greffèrent de denses réseaux routiers : plus de cent kilomètres en forêt de Lente !

Aujourd'hui, ce grand massif forestier offre des promenades d'une étonnante fraîcheur l'été et vous réserve, avec un peu de chance, la rencontre toujours surprenante de quelques-uns de ses hôtes à poils et à plumes…

LE SAUT DE LA DRUIZE

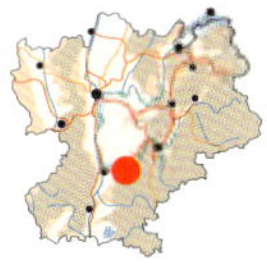

Les gorges d'Omblèze, le moulin de la Pipe, la chute d'eau

À 40 km à l'est de Valence, une balade dans le défilé, à l'endroit où la Gervanne saute une dernière barre rocheuse pour tomber à pic d'une hauteur de 70 m. Spectacle étonnant. La sortie idéale à faire le dimanche en famille.

Fiche technique

93

Dénivelé : 85m
Durée : à partir d'1h30
Difficulté : escarpement
Période : demi-saison, été
Équipement : bonnes chaussures
Balisage : pancartes
Carte Michelin : n° 246 pli 6
Carte IGN 1/25000 : Top 25 n°3136 est
À voir aux environs : Les gorges d'Omblèze avec les cascades de la petite et de la grande Pissoire. Plan-de-Baix au pied du plateau du Vellan percé de grottes, le château de Montrond et l'église romane. Le village moyenâgeux de Beaufort-sur-Gervanne. Gigors, son château médiéval et son église isolée, au clocher carré.

Cette balade est extraite de l'ouvrage ***Les plus belles balades autour de VALENCE du Vercors à l'Ardèche*** *de Christiane Birot.* ***Photos :*** *Bruno Pambour.*

Itinéraire d'accès

Vous quittez Valence par la D 68 menant à Chabeuil, continuez vers Peyrus, puis le col des Limouches où vous prenez à droite la jolie route touristique D 70 vers Plan-de-Baix. Dans le village, vous descendez à gauche vers le vallon d'Omblèze, les Arbords et les Boutons, par la D 578 qui serpente au pied du plateau du Vellan, laissant sur la droite le beau château de Montrond. Arrivé au moulin de la Pipe, vous quittez la route des gorges qui continue tout droit et traversez la Gervanne à droite au niveau d'une auberge, pour vous diriger vers le site de la Druize. À un embranchement, vous laissez le hameau d'Ansage et sa jolie église à gauche, pour continuer à droite jusqu'à un emplacement de parking qui domine les gorges.

La balade

En descendant vers la ferme proche, vous trouvez à main droite le sentier menant à la cascade : il descend vers les hautes falaises aperçues en contrebas et plonge vers le fond des gorges. Arrivé à un embranchement, dirigez-vous d'abord vers la droite pour gagner le sommet de la barre rocheuse d'où saute la rivière. Bien entendu, la plus grande prudence est recommandée aux abords de la cascade. Curieusement, c'est une rivière tout à fait tranquille qui coule en amont de la chute, avant de faire un bond de soixante-dix mètres. Après avoir visité les abords, vous revenez en arrière jusqu'au carrefour de sentiers et choisissez, cette fois celui, signalé par la pancarte, qui descend vers le bas de la cascade. Il passe devant une maison en ruines construite dans un abri sous roche et serpente vers les bords de la rivière. En bas, vous choisissez le sentier de droite qui longe la Gervanne et parvient au bas de la chute d'eau : bondissant dans une échancrure entre les parois des hautes falaises, la cascade de la Druize retombe en gerbes d'écume. C'est à la mi-journée que la cascade est la plus belle, quand le soleil éclaire l'étroite échancrure, y réalisant de surprenants jeux de lumière.

Pour prolonger cette promenade, il est possible de suivre le sentier qui longe en rive gauche les bords de la rivière et serpente dans le vallon sous les hautes falaises : charmant parcours au bord de l'eau à tra-

L'église d'Ansage, dans les gorges d'Omblèze.

vers de vertes prairies. Sur un kilomètre, la rivière étant réservée à la pêche, vous aurez soin de ne pas déranger les pêcheurs. Plus loin, vous trouverez vous-même un endroit idéal pour le repos, la détente ou les jeux d'eau dans les cascades. Explorez comme bon vous semble et remontez ensuite par le même chemin.

Les gorges d'Omblèze

Au moulin de la Pipe, un énorme rocher ouvre l'entrée des gorges. On pénètre dans le défilé, long de trois kilomètres, échancrure étroite entre de hautes falaises qui parfois s'avancent en surplomb. La Gervanne coule le long de la route, après avoir reçu les eaux du ruisseau du Pêcher qui descend par le canyon des Gueulards et la cascade de la Grande-Pissoire. La cascade de la Petite-Pissoire, qui tombe aussi du vallon de Corbière, vient à son tour grossir la rivière. L'abondance et la limpidité des eaux de la Gervanne ajoutées à la coloration des roches calcaires, sans compter la magnifique chute que fait la rivière au "saut de la Druize", classent les gorges d'Omblèze parmi les plus belles de la région. Les masses donnent une pierre légère, fragile et très facile à tailler qui l'a souvent fait choisir comme matériau de construction.

L'oppidum de la Gervanne

Le village de Plan-de-Baix, promontoire au-dessus du ravin de la Gervanne, est couronné d'une gigantesque barrière de rochers bien découpés, la montagne du Vellan. C'est là-haut que s'était installé le premier village. À l'extrémité sud ont été retrouvés les vestiges d'un oppidum, avec des restes de fortifications et de murets, et les soubassements d'une chapelle dédiée à sainte Agathe. Plus tard les Sarrasins ont laissé des traces de leur passage : des marches taillées dans le rocher donnent accès à une grotte qu'ils auraient eux-mêmes creusée dans la pente de la montagne.

À gauche : le saut de la Druize. Page de droite : les gorges d'Omblèze, et un passage à gué sur la Gervanne.

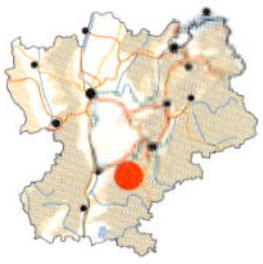

LA MONTAGNE DU GLANDASSE

L'abbaye de Valcroissant, le dôme de Pié-Ferré

Une balade inoubliable sur la formidable muraille du Glandasse au pied de laquelle se blottit la petite abbaye cistercienne, joyau de l'art roman.

La balade

Aux pieds de l'écrasante muraille de la montagne du Glandasse, vous découvrez l'abbaye blottie sous des arbres géants. Un site étonnamment sauvage et grandiose ! Vous allez maintenant l'explorer en vous dirigeant vers les hautes falaises. Des pancartes d'information installées par le Parc vous renseignent sur la géographie du massif. Vous empruntez le sentier balisé ODG (ours du Glandasse n°17) qui longe le torrent et, après le passage d'une clôture, s'élève dans les buis, offrant des perspectives étonnantes sur les gigantesques falaises. À travers un bois de pins, puis de chênes blancs et de hêtres, enfin de jeunes sapins, la montée régulière ménage, au hasard des lacets, de très belles vues plongeantes sur l'abbaye et les anciennes terres des moines cisterciens. Une première fourche ① invite à laisser une voie partir à droite vers le pas de la Roche et la Cabane-Josseaume et à continuer à gauche le sentier n°17. Poursuivant son ascension dans le bois dense et frais, le sentier est rejoint sur la droite par l'itinéraire du balcon du Glandasse (bleu-jaune-bleu) venant du col Fauchard par les ravins du Paradis ②. Vous restez à gauche pour atteindre un carrefour de quatre sentiers, où vous allez prendre à droite ③ la direction du dôme de Pié-Ferré (n°17) indiqué à trois heures de marche ! Dix minutes encore et la fontaine de Juillet vous offre son eau rafraîchissante et bienfaisante. Le sentier monte en pente un peu plus raide à travers le bois de sapins, passe auprès d'un ancien abri et atteint un belvédère (balustrade), d'où vous laissez vos yeux se régaler ! Des pancartes signalent la présence d'anciennes carrières exploitées pour l'extraction de pierres de construction destinées à l'abbaye et la fabrication de meules de moulins. Le sentier atteint la Pierre des Sacrifices (1 185 m), un lieu riche de légendes où un rocher de trois mètres de hauteur a été creusé par l'homme en arrondi ④. Au voisinage, plusieurs meules partiellement enfouies témoignent des efforts qu'il a fallu déployer pour extraire ces pierres meulières de la montagne.

Vous parvenez à une petite falaise criblée de grottes et présentant une "fenêtre" festonnée dans le calcaire : ce lieu boisé, appelé pré de l'Ours, abritait jadis de nombreux plantigrades. Poursuivant son ascension, l'itinéraire atteint un escarpement offrant sur les falaises une vue magnifique. Vous grimpez encore et la forêt s'éclaircit : les pins à crochet ont remplacé les hêtres et les sapins. À 1520 m, vous atteignez le carrefour de deux chemins ⑤. Vous revenez par le col Fauchard (sauf si vous êtes tenté par un détour par le sommet).

Détour par le sommet : 3 h supplémentaires AR depuis ce carrefour (à n'entreprendre que par très beau temps).

Si vous êtes en forme, vous pouvez envisager la montée au sommet du Glandasse, appelé encore dôme de Pié-Ferré, (1 h 45 de montée). Pour ce faire, vous suivez le sentier numéroté 17 qui, par une pente un peu raide, vous amène à travers le bois de pins de La Palle jusqu'à la cabane en ruines de Malcollet (altitude : 1850 m, panneau du Parc, cairn). Vous prenez à droite derrière la ruine pour atteindre à vue, en vingt-cinq minutes, le dôme de Pié-Ferré marqué par un cairn (altitude : 2 040 m). Séquence émotion : de ce belvédère, superbe panorama sur le Vercors, le Massif Central, les Préalpes du Sud et à l'est sur la chaîne des grandes Alpes. Vous

Fiche technique

94

Longueur : 11 km
Durée : 5 h 30
Dénivelé : 900 m
Difficulté : longueur et dénivelé
Période : demi-saison, été, évitez absolument temps pluvieux et brouillard
Équipement : randonnée classique
Point d'eau : fontaine de Juillet (située dans la montée)
Balisage : pancarte Ours du Glandasse ODG n°17
Carte Michelin : 246 pli 6 et 245 Provence Côte d'Azur pli 5
Carte IGN 1/25 000 : 3237 OT

Cette balade est extraite de l'ouvrage ***Les plus belles balades autour de VALENCE du Vercors à l'Ardèche*** *de Christiane Birot*

Itinéraire d'accès

Rendez-vous à Die, que vous traversez pour prendre la départementale D 93 direction Gap. Quelques kilomètres plus loin, engagez-vous à gauche sur une petite route signalée par un panneau "Abbaye de Valcroissant". Soyez prudent sur cette route étroite aux virages sinueux qui passe au pas de la Roche (école d'escalade) avant d'atteindre l'abbaye. Garez votre voiture sur le parking aménagé.

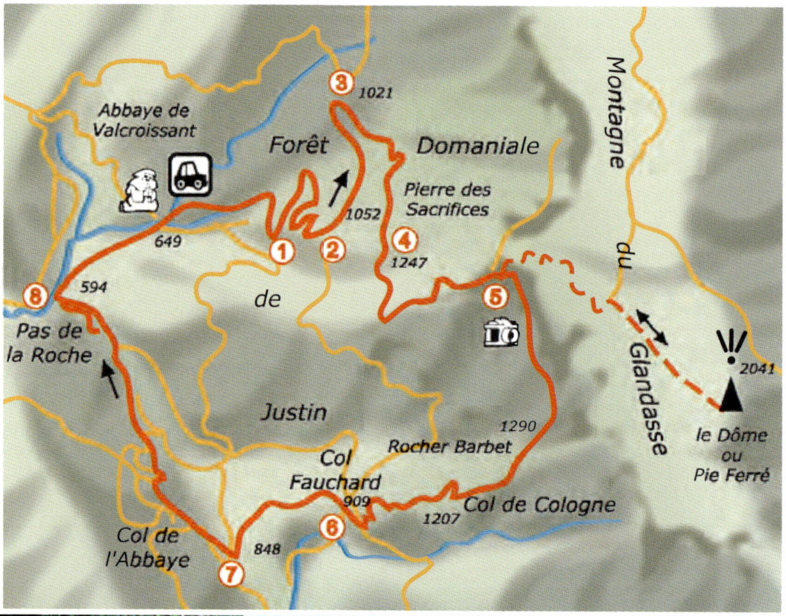

L'abbaye de Valcroissant.

redescendez au carrefour par le même chemin en quarante minutes. De là, vous avez le choix entre la descente directe sur l'abbaye de Valcroissant par le chemin de montée en 2 h 10 environ ou le retour par le col Fauchard. Pour cela, vous choisissez le sentier de droite qui se dirige vers Laval-d'Aix et le Serre-de-Cologne. Après une courte descente dans des murs de poudingue rouge, il progresse de niveau sur une vire étroite au pied de l'impressionnante falaise aux formes extraordinaires et aux cavités étonnantes. C'est vraiment l'un des clous de la balade : admirez et prenez garde aux enfants sur cette partie de l'itinéraire. Le sentier repasse dans une forêt au faciès plus sec qu'à la montée : chêne blanc, pin sylvestre, buis. La descente devient un peu plus accusée et une végétation plus méridionale apparaît, lavande sauvage et thym. Vous atteignez le col Fauchard (909 m) ⑥ et laissez à droite le sentier (balisé bleu-jaune-bleu) qui rejoint l'itinéraire de montée par les ravins du Paradis, pour descendre à gauche vers le col de l'Abbaye ⑦ où vous rejoignez la piste forestière qui monte de Valcroissant. Vous empruntez cette piste à droite, en négligeant le sentier de Laval-d'Aix à gauche. Des raccourcis qui coupent les virages permettent d'atteindre rapidement le Pas de la Roche ⑧, où vous rencontrez un chemin goudronné à prendre à droite. Il passe devant les tombes des moines et ramène à l'abbaye de Valcroissant, blottie sous les falaises rougies par le soleil couchant. Vous pouvez goûter un repos bien mérité sous les frais ombrages qui bordent la rivière et vous imprégner, malgré les dégradations, de la beauté sobre et harmonieuse du monastère édifié dans ce site grandiose.

L'abbaye de Valcroissant

En 1188, un groupe de moines cisterciens, venant de Die et marchant en direction du Vercors, s'arrête dans un vallon frais, aux pieds de la muraille du Glandasse qui barre l'horizon. L'endroit est isolé au milieu de terres cultivables et de forêts, l'eau du torrent abondante. Séduits par la beauté de ce site sauvage à l'écart du monde, les moines décident de s'y installer. Ils fondent l'abbaye et, avec les pierres taillées dans les falaises, entreprennent la construction des bâtiments à l'architecture essentiellement romane (avec quelques éléments gothiques, comme les ogives de la salle capitulaire). L'église se trouve au nord et le réfectoire, éclairé par une large rose à son fronton, au sud. L'abbaye ne connut pas le même rayonnement que celle voisine de Léoncel, fondée quelques dizaines d'années plus tôt, et les moines y vécurent dans une grande pauvreté, vivant difficilement des produits de la terre. Menacée pendant la guerre de Cent Ans, pillée au XVe siècle, abandonnée par les moines et saccagée pendant les guerres de religion, l'abbaye fut vendue à Marcel Légaut en 1791 et transformée en exploitation agricole. Ses descendants ont aménagé, dans le chœur de l'église, un gîte d'accueil avec dortoir pour les randonneurs. Souhaitons que le classement de l'abbaye par les Monuments historiques accélère les travaux de restauration de ce joyau de l'art roman.

LA CROIX DE JUSTIN

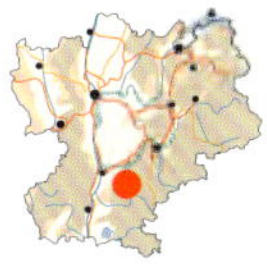

Die, les quarante lacets, le pic de Beauvoisin, le belvédère

À 66 km au sud-est de Valence,
l'ascension de la montagne qui domine de 600 mètres la ville de Die,
belvédère sur les sommets du Vercors et du Glandasse.

La balade

Vous dépassez la piscine et empruntez, juste après à droite, la passerelle du Pont-Rompu qui enjambe la Drôme. Dans le lit de la rivière est couchée une pile du pont qui, dit-on, était déjà écroulé au XIIIe siècle. Sur l'autre rive, vous gravissez les marches du sentier (balisé rouge-blanc, triangles jaunes 2 et 16) qui coupe une boucle d'une petite route goudronnée. En rejoignant à nouveau la route ①, vous la remontez à gauche en direction de la ferme des Pennes et la quittez avant un petit pont franchissant le ruisseau, pour prendre tout droit un bon chemin de terre ② s'élevant vers les sommets rocheux. Quelques champs clôturés se succèdent sur votre droite, tandis que la mélodie de la rivière, à gauche, rythme votre marche. La pente se fait plus raide dans les pins et les buis. Le grondement d'un torrent se rapproche. Les pierres deviennent glissantes car le sentier emprunte un moment le lit du torrent. Vous allez d'ailleurs le traverser à deux reprises. En vous hissant

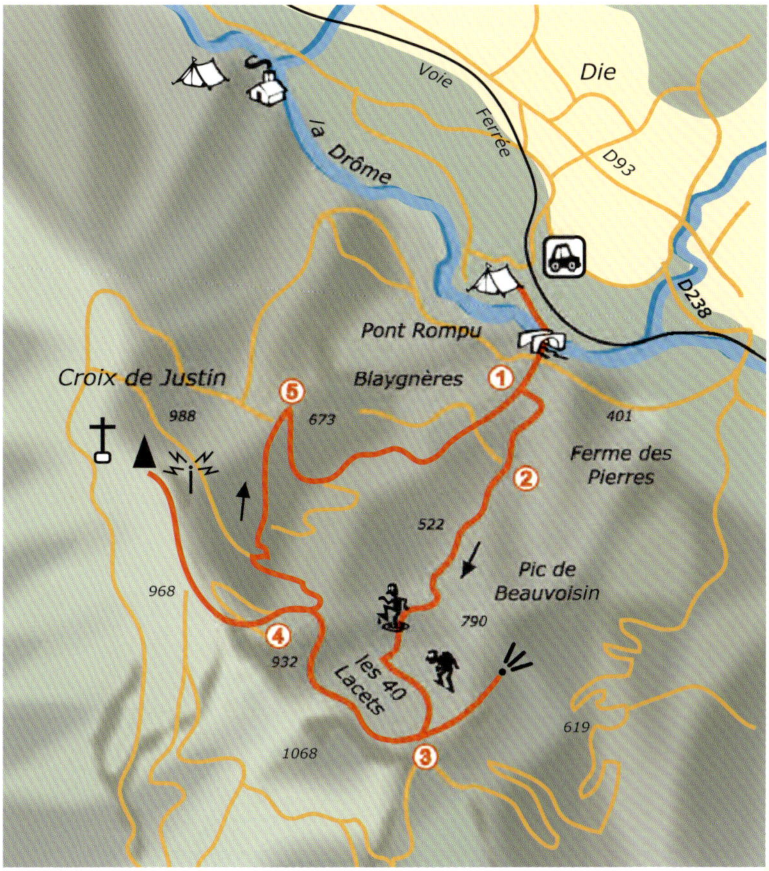

Fiche technique

95

Longueur : 8 km
Durée : 4h
Dénivelé : 634 m
Difficulté : dénivelé
Période : demi-saison, été
Équipement : randonnée classique
Point d'eau : Die
Balisage : jaune, rouge et blanc
Carte Michelin : n° 246 pli 6
Carte IGN 1/25000 : Top 25 n°3137 est

Cette balade est extraite de l'ouvrage ***Les plus belles balades autour de VALENCE du Vercors à l'Ardèche*** *de Christiane Birot*

Itinéraire d'accès

Vous quittez Valence par la D 538, contournez Crest par l'ouest et par la D164 suivie de la D 93 vers l'est, gagnez la petite cité de Die dans son cadre montagneux. En y entrant, vous vous dirigez à droite vers le camping et la piscine municipale pour stationner à proximité.

Une cité romaine

Située au cœur d'un cirque de montagnes, la petite ville a hérité d'un riche passé. À l'emplacement de la ville actuelle étaient déjà érigés, à la fin du Ier siècle, des thermes, un amphithéâtre, des rues dallées, deux aqueducs. Car Die fut la capitale des Voconces avant d'être cité romaine au IIe siècle. Elle dut se défendre au IIIe siècle contre les invasions barbares en érigeant une enceinte de 1900 m de circuit et de 3 m d'épaisseur surmontée de trois tours, dont il reste quelques vestiges. Au Moyen Âge, avec la présence d'un évêque, la ville se couvrit d'édifices romans, comme la cathédrale actuelle.

La jolie cité de Die.

de cette façon, vous arrivez au pied du pic de Beauvoisin, qui dresse ses hautes parois vers le ciel. Attention, vous n'êtes pas encore arrivé au but. Il vous faut encore parcourir les quarante lacets qui mènent à proximité du sommet de Beauvoisin. Juste avant le rond-point de la route, un sentier ③ mène sur la gauche à la cime : petite escalade rocheuse facile, facultative, pour atteindre le sommet, d'où la vue porte sur la cité de Die dominée par le plateau du Vercors et l'imposante montagne du Glandasse.

La croix de Justin.

Redescendu au rond-point, vous prenez à droite la piste forestière qui s'élève vers la croix de Justin, visible sur son sommet. Après un bon kilomètre, vous pouvez emprunter à gauche un sentier ④ qui coupe deux boucles de la route et rejoint la crête au niveau du carrefour de la croix de Justin, tout près de la piste d'envol des deltaplanes. Voici le belvédère (951 m), avec l'imposante croix, à côté des tours de télécommunication. Une table d'orientation apprend à lire le paysage : le bassin de Die tapissé de vignobles et entouré de ses montagnes, les falaises du Vercors et du Glandasse, magnifiques au printemps, quand la neige recouvre les sommets.
La descente se fait, au début, par le même chemin. Il faut ensuite couper deux grandes boucles de la route forestière, avant de plonger à gauche dans la forêt de pins par un sentier balisé (triangle jaune n° 2). Il dessine quelques grands lacets, avant de s'engager tout droit vers le nord sur une pente parfois assez forte. À la cote 673, rejoignant l'itinéraire du sentier de randonnée ⑤, il bifurque à droite en épingle à cheveux et passe en balcon au-dessus du vallon. Après avoir surplombé les Blaygnères, il descend vers un chemin charretier, que vous traversez pour continuer tout droit au fond d'un ravin boisé. Vous débouchez sur la petite route empruntée au départ, que vous coupez pour retrouver le sentier qui ramène au Pont-Rompu et à la jolie cité de Die.

Des fouilles archéologiques rassemblent au musée municipal les principales pièces originaires de l'époque romaine (mosaïque, trophées) et médiévales (sculptures) retrouvées sur place, qui évoquent l'histoire illustre de cette cité.

Un vin qui pétille

Les vignobles qui occupent les coteaux de la moyenne vallée de la Drôme entre Aouste et Luc-en-Diois produisent cette spécialité locale très réputée appelée la "clairette de Die". La tradition de la vigne dans cette région est ancienne puisqu'elle remonte à l'époque romaine et que des textes évoquent, au Moyen Âge, le marché du vin. L'appellation clairette de Die, plus récente, date du début du siècle dernier. Il s'agit d'un vin pétillant produit à partir de deux cépages, la clairette et le muscat, selon deux procédés différents : la méthode "champenoise", qui donne la clairette brute, en ajoutant une liqueur de tirage au vin de base sec et en filtrant ; la méthode traditionnelle qui produit une clairette "muscat" au goût plus fruité, pour l'apéritif ou le dessert, où le procédé de vinification original consiste à retarder la fermentation par la conservation au froid et le filtrage.

À côté des producteurs indépendants, une cave coopérative a été créée en 1951.

La fête de la Transhumance

La traditionnelle date de la Saint-Jean, au mois de juin, a été choisie en 1991 par des éleveurs et des organisations culturelles et agricoles de la région de Die, pour fêter l'arrivée des troupeaux en montagne. Cette première fête de la Transhumance, rappelant la longue montée des troupeaux dans les alpages (qui se fait maintenant avec des moyens plus modernes), obtint un vif succès. Elle fut reconduite les années suivantes et fait maintenant partie des grandes rencontres de la région.

Le Glandasse vu de la croix de Justin.

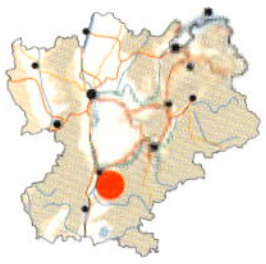

LA FORÊT DE SAOÛ

Le Maupas, roche Colombe, le pas de l'Échelette, les bords de la Vèbre, le château de Soyans

La forêt de Saoû ressemble à un immense vaisseau boisé encadré par des falaises à pic : un site géologique unique en France, appelé "synclinal perché". Un magnifique domaine à explorer pour une randonnée de la journée.

La balade

À proximité de l'église, vous trouvez le départ de l'itinéraire n° 47 qui s'oriente au nord vers le quartier des Travers et les falaises de Roche Colombe. Le large chemin s'élève à découvert au milieu des champs avant de pénétrer dans un bois de pins et de chênes pubescents. Arrivé à un petit replat, continuez votre ascension vers le nord-ouest par un chemin plus sauvage qui se prolonge par un sentier. Il monte en pente régulière puis plus raide entre le rocher de la Pouponne à droite et la falaise de Roche-Colombe à gauche, pour atteindre enfin, au Maupas, le bord escarpé

de la falaise ①. Après une légère descente en forêt, il s'oriente vers l'ouest en vue des sommets. Vous gagnez une première crête au-dessus de l'à-pic ②, (tenez bien la main des enfants) puis les suivantes, jusqu'au point culminant de Roche-Colombe à 886 m. Un banc gentiment réparé par les amis d'Aouste Sye en juin 93 vous accueille pour un instant de repos bien mérité. Merci à eux. Un arrêt s'impose en effet devant le panorama magnifique sur la vallée du Rhône ; vous pouvez observer notamment le confluent du fleuve avec la Drôme au nord et avec le Roubion au sud. Vous poursuivez l'enfilade des crêtes et commencez à descendre dans la pelouse sommitale puis, en suivant toujours avec vigilance l'itinéraire n° 47, dans la forêt de hêtres, vers le pas de l'Échelette à l'est ③. Un fléchage rouge vous invite à bifurquer à droite pour descendre en forêt vers le ravin de Tourare : marche bien agréable dans les hêtres, les pins et les chênes. Le chemin rejoint une piste forestière. Vous la suivez à gauche ④ sur 2 500 m environ, en découvrant devant vous le point de vue sur le massif des Aiguilles (793m). Au moment où la voie oblique à gauche vers la bergerie Paturel, vous coupez à droite ⑤ par un sentier balisé en sous-bois, qui rejoint, en un bon kilomètre, la route départementale à proximité du Pont-Horta. Vous la suivez à droite jusqu'au défilé du Pertuis ⑥, impressionnant passage entre les hautes falaises où vous allez la quitter à gauche, pour traverser la rivière. À l'extrémité du pont sur la Vèbre, un sentier longe à droite les bords de l'eau, parcours paisible au pied des barres rocheuses. Quand il s'éloigne de la rivière, à un croisement de sentier ⑦, il faut éviter de partir à gauche vers le pas de l'Estang et suivre à droite l'itinéraire n° 46, qui passe à proximité d'un terrain de camping et rejoint un chemin goudronné. Arrivé au pied de la colline du château ⑧, vous la contournez par la droite pour revenir à Saoû par le vieux village. (sauf si vous souhaitez faire le détour à gauche par le château).

Enfilade de crêtes vues du sommet de Roche Colombe.

Fiche technique

96

Longueur : 15 km
Durée : 5 h
Dénivelé : 560 m
Difficulté : longueur, dénivelé
Période : toutes saisons
Équipement : randonnée classique
Point d'eau : Saoû
Balisage : triangle jaune n°47 - n°46, rouge/blanc
Carte Michelin : 246 pli 7 et 245 Provence Côte d'Azur pli 7
Carte IGN 1/25 000 : 3137 Ouest

Cette balade est extraite de l'ouvrage ***Les plus belles balades autour de VALENCE du Vercors à l'Ardèche*** *de Christiane Birot*

Itinéraire d'accès

Rendez-vous à Saoû et stationnez sur la place de l'Église.

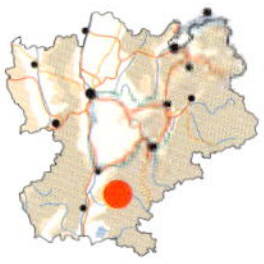

LES TROIS BECS

Le Veyou (1 589 m), le Signal (1 559 m), la Roche Courbe (1 545 m)

À 57 km au sud-est de Valence, une balade aérienne à la rencontre des chamois, sur les fameux sommets qui dominent la forêt de Saoû.

La balade

Vous traversez la route pour prendre en face, vers une table de pique-nique, un sentier qui s'élève en direction de la falaise. Son balisage bleu vous servira de guide jusqu'au pas de Siarra. Montant en pente assez raide (courage !) le sentier longe la clôture d'une propriété située en contrebas et oblique à gauche avant de surplomber de vertigineuses barres rocheuses. Sur une croupe, de belles perspectives s'offrent à vous à l'est et à l'ouest. Poursuivant son ascension, le sentier aborde un passage délicat (pour les personnes sujettes au vertige) mais très court (quelques mètres) Soyez attentif ! Vous entrez ensuite dans un bois de hêtres où vous rencontrez l'itinéraire balisé venant de votre droite. Vous le suivez à gauche jusqu'au pas de Siarra ① (1 295 m), dominé à gauche par le sommet de Roche-Rousse. Sur la droite, vous gravissez le pré de l'Ane, en suivant un sentier balisé d'un double trait jaune. Au début, la pente est assez forte, mais vous serez bientôt récompensé de votre effort. Des chamois affectionnent ces altitudes : vous pourrez les observer à la jumelle. En parvenant au sommet du Grand-Veyou (1 589 m), point culminant des Trois Becs, un panorama exceptionnel vous est offert sur les sommets environnants, le Vercors, la montagne du Glandasse, les cimes du Dévoluy, les Préalpes du sud, le massif de l'Oisans et le mont Ventoux. Vers l'ouest, la forêt de Saoû, toute proche, apparaît, semblable à une nef de navire, avec à son extrémité le rocher Blanc. Après une première halte bien méritée, vous vous dirigez maintenant vers le nord en direction du deuxième bec : le Signal. Le sentier descend en longeant la falaise. Soyez attentifs près des à-pic et tenez la main des enfants. Vous atteignez un petit col, avant de gravir le sommet du Signal (1 559 m) au-dessus de la forêt de hêtres, d'où la vue porte sur

Les fameux sommets des Trois Becs.

Fiche technique

97

Dénivelé : 540 m
Durée : 5 heures
Difficulté : longueur ; prudence au bord des falaises, un court passage mérite de l'attention.
Période : été, demi-saison
Équipement : randonnée de montagne, jumelles
Point d'eau : néant
Balisage : bleu, triangle jaune n° 43, trait jaune, rouge/blanc)
Carte Michelin : n° 246 pli 7
Cartes IGN 1/25 000 : 3137 et 3138 O

Cette balade est extraite de l'ouvrage ***Les plus belles balades autour de VALENCE du Vercors à l'Ardèche*** *de Christiane Birot*

Itinéraire d'accès

Vous quittez Valence par la D 111 en direction de Crest et Die. Vous contournez Crest par l'ouest et le sud, et gagnez Saillans par la D 164. À Saillans, vous tournez à gauche sur la D 156 en direction de Bourdeaux et montez vers le col de la Chaudière (altitude 1 047 m) en passant sous les escarpements des Trois Becs. Vous garez votre voiture sur un emplacement à gauche de la route, 200 m avant le col.

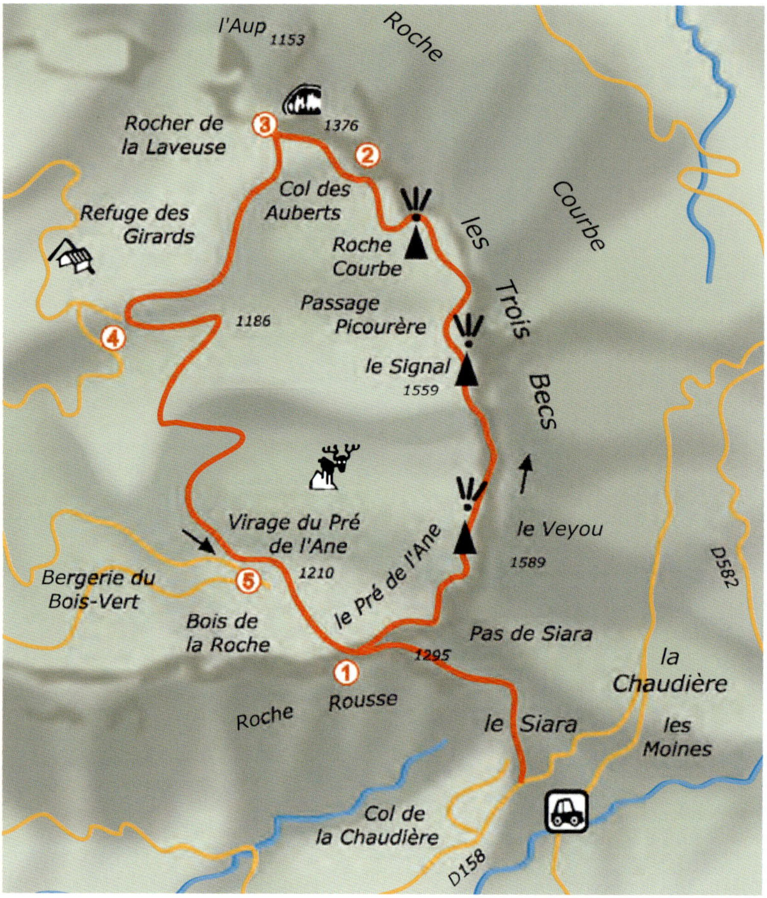

le sommet du Veyou que vous venez de quitter. Au cours de la descente vers le passage de Picourère, de belles aiguilles rocheuses se dressent sur la droite, donnant au paysage un aspect très “haute montagne”. Vous remontez ensuite vers le troisième et dernier bec, appelé Rochecourbe (1 545 m). De ce sommet, la vue porte sur l'enfilade des deux autres crêtes. Vous redescendez en vous dirigeant vers le nord-est, le long du rebord escarpé de la falaise. Après la traversée d'un bois de hêtres, vous atteignez le col des Auberts ②. Le sentier remonte vers le rocher de la Laveuse et rencontre l'itinéraire du sentier de randonnée (balisé rouge et blanc) que vous empruntez à gauche ③. Il descend par un chemin escarpé dans une belle forêt de hêtres. Ces arbres ont fait la réputation de la forêt de Saoû. Il rejoint bientôt une route forestière empierrée montant de Saoû et passant au refuge des Girards situé un kilomètre en dessous du point de jonction du chemin avec la route. Vous prenez à gauche cette route, tracée presque de niveau ④, qui, après avoir contourné le ravin de la Vèbre et laissé à gauche le sommet de Roche-Mottet, dessine un tournant en épingle appelé le virage du Pré-de-l'Âne. Dans ce virage, vous devez quitter la voie qui continue vers la bergerie du Bois-Vert et monter en oblique à gauche ⑤ une piste forestière que vous laissez rapidement pour vous diriger par un chemin, vers le pas de Siarra au pied du premier bec. Vous progressez en direction du Veyou pour retrouver, sur la droite, votre itinéraire de montée qui vous ramène, par un sentier, à proximité du col de la Chaudière.

Les hôtes des Trois Becs

Tandis que les pentes herbeuses sont animées du chant du pipit spioncelle ou de l'alouette, les falaises attirent, outre le merle de roche au plumage multicolore, de nombreux rapaces, comme l'aigle royal, le circaète Jean-le-blanc, la buse ou le faucon crécerelle. Elles sont également fréquentées par celui qui affectionne les pentes abruptes aux éboulis instables, le chamois, cet animal agile à la silhouette svelte et gracieuse, parfaitement adapté à la haute montagne. Couvert d'un pelage très sombre et fourni en hiver, il revêt, en été, une toison plus claire, presque rousse. Méfiant vis-à-vis de l'homme, qu'il perçoit à plus de huit cents mètres, et doté de sens très aiguisés, il détale avec une agilité et une rapidité extraordinaires. La nature l'a doté d'une membrane souple, la sole, qui s'accroche à son sabot, lui donnant une plus grande surface d'appui, et donc une parfaite aisance sur les terrains les plus escarpés ou enneigés. Le chamois aime le froid et craint beaucoup la chaleur, ce qui l'incite, en été, à se coucher à l'ombre dans la journée. Vous avez toutes les chances de voir des chamois au Veyou si, comme eux, vous vous levez de bonne heure. Car ils pâturent en général très tôt le matin.

Page de droite : les chamois, acrobates des rochers.

Les aiguilles de Picourêve.

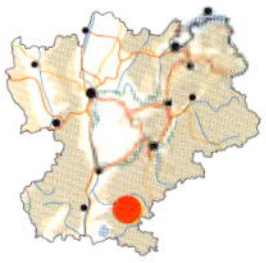

LA MONTAGNE D'ANGÈLE

Le col de Lescou, le rocher du Merlu, les pelouses sommitales, le rocher de l'Esqueyron

Ascension du point culminant de la Drôme Provençale (1606 m) : un site grandiose et sauvage.

Fiche technique

98

Longueur : 8 km
Durée : 4 h
Dénivelé : 777 m
Difficulté : forte pente
Période : demi-saison, été
Équipement : randonnée classique
Point d'eau : aucun
Balisage : rouge (marques irrégulières)
Carte Michelin : 246 pli 8 et 245 Provence Côte d'Azur pli 4
Carte IGN 1/25 000 : 3138 Est

La balade

Vous empruntez le large chemin, visible depuis la route, qui s'élève vers le sud. Il monte en pente assez forte à travers une végétation de genêts, coronilles et pins sylvestres, en ménageant de belles vues vers le sud sur la montagne de Couspeau (altitude 1544 m). Le chemin progresse sur le versant ouest, bordé par des alisiers blancs, avant d'atteindre une bifurcation ①. Vous continuez la montée sur la gauche ; au nord, la vue porte au loin vers les reliefs du Vercors et du Glandasse. Environ trente minutes après votre départ, vous arrivez à une bergerie (altitude 1029 m). Vous passez devant le bâtiment et montez en oblique vers un bois de hêtres (marque rouge sur un rocher) ②, qu'un grand chemin traverse. À la sortie du bois, vous apercevez les pelouses de la montagne d'Angèle. Le sentier grimpe au milieu des buis avant d'atteindre un bel alisier au niveau d'un petit thalweg,

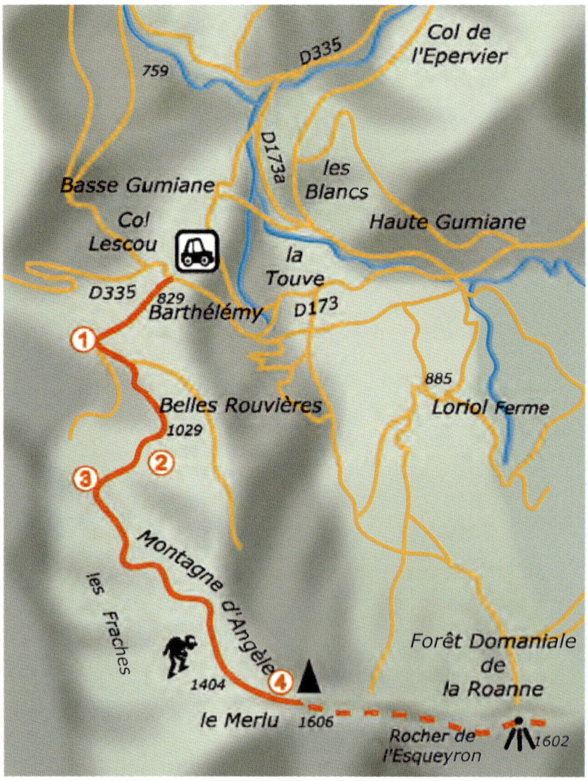

qu'une marque rouge vous invite à traverser ③. Il s'oriente à gauche et la pente devient plus forte. Le sommet du Merlu se découvre et le sentier moins bien tracé s'élève dans les pelouses, parsemées aux printemps de fleurs d'altitude (gentiane). Deux rochers surmontés d'un piquet vous indiquent la voie. Vous progressez ensuite à vue vers la crête où un alignement de pierres (balises jaunes n° 71) vous guide jusqu'au signal du mont Merlu (altitude 1606 m) ④ point culminant de la Barre de l'Esqueyron. Un panorama circulaire vous attend : montagne de Couspeau, Vercors, sommets du Dévoluy couronnés de neige au printemps et, tout près, plongeon à-pic sur le désert de Gumiane : des vues immenses sur cette partie sauvage et attirante de la Drôme.

Variante du mont Merlu au rocher de l'Esqueyron :
40 minutes en plus AR
Une excellente façon de prolonger la durée de ce spectacle consiste à parcourir vers l'est le rebord du plateau jusqu'au rocher de l'Esqueyron (attention au rebord de la falaise par temps de brouillard). Un balisage jaune qui suit la crête passe à la Grande-Brèche puis à la Petite-Brèche, pour enfin s'abaisser à l'extrémité de la falaise. Cet itinéraire permet d'embrasser du regard l'immensité des pelouses sommitales. Vous redescendez par le même itinéraire pour retrouver votre voiture au col de Lescou.

La crête de l'Esqueyron.

Une montagne à deux visages

Entre le Diois et Saint-Nazaire-le-Désert au nord, les Baronnies et l'Eygues au sud, la montagne d'Angèle barre l'horizon. Tirée en arc de cercle sur huit kilomètres, elle atteint à son sommet, la cime du Merlu, 1606 m. Cette belle "dame" a deux visages. Côté nord, elle se présente comme une barrière à pic, difficilement accessible et qui arrête les vents. Côté Baronnies, elle a des formes arrondies et des pentes herbeuses que la neige recouvre une grande partie de l'hiver et qui, l'été, sont occupées par des pâturages à moutons. Une montagne silencieuse et sauvage qui protège d'anciens villages aux trésors oubliés.

Itinéraire d'accès

En venant de Nyons, de Dieulefit ou Bourdeaux, rendez-vous à Bouvières, et continuer sur la D 335 en direction de La Motte-Chalançon. Après 4 km de montée, vous atteignez le col de Lescou (altitude 819 m) où vous garez votre voiture.

Cette balade est extraite de l'ouvrage
Les plus belles balades autour de VALENCE du Vercors à l'Ardèche
de Christiane Birot

La crête de l'Esqueyron.

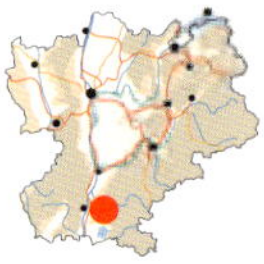

LES CORNICHES DU POËT

Le vieux village de Poët-Laval, le trou du Furet, la montagne du Poët

Au départ d'un des plus beaux villages médiévaux de la Drôme, une balade superbe en direction des crêtes où se cache une immense fenêtre ouverte dans la falaise.

Itinéraire d'accès

Rendez-vous dans le village de Poët-Laval situé sur la D 540 entre la Bégude-de-Mazenc et Dieulefit. À l'entrée de Poët-Gougne, vous montez à gauche dans le vieux village de Poët-Laval et stationnez sur le parking situé à côté du cimetière.

La balade

Un large chemin (balisage n° 4) quitte le vieux village à gauche du cimetière et s'élève dans les chênes blancs. Après cent mètres, il faut choisir à gauche ① le sentier qui progresse entre des murets et s'élève au milieu d'anciennes terrasses de culture puis en sous-bois de chênes, châtaigniers, pins sylvestres. Il s'oriente ensuite nettement vers l'ouest, progressant en balcon au-dessus de la vallée du Jabron, puis contournant la Serre de Font-Estrèche (769 m). Après une bonne heure de marche, la silhouette du Châtelard apparaît, montagne pointue caractéristique. Vous descendez dans les buis et les hêtres vers le fond du vallon où coule la fontaine d'Estrèche ②. Arrivé au niveau de la source, vous bifurquez à droite et remontez le long du thalweg en passant sous la ligne électrique. La montée devient un peu plus difficile sur les derniers mètres. En approchant des falaises, vous découvrez l'immense fenêtre ouverte dans la roche, appelée "trou du Furet". De cet orifice géant qu'il est possible d'approcher, on a de belles perspectives sur le village d'Eyzahut au nord. Remontant à droite du "trou", par un sentier bordé de buis vous atteignez le bord de la falaise ③ d'où la vue apparaît immense sur l'enfilade des crêtes et les sommets environnants qui dominent la vallée du Roubion. Soyez vigilant aux bords des à-pics et tenez la main des enfants. Vous continuez à monter sur la pelouse sommitale à buis

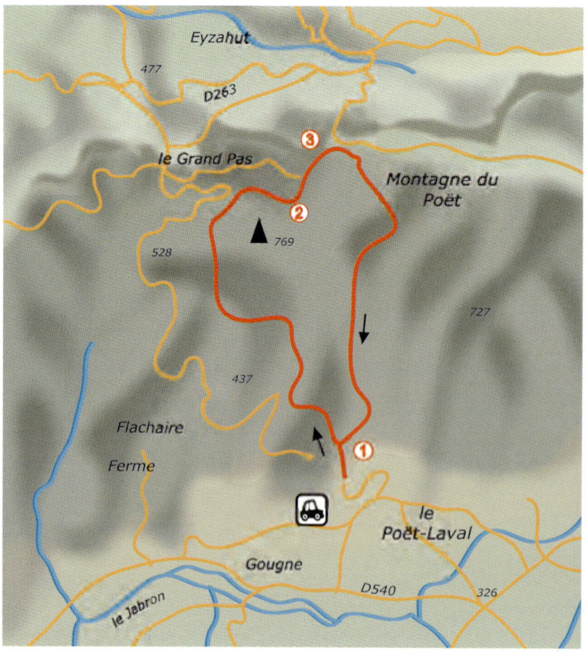

Fiche technique

Longueur : 7 km
Durée : 3 h30
Dénivelé : 430 m
Difficulté : falaises en à-pic sur les crêtes ; une montée un peu raide
Période : toute l'année
Équipement : randonnée classique
Point d'eau : aucun
Balisage : triangles jaunes n°4
Carte Michelin : 246 plis 7-8 et 245 Provence Côte d'Azur pli 4
Carte IGN 1/25 000 : 3038 Est

Cette balade est extraite de l'ouvrage ***Les plus belles balades autour de VALENCE du Vercors à l'Ardèche*** *de Christiane Birot*

et longez à droite la lisière du bois. En suivant toujours le balisage n° 4, vous passez sous la ligne électrique et traversez un taillis de chênes blancs, avant de rencontrer un large chemin qui descend à droite. Il passe à proximité de plusieurs abreuvoirs et s'abaisse jusqu'à un carrefour de sentiers où une pancarte rouge et blanche indique la direction de la plaine de Serre

À droite : un joyau de la Drôme provençale, le village médiéval de Poët-Laval. Ci-dessous : la montagne du Poët revêtue de ses couleurs automnales.

Le trou du Furet.
À droite : Poët-Laval.

Gros et du pas du Furet. De cet endroit on peut apercevoir au loin le massif des Trois-Becs. Vous descendez à droite à flanc de colline vers la vallée du Jabron. Devant vous apparaît la commanderie de Poët-Laval. Vous tournez à gauche au grand chemin ①, pour redescendre sur le vieux village médiéval que vous allez découvrir.

Poët-Laval, “le monticule de la vallée”

Le vieux village, installé, comme son nom l'indique, sur une hauteur, conserve dans sa partie haute, un ensemble moyenâgeux tout à fait remarquable, une ancienne commanderie de l'ordre de Saint-Jean-de-Jérusalem, plus tard ordre de Malte. Il se compose de maisons du XVe siècle, de vestiges de remparts, d'un donjon du XIIe terminé par un pigeonnier et d'une chapelle qui n'a conservé que son clocher et son abside romane. L'ancien temple du XVIe, le seul du Dauphiné à ne pas avoir été détruit pendant les guerres de religion, parce qu'il jouait aussi le rôle de maison commune au XVIIe, a été choisi en 1960 pour abriter le musée du Protestantisme dauphinois.

Musée du Protestantisme dauphinois, ouvert tous les jours du 15 juin au 15 septembre et tous les dimanches à partir de Pâques de 15 h 30 à 18 h 30. Entrée gratuite. Renseignements au 04 75 46 46 33

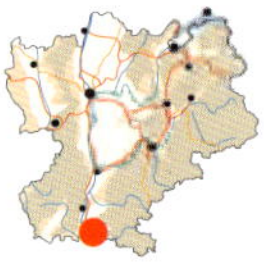

LE PLATEAU DU BARRY

Le village troglodytique, le château, le belvédère, les carrières de Saint-Just, Saint-Restitut

Des habitats rupestres, des châteaux, des chapelles perchées, un vieux village et son église romane, un belvédère sur le Rhône.

Fiche technique

Longueur : 12 km
Durée : 5 h5
Dénivelé : 180 m
Difficulté : aucune
Période : toute l'année en évitant les fortes chaleurs de l'été
Équipement : randonnée classique
Point d'eau : aucun
Balisage : triangles jaunes (itinéraire 79)
Carte Michelin : 246 pli 23 et 245 Provence Côte d'Azur pli 16
Carte IGN 1/25 000 : 3039 Ouest

Cette balade est extraite de l'ouvrage ***Les plus belles balades autour de VALENCE du Vercors à l'Ardèche*** *de Christiane Birot*

Itinéraire d'accès

À Bollène prenez vers le nord, la route de Saint-Paul-Trois-Châteaux sur 1500 m et au niveau de Saint-Pierre, prenez à droite, la petite route menant au site du Barry où vous laissez votre véhicule.

La balade

Vous pénétrez dans l'ancien "village du Barry" et découvrez les grottes aménagées, véritables maisons taillées dans le rocher, dispersées sur le flanc de la colline. Habitées depuis l'âge du fer et jusqu'à la dernière guerre, elles ont été témoins de toutes les étapes de notre civilisation. Après ce premier contact, vous montez vers les crêtes par un chemin empierré, balisé jaune. Il fait un détour intéressant par le château du Barry, qui aurait peut-être été édifié à l'emplacement d'un oppidum ligure. Seuls quelques pans de mur coiffent la colline qui domine la vallée du Rhône : un site exceptionnel ! En suivant toujours les marques jaunes, vous contournez les ruines et redescendez vers le chemin qui s'élève vers la colline du Belvédère. Il débouche sur un site installé autour d'anciennes carrières d'extraction de la pierre de taille, aménagées en cave de vieillissement des vins. Les caves "cathédrales" du *Cellier des Dauphins* offrent, paraît-il des conditions hygrométriques idéales à la conservation du précieux liquide. On peut visiter leurs immenses galeries en petit train avec dégustation à l'appui (durée 40 minutes, droit d'entrée). Avis aux amateurs ! Vous sortez du site par le portail… d'entrée ! et passez devant le Belvédère ①, rebord de l'escarpement qui offre une vue panoramique sur la vallée du Rhône, la plaine de Pierrelate, le défilé de Donzère, le complexe nucléaire de Tricastin. Vous suivez la route sur 500 m, en négligeant un premier sentier balisé jaune à gauche, qui redescend sur Saint-Paul-Trois-Châteaux. Vous prenez le second à gauche qui se dirige en

Adossé en amphithéâtre à la falaise, le village troglodytique du Barry aurait été occupé de façon continue depuis la préhistoire.

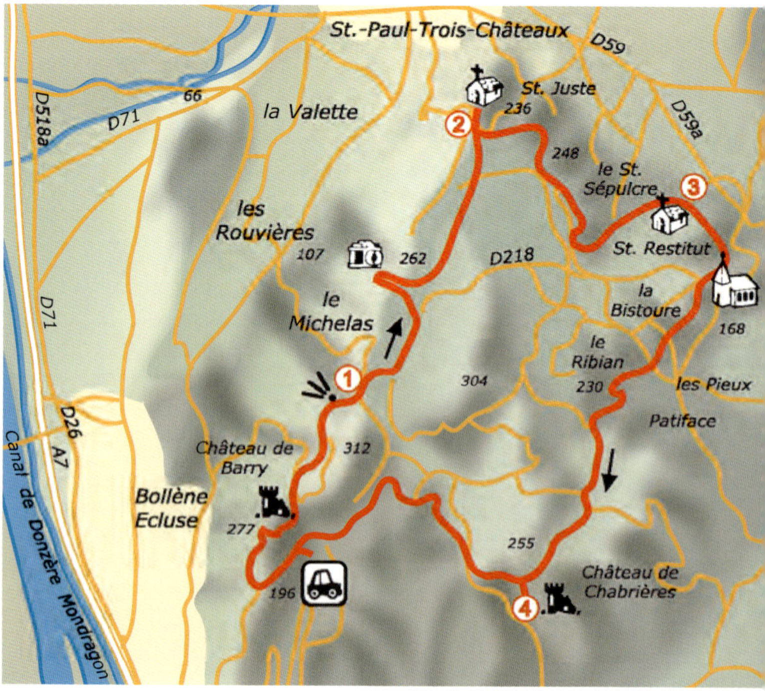

Le village de Saint-Restitut.

sous-bois vers les carrières de Saint-Just et passe au sommet d'un plan incliné utilisé au XIXe siècle pour descendre les blocs de pierre. Il débouche sur une immense carrière à ciel ouvert, dont les pierres de taille étaient autrefois acheminées par des voies ferrées qui ont creusé de profondes ornières. Vous reprenez vers l'est puis le nord, la direction de la chapelle Saint-Just ②. De ce petit bâtiment isolé perché sur un éperon, on a une très belle vue sur Saint-Paul-Trois-Châteaux et la vallée du Rhône. Tournant le dos à la chapelle, vous retrouvez à votre gauche, l'itinéraire 79 que vous allez suivre avec vigilance (pour ne pas le perdre), vers l'est, jusqu'à Saint-Restitut. Il suit les contours du plateau, parcours très agréable en balcon dans le sous-bois. Après une grande boucle, il débouche sur la jolie chapelle hexagonale du Saint-Sépulcre, perchée sur le rebord de l'escarpement ③. Elle aurait été édifiée dans son décor de pierres au début du XVIe siècle par l'évêque Guilhaume Adhémar, au retour d'un voyage en Terre Sainte. Vous continuez vers Saint-Restitut tout proche où vous prenez, à l'entrée du village, une voie qui monte à droite jusqu'à la rencontre avec la route du belvédère. Vous la traversez et continuez de l'autre côté sur 1600 m. Dans une boucle du chemin, un sentier s'engage à gauche vers les ruines du château de Chabrières ④. De ce balcon, belle vue au sud sur les sommets proches, le Ventoux, les Dentelles de Montmirail. Vous revenez sur le sentier balisé que vous empruntez vers l'ouest dans la garrigue. Il atteint bientôt de grandes dalles de pierres. Les falaises du Barry sont proches. Un sentier escarpé descend à gauche vers le site troglodytique où vous pourrez compléter votre visite du village.

Le village du Barry

Adossé en amphithéâtre à la falaise, le village troglodytique aurait été habité de façon continue à travers les âges depuis la préhistoire jusqu'à la Seconde Guerre mondiale, en passant par la protohistoire, la période gallo-romaine et le Moyen Âge, chaque étape de civilisation ayant laissé sa marque propre. Occupant une position stratégique idéale au-dessus du Rhône et des voies de communication entre le Dauphiné et la Provence, il fut un comptoir important depuis l'époque grecque. Le village est sillonné de deux sentiers bordés d'habitats troglodytiques qui, exposés au soleil et protégés du mistral, bénéficient d'une certaine fraîcheur en été et de facilité de chauffage en hiver. Les hommes vivaient beaucoup dehors l'été, utilisant les terrasses qui s'avancent devant les grottes. La vie se resserrait l'hiver autour d'une grande pièce commune comportant une vaste cheminée. Une visite sur le site permet de remarquer aussi la chapelle Notre-Dame-de-l'Espérance, restaurée au début du siècle, et de découvrir des aménagements utiles à la vie quotidienne, citerne collectant les eaux de pluie, évier en pierre muni d'un trou d'écoulement, emplacement de la boite à sel, du placard, cuve à vin, four à pain… Autant d'éléments qui sont des témoignages de l'ingéniosité des hommes à s'adapter à ce style d'habitat.

Flânerie dans le hameau du Barry.

Vous êtes responsables

• Le non-respect de la réglementation et des interdictions signalées ne peut être justifié par un excès de curiosité, qui deviendrait dès lors un fieffé défaut. L'éditeur et les auteurs de cet ouvrage précisent notamment qu'ils dégagent toute responsabilité sur les infractions que commettraient leurs lecteurs, notamment sur les terres d'autrui.

• Les lecteurs sont également responsables de leurs actes et ne doivent jamais surestimer leurs capacités physiques, lors de passages délicats parfois acrobatiques, comme sur le plat en bravant la fatigue ou la canicule. Quelle que soit la région, n'oubliez pas d'emporter avec vous une bouteille d'eau. Tout malaise ou accident intervenant sur les sites présentés dans cet ouvrage serait uniquement jugé comme l'effet de leur imprudence.

• Un grave danger menace chaque année les forêts françaises : le feu. Nous rappelons aux fumeurs que la cigarette et la promenade sont absolument incompatibles. Question de prudence élémentaire. Quant aux incendiaires imbéciles et criminels, nous tenons à leur exprimer notre plus vif écœurement.

ISBN : 9782719107027